# Torpedoboote und Zerstörer

Volkmar Kühn

# Torpedoboote und Zerstörer im Einsatz 1939 - 1945

Kampf und Untergang
einer Waffe

FLECHSIG

Umwelthinweis:
Dieses Buch und der Umschlag wurden auf chlorfrei gebleichtem Papier gedruckt.
Die Einschrumpffolie – zum Schutz vor Verschmutzung – ist aus umweltverträglichem und recyclingfähigem PE-Material.

6. erweiterte Auflage
Sonderausgabe für Flechsig-Buchvertrieb

Internet: www.verlagshaus.com
Gesamtherstellung: AGORA, United Graphic Services b.v., Netherland

ISBN-13: 978-388189-637-5
ISBN-10: 3-88189-637-6

## *Inhaltsverzeichnis:*

Der besondere Dank des Autors gilt folgenden Kommandanten, Persönlichkeiten und Institutionen, die durch Interviews, Gefechtsberichte, Kriegstagebücher, sonstige Aufzeichnungen und Literatur-Hinweise, sowie durch Bildmaterial und Skizzen dazu beitrugen, daß das Werk in der vorliegenden Form entstehen konnte:

Frau Gisela Barckow
Kpt. z. S. a. D. Fritz Berger
Kpt. z. S. a. D. Friedrich Böhme
Herr Rudolf Fetzer
Kpt. z. S. a. D. Heinrich Hoffmann
KKpt. Wirich von Gartzen
Vizeadmiral a. D. Leo Kreisch
FKpt. a. D. Friedrich Karl Paul
Kpt. z. S. a. D. Curt Rechel
KKpt. a. D. Carl-August Richter-Oldekop
Frau Ilse Schemmel
Konteradmiral a. D. Karl Smidt
Flottillenadmiral Carlheinz Vorsteher
FKpt. Heinrich Wittig
Flottillenadmiral a. D. Max Eckart Wolff
Lt. z. S. a. D. Horst Wolff

Das Bundesarchiv, Freiburg i. Br., stellte einen Arbeitsplatz zur Verfügung und machte das verfügbare Material zugänglich.

Die britische Botschaft, Bonn, Marineattaché Lieutenant-Colonel Waldemar Brown, gab wertvolle Hinweise.

Die deutsche Dienststelle für die Benachrichtigung der nächsten Angehörigen von Gefallenen der ehemaligen deutschen Wehrmacht, WASt, Berlin, stellte wertvolles Material zur Verfügung.

Das Imperial War Museum, London, stellte die britischen Fotos zur Verfügung.

Die Weltkriegsbücherei, Stuttgart, Leitung Prof. Dr. Jürgen Rohwer, stellte einige Werke zur Verfügung.

Die Zentralbibliothek der Bundeswehr, Düsseldorf, Direktor Dr. Sack, war – wie immer – hilfreich.

Im September 1973, Volkmar Kühn

## *Zu diesem Buch*

Dieses Buch von Volkmar Kühn enthält eine Fülle von historischem Material und von Aussagen persönlicher Teilnehmer an den geschilderten Einsätzen dieser Zerstörer und Torpedoboote. So hat der Verfasser eine wahrheitsgemäße Darstellung und ein sehr anschauliches Bild von den Kriegshandlungen dieser leichten Seestreitkräfte gegeben.

Und es wird unter Beweis gestellt, wie häufig diese Zerstörer und Torpedoboote verwandt worden sind und wie sehr, infolge der geringen Kräfte der deutschen Kriegsmarine den beiden stärksten Seemächten, England und der USA, gegenüber, der Einsatz der Zerstörer und Torpedoboote bis an die Grenze ihrer Leistungsfähigkeit erfolgen mußte.

So wird vom Verfasser gezeigt, daß die Besatzungen dieser Kriegsschiffe ihre Pflicht getan haben, in der seelischen Gemeinschaft aufgrund ihrer Kampf- und Opferbereitschaft.

Ich wünsche diesem so wertvollen Buch eine weite Verbreitung.

Mögen die in diesem Buch enthaltenen Erkenntnisse über den Zweiten Weltkrieg dazu beitragen, daß der Frieden der Welt erhalten bleibe!

Dönitz

Karl Dönitz
Großadmiral a. D.

## *Einleitung*

Der Torpedo entstand aus dem Gedanken, die Mine selbstbeweglich zu machen, die bisher stationäre Defensivwaffe zum Angriff einzusetzen. Ein Vorläufer war auch der Brander; ein brennendes Schiff, bei günstigem Wind an den Feind gebracht. 1558 sprengten die Holländer bei der Belagerung von Antwerpen durch die Spanier eine vom Feind besetzte Scheldebrücke mit einem Schiff, in dem drei Tonnen Pulver unter schußsicherer Vermauerung durch ein Uhrwerk zur Detonation gebracht wurden.

Solche Überlegungen und Unternehmungen hat es vielfach gegeben. Sie führten zu U-Bootskonzepten. Bushnells erfolgloses Tauchboot im amerikanischen Unabhängigkeitskrieg 1775 war in Idee und Konstruktion eine aktivierte Mine, und im amerikanischen Bürgerkrieg versenkte 1863 ein dicht unter der Oberfläche schwimmendes handgetriebenes Boot mit neun Mann Besatzung die Fregatte »Housatonic«; es trug die Sprengladung an einer langen Bugspiere und sank mit dem Gegner. Später wurde im selben Krieg das Panzerschiff »Albemarle« auf diese Weise versenkt, nachdem zuvor die Fregatte »Minnesota« schwer beschädigt worden war; diesmal nur konnte sich die Besatzung mit dem Boot retten, das bis zu seinem endgültigen Verlust dreimal gesunken, wieder gehoben und verwendet worden ist.

Es war eine Waffe der Schwachen gegen Übermacht, doch sie beschäftigte die Flottentechniker zumindest in der Theorie. Die Russen, früher Künstler des Minenwesens, zerstörten 1877 mit einem Spierenboot den türkischen Donaumonitor »Dubai Saise«, und die Engländer experimentierten als erste mit dem Torpedo als Schwimmkörper, an zwei Trossen ausgeschert geschleppt.

Doch die Admiralitäten sahen im Einsatz einer Unterwasserwaffe zum Angriff eine unwürdige Tücke. Der maschinell angetriebene Torpedo entstand aus einer Situation hoffnungsloser Unterlegenheit. Als die Österreicher 1859 auf der Reede von Kombur in der Bucht von Cattaro mit dem Eingreifen einer weit überlegenen französischen Interventionsflotte zugunsten der Italiener rechneten, waren sie »von dem niederdrückenden Gefühl völliger Wehrlosigkeit« beherrscht. Kapitän Luppis, Kommandant der Fregatte Bellona, schlief in diesem Sommer nicht, sondern zermarterte sein Hirn mit Erfindung unterseeischer Höllenmaschinen, die er der feindlichen Flotte entgegensenden wollte, um sie mit einem Schlage zu vernichten. Mit der ungefähren Idee des Torpedos im Kopf setzte er sich nach dem Kriege mit dem Ingenieur Whitehead in Fiume in Verbindung, der sie vervollkommnete und ausführte unter dem anfänglichen Namen Whitehead-Luppis-Torpedo. Luppis ließ sich indessen bereitfinden, seinen Namen durch Geld ablösen zu lassen.

So berichtet es der spätere deutsche Vizeadmiral Paschen, der bis 1867 in der österreichischen Marine gedient hatte. Bezeichnend für den zum Torpedo führenden Gedankengang ist seine Bezeichnung nach den Zitterrochen, die einen lähmenden elektrischen Schlag austeilen; die Whitehead-Torpedos wurden nach ihrer Form »Fischtorpedos« genannt, und auch der Brander hat die Österreicher im Erfindungsjahr noch beschäftigt; ein Angriff mit Brandern auf die französische Blockadeflotte vor Venedig wurde kurz vor Beginn nur durch den Frieden von Villafranca verhindert.

Durch den Whitehead-Torpedo nahm die Entwicklung des Torpedobootes wie des U-Bootes konkrete Formen an. Die deutsche Marine erbaute 1871 – 72 drei Spierentorpedoboote und stellte mit größeren »Torpedodampfern« Versuche an. Eine erste Serie von sieben Torpedobooten entstand 1881 – 82. Die deutsche Firma Schwarzkopf hatte den Whitehead-Torpedo weiterentwickelt. Entscheidend war ein Studienbesuch des Korvettenkapitäns Heusner mit dem Kapitänleutnant Tirpitz, dem späteren Großadmiral, bei Whitehead in Fiume. Tirpitz leitete als Kommandant des Avisos »Ziethen« und später der als Versuchs- und Schulschiff dienenden Korvette »Blücher« die Arbeit an der neuen Waffe, in einer Denkschrift von 1877 hat er ihre Bedeutung klar umrissen.

Tirpitz wurde Schöpfer der deutschen Torpedobootwaffe, seine methodische Entwicklungsarbeit war eine unbestrittene Glanzleistung, seemännisch wie handwerklich und technisch, stets unter vorausschauendem taktischem und strategischem Aspekt.

Er war Gegner des Caprivi-Konzepts, einer als Flankenschutz der Armee defensiven Flotte, doch Caprivi förderte auch die Torpedoboote unter seinem Aspekt.
Über die »S«-Boote (S für die Bauwerft Schichau) gelangte Tirpitz 1886 zu den D-Booten, die zunächst als Führer-(Divisions-)Boote gedacht waren, aber wegen ihrer besseren Seefähigkeit zum Prototyp der klassischen deutschen Torpedobootstypen wurden.
Im ganzen verlief die Entwicklung bei allen Flotten auf etwa gleichen Linien; die Engländer stellten jedoch angesichts ihrer in Frage kommenden Operationsgebiete und zur Sicherung ihrer Überlegenheit schon früh auf größere Boote ab. Als Kampfmittel gegen Torpedoboote entstand bei ihnen der Zerstörer, »Destroyer«, ausgehend von Flottillenführertypen. Bei ihnen wurde der Zerstörer zum Standardtyp, während Tirpitz beim kleineren Torpedoboot blieb; die Operationspläne beider Seiten sahen zu dieser Zeit eine enge Blockade der Deutschen Bucht vor.
Trotz ihrer Unterlegenheit in Größe und Bewaffnung haben die deutschen Boote sich im 1. Weltkrieg bravourös geschlagen; nur als Beispiel ist die Attacke zu erwähnen, mit der sie in einer entscheidenden Phase der Skagerrakschlacht das Feuer der britischen Flotte von den im Gefecht wendenden deutschen Streitkräften abzogen und Jellicoe zwangen, die Umklammerung zu lösen.
Bei den gegnerischen Flotten trugen Torpedoboote und Zerstörer bedeutend zum Kriegsverlauf bei. Aus der scheinbaren Zweckentfremdung als Schutz für Geleitzüge (Konvois) wurde vor allem bei den Engländern und Amerikanern eine typische Zerstöreraufgabe: die U-Bootabwehr und -bekämpfung.
Der deutschen Reichsmarine blieben nach Versailles nur Boote eines kleinen Vorkriegstyps, nachdem es gegen Ende des Krieges bereits deutsche Zerstörer gegeben hatte. Die ersten Neubauten, im Hinblick auf die Bedingungen von Versailles Torpedoboote genannt, galten im internationalen Vergleich aber als Zerstörer.
Am 24. 3. 1926 lief das erste Boot des neuen Typs, einer bemerkenswerten Leichtbaukonstruktion, vom Stapel. Es hieß »Möwe« und wurde bereits am 1. 10. 1926 in Dienst gestellt. Ihm folgten bis zum Jahre 1928 die Boote »Greif«, »Seeadler«, »Albatros«, »Kondor« und »Falke«. Diese Boote hatten eine Wasserverdrängung von 924/1290 tons. Ihre Maschinen von 23.000 PSw erzielten 34 kn Höchstfahrt. Der Fahrbereich betrug 3.600 sm bei 17 kn Fahrt.

Hinzu kamen ferner nicht weniger als 43 Boote, die, entweder erbeutet – so 4 norwegische T-Boote – oder, auf ausländischen Werften im Bau befindlich, von der Kriegsmarine fertiggestellt und unter deutschem Namen, z. B. die ex-norwegischen Boote als »Löwe«, »Leopard«, »Panther« und »Tiger«, oder als »Torpedoboote-Ausland« (TA) 9 bis 12, 14 bis 33, 35 bis 49, in Dienst gestellt wurden. (Die nicht aufgeführten Boote TA 1 bis 6 (franz.), 7 und 8 (ex-norw. Zerstörer-Neubauten ZN 4 und 5), 13 (franz.) und 34 (ex-ital.) konnten von der Kriegsmarine nicht mehr fertiggestellt werden und wurden, soweit sie nicht durch Sabotage oder Luftangriffe bereits zerstört waren, im jeweiligen Bauzustand bei Aufgabe der Werften selbst gesprengt.

Als der Zweite Weltkrieg ausbrach, standen bei der Kriegsmarine 32 Zerstörer und Torpedoboote im Dienst. England besaß 183 solcher Boote und die französische Marine hatte 72 Einheiten in Dienst gestellt. (Siehe Anlage: DIE ZERSTÖRER DER KRIEGFÜHRENDEN STAATEN).

Im November 1939 wurde der große Verband des F. d. T. geteilt. Und zwar wurde der Stab des F. d. T. in Führer der Zerstörer – F. d. Z. – umbenannt. Ein neuer Stab Führer der Torpedoboote – F. d. T. – wurde aufgestellt. Ihm unterstanden nunmehr sämtliche Torpedoboote und Schnellboote.

F. d. Z. und F. d. T. unterstanden ihrerseits dem Befehlshaber der Aufklärungsstreitkräfte – B. d. A. – und ab 1. 8. 1940 direkt dem Flottenkommando.

Der Stab des F. d. T. wurde im April 1942 aufgelöst. Von diesem Zeitpunkt an traten die Torpedoboot-Flottillen wieder unter den F. d. Z., während die Schnellboot-Flottillen zum neugeschaffenen Kommandostab des Führers der Schnellboote – F. d. S. – traten.

Bei besonderen Einsätzen unterstanden der F. d. Z. und der F. d. T. den jeweiligen Bereichs-Seebefehlshabern, die operative Führungsstellen waren.

Im Laufe des Krieges wurden immer wieder einzelne Zerstörer vorübergehend im Einsatzraum oder für Unternehmungen abgezweigt und truppendienstlich anderen Flottillen unterstellt. Dennoch blieb auch dann ihre organisatorische Zugehörigkeit zur Stammflottille bestehen.

Insgesamt wurden während des Zweiten Weltkrieges neun deutsche Torpedoboot-Flottillen aufgestellt, die auf den verschieden-

Hinzu kamen ferner nicht weniger als 43 Boote, die, entweder erbeutet – so 4 norwegische T-Boote – oder, auf ausländischen Werften im Bau befindlich, von der Kriegsmarine fertiggestellt und unter deutschem Namen, z. B. die ex-norwegischen Boote als »Löwe«, »Leopard«, »Panther« und »Tiger«, oder als »Torpedoboote-Ausland« (TA) 9 bis 12, 14 bis 33, 35 bis 49, in Dienst gestellt wurden. (Die nicht aufgeführten Boote TA 1 bis 6 (franz.), 7 und 8 (ex-norw. Zerstörer-Neubauten ZN 4 und 5), 13 (franz.) und 34 (ex-ital.) konnten von der Kriegsmarine nicht mehr fertiggestellt werden und wurden, soweit sie nicht durch Sabotage oder Luftangriffe bereits zerstört waren, im jeweiligen Bauzustand bei Aufgabe der Werften selbst gesprengt.

Als der Zweite Weltkrieg ausbrach, standen bei der Kriegsmarine 32 Zerstörer und Torpedoboote im Dienst. England besaß 183 solcher Boote und die französische Marine hatte 72 Einheiten in Dienst gestellt. (Siehe Anlage: DIE ZERSTÖRER DER KRIEGFÜHRENDEN STAATEN).

Im November 1939 wurde der große Verband des F. d. T. geteilt. Und zwar wurde der Stab des F. d. T. in Führer der Zerstörer – F. d. Z. – umbenannt. Ein neuer Stab Führer der Torpedoboote – F. d. T. – wurde aufgestellt. Ihm unterstanden nunmehr sämtliche Torpedoboote und Schnellboote.

F. d. Z. und F. d. T. unterstanden ihrerseits dem Befehlshaber der Aufklärungsstreitkräfte – B. d. A. – und ab 1. 8. 1940 direkt dem Flottenkommando.

Der Stab des F. d. T. wurde im April 1942 aufgelöst. Von diesem Zeitpunkt an traten die Torpedoboot-Flottillen wieder unter den F. d. Z., während die Schnellboot-Flottillen zum neugeschaffenen Kommandostab des Führers der Schnellboote – F. d. S. – traten. Bei besonderen Einsätzen unterstanden der F. d. Z. und der F. d. T. den jeweiligen Bereichs-Seebefehlshabern, die operative Führungsstellen waren.

Im Laufe des Krieges wurden immer wieder einzelne Zerstörer vorübergehend im Einsatzraum oder für Unternehmungen abgezweigt und truppendienstlich anderen Flottillen unterstellt. Dennoch blieb auch dann ihre organisatorische Zugehörigkeit zur Stammflottille bestehen.

Insgesamt wurden während des Zweiten Weltkrieges neun deutsche Torpedoboot-Flottillen aufgestellt, die auf den verschiedensten Kriegsschauplätzen im Einsatz standen. Einige dieser Flottillen wurden dabei nach ihrer Auflösung infolge von Verlusten neu aufgestellt. (Siehe Anlage: DIE DEUTSCHEN TORPEDO-BOOT-FLOTTILLEN).

Aus den zu Beginn des Zweiten Weltkrieges bestehenden vier Zerstörer-Flottillen wurden nach den Verlusten im Norwegen-Feldzug die 5. und 6. Zerstörer-Flottille neu gebildet. Die 8. Zerstörer-Flottille »Narvik« kam hinzu, desgleichen ab Oktober 1942 die 4. Zerstörer-Flottille. Weitere Neubauten dienten der Wiederauffüllung bestehender Flottillen nach Verlusten. (Siehe Anlage: DIE DEUTSCHEN ZERSTÖRER-FLOTTILLEN).

Torpedoboote und Zerstörer wurden auf allen Seekriegsschauplätzen eingesetzt. Ihre Aufgaben waren mannigfaltig. Insbesondere die neuen Zerstörer waren in der Lage, weite Seestrecken zurückzulegen. So wurde denn auch bald ihr Einsatz, über den als Torpedoträger und zur Vernichtung feindlicher Torpedoboote hinaus, bedeutend erweitert.

Der Zerstörer, der sich aus den ersten winzigen Torpedobooten der letzten Jahre des 19. Jahrhunderts entwickelt hatte, wuchs weiter, bis er die »Statur« eines leichten Kreuzers erhalten hatte.

Diese schnellen Schiffe mit ihrer starken Bewaffnung wurden im Zweiten Weltkrieg zu »Mädchen für alles«. Die Vielfalt ihrer Möglichkeiten ließ sie bald zu jeder Verwendung als geeignet erscheinen.

Diese Zerstörer, die immer in hochgradiger Bereitschaft sein mußten, um rechtzeitig jeden auftretenden Gegner bekämpfen zu können, wurden zu Helfern für schwächere Schiffe. Sie wurden die Augen und Ohren einer jeden Flotte. Ein Radarschirm gegen Angriffe von Überwasserstreitkräften oder Flugzeugen gehörte mit fortschreitender technischer Entwicklung ebenso zu ihrer Ausrüstung mit Ortungsmitteln, wie Horch- und »aktive« Unterwasserschall-Geräte, die als »Schirm« gegen Unterwasserangriffe dienten. Damit schützten sie als Geleitschiffe auch schwere Einheiten vor Angriffen. Ausgerüstet mit mannigfachen Angriffswaffen und mit Maschinen ausgestattet, die bis zu 70.000 Pferdestärken entwickelten, konnten sie ihre eigenen Waffen mit 38 Knoten Geschwindigkeit an den Feind bringen. Im blitzschnellen Zustoß trafen Zerstörer ihre Ziele: Das Schlachtschiff mit dem Torpedo, das U-Boot mit der Wasserbombe, Flugzeuge, Schnellboote und andere Einheiten mit der Artillerie und die feindlichen Häfen und Buchten mit ihren Minen. So wurde der Zerstörer zur größtmöglichen Waffenkonzentration in einem leichtgewichtigen Kämpfer der See.

Im Kriege sicherten Zerstörer die Seewege und die ihnen anvertrauten Schiffe. Sie machten Angriffe des Gegners auf Handels- und Kriegsschiffe zunichte und standen in Märschen von tausenden von Seemeilen in einem unablässig andauernden Abwehrkampf.

Kein Einsatz war diesen Schiffen zu klein und keiner zu groß! Selbst die ältesten Torpedoboote der Vorkriegs-Aera dienten noch im Zweiten Weltkrieg als Minenleger und Minensucher, und einige von ihnen waren auch im Mannschafts- und Materialtransport eingespannt. Einige erhielten Plattformen für Flugzeuge. Wieder andere wurden für Spezialaufgaben ausgestattet.

Außer den Flugzeugen waren es – vor allem auf Seiten der Alliierten – die Zerstörer-Eskorten für Geleitzüge über den Atlantik und in allen Teilen der »Sieben Meere«, denen es die Alliierten zu verdanken hatten, daß diese Geleitzüge durchkamen, und daß ab Juni 1943 die deutsche U-Boot-Führung beim Einsatz der U-Boote nach 45monatiger Schlacht im Atlantik immer stärkere Verluste erlitt und erheblich geringere Erfolge erzielen konnte.

In diesen Kämpfen standen auch die Zerstörer immer auf der Abschußliste, was der Verlust von 149 britischen und fünf der in die *Royal Navy* eingegliederten fremden Zerstörern während des Zweiten Weltkrieges unter Beweis stellt. Daß auch die Kriegsmarine 27 Zerstörer und 74 Torpedoboote (einschließlich der erbeuteten Einheiten) verlor, bestätigt dies. Die *US-Navy* verlor im Pazifik 57, im Atlantik 25 Zerstörer.

Damit hatte sich der Charakter der Zerstörer bedeutend gewandelt. Die Zerstörer der ersten Stunde, die auf Torpedoboote angesetzt wurden, um jene zu vernichten, hatten eine Vielzahl weiterer bemerkenswerter Aufgaben erhalten.

Durch die Zerstörer erhielten die Flottenkampfgruppen ihre Sicherungsstreitkräfte. Deutsche Zerstörer geleiteten Hilfskreuzer durch das Auslaufgebiet, sie brachten Blockadebrecher auf den Weg, nahmen japanische U-Boote auf und sicherten Transportwege. Durch die Zerstörer erhielten die anglo-amerikanischen Flugzeugträgergruppen ihren Schutz gegen Luftangriffe, denn

mit ihren zahlreichen Flawaffen waren sie in der Lage, auch massierten Luftangriffen zu begegnen.
Für die Zerstörer aller seekriegführenden Nationen wurde der Zweite Weltkrieg eine bittere Schlacht, denn sie standen überall und auf jeder Seite des Zaunes in vorderster Front im Einsatz. Sie kämpften gegen Landbatterien und gegen überlegene Schlachtschiff- und Kreuzerverbände und vor allem gegen ihren Hauptfeind – die U-Boote, die wiederum viele Zerstörer vernichteten.
Von allen diesen Einsätzen soll im vorliegenden Werk berichtet werden: Vom Kampf und Untergang der deutschen Torpedoboote und Zerstörer, aber auch vom Einsatz ihrer Widersacher auf den Seiten der Gegner; in der Ostsee wie in der Nordsee, im Nordmeer wie in der Sibirischen See, im Kanal wie im Atlantik war es ein Kampf gegen rauhe See und ebenbürtige Gegner. Er wurde mit großer Erbitterung geführt, aber immer wieder kam so etwas wie Bruderschaft auf See zum Ausdruck, immer wieder hörte man an Bord des obsiegenden Schiffes jene bezeichnenden Worte: »Es sind doch auch Seeleute«, wenn es darum ging, die in der See treibenden Schiffbrüchigen zu retten.
Ihre letzte große Zerreißprobe und Bewährung aber erlebten die deutschen Torpedoboote und Zerstörer in einer Aufgabe, die ihr nicht auf den Leib geschrieben war. Es waren jene Fahrten in der Ostsee, in denen sie Tausende, ja Zehntausende Menschen – Zivilpersonen und Soldaten wie Verwundete – aus dem Osten retteten. Bis zum 10. Mai standen sie in diesem Einsatz. Im Bombenhagel feindlicher Luftgeschwader, im Torpedobeschuß feindlicher Motortorpedoboote (MTB) und U-Boote wagten sie das Letzte, um Menschen zu retten. Dabei immer den eigenen Untergang und den Tod der gesamten Besatzung riskierend.
Daß dieses Werk geschrieben werden konnte, ist vielen Soldaten der Kriegsmarine, Offizieren und Kommandanten, Flottillenchefs und dem letzten Führer der Zerstörer, Vizeadmiral Leo Kreisch, zu verdanken.
Folgen wir diesen Booten in einen Einsatz, dessen ganze Schwere nur erahnt werden kann.

Zerstörer »Georg Thiele« (Typ 34)

Zerstörer »Hans Lüdemann« (Typ 36) bei Meilenerprobungen mit Höchstfahrt

Zerstörer »Karl Galster« (Typ 36) mit verbessertem Vorsteven (»Klippersteven«) auf Werftprobefahrt, noch nicht unter Reichskriegsflagge

Britischer Zerstörer »Scimitar« der S-Klasse

Britischer Zerstörer »Forester« der F-Klasse

Die 5. Torpedobootflottille (Raubvogelklasse) im Verband – »Greif«, »Möwe«, »Kondor« und »Falke«

Torpedoboot »Wolf« (Raubtierklasse) in der Biskaya

Torpedoboot (Typ 35) auf Kriegsmarsch

Flottentorpedoboot (Typ 39) bei hoher Fahrt (im Kriege mit Tarnanstrich)

Britischer Zerstörer der »Hunt«-Klasse

Teil I

# *Der Krieg beginnt:*

»DIE KRIEGSMARINE FÜHRT HANDELSKRIEG MIT SCHWERPUNKT GEGEN ENGLAND«

Diese Weisung Nr. 1 des Oberkommandos der Wehrmacht stellte den Oberbefehlshaber der Kriegsmarine bei Kriegsbeginn vor eine beinahe unlösbare Aufgabe. Am 1. 9. 1939 stand ein großer Teil der deutschen Kriegsmarine in der Ostsee, wo sie unter Befehl des Marinegruppenkommandos Ost, Oberbefehlshaber Generaladmiral Albrecht, die Danziger Bucht blockieren sollte. Es waren dies der Befehlshaber der Aufklärungsstreitkräfte – B.d.A. –, Vizeadmiral Densch, mit den leichten Kreuzern »Nürnberg«, »Leipzig« und »Köln« sowie der Führer der Torpedoboote – F.d.T. –, Konteradmiral Lütjens, mit den Zerstörern »Leberecht Maass«, »Georg Thiele«, »Richard Beitzen«, »Friedrich Ihn«, »Erich Steinbrinck«, »Friedrich Eckoldt«, »Bruno Heinemann«, »Wolfgang Zenker« und »Bernd von Arnim«. Hinzu kam die 1. Schnellboot-Flottille mit ihrem Begleitschiff »Tsingtau«.

Der Führer der Minensuchboote – F.d.M. –, Kapitän z. See Ruge, nahm mit seinen Booten ebenso teil wie der Führer der U-Boote Ost, Fregattenkapitän Schomburg, mit zehn U-Booten.

Am 2. 9. unternahm der F.d.T. einen Vorstoß gegen Hela. Beteiligt war das Gros der Boote, während einige Einheiten zum Schutz der leichten Kreuzer detachiert waren. Die Zerstörer eröffneten das Feuer auf die hier stationierten Batteriestellungen. Im Duell mit einer polnischen 15-cm-Landbatterie erzielten die Zerstörer Treffer. Aber auch »Leberecht Maass« wurde von mehreren Granaten dieser Batterie getroffen. Der polnische Zerstörer »Wicher« sowie der polnische Minenleger »Gryf« griffen in den Kampf ein. Sie wurden mehrfach getroffen.

Einen Tag später erfolgte die Kriegserklärung Großbritanniens und Frankreichs an Deutschland.

Am 4. 9. begleitete T 196, ein Torpedoboot des Ersten Weltkrieges, das als Schulschiff dienende Linienschiff »Schleswig-Holstein« und das Räumboot-Begleitschiff »von der Groeben« zur Beschießung der Westerplatte, einer polnischen Befestigung an der Danziger Weichselmündung.
An und für sich hätten auch Zerstörer bei diesem Unternehmen dabei sein sollen, doch der F. d. T. hatte Befehl erhalten, an diesem Tage mit allen seinen Einheiten in die Nordsee zu verlegen. Der Zerstörer »Bruno Heinemann« hatte gleich in den ersten Tagen in der Ostsee einen Defekt gehabt, er mußte wegen Bruchs der Speisewasserleitung nach Wilhelmshaven in die Werft. Ebenso hatten weitere Zerstörer, darunter die 5. Z.-Div. mit »Diether v. Roeder«, »Hans Lüdemann« und »Hermann Künne«, bereits in den ersten Septembertagen in die Nordsee verlegt. Die Aufgaben bestanden dort zunächst im Legen der »Westwall«-Minensperren und in der Führung von Handelskrieg.

## ERSTE UNTERNEHMUNGEN BEIDER SEITEN: DEFENSIVE MINENSPERREN

Folgende Einheiten standen dem F. d. T., der zu diesen Operationen dem B. d. A. unterstellt war, zur Verfügung:

1. Zerstörer-Flottille – Flottillenchef: Kpt. z. S. Meisel
   »Georg Thiele«, »Richard Beitzen«, »Friedrich Ihn«, »Erich Steinbrinck«, »Friedrich Eckoldt«, »Max Schultz«.
2. Zerstörer-Flottille – Flottillenchef: Kpt. z. S. Bonte
   »Theodor Riedel«, »Hermann Schoemann«, »Bruno Heinemann«, »Leberecht Maass«, »Paul Jacobi«.
4. Zerstörer-Flottille – Flottillenchef: FKpt. Bey
   »Bernd von Arnim«, »Hans Lody«, »Erich Giese«, »Wolfgang Zenker«.
5. Zerstörer-Division – Divisionschef: FKpt. H. Hartmann
   »Diether von Roeder«, »Hans Lüdemann«, »Hermann Künne«, »Karl Galster«.

»Erich Koellner« und das neue Führerboot »Wilhelm Heidkamp« befanden sich noch im Erprobungsverhältnis.

5. Torpedoboot-Flottille – Flottillenchef: KKpt. Heyke
   »Greif«, »Möwe«, »Albatros«, »Kondor«, »Falke«.

6. Torpedoboot-Flottille – Flottillenchef: KKpt. Waue
»Leopard«, »Seeadler«, »Iltis«, »Wolf«, »Luchs«, »Jaguar«.

Dem B. d. A. standen die Kreuzer »Nürnberg«, »Leipzig«, »Köln«, »Königsberg« und »Emden« zur Verfügung. Ferner: Minenschiffe »Cobra«, »Kaiser«, »Roland«.

Am selben Tage schiffte sich die Vorausabteilung des britischen Expeditionskorps in Portsmouth auf Zerstörern zur Überfahrt nach Cherbourg ein. Auch hier waren es Zerstörer, welche die ersten Unternehmungen fuhren. Sie sollten kein Jahr später die Rückführung des britischen Expeditionsheeres aus Frankreich maßgeblich durchführen.

Die »Westwall«-Minensperren, die in den nächsten Tagen gelegt wurden, bildeten von der Westgrenze der deutschen Küste nach Norden einen Schutzriegel vor der Deutschen Bucht gegen das Einbrechen englischer Seestreitkräfte.

Im direkten Gegenzug waren es die britischen Zerstörer »Esk« und »Express«, die in der Nacht zum 10. September die erste Minensperre vor den vermuteten deutschen Auslaufwegen im deutschen Minenwarngebiet legten. In den darauffolgenden fünf Nächten warfen die britischen Minenleger »Adventurer« und »Polver« mit einigen Hilfsminenschiffen nicht weniger als 3.000 Minen in der Straße von Dover. Die Sicherungsgruppe bestand aus dem Kreuzer »Cairo« und der 19. Zerstörer-Flottille, deren neun Boote in Dover stationiert waren.

Am 15. 9. lief der erste Atlantikkonvoi »HX 1« aus Halifax (Kanada) aus. Mit ihm unternahmen die ersten britischen Geleit-Zerstörer den weiten, gefährlichen Weg über den Atlantik.

Nach dem Legen der Westwall-Minensperren begannen deutsche Zerstörer und Torpedoboote den »Handelskrieg gegen England«.

## HANDELSKRIEG GEGEN DIE ENGLISCHEN SEEVERBINDUNGEN

Da nicht weniger als 2.500 Schiffe aller Größen tagtäglich für den Inselstaat England in See standen, waren dazu einmal das Führen von Handelskrieg auf hoher See und zum anderen das Legen offensiver Minensperren auf den Wegen des alliierten Schiffsverkehrs erfolgversprechend.

So begann am 26. September der mit Zerstörern und Torpedo-

booten geführte Handelskrieg. In den ersten drei Tagen dieser im Skagerrak durchgeführten Aktionen wurden 45 Handelsschiffe angehalten und nach der Prisenordnung durchsucht. Dabei gelang es dem Kommandanten von »Bernd von Arnim«, KKpt. Rechel, zwei dänische Butterdampfer anzuhalten, deren Ladung für England bestimmt war und die gemäß der Prisenordnung konfisziert wurden.
Die zweite Operation dieser Art begann am 30. 9. und dauerte bis zum 6. 10. an. Diesmal wurden im Skagerrak und Kattegatt insgesamt 72 weitere Handelsschiffe angehalten und untersucht. Immer wieder wurden Dampfer als Prise beschlagnahmt und nach deutschen Häfen in Marsch gesetzt. Über sie bestimmte der Prisenhof in Hamburg.
Inzwischen wurden offensive Minenunternehmungen von Zerstörern gegen die Themsemündung sowie die Humbermündung geplant. Diesen Unternehmungen ging am 7. Oktober ein Vorstoß des Flottenchefs, Admiral Boehm, mit der »Gneisenau«, dem leichten Kreuzer »Köln« und neun Zerstörern in die nördliche Nordsee bis zur Westküste Norwegens voraus. Es war die Absicht dieser Operation, die britische Home Fleet in den Bereich einer U-Bootaufstellung zu ziehen und sie auch für die deutsche Luftwaffe erreichbar zu machen. Dieser Versuch schlug fehl. Zwar liefen nach Meldung des Verbandes durch ein Flugzeug noch am frühen Morgen des 8. 10. die Schlachtkreuzer »Hood« und »Repulse« mit den Kreuzern »Aurora« und »Sheffield« sowie vier Zerstörern aus Scapa Flow aus. Aber sie steuerten mit Höchstfahrt eine Position 50 Seemeilen nordwestlich von Stadtlandet vor der Küste Mittelnorwegens an. Eine Stunde darauf verließ auch die Humber Force den Firth of Forth mit Kurs auf den Ausgang des Skagerraks, von wo aus sie auf Nordkurs ging, in der Hoffnung, die deutschen Schiffe abzufassen, wenn sie zurückkehrten. Um 06.40 Uhr des 8. 10. schließlich verließ Admiral Forbes mit der Hauptstreitmacht der Flotte, der »Nelson«, »Rodney«, »Furious«, »Newcastle« und acht Zerstörern Scapa Flow und lief mit äußerster Kraft (AK) auf eine Position nordostwärts der Shetlands, während die »Royal Oak« und zwei Zerstörer westlich des Fair Isle-Kanals (zwischen Shetlands und Faröern) patrouillierten.
Am 9. 10. wurde die Home Fleet zwar wiederholt von deutschen

Bombern angegriffen, doch diese Angriffe verliefen erfolglos. Einige hundert Bomben wurden geworfen, ohne eines der Schiffe zu treffen, deren Flakabwehr zu dicht war.
Von der Abfangposition zwischen den Shetlands und der norwegischen Küste aus steuerte Admiral Forbes seinen Verband in die Gewässer zwischen den Faröern und Island. Hier hatte er eine letzte Chance, die »Gneisenau« abzufangen, von der die britische Admiralität vermutete, daß sie zum Kreuzerkrieg in den Atlantik ausbrechen würde. Aber der deutsche Verband hatte bereits in der Nacht zum 9. Oktober auf Südkurs gedreht und lief kurz nach Mitternacht des 9. 10. wieder in Kiel ein.

## OFFENSIVE MINENUNTERNEHMUNGEN VOR ENGLANDS KÜSTEN

An dem Tage, da die deutsche Seekriegsleitung den vollen Waffeneinsatz gegen alle feindlichen Handelsschiffe freigab – von dem nur Passagierschiffe ausgenommen waren – begannen auch die offensiven Minenunternehmungen. Führer dieser Unternehmungen war der F. d. T., KAdm. Lütjens. Sein Befehl lautete:
»Die Einfahrten zur Themse und der von Norden zum Humber führende Seeweg sind wirksam mit Minen zu verseuchen.«
Daß dies nicht so einfach war, war allen Kommandanten klar, denn den Gruppen der deutschen Zerstörer, die zudem noch durch die Minenladungen im Gefecht nicht voll einsatzbereit waren, standen auf der Seite des Gegners nicht nur die Royal Air Force gegenüber, sondern auch sämtliche Küstenwach-Einheiten, zu denen Zerstörer und Kreuzer gehörten, Küstenbatterien und Scheinwerferstellungen. Nicht unterschätzt werden durfte auch der Vorteil deren genauer Ortskenntnisse. Hinzu kam, daß Sturm und Nebel immer wieder die Durchführung der gesetzten Aufgaben vereitelten. So ist es nicht verwunderlich, daß nicht weniger als fünf angesetzte Minenoperationen wegen schlechten Wetters verschoben werden mußten. Darüber hinaus waren in acht Fällen Ausfälle der Maschinenanlagen der Zerstörer Grund zur Aufschiebung eines Unternehmens.
Es war den Zerstörern nicht möglich, mit der schweren Minenlast ständig Höchstfahrt zu laufen. Daß dennoch in der Zeit vom

17. 10. 1939 bis zum 10. 2. 1940 rund 1.800 Minen vor den Häfen und Flußmündungen der englischen Ostküste gelegt werden konnten, ist eine einmalige Leistung der Zerstörer geblieben, die vor der Tür des Gegners operierten.
Die errungenen Erfolge rechtfertigten das von der deutschen Seekriegsleitung (SKL) eingegangene hohe Risiko. Im Oktober – November 1939 sanken allein auf den im Oktober gelegten Minen 3 Kriegsschiffe, ein Trawler und 26 Handelsschiffe mit 115.000 BRT. Der britische Historiker Peter Young schilderte die Wirksamkeit dieser Minen folgendermaßen:
»Im November 1939 war nur noch ein einziges Fahrwasser in die Themse hinein offen. Damit wäre die Versorgung des Landes über die Ostküste beinahe zum Erliegen gekommen.« *)
Am 17. 10. 1939 liefen unter der Führung von KAdm. Lütjens die Zerstörer »Wilhelm Heidkamp«, »Friedrich Eckoldt«, »Diether von Roeder«, »Karl Galster«, »Hans Lüdemann« und »Hermann Künne« zum ersten Minenunternehmen aus. Lassen wir dieses Unternehmen von Bord des Führerbootes aus Revue passieren.
Der Zerstörer »Wilhelm Heidkamp« und zwei weitere lagen in Wilhelmshaven an der Pier, während die drei Zerstörer, die zum Minenwerfen vorgesehen waren, auf der Jade (Schillig-Reede) vor Anker lagen. Bei Anbruch der Dunkelheit kamen bei diesen Leichter längsseits und übergaben ihnen je 60 Minen. Nachdem die Arbeit der Minenübernahme beendet war, erfolgte die Klarmeldung.
Bald darauf kam auf »Wilhelm Heidkamp« der F.d.T., Konteradmiral Lütjens, der diese erste offensive Minenunternehmung führen würde, an Bord. Wenig später legten die Boote ab, die drei Zerstörer verließen »Schlicktaun«, wie die Männer der Marine Wilhelmshaven seit Jahrzehnten spöttisch-liebevoll nannten. Beim Passieren der Schillig-Reede schlossen sich ihnen die »Minenträger« an.
Erst zwei Stunden später, die Zerstörer liefen in der Nordsee nordwestlichen Kurs, schrillten die Bootsmannsmaaten-Pfeifen den Allemannspfiff:
»Alle Mann achteraus!«
Die Frei- und Vorwachen eilten nach achtern und traten auf der

*) Young, Peter: »World War 1939–1945« London 1966.

Schanz an. Der Erste Offizier nahm die Meldung der Divisionsoffiziere entgegen und meldete dann dem Kommandanten die Besatzung. Korvettenkapitän Erdmenger, im dicken Wachmantel, die weiße Mütze über dem Ohr, stand über dem fünften Geschütz. Er erklärte den Männern seines Bootes den Auftrag:
»Wir führen ein offensives Minenunternehmen vor der Humbermündung durch!«
Dann trat die Besatzung wieder weg. Die Marschfahrt ging weiter, dem Ziel entgegen. Einmal gab es Fliegeralarm, die Alarmglocken gellten. In Kiellinie ging es in der Dämmerung durch die Lücke der eigenen Minenfelder. Dann lagen die eigenen Sperren hinter den Booten, und mit hohen Umdrehungen der Schrauben liefen sie westnordwestwärts, der Humbermündung und Spurn Head entgegen.
Alle Gefechtsstationen waren besetzt, als sich die Boote dem englischen Warngebiet näherten. Sämtliche Schotten waren geschlossen. In den Zentralen, auf den Leckstationen und an den Maschinen standen jene Seelords, die blindlings auf die Ereignisse warten mußten. Ihre Kameraden auf der Brücke, an Deck bei den Geschützen und Maschinenwaffen zur Fliegerabwehr (FlaMW), an den Torpedorohrsätzen und die Maschinengefechtsdienst-Gruppen hatten es besser; sie sahen wenigstens etwas.
Steuerbord querab tauchten einige Lichter auf. Es schienen Fischdampfer zu sein. Ungesehen kamen die Zerstörer durch und wenig später gab der F.d.T. den Befehl, auf den alle warteten:
»Entlassen nach Plan!«
Auf allen Booten wurde kurz »Verstanden« gemorst. Die Minenträger drehten nach Norden und Süden, während die Sicherungszerstörer in der Mitte blieben, um jeder Gruppe sofort zur Hilfe eilen zu können. Von den Maschinengeräuschen war nun, da sie kleine Fahrtstufe liefen, nur das Brummen der Kesselgebläse und Maschinenraumlüfter zu vernehmen. Auf der Schanz ging der Sperroffizier daran, die letzten Vorbereitungen zu treffen. Alles andere stand auf Klarschiff-Stationen.
»Klar zum Minenwerfen!« gab der Befehlsübermittler an den Sperroffizier weiter.
»An Brücke! Schanz ist klar zum Werfen!« hallte die Stimme des Offiziers zurück. Dann noch eine kurze Schwenkung und schon erfolgte der erste Befehl:

»Steuerbordmine klar zum Werfen!«
Der an der Mine stehende Bootsmann riß die letzten Sperren aus der Schiene. Noch ein Blick des Oberleutnants auf die Stoppuhr.
»Steuerbordmine wirf!«
Die erste Mine fiel über die Abwurfbühne in die See und dann ging es Schlag auf Schlag in genauen Abständen:
»Backbordmine wirf!«
»Steuerbordmine wirf!«
»Backbordmine wirf . . .!«
»Letzte Mine geworfen!« lautete schließlich die Meldung des Sperroffiziers, und erst jetzt wich die aufgestaute Spannung, denn von nun an war der Zerstörer auch wieder voll abwehrbereit.
Konteradmiral Lütjens ließ über Sprechfunk an alle Boote durchgeben, daß er mit der Leistung zufrieden sei. Dann drehten die Zerstörer, bildeten Kiellinie, in der sie mit hoher Fahrt zurückliefen. Am Abend des 18. Oktober lagen alle Boote wieder in Wilhelmshaven. Der erste Mineneinsatz vor der englischen Ostküste war zu Ende.
Auf diesen unbemerkt vor der Humbermündung gelegten Minen sanken sieben Handelsschiffe mit 25.825 BRT.
Im November 1939 wurde der F. d. T. in Führer der Zerstörer – F. d. Z. – umbenannt. Ein neuer F. d. T., Kpt. z. S. Bütow, wurde eingesetzt. Neuer F. d. Z. wurde Kapitän z. S. Bonte. Unter seiner Führung fand das zweite offensive Minenunternehmen vom 12. bis 13. 11. 1939 statt. Ziel der Operation war diesmal die Themsemündung. Auf »Karl Galster«, KKpt. Frhr. von Mauchenheim gen. Bechtolsheim, führte Kommodore Bonte diese Operation, der eine Reihe von ausgefallenen und abgebrochenen Unternehmungen vorangegangen war. Mit dabei waren »Wilhelm Heidkamp«, KKpt. Erdmenger, »Hermann Künne«, KKpt. Kothe, und »Hans Lüdemann«, KKpt. Friedrichs. Diese Minenunternehmung wurde zu einer der erfolgreichsten, denn auf den gelegten Minen gingen der britische Zerstörer »Blanche« und 13 Handelsschiffe mit insgesamt 48.728 BRT verloren.
Um das Sicherheitsrisiko so gering wie möglich zu halten, liefen unter Führung des B. d. A., VAdm. Densch, die leichten Kreuzer »Nürnberg« und »Köln« sowie die 6. T.-Fl. mit »Leopard«, »Seeadler«, »Iltis« und »Wolf« aus und nahmen die zurückkehrenden Zerstörer auf. Doch diese Vorsichtsmaßnahme wäre

nicht nötig gewesen, denn die eingesetzten Zerstörer hatten es in der dunklen Nacht wieder einmal mehr verstanden, unbemerkt bis in die Höhle des Löwen zu gelangen. In navigatorisch und seemännisch guten Leistungen waren sie bis zur Themsemündung gelaufen und hatten dort die tödlichen Eier gelegt.
In Wilhelmshaven, wohin sie zurückgelaufen waren, wurde am 14. 11. ein ungenügender Klarzustand sämtlicher Zerstörer festgestellt, so daß das an diesem Abend geplante Auslaufen unterblieb. Darüber hinaus konnten die auf Schillig-Reede liegenden Zerstörer wegen Nebels keine Minen übernehmen.
Am nächsten Tag sollte die Aufgabe Nr. II – Legen der Minensperre Themse Mitte – durchgeführt werden, doch »Hans Lüdemann« war wegen Maschinenschadens ausgefallen. Außerdem hielten Marinegruppenkommando und Seebefehlshaber einen Ruhetag für die Besatzungen für erforderlich.
Am 16. 11. standen schließlich »Wilhelm Heidkamp« und »Hermann Künne« als Minenträger und »Bernd von Arnim« als Begleitzerstörer bereit.
In den späten Nachmittagsstunden des 17. 11. liefen die Boote mit dem Chef der 5. Z.-Div., FKpt. Hans Hartmann, an Bord von »Hermann Künne« zum Unternehmen Themse Mitte aus. Auf den von den beiden Minenzerstörern gelegten Minen gingen der britische Zerstörer »Gipsy«, ein Trawler und 7 Schiffe mit 27.565 BRT verloren.
Auch diesmal wurden die Zerstörer durch den B.d.A. mit den leichten Kreuzern »Nürnberg« und »Leipzig« sowie durch die T-Boote »Leopard«, »Seeadler« und »Iltis« der 6. T.-Fl. in Höhe Terschelling-Bank aufgenommen.
In der darauffolgenden Nacht war die 4. Z.-Fl. unter FKpt. Bey mit »Erich Steinbrinck« und »Friedrich Eckoldt« als Minenlegern sowie »Hans Lody« als Begleitzerstörer zum nächsten Unternehmen vor die Humbermündung ausgelaufen. Auch diese Unternehmung wurde ein voller Erfolg, denn auf den gelegten Minen sanken sieben Schiffe mit insgesamt 38.710 BRT. Unter diesen Schiffen befand sich der polnische Passagierdampfer »Pilsudski« mit 14.294 BRT.
Die Aufnahme der rückkehrenden Zerstörer erfolgte diesmal durch den kleinen Kreuzer »Leipzig« und die T-Boote »Leopard«, »Seeadler«, »Iltis« und »Wolf« der 6. T.-Flottille.

Die Torpedoboote erlebten einen weiteren Einsatz, als sie mit den Booten der 6. T.-Fl., »Leopard«, »Seeadler« und »Iltis«, bei der Handelskriegführung des B.d.A. mit »Lützow«, »Köln« und »Leipzig« im Skagerrak Handelsschiffe aufbrachten. Drei Tage später wurde diese Operation mit denselben Schiffen wiederholt. Das T-Boot »Wolf« trat hinzu.

Das nächste offensive Minenunternehmen wurde vom 6. bis 7. 12. durchgeführt. Es richtete sich gegen Cromer. Immer noch herrschten an der englischen Ostküste fast friedensmäßige Bedingungen. Die wichtigsten Leuchtfeuer brannten. Die Feuerschiffe lagen noch auf ihren Positionen und erleichterten den deutschen Zerstörern die Navigation. Die beiden eingesetzten Zerstörer »Hans Lody« und »Erich Giese« legten planmäßig ihre Minen. Als sie eben damit fertig waren und auf Rückkurs gehen wollten, sichteten sie zwei britische Zerstörer der »J-Klasse«. Die Engländer bemerkten die deutschen Zerstörer nicht. Nur wenige Minuten nach dem ersten Sichten schossen »Hans Lody« und »Erich Giese« je einen Torpedofächer. Ostwärts des Feuerschiffes Cromer-Knoll stehend, wurde einer der beiden britischen Zerstörer getroffen und verschwand in einer hohen Feuersäule.

Der zweite Zerstörer nebelte das getroffene Rottenboot und sich selbst ein, und dann hämmerten Wasserbomben-Detonationen durch die Nacht. An Bord dieses Zerstörers nahm man an, daß der Rottenkamerad von einem deutschen U-Boot torpediert worden sei.

Dies war die erste Auseinandersetzung zwischen englischen und deutschen Zerstörern, wobei die beiden englischen Einheiten nicht einmal wußten, daß sie es mit deutschen Zerstörern zu tun hatten. Dieses Ereignis zeigt, daß diese es verstanden, sich ungesehen dicht unter die feindliche Küste zu begeben.

Es war der britische Zerstörer »Jersey«, der von einem Torpedo getroffen worden war, aber eingeschleppt werden konnte.

Das nächste Minenunternehmen erfolgte vom 12. bis 13. 12. Diesmal war Newcastle an der Tynemündung das Ziel der eingesetzten fünf Zerstörer. Auf »Hermann Künne« hatte sich wieder der F.d.Z., Kommodore Bonte, eingeschifft. Die vier weiteren Zerstörer waren »Friedrich Ihn«, »Erich Steinbrinck«, »Richard Beitzen« und »Bruno Heinemann«.

Auch dieses Unternehmen war erfolgreich. Auf den gelegten

Minen sanken elf Schiffe mit 18.978 BRT. Allerdings kam es beim Rückmarsch zu einem schweren Zwischenfall. Die Kreuzer »Nürnberg«, »Leipzig« und »Köln«, die – wie üblich – in der Nordsee die rückkehrenden Zerstörer aufgenommen hatten, stießen, bereits wieder in der Deutschen Bucht, auf ein hier operierendes englisches U-Boot. Dieses Boot hatte bereits eine Sichtmeldung der drei Kreuzer gegeben, als diese noch mit westlichen Kursen auf den Treffpunkt mit den Zerstörern zuliefen.
Auch diesmal nahm die britische Admiralität an, daß es sich um deutsche Einheiten handeln würde, die zum Kreuzerkrieg auszubrechen versuchten. Da zur gleichen Zeit auch der erste kanadische Truppenkonvoi in England erwartet wurde, hatte Admiral Forbes zwölf Zerstörer in Marsch gesetzt, um diesen Konvoi einzubringen, der auf fünf großen Schiffen 7.450 kanadische Soldaten nach England brachte. Die gemeldeten Schiffe mußten auf den kanadischen Konvoi stoßen, wenn sie in den Atlantik ausbrachen, denn sie konnten den Fair Isle-Kanal am späten Abend des 13. 12. erreichen, zu welchem Zeitpunkt auch der Truppenkonvoi dort stehen mußte.
Sofort lief Admiral Forbes mit »Warspite«, »Hood« und »Barham«, begleitet von sechs Zerstörern, aus, um ein Desaster zu verhindern, obgleich dieser Konvoi von der »Repulse«, der »Resolution« und der »Furious« begleitet wurde. Doch bald stellte sich heraus, daß die drei deutschen Einheiten nicht den Konvoi suchten.
Auf die deutschen Einheiten wurde eine Bomberformation angesetzt, die allerdings in der Nacht nichts fand. Das U-Boot »Salmon« hingegen, das inzwischen bis zur Deutschen Bucht gelaufen, dort umgekehrt war und nun in Suchschlägen auf und ab stand, sah den heimkehrenden Verband. Lieutenant Commander E.O.B. Bickford, der Kommandant des Bootes, ließ sämtliche Torpedos schießen, von denen einer die »Leipzig« mittschiffs, ein anderer die »Nürnberg« ins Vorschiff trafen.
Schwer getroffen liefen die Kreuzer ab. Am 14. 12. wurde der Verband noch einmal angegriffen. Das U-Boot »Ursula«, unter Lieutenant Commander Phillips, schoß einen Viererfächer. Doch der in der Schußlinie stehende Flottenbegleiter F 9 fing diese Torpedos ab und sank.
Daß der Gegner im Minenlegen ein geeignetes Mittel zur Unter-

bindung deutschen Schiffsverkehrs durch den Ärmelkanal sah, zeigt die Tatsache auf, daß auch er nach den ersten Minenlegeaktionen weitere große Operationen dieser Art durchführte. Zwischen dem 29. 9. und 23. 10. legten Zerstörer und Minenleger in einem tiefen Minenfeld zwischen Kap Gris Nez und Folkestone nicht weniger als 3.636 Minen.

Die Zerstörer »Esk«, »Express«, »Ivanhoe« und »Intrepid« legten in der Nacht zum 18. 12. vor der Emsmündung 240 Minen. Dies war eine offensive Minenunternehmung der Engländer, und auch hier waren es die schnellen kampfstarken Zerstörer, die diese Aufgabe übernahmen.

Insgesamt wurden englischerseits während des Zweiten Weltkrieges im Bereich um die Britischen Inseln 181.000 Minen gelegt. Dies mit einem Kostenaufwand von 20 Millionen £.

Auch die deutschen Torpedoboote waren im Dezember wieder aktiv am Handelskrieg gegen England beteiligt. So brachten »Seeadler« und »Jaguar« im Skagerrak vom 14. bis 16. 12. sechs Handelsschiffe auf. Aus der Nordsee stießen sie immer wieder vor oder bildeten Vorpostenstreifen.

Diese schon ziemlich alten Boote hatten bereits am 25. 8. 1939, nur sechs Tage vor Kriegsausbruch, »Tiger« verloren. »Tiger« war an diesem Tage bei Bornholm nach einer Kollision mit dem Zerstörer »Max Schultz« gesunken.

Das Jahr 1939 ging zu Ende, ohne daß der Zerstörerverband ein Fahrzeug verloren hatte. In glückhaften Einsätzen hatten die schnellen Boote ihre Einsatzbereitschaft und ihr Können unter Beweis gestellt. Damit hatten sie die Richtigkeit ihrer Bewertung im Rahmen des Ende 1938 aufgestellten deutschen Flotten-Bauplanes »Z« bekräftigt, nach dem nicht weniger als 68 Zerstörer und 90 Torpedoboote gebaut werden sollten.

Die offensiven Minenunternehmungen vor der ostenglischen Küste wurden auch in den langen Nächten des Januar 1940 fortgesetzt. Bereits am 6. 1. 1940 liefen Boote der 1. Z.-Fl. zu einem Minenunternehmen gegen die Themsemündung aus. FKpt. Berger führte diese Unternehmung auf »Friedrich Eckoldt«. Die beiden Einheiten »Erich Steinbrinck« und »Friedrich Ihn« kamen hinzu. Auf dieser Sperre sanken der Zerstörer »Grenville« und 6 Schiffe mit insgesamt 21.617 BRT. Ein Schiff wurde beschädigt.

Ein Doppelunternehmen wurde vom 10. bis 11. 1. gefahren.

Und zwar legten Boote der 1. und 3. Z.-Fl., mit Kommodore Bonte an Bord von »Wilhelm Heidkamp«, mit »Karl Galster« »Anton Schmitt«, »Friedrich Eckoldt«, »Richard Beitzen« und »Friedrich Ihn« Minen vor Newcastle, während die 4. Z.-Fl., unter FKpt. Bey, mit »Bruno Heinemann«, »Wolfgang Zenker« und »Erich Koellner« das gleiche vor Cromer unternahm. Auf diesen Sperren gingen ein Trawler und drei Schiffe mit insgesamt 11.406 BRT verloren.
Der Mineneinsatz vom 9. bis 10. 2. im Shipwashgebiet sah unter der Leitung von FKpt. Berger wieder die 1. Z.-Fl. mit »Friedrich Eckoldt«, »Richard Beitzen« und »Max Schultz« im Einsatz. Auf dieser Minensperre sanken 6 Schiffe mit 28.496 BRT.
Gleichzeitig wurde von der 4. Z.-Fl. unter FKpt. Bey ein Unternehmen gegen Haisborough – Cromer Knoll – durchgeführt. Hieran waren »Bruno Heinemann«, »Wolfgang Zenker« und »Erich Koellner« beteiligt. Drei englische Schiffe mit 11.855 BRT gingen auf diesen Minen verloren.
Damit waren die Minenunternehmungen, die nur während der langen Nächte des Winters gefahren werden konnten, beendet. Kein Zerstörer ging hierbei verloren. Die Sperren hatten sich als äußerst erfolgreich erwiesen. Der F.d.T. und später der F.d.Z. hatten es verstanden, die klare Überlegenheit des Gegners durch Überraschung auszugleichen. Die Besatzungen der deutschen Zerstörer waren immer erst auf See von dem Ziel des Unternehmens unterrichtet worden. Darüber hinaus wurden nach dem Auslaufen in der Abenddämmerung aus den Flußmündungen immer erst Scheinkurse gesteuert und dadurch die feindliche Luftaufklärung getäuscht. Außerdem trug eine Fehleinschätzung der Lage durch die Royal Navy mit dazu bei, die Überraschungseffekte vollkommen werden zu lassen. Die britische Admiralität rechnete zu keiner Sekunde damit, daß es deutsche Überwassereinheiten wagen würden, bis unmittelbar vor die englische Küste zu laufen. Für sie war die deutsche Kriegsmarine nur ein lästiges Übel, ohne besonders gefährlich zu erscheinen.
Immer wieder passierte es den deutschen Zerstörern, daß sie von Fischtrawlern und Handelsschiffen gesichtet und – nicht als gegnerische Schiffe erkannt wurden. Bei einigen Unternehmungen kreuzten sogar Handelsschiffe die Wurfkurse der Zerstörer. Einer der deutschen Zerstörer passierte ein englisches Feuerschiff

auf nur rund 100 Meter Distanz. Bis Kriegsende war der britischen Admiralität nicht bekannt, daß es deutsche Zerstörer waren, die bis vor ihre Ostküste gelaufen waren und Minen geworfen hatten.
Daß trotz aller Widernisse wie schlechtem Wetter und Störungen in den Antriebsanlagen der Zerstörer diese Einsätze gefahren werden konnten, war nach dem Urteil des Flottenchefs in seinem Kriegstagebuch »allein ein Verdienst des technischen Personals der Boote, seiner Unverdrossenheit und des rücksichtslosen Einsatzes der eigenen Person eines jeden Einzelnen«.
Damit war der Entschluß der Kriegsmarine, diese Minenoperationen mit Zerstörern trotz ungünstiger Voraussetzungen zu wagen und in die Küstengewässer der Seefahrtnation England einzudringen, von Erfolg gekrönt worden. Durch diese Entscheidung hatte sie auch die Forderung des Oberkommandos der Wehrmacht: »Die Kriegsmarine führt Handelskrieg gegen England« buchstabengetreu erfüllt.

## DER UNTERGANG VON »LEBERECHT MAASS« UND »MAX SCHULTZ«

Wenige Tage nach Ende dieser Minenoperation machte ein englischer Zerstörer von sich reden und verursachte diplomatische Verwicklungen zwischen Norwegen und England. Es war »Cossack« unter Captain Vian, der das deutsche Tross-Schiff »Altmark«, das sich unter der Führung von Kapitän Dau auf dem Wege in die Heimat befand, im Jössingfjord (in der Nähe von Egersund an der Südspitze Norwegens) überfiel.
An Bord der »Altmark« befanden sich 303 Besatzungsmitglieder versenkter britischer Dampfer, die von der Handelskrieg im Atlantik führenden »Admiral Graf Spee« an das Tross- und Versorgungsschiff abgegeben worden waren.
Es war der »Altmark« gelungen, aus dem Südatlantik zurückzukehren und – am 12. 2. 1940 zwischen Island und Faröer-Inseln hindurchlaufend – am 14. 2. Drontheim zu erreichen.
An diesem 14. 2. setzte Admiral Forbes den Zerstörer »Cossack« unter Captain Vian, dem Chef der 4. brit. Z.-Fl., ferner den Kreuzer »Aurora« und vier weitere Zerstörer, auf dieses 12.000-Tonnen-Schiff an. Von Rosyth auslaufend, marschierte dieser Ver-

band zur norwegischen Küste bei Christiansand. »Die »Altmark« ist das vordringlichste Objekt der ganzen Flotte«, hatte Admiral Forbes dem Flottillenchef, der mit der Leitung dieser Aufgabe betraut wurde, erklärt. Am 16. sichteten zwei Hudson-Maschinen des Coastel Command die »Altmark«, die inzwischen bereits Bergen passiert hatte. Eine Stunde später, Captain Vian hatte seine Streitmacht geteilt, sichtete einer seiner Zerstörer das deutsche Schiff vier Meilen vor Egerö-Leuchtfeuer. Es wurde von zwei norwegischen Zerstörern begleitet. Vian befahl den beiden Zerstörern »Ivanhoe« und »Intrepid«, die »Altmark« anzuhalten. Doch diese folgte der Stopp-Aufforderung nicht, sondern lief in den Jössingfjord ein und ankerte dort. Vian folgte mit »Cossack« nach und verlangte von dem norwegischen Torpedoboot »Kjell«, das bei der »Altmark« lag, daß ihm die britischen Seeleute ausgeliefert werden sollten. Nach langem Hin und Her, bei dem es um die Frage ging, ob die »Altmark« unbewaffnet oder bewaffnet sei, lief Vian mit »Cossack« auf das deutsche Tross-Schiff zu, legte sich längsseits, enterte es und ließ von Bord seines Zerstörers das Feuer auf die unbewaffnete deutsche Besatzung eröffnen. Diese verließ fluchtartig ihr Schiff. Acht von ihnen blieben tot zurück. Die 303 an Bord befindlichen englischen Seeleute wurden übernommen, und am 17. 2. erreichte »Cossack« den Heimatstützpunkt Rosyth.

Der Vorstoß der »Gneisenau« unter Kpt. z. S. Netzband, der »Scharnhorst« unter Kpt. z. S. Hoffmann und »Admiral Hipper« unter Kpt. z. S. Heye vom 18. bis 20. 2. zum Unternehmen »Nordmark« wurde von zwei Zerstörern begleitet. Flottenchef Admiral Marschall wollte mit dieser Operation den alliierten Geleitzugverkehr treffen. Dieser Vorstoß, der bis in die Höhe der Shetlands – Norwegen führte, blieb ohne Erfolg.

Zwei Tage später kam es zu einer Unternehmung mit dem Decknamen »Wikinger«. Dieses Unternehmen gehört zu den tragischen Ereignissen des Zweiten Weltkrieges. Ihm fielen zwei deutsche Zerstörer zum Opfer. Damit hatte die Kriegsmarine auf einen Schlag fast ein Zehntel ihres Zerstörerverbandes verloren. Wie aber hatte es dazu kommen können?

Aufklärungsflugzeuge meldeten im Februar 1940 mehrfach größere Ansammlungen britischer Fischereifahrzeuge im Gebiet der Doggerbank. Daraufhin plante das Marinegruppenkommando

West unter Generaladmiral Saalwächter eine Zerstöreroperation mit dem Ziel, so viele Fischereifahrzeuge wie möglich zu versenken. Mit der Durchführung dieser Operation wurde die 1. Z.-Fl. unter FKpt. Berger beauftragt.
Als am 20. Februar neue Luftaufklärungsmeldungen vorlagen, die genaue Anhaltspunkte über Zahl und Standort dieser Fischkutter und Trawler brachten, wurde die Unternehmung zum 22. 2. befohlen. Der Operationsbefehl lautete knapp:
»Möglichst unbemerkte Annäherung, überraschender Zugriff, Aufbringung der Fischdampfer ist zu versuchen.«
Folgende Boote der 1. Zerstörer-Flottille waren einsatzbereit und verließen am 22. 2. gegen 12.00 Uhr unter Luftsicherung durch Me 109 des Jagdgeschwaders (JG) 1 die Jade:

| | |
|---|---|
| »Richard Beitzen« | Chef 1. Z.-Fl. FKpt. Berger an Bord, KKpt. Hans von Davidson |
| »Leberecht Maass« | KKpt. Fritz Bassenge |
| »Max Schultz« | KKpt. Klaus Trampedach |
| »Theodor Riedel« | KKpt. Gerhard Böhmig |
| »Erich Koellner« | FKpt. Alfred Schulze-Hinrichs |
| »Friedrich Eckoldt« | FKpt. Schemmel |

Kurz vor dem Auslaufen dieser sechs Zerstörer war die deutsche Luftaufklärung gestartet. Sie mußte jedoch wegen Nebels vorzeitig abgebrochen werden. Fregattenkapitän Berger war nicht darüber informiert, daß die Luftwaffe am selben Tage einen Einsatz fliegen würde. Ebenso wenig wußte das X. Fliegerkorps unter Generalleutnant Geisler, das – direkt dem Oberbefehlshaber der Luftwaffe (Ob.d.L.) unterstehend – den Auftrag erhalten hatte, Handelskrieg an der englischen Ostküste bis ins Seegebiet der Humbermündung zu führen, etwas über einen Zerstörereinsatz in der Nordsee. Generalleutnant Geisler setzte für seinen Einsatz He 111-Maschinen des Kampfgeschwaders (KG) 26 ein. Um 12.18 Uhr des 22. 2. teilte er dem Marinegruppenkommando West diesen geplanten Einsatz mit.
Währenddessen hatte die 1. Z.-Fl. gegen 14.00 Uhr das Gebiet südwestlich von Helgoland erreicht und lief auf Westkurs in das Operationsgebiet. Um 16.15 Uhr, der Zerstörerverband war bereits 50 sm weitermarschiert, ließ Generalleutnant Geisler eine zweite Meldung an die Marinegruppe West abgeben:
»Erbitten, die der Kriegsmarine unterstehende Luftverteidigung

Kpt. Z. S. Bonte, Chef der 2. Z.-Fl.; ab November 1939 Führer der Zerstörer und Kommodore

Kpt. z. S. Bütow; ab November 1939 Führer der Torpedoboote bis April 1942

KKpt. Frhr. Von Mauchenheim gen. Bechtolsheim, Kommandant „Karl Galster“

FKpt. Berger, Chef der 1. Z.-Fl.

FKpt. Schulze-Hinrichs, Kommandant »Erich Koellner«

(Mitte) Zerstörer »Friedrich Eckoldt« auf Kriegsmarsch bei einem offensiven Minenunternehmen

(Unten) Brit. Zerstörer »Cossack«, Tribal-Klasse, dem ein »L 03« anstatt »F 03« aufgemalt wurde.

der Marinefestungsbereiche davon in Kenntnis zu setzen, daß in den Abendstunden, nach Anbruch der Dunkelheit, mit zurückkehrenden He 111 des K.-G. 26 zu rechnen ist.«

Dreiviertelstunde später wurde das X. Fl.-K. von der Marinegruppe West unterrichtet, daß sechs deutsche Zerstörer in den Vormittagsstunden des 23. 2. von einer Unternehmung zurückkehren und in die Jade einlaufen würden. Den Jagdschutz der heimkehrenden Einheiten wollten abermals Jäger des J.-G. 1 übernehmen. Dieses Jagdgeschwader unterstand der Luftflotte 2, General der Flieger Kesselring. Das X. Fl.-K. befand sich mit diesem Verband in keinem Unterstellungsverhältnis.

Wieder eine halbe Stunde später fragte der Ia des X. Fl.-K. bei der Marinegruppe West an, ob denn deutsche Zerstörer unterwegs seien. Erst zu diesem Zeitpunkt wurde das X. Fl.-K. davon unterrichtet, daß ein eigener Zerstörerverband noch in dieser Nacht durch das deutsche Minenwarngebiet bei der Doggerbank laufen würde. Gleichzeitig wurde das X. Fl.-K. angewiesen, sämtliche Angriffe auf Ziele nördlich der Breite von Terschelling-Feuerschiff, südlich 55 Grad Nord und ostwärts des englischen Warngebietes, zu unterlassen.

Zu dieser Zeit jedoch – es war zwischen 17.40 und 18.18 Uhr – startete in Neumünster bereits die II. Gruppe des K.-G. mit acht He 111 zum »Handelskrieg zwischen Themsemündung und Firth of Forth«. Es war zu spät, den bereits in der Luft befindlichen Maschinen mitzuteilen, daß eigene Zerstörer in der Nordsee operierten. Die Marinegruppe West wurde davon unterrichtet.

Inzwischen hatten die sechs Zerstörer den Ostrand des Minenwarngebietes erreicht und gingen, auf 53° 55′ Nord stehend, um 18.18 Uhr auf Nordwestkurs. Mit 17 kn Fahrt und Kurs 300 Grad liefen die Zerstörer in Kiellinie dem Ziel entgegen.

Um 19.30 Uhr wurde von den drei am Ende der Linie fahrenden Zerstörern »Leberecht Maass«, »Max Schultz« und »Erich Koellner« ein von achtern aufkommendes Flugzeug gesichtet, das in ungefähr 1.000 m Höhe flog. Auf den drei Booten wurde sofort Fliegeralarm gegeben. Denn: in von achtern anfliegenden Maschinen mußten grundsätzlich feindliche Flugzeuge vermutet werden, weil sich solcherart angeflogene Schiffe in höchster Gefahr befanden und dementsprechend die Abwehrwaffen sofort einsatzbereit sein mußten.

Um 19.40 Uhr meldete »Leberecht Maass« dem Flottillenchef ein Fühlung haltendes Flugzeug, das immer wieder aus dem Dunst auftauchte. Die Sichtweite war begrenzt. In der Horizontalen betrug sie kaum eine halbe Seemeile. Allerdings war nach oben die Sicht besser.
Die drei Zerstörer eröffneten mit den Flawaffen das Feuer. Die Maschine erwiderte dieses sofort mit ihren Bordwaffen und verschwand dann im Dunst. Der Verband, der vor dem Minengebiet auf kleine Fahrt gegangen war, ging wieder auf 17 kn, und von »Max Schultz« wurde dem Flottillenchef gemeldet, daß es sich bei dem Flugzeug wahrscheinlich um eine He 111 gehandelt habe.
Fünfzehn Minuten später wurde abermals Fliegeralarm gegeben. Diesmal hatte »Leberecht Maass« die Maschine zuerst gesichtet. Von der Brücke von »Erich Koellner« sah FKpt. Schulze-Hinrichs plötzlich bei dem letzten Zerstörer der Linie mehrere aufblitzende Bombeneinschläge. Dann dröhnten Detonationen zu ihm herüber und unmittelbar darauf meldete »Leberecht Maass« über Ultrakurzwellen-(UK-)Sprechfunk:
»Bin getroffen. Erbitte Hilfe!«
Eine 50-kg-Bombe war, wie kurz darauf gemeldet wurde, in das unmittelbar hinter der Brücke stehende Verkehrs-(V-)Boot eingeschlagen. Neben der Zerstörung dieses Bootes wurden auf der Brücke Schäden durch Splitterwirkung verursacht. Zwei weitere Treffer hatten nur geringe Wirkung erzielt. Durch Ruderversager schor »Leberecht Maass« nach Steuerbord aus dem Kurs.
Der Flottillenchef, FKpt. Berger, befahl unmittelbar nach Erhalt dieser Meldung für alle Boote eine Schwenkung nach Steuerbord auf Gegenkurs. Kapitän z. S. a. D. Schulze-Hinrichs, Augenzeuge dieser dramatischen Minuten, meint dazu:
»Als mein Zerstörer »Erich Koellner« fast die befohlene Schwenkung ausgeführt hatte, erfolgte – genau zu beobachten – auf dem ausgeschorenen »Leberecht Maass« eine gewaltige Detonation, die wie ein Feuerball aussah. Es wurde wieder Fliegeralarm gegeben und mit leichter Flak geschossen. Man vermutete einen erneuten Bombenangriff.«
(Kurz darauf wurde abermals eine schwere Detonation gehört. Noch wußte niemand, daß sie das Schicksal des Zerstörers »Max Schultz« besiegelte.)

»Ich machte mit meinem Zerstörer instinktiv einige Ausweichbewegungen, sah aber kein Flugzeug. Wenige Minuten später standen wir plötzlich in nächster Nähe des in der Mitte auseinandergebrochenen und mit Bug und Heck aus dem Wasser ragenden »Leberecht Maass«. Viele Seeleute trieben bereits im Wasser. Es herrschte eine unheimliche Ruhe. Die Männer rangen zwar mit dem Tode, aber wir hatten damals Soldaten, die eine feste Haltung besaßen und zuviel Stolz, als daß sie außer Fassung gerieten. Sie halfen sich gegenseitig, gaben ihre Schwimmwesten an einen hilfsbedürftigen Kameraden oder verschwanden stumm in der See.«

Inzwischen wurde das V-Boot von »Erich Koellner«, der vom Kommandanten gestoppt worden war, zu Wasser gelassen, und immer mehr Gerettete wurden von ihm aufgenommen. Sie waren teilweise dick mit Heizöl beschmiert. Sie wurden an Bord des V-Bootes gehievt. Plötzlich blieb jedoch der Motor des V-Bootes stehen: infolge Überhitzung, wie sich schnell herausstellte. Anstelle von Kühlwasser hatte er Heizöl angesaugt! Der Zerstörer trieb vor dem Wind an das V-Boot heran. Dieses kam an der Backbordseite der Back zu liegen und wurde festgemacht. Nun wurden die Geretteten an Bord des Zerstörers übernommen. Selbst das Spill wurde benutzt, um die völlig entkräfteten Seeleute zu retten. Dies ging bei der Höhe der Bordwand sehr langsam. Und während dieser Zeit liefen beim Kommandanten des gestopptliegenden Zerstörers einander widersprechende Meldungen über Flugzeugsichtungen, Schnellbootsichtungen, über Torpedolaufbahnen und selbst über gesichtete U-Boote ein.

Alle anderen Zerstörer waren inzwischen aus Sicht gekommen, und die Tatsache, nichts auf diese vielen Meldungen hin tun zu können, belastete den Kommandanten schwer, denn er hatte ja auch für sein eigenes Boot die Verantwortung zu tragen. Deshalb befahl FKpt. Schulze-Hinrichs zuerst einmal, das V-Boot loszuwerfen. Er hatte die Absicht, sofort die Umgebung zu erkunden und zu sichern, um danach die Rettung der Überlebenden fortzusetzen.

Der Befehl wurde ausgeführt, und als der Zerstörer Fahrt aufnahm, glitt das V-Boot achteraus. Allerdings ahnte niemand an Bord von »Erich Koellner«, daß unten im V-Boot irgend jemand eine Leine am Schraubenschutz des Zerstörers festgemacht hatte.

Als nun der Zerstörer Fahrt aufnahm und Zug durch die Leine auf das besetzte V-Boot kam, kenterte es. Bis auf einen Mann, der gerettet werden konnte, fielen alle übrigen Geretteten zum zweitenmal über Bord. Lassen wir den Kommandanten weiter berichten:
»Wir spähten auf der Brücke, auf wechselnden Kursen laufend, nach irgendwelchen Gegnern, bis wir plötzlich wieder den Vordersteven – natürlich meinten wir, es sei der von »Leberecht Maass« – in Sicht bekamen. Auch hier sahen wir Leute im Wasser treiben. Bevor wir uns aber daran machen konnten, diese Schiffbrüchigen zu retten, erscholl der Ruf:
»Torpedolaufbahn an Backbord!«
Ich selbst glaubte sogar einen auf das Heck zulaufenden Zweierfächer zu erkennen, schloß danach auf die genaue Schußposition eines feindlichen U-Bootes und drehte schnellstens in diese Richtung. Da war nichts von »Nerven versagen«. Diese Reaktionshandlungen kommen einem Kommandanten automatisch. Wie gehofft und erwartet, schälte sich alsbald das Ziel aus Dunst und Dunkelheit: Doch beim Näherkommen war es kein U-Bootsturm, sondern – wieder? – der Vorsteven des Zerstörers. Tragisch, daß das Beobachten von vermeintlichen Torpedolaufbahnen die Rettung auch nur eines Mannes von »Max Schultz« – denn das war der vermeintliche U-Bootsturm gewesen – verhindert hatte.
Jetzt mußten wir uns wieder um die Schiffbrüchigen kümmern. Bei dieser Aufgabe wurde man nicht damit fertig, die widersprüchlichen Beobachtungen in Ruhe zu entwirren. Erst mit dem Rekonstruieren der Lage, mit dem Vergleichen der oft lückenhaften Niederschriften, mit dem Anhören der Geretteten von »Leberecht Maass«, von denen einer noch die Flagge seines Zerstörers geborgen hatte, klärte sich allmählich das Bild. Noch in Wilhelmshaven wurde die Möglichkeit des Vorhandenseins feindlicher Minen auf unseren geheimen Aus- und Einlaufwegen strikt verneint. Doch im Mai 1940 wurden auf diesen Wegen Ankertauminen gefunden, zwei davon eingebracht und als mindestens drei Monate ausliegende englische Minen identifiziert.«
Soweit aus dem Bericht von Kapitän z. S. a. D. Schulze-Hinrichs. Was war nun tatsächlich geschehen? In der Rekonstruktion läßt sich folgendes sagen:

Es wurde mit Sicherheit nur ein Bombentreffer nachgewiesen. Die Versenkung zweier Zerstörer durch eigene Flieger, wie sich die Geschichte zuerst darstellte, ist mit Sicherheit falsch. Ebensowenig möglich war eine Kesselexplosion. Nur Minen und Torpedos konnten eine solche Wirkung haben, wie sie vom Kommandanten von »Erich Koellner« auf »Leberecht Maass« beobachtet wurde. Es waren tatsächlich Minen.

Der Zerstörer »Erich Koellner« hatte in verzweifelten Aktionen 60 Soldaten von »Leberecht Maass« gerettet. Was aber war mit »Max Schultz« geschehen?

Es läßt sich nur rekonstruieren, daß auch dieser Zerstörer, nachdem man dort gesehen hatte, wie »Leberecht Maass« auf eine Mine lief, eine Ausweichbewegung nach Backbord machte und gegen 20.05 Uhr auf eine andere Mine gelaufen sein muß. Von den 300 Besatzungsmitgliedern konnte kein einziger Mann gerettet werden. Von diesem deutschen Zerstörer fehlte jede Spur. Aber es steht heute fest, daß weder er noch »Leberecht Maass« auf eigene Minen gelaufen sind, wie von verschiedenen Seiten erklärt wurde. »Max Schultz« wurde auch nicht von den Flugzeugen mit Bomben beworfen.

Daß nur einer der beiden Zerstörer von den He 111 angegriffen wurde, sagt auch der »Lagebericht West« Nr. 172 vom 23. 2. 1940 aus. In diesem Bericht des Ob. d. L., Führungsstab Ic, heißt es:

»Um 18.00 h 8 Kampfflugzeuge zur bewaffneten Aufklärung zwischen Themsemündung und Firth of Forth.

Ergebnis:

Gegen 20.00 h Angriff auf abgeblendet fahrenden Dampfer (3 – 4.000 Tonnen) querab Terschelling. Aus 1.300 m 1 Treffer auf Back, zwei Treffer mittschiffs. Nach Explosion brannte der Dampfer und sank. Abwehr durch leichte Flak und MG.«

Diese Meldung zeigt, daß das vermeintliche Handelsschiff in Wirklichkeit der Zerstörer »Leberecht Maass« war, denn er hatte diese drei Treffer erhalten. Die Kurzmeldung des Chefs der 1. Z.-Fl. ließ dies vermuten, denn FKapt. Berger meldete:

»Bei Unternehmen »Wikinger« am 22. 2. gegen 19.50 h, Quadrat 6954 links unten: Flugzeug hält Fühlung, wird vom hinteren Boot beschossen. Auf Detonation kehrt gemacht. »Maass« erbittet Hilfe. In neuer Detonation bricht »Maass« mitten durch und sinkt.

Bald danach neue Detonation und U-Bootmeldung von »Koellner«. Seit dieser Zeit »Schultz« vermißt. Aus Gefahrenzone gelaufen, Unternehmung abgebrochen. Von »Maass« 60 Mann gerettet. Von »Koellner« ein Mann vermißt.«
Hitler befahl sofort eine Untersuchung dieses Falles. Zwei Kommissionen aus Luftwaffen- und Marineoffizieren sollten den Hergang dieser Katastrophe rekonstruieren. Sie stellten fest:
»Der Verlust beider Zerstörer wurde wahrscheinlich durch 50-Kilo-Bombentreffer eigener Flugzeuge verursacht.
Daß dies unmöglich so sein konnte, war allen Zerstörerkommandanten klar. Denn ein solches Boot war nicht mit so leichten Bomben zu vernichten. Dennoch wurde diese Erklärung stillschweigend akzeptiert.
Endgültige Klarheit brachten schließlich nach fast drei Jahrzehnten die Bemühungen von Kapitän z. S. a. D. Schulze-Hinrichs, der sich über das Militärgeschichtliche Forschungsamt in Freiburg an die Engländer wandte. Diese wurden am 14. 11. 1967 gefragt und gaben darauf am 22. 11. 1967 folgende Antwort:
»Lage der von unserer Minenflottille in der Nacht vom 9. zum 10. 1. 1940 gelegten Ankertau-Minensperre: 54° 06,5′ Nord – 05° 29′ Ost. (Mit einer Genauigkeit von 5 sm Radius).
Zwischen dem Legen unserer Minen und dem 22. 2. 1940 wurde dieser Weg von deutscher Seite nur einmal kontrolliert und zwar am 29. – 30. 1. 1940 durch die 6. T.-Fl. Diese Stichfahrt, die bei Windstärke 7 und Seegang 5 durchgeführt worden ist, erbrachte kein Ergebnis.«
Nach dieser Auskunft war die Sache klar. Klar wurde auch, daß die Zerstörer, zufällig auf dieser Position stehend, von den eigenen Flugzeugen angegriffen worden waren. Wäre dies nicht geschehen, hätte vielleicht auf dem Hinmarsch der Verband diese Sperre ungeschoren passieren können. Doch dann stand noch der Rückmarsch aus, und mit einiger Wahrscheinlichkeit wäre der eine oder andere Zerstörer doch auf die Minen gelaufen. Die deutschen Zerstörer hatten zwei Einheiten verloren.
Seit diesem Unternehmen fanden keine Einsätze von Überwasserstreitkräften im Nordseeraum mehr statt. Erst der Beginn der Operation »Weserübung« ließ das Gros der Zerstörer zu einem Unternehmen auslaufen, von dem es für zehn deutsche Zerstörer keine Rückkehr mehr geben sollte.

Teil II

# *Das Unternehmen »Weserübung« – (Besetzung Norwegens und Dänemarks) – und der Feldzug im Westen*

## ZIEL ZEHN DEUTSCHER ZERSTÖRER: DER ERZHAFEN NARVIK

Nach dem »Altmark«-Zwischenfall vom 16. 2. 1940 und den Meldungen aus Norwegen, daß eine Umbildung des norwegischen Kabinetts möglich sei, und daß dieses neue Kabinett den Alliierten das Durchmarschrecht zugestehen würde, befahl Hitler am 21. 3. 1940, mit der operativen Vorbereitung zur Unternehmung »Weserübung« – der schlagartigen Besetzung von Norwegen und Dänemark – zu beginnen. Am selben Tage forderte der französische Ministerpräsident Daladier England auf, in Norwegen einzugreifen. Nachdem man ja im Falle der »Altmark« Glück gehabt habe, meinte er, sei doch auch eine Besetzung der norwegischen Häfen zur Unterbindung der Erzzufuhr nach Deutschland möglich.

Großadmiral Raeder hatte Hitler am 23. 2. darauf hingewiesen, daß ein neutrales Norwegen das erstrebenswerte Ziel sei. Am 2. 4. 1940 befahl Hitler schließlich nach einigem Hin und Her die Besetzung Norwegens und Dänemarks für den 9. April. Der deutsche Plan sah die Besetzung der wichtigen Häfen Norwegens Narvik, Drontheim, Bergen, Stavanger, Christiansand, Arendal, Oslo und Egersund vor. Elf Kriegsschiffgruppen wurden zusammengestellt. Bei fünf von ihnen befanden sich Zerstörer oder Torpedoboote. Es waren dies:

Kriegsschiffgruppe 1: NARVIK: Chef: F.d.Z., Kapitän z. S. und Kommodore Bonte

| | |
|---|---|
| »Wilhelm Heidkamp« | KKpt. Erdmenger |
| »Georg Thiele« | Chef 1. Z.-Fl. FKpt. Berger |
| | KKpt. Wolff |

| | |
|---|---|
| »Hans Lüdemann« | Chef 3. Z.-Fl. FKpt. Gadow |
| | KKpt. Friedrichs |
| »Wolfgang Zenker« | Chef 4. Z.-Fl. FKpt. Bey |
| | FKpt. Pönitz |
| »Hermann Künne« | KKpt. Kothe |
| »Diether von Roeder« | KKpt. Holtorf |
| »Anton Schmitt« | KKpt. Böhme |
| »Bernd von Arnim« | KKpt. Rechel |
| »Erich Giese« | KKpt. Smidt |
| »Erich Koellner« | FKpt. Schulze-Hinrichs |
| »Richard Beitzen« | KKpt. von Davidson (ankerte als Reservezerstörer auf der Weser. Er nahm nicht an der Unternehmung teil.) |

Kriegsschiffgruppe 2: DRONTHEIM: Chef: Kpt. z. S. Heye

| | |
|---|---|
| »Admiral Hipper« | Kpt. z. S. Heye |
| Die Zerstörer: | |
| »Paul Jacobi« | Chef 2. Z.-Fl. FKpt. von Pufendorf |
| | KKpt. Zimmer |
| »Theodor Riedel« | KKpt. Böhmig |
| »Bruno Heinemann« | KKpt. Langheld |
| »Friedrich Eckoldt« | FKpt. Schemmel |

Kriegsschiffgruppe 3: BERGEN: Chef: B. d. A., Konteradmiral Schmundt

| | |
|---|---|
| »Köln« | Kpt. z. S. Kratzenberg |
| »Königsberg« | Kpt. z. S. Ruhfus |
| »Bremse« (Art. Schulschiff) | FKpt. Förschner |
| Die Torpedoboote: | |
| »Leopard« | Kptlt. Trummer |
| »Wolf« | Oblt. z. S. Peters (Broder) |

Kriegsschiffgruppe 4: CHRISTIANSAND-SÜD: Chef: Kpt. z. S. Rieve

| | |
|---|---|
| »Karlsruhe« | Kpt. z. S. Rieve |
| Die Torpedoboote: | |
| »Luchs« | Kptlt. Kassbaum |
| »Greif« | Kptlt. Frhr. v. Lyncker |
| »Seeadler« | Kptlt. Kohlauf |

Kriegsschiffgruppe 5: OSLO: Chef: KAdm. Kummetz

| | |
|---|---|
| »Blücher« | Kpt. z. S. Woldag |
| »Lützow« | Kpt. z. S. Thiele |
| »Emden« | Kpt. z. S. Lange |
| Die Torpedoboote: | |
| »Möwe« | Kptlt. Neuss |
| »Albatros« | Kptlt. Strelow |
| »Kondor« | Kptlt. Wilcke |

Bei den Kriegsschiffgruppen 6 bis 11, die in dänische Häfen einliefen, befanden sich keine Torpedoboote oder Zerstörer.
Die Kriegsschiffgruppe 1 für Narvik sollte auf ihren zehn Zerstörern Truppen der 3. Gebirgs-Division unter Generalmajor Eduard Dietl aufnehmen und in Narvik landen. Lassen wir an dieser Stelle für den Marsch nach Narvik das KTB des Zerstörers »Bernd von Arnim« sprechen, das von dem damaligen Kommandanten des Bootes, Korvettenkapitän Rechel, geführt wurde.
Am 5. April 1940 fand im Flottillengebäude Bremerhaven eine Kommandantensitzung statt, bei der alle Kommandanten durch den F.d.Z., Kommodore Bonte, über die »Weserübung« unterrichtet wurden. Einen Tag später verholten die Boote an den Kolumbus-Kai. Hier machte »Bernd von Arnim« zwischen »Georg Thiele« und »Wilhelm Heidkamp« fest.
Gegen 15.00 Uhr trafen nach Absperrung des gesamten Hafengebietes die Gebirgstruppen unter Führung von Generalmajor Dietl auf dem Kolumbus-Bahnhof ein. Kurz darauf begann das Verladen zunächst des Gerätes und Proviantes. Mit Beginn der Dunkelheit gingen jeweils 200 Gebirgsjäger, die bisher zur Tarnung gegen Luftaufklärung innerhalb des Bahnhofes geblieben waren, an Bord der bereitliegenden Zerstörer. Damit waren mit der Besatzung auf jedem Boot über 500 Mann. Während noch die Gebirgsjäger an Bord gingen, fand auf »Wilhelm Heidkamp« eine Sitzung beim F.d.Z. statt, der sich eine halbe Stunde später in der Lloydhalle eine Sitzung unter Leitung von Generalmajor Dietl anschloß. Gegen 22.30 Uhr war die Einschiffung beendet, und Korvettenkapitän Rechel meldete dem Chef 4. Z.-Fl.:
»Zerstörer »Bernd von Arnim« klar zum Auslaufen zur Weserübung.«
Um 23.15 Uhr lief der gesamte Verband aus. »BA« als taktische Nr. 5 in der Mitte. Von der Brücke aus gab KKpt. Rechel seiner

Besatzung das Ziel dieser Unternehmung bekannt. Ebenso verfuhren die Kommandanten der übrigen Zerstörer und aller eingesetzten Einheiten der Kriegsmarine.
Vor Beginn der Morgendämmerung des 7. 4. sammelten gegen 03.00 Uhr die Zerstörer südwestlich Helgoland auf die Schlachtschiffe »Gneisenau« und »Scharnhorst« sowie den Kreuzer »Admiral Hipper«. Etwa zwei Stunden später wurde in Tagmarschformation mit einer Fahrt von 22 kn der Marsch nach Norden angetreten. Die Zerstörer nahmen Aufstellung in der U-Boot-Sicherung, »BA« befand sich dabei an Steuerbord voraus, etwa 3000 m vor der »Gneisenau« stehend.
Im Laufe des Vormittags wurden mehrere Treibminen gesichtet. Als gegen 14.00 Uhr mehrere dänische Fischereifahrzeuge passiert wurden, mußten die Gebirgsjäger unter Deck gehen. Ab Mittag begann es aufzufrischen, der aus Südsüdwest kommende Wind erreichte Stärke 5, der Seegang Stärke 3.
Schon im Laufe des Vormittages hatte ein feindliches Aufklärungsflugzeug, ohne selbst gesehen zu werden, den Verband gesichtet und gemeldet. Seine von der eigenen Funkaufklärung erfaßte Meldung wurde kurz vor Mittag dem Flottenchef übermittelt. Etwa zweieinhalb Stunden später, um 14.30 Uhr, wurde der Verband in Höhe von Nordjütland von 12 englischen Bombern angegriffen, die ihn in etwa 2500 m Höhe überflogen. Die schwere Flak der Schiffe beschoß den geschlossen fliegenden Verband mit dichtem Feuer, auch alle Zerstörer eröffneten das Feuer mit ihren 3,7-cm-Flawaffen. Zwanzig Minuten später war der Fliegeralarm beendet. Die abgeworfenen Bomben waren erfolglos, aber auch das eigene Flakfeuer blieb ohne Wirkung.
Wenig später stellte KKpt. Rechel fest, daß sich in den Operationsbefehl des F.d.Z. ein Fehler eingeschlichen hatte: »BA« sollte als zweiter Zerstörer nach »GT« in Narvik einlaufen. An Bord befand sich jedoch die Stoßtruppkompanie, die Narvik handstreichartig in Besitz nehmen sollte und dementsprechend auch zuerst gelandet werden mußte.
Über UK machte der Kommandant eine Meldung an den F.d.Z., der daraufhin diesen Befehl abänderte und »BA« zum Einlaufen als erstes Boot nach Narvik bestimmte. Danach hatte nunmehr KKpt. Rechel sein Boot an der Postpier festzumachen, während »GT« an der Eisenbahnbrücke anlegen sollte.

Bis gegen 18.00 Uhr hatten Wind und See weiter aufgefrischt. Da die Sicht geringer wurde, wurde die Marschformation der Schiffe geändert. Während die beiden Schlachtschiffe und »Hipper« in Kiellinie gingen, bildeten die zehn Zerstörer zwei Kiellinien zu beiden Seiten der Schiffe. Zur gleichen Zeit erging der Befehl an alle Gebirgsjäger, das Oberdeck nicht mehr zu betreten, denn nun wurde es stürmisch. Der aus Südwest kommende Wind erreichte Stärken bis zu 9, und mit der inzwischen erhöhten Marschfahrt von 26 Knoten schlingerten die Boote derart vor der achterlichen See, daß es gefährlich war, an Deck zu kommen. Alle Boote meldeten im Laufe der nächsten Stunden die ersten Seeschäden. Bei »EG« ging das Dingi außenbords. Ein Brecher riß fast die gesamte Reling ab. Schwimmwestenkästen wurden zerschlagen. Eine Wasserbombe wurde außenbords gerissen, ebenso mehrere an Oberdeck festgezurrte Motorräder und Beiwagen der Gebirgsjäger.
Die Nachtmarschformation, in der die Zerstörer zwei Kiellinien hinter den Schiffen bildeten, wurde gegen 20.30 Uhr eingenommen, und »BA« fuhr nun als taktische Nr. 5 der Steuerbordkolonne. Noch immer war die Marschfahrt 26 kn. Durch UK-Befehl vom Flottenchef wurde den Zerstörerkommandanten befohlen, bei Abreißen der Fühlung erst bei Helligkeit des nächsten Morgens wieder aufzuschließen. Dies war eine Vorsichtsmaßnahme, denn in der ungewöhnlich dunklen Neumondnacht zum 8. 4. 1940 bestand eine derart schlechte Sicht, daß man Freund und Feind nicht unterscheiden konnte. Außerdem bestand die Gefahr eines Zusammenstoßes. Das sehr schlechte Steuern der Boote vor der hohen See hätte bei Annäherung an einen anderen Zerstörer und bei der hohen Fahrtstufe, die gelaufen wurde, leicht eine Kollision herbeiführen können. Die Boote holten in einzelnen besonders hohen Seen außerordentlich stark, bis zu 50 Grad, über, so daß immer wieder der Eindruck entstand, daß sie sich nicht wieder aufrichten würden.
Die Boote setzten Kielwasser- und später sogar die helleren Hecklaternen. Dennoch war es beinahe unmöglich, den Vordermann in der Finsternis auszumachen. Die einzige Hilfe bei zu starker Krängung war das kurzzeitige Heruntergehen mit der Fahrt, um den Zerstörer rasch wieder auf ebenen Kiel zu bekommen. Durch diese Manöver und durch das Aufkommen schwerer dunkler

Wolken ging der Zusammenhalt der Formation mehr und mehr verloren. KKpt. Rechel berichtet darüber in seinem Kriegstagebuch (KTB):

»Ich halte mich gut nach Steuerbord frei, um nicht bei dem starken Gieren mit einem Zerstörer der Backbordkolonne zu kollidieren. Während meiner gesamten Torpedoboots- und Zerstörerzeit habe ich nicht mehr ein solch schwieriges Fahren im Verband mitgemacht.

Ich war in dieser Nacht nur noch darauf bedacht, meinen Zerstörer annähernd auf Kurs zu halten und die befohlene Fahrt zu laufen. Von einem wirklichen Fahren im Verband konnte keine Rede mehr sein. Diese Nachtfahrt bewies einmal mehr und klar die schlechte Stabilität, die mangelhafte See-Eigenschaft und die äußerst schlechte Steuerwirkung der Zerstörer.«

In den frühen Morgenstunden des 8. 4. war das Nordmeer erreicht. Über UK wurde gegen 04.00 Uhr eine Kursänderung des Gesamtverbandes befohlen.

Um 04.30 Uhr, bei Beginn der Morgendämmerung, hatte »BA« einen Ruderversager. In der groben See lag der Zerstörer rasch quer zur See und schlingerte derart stark, daß die Gefahr des Kenterns bestand. Es gelang KKpt. Rechel, durch intensives Arbeiten mit den Schrauben den Zerstörer wieder auf Kurs zu bringen. Zwanzig Minuten aber war die Gefahr groß, und als der Zerstörer wieder steuerfähig war, atmeten selbst die altbefahrenen Sailors auf. Die Ursache dieses Ruderversagers konnte nicht festgestellt werden.

Seit dem Abend wußte der Flottenchef durch einen Funkspruch des Marinegruppenkommandos West, daß zwei englische Kreuzer, »Galathea« und »Arethusa«, seit den gestrigen Mittagsstunden auf ihren Verband angesetzt waren.

Bei den Ablösungen mußten sich die Männer mühselig an den Strecktauen über Oberdeck zu ihren Stationen durchhangeln. Das Tosen der überkommenden Brecher mischte sich mit dem Heulen des Sturmes und den harten Schlägen, mit denen die Sturzseen über Deck rauschten und gegen die Aufbauten brandeten.

Der Spitzenzerstörer der Backbordkolonne, »HL«, lief einmal um nicht weniger als 90 Grad aus dem Ruder, und wenig später hätte es um ein Haar eine Kollision gegeben, als der Führerzerstörer »WH« ebenfalls aus dem Ruder lief und beinahe »AS« ge-

rammt hätte. Es stellte sich heraus, daß die Vorschiffe der Boote zu wenig Auftrieb hatten und sich bei achterlicher See in die See hineinwühlten. Dabei wirkte die Back – das Vorschiff – jeweils wie das Tiefenruder eines U-Bootes und versuchte, den Zerstörer unter Wasser zu drücken. Kein Boot war am frühen Morgen dieses 8. April mehr ohne Seeschäden. Hinzu kamen Meldungen über Schäden in den Maschinenanlagen.
Die Enge Shetlands – Bergen war in der Dunkelheit ungehindert passiert worden. Auf dieser Sturmfahrt fanden zehn Soldaten den Tod, es waren bis auf zwei Zerstörermänner Gebirgsjäger, die über Bord gerissen worden waren.
Während jene Boote, die den UK-Befehl mitbekommen hatten, um 04.00 Uhr die Kursänderung des Verbandes mitmachten, hatte der achtern laufende Zerstörer »EK« nichts davon gehört. Erst als er einen UK-Spruch des ebenfalls weit achteraus gesackten »HK« aufnahm, klärte sich die Lage. Dieser Spruch lautete:
»Verband hat anscheinend auf Nordostkurs gedreht!«
Als FKpt. Schulze-Hinrichs diese Meldung erhielt, meinte er zu seinem Wachoffizier:
»Wir stehen etwa 20 Seemeilen zurück. Lassen Sie mit der Fahrt heraufgehen!«
Mit 30 Knoten Fahrt rauschte »EK« nun durch die grobe See. Eine Stunde später, während dieser Zeit hatte der noch weiter achteraus stehende Zerstörer »HK« Anschluß gefunden, wurde in 33 Grad Schiffspeilung an Backbord das erste der eigenen großen Schiffe gesichtet. Wenig später tauchten auch die wesentlich kleineren Zerstörer auf. »EK« hatte es geschafft.
Aber diese Fahrt würde wohl niemand vergessen, der sie mitgemacht hatte. Bei einer so hohen Fahrtstufe schnitt der Zerstörer oftmals mit dem Vorschiff derart weit unter, daß sogar noch das erhöht stehende zweite Geschütz von Wassermassen überflutet wurde. Von achtern liefen zudem schwere Brecher über das Mitteldeck. Die auf den Aufbauten des Mitteldecks stehenden 3,7-cm-Flakstände standen oftmals unter Wasser.
Auch »DR«, der in der Nacht einen westlicheren Kurs gelaufen war als die anderen Boote, stand bei Morgengrauen weit südwestlich vom Verband entfernt. Bis auch er endlich die eigenen Einheiten wieder in Sicht bekam.

»EG« war wegen eines schadhaften Ölbunkers, durch den Wasser in den Brennstoff gekommen war, ebenfalls weit zurückgefallen. Er lief vorerst allein weiter.
Gegen 06.30 Uhr kam auf »BA« an Steuerbord achteraus »PJ« in Sicht. KKpt. Rechel ließ auf 27 kn gehen und 45 Grad steuern. Zeitweise versuchte er, 29 kn zu laufen, um auch seinerseits die Fühlung mit dem Verband aufzunehmen. Aber das Fahren mit 29 Knoten war ein Gewaltmanöver, bei dem alles aufs Spiel gesetzt wurde. Auch auf »BA« wurden die Relingstützen weggerissen. Die Armeemunition, die Kräder und Geräte, wurden aus den Zurrings losgerissen und über Bord gespült.
Es war gegen 08.00 Uhr, als auf »BA« ein UK-Spruch von »HL« mitgehört wurde:
»Steuerbord 75 Grad ein Zerstörer auf Gegenkurs. Anscheinend Engländer.«
»Horizont absuchen. Hundertprozentiger Ausguck!« schärfte KKpt. Rechel seinen Wachgängern ein. Doch außer »PJ« war kein anderes Fahrzeug zu sehen.
Zur gleichen Zeit etwa stellte Fregattenkapitän Gadow, der Chef der 3. Z.-Fl., der auf »HL« eingeschifft war, fest:
»Das scheint ein kanadischer Zerstörer zu sein. Los, abhauen! Erst einmal weg von hier, ehe er uns erkennt. – Neuer Kurs Nordwest!«
Noch während KKpt. Friedrichs den Befehl dazu gab, wurde »HL« vom Feindzerstörer mit Signalscheinwerfer angemorst:
»What ship?« KKpt. Friedrichs nickte dem Signalmaaten zu, der bereits bereitstand.
»Machen Sie 'rüber: Svenska destroyer Goeteborg, klar?«
»Verstanden, Herr Kapitän!« erwiderte der Maat und morste die Antwort hinüber.
Währenddessen drehte »HL« auf und versuchte nach Nordwesten außer Sicht zu gelangen. Noch im Ablaufen eröffnete der Feindzerstörer das Feuer. Doch die beiden aus 80 hm geschossenen Salven lagen kurz und die nächste Salve sah »HL« bereits außer Reichweite der 10,2-cm-Geschütze des Gegners.
Dreißig Minuten nach dieser Sichtmeldung von »HL« kam auch »PJ« für »BA« außer Sicht. Nun lief dieser Zerstörer allein weiter. Fünfzehn Minuten darauf kam an Steuerbord voraus ein Zerstörer in Sicht. Es war – wie sich später herausstellte – »HL«.

Um diese Zeit war auf »EG« bereits seit einer halben Stunde der Kreiselkompaß ausgefallen. Ein Wassereinbruch in den Kompaßraum hatte ihn versagen lassen.
Auf »BA« wurde um 09.00 Uhr plötzlich in 7 Dez an Steuerbord auf 70 hm ein mit hoher Fahrt auf Gegenkurs laufender Zerstörer gesichtet. KKpt. Rechel gab Alarm und erhielt nach kürzester Zeit vom Entfernungsmeßgerät die Meldung, daß der Zerstörer die englische Flagge führte. Er sah, daß der Gegner auf Gegenkurs um 2 Dez heranlag, und da die Entfernung sehr schnell abnahm, schien für den Kommandanten von »BA« ein kampfloses Entkommen – wie dies für den Normalfall vorgesehen war, um ein frühzeitiges Erkennen der Operation zu vermeiden, ausgeschlossen.
»Feindzerstörer gibt ein »M« als Erkennungssignal!« (ES) meldete der Signalmaat.
»Etwas nach Steuerbord drehen, damit wir die ganze Batterie ins Gefecht bringen können. Meldung über FT: »Bin im Gefecht mit englischem Zerstörer Quadrat 5855; Bernd von Arnim.«
Zwei Minuten später eröffnete »BA« aus einer Entfernung von 60 hm das Feuer.
Währenddessen morste der Gegner noch immer mit dem Signalscheinwerfer das ES.
Die erste Salve von »BA« lag links, die zweite etwas kurz, und mit der dritten war das Boot bereits eingeschossen. Von der zweiten Salve an erwiderte der Gegner das Feuer. Wenig später ließ KKpt. Rechel wieder auf den alten Kurs gehen. Er nahm den Engländer achteraus und ließ nebeln.
Der Engländer passierte nunmehr das Kielwasser des deutschen Zerstörers, und nun kam es zu einem laufenden Gefecht an Backbord. Durch Drehen nach Backbord brachte der Kommandant von »BA« auch diesmal wieder seine ganze Batterie zum Einsatz. Dieses Spiel: Gefecht an Backbord und Gefecht an Steuerbord, wiederholte sich einigemale. Langsam ließ KKpt. Rechel die Eigenfahrt steigern, nahm den Gegner neuerlich achteraus und ließ nebeln. Bei diesem Einnebeln lagen die Einschläge stets nur 5 bis 20 Meter seitlich von der Bordwand weg.
»BA« lief nunmehr 29 kn. Doch die Entfernung stand nicht nur, sie nahm noch ab. Die Artillerieleitung geschah vom achteren Stand. Es wurde mit drei Geschützen gefeuert.

Geben wir an dieser Stelle wieder Kpt. z. S. a. D. Rechel das Wort zu einer kurzen Situationsschilderung:

»Um endlich Klarheit zu schaffen, ging ich auf 35 kn. Der Zerstörer hatte kaum Umdrehungen für 35 kn aufgenommen, als er – vor der See laufend – mit der gesamten Back unterschnitt. Das gesamte Brückenkleid, die Scheiben am Steuerhaus und die Stirnwand des vorderen Artilleriestandes wurden eingedrückt. Teile der großen Doppelgläser flogen durch die Gegend. Der Backbord-Torpedobefehlsgeber wurde losgerissen, das Wasser stand etwa einen halben Meter hoch auf der Brücke.

Durch »Zweimal Stop« und Hartruder richtete sich der Zerstörer ganz langsam wieder auf. Es blieb mir nichts anderes übrig, als wieder auf 27 kn herunterzugehen.

Das Achterausgefecht wurde weitergeführt. Nunmehr ließ ich Nebelbojen werfen und nebelte weiter mit den eigenen Kannen. Dann setzte ich mich etwas nach Steuerbord heraus und verbreiterte solcherart die hinter mir liegende Nebelfront. Durch diese Maßnahme wurde erreicht, daß die gegnerischen Einschläge nur noch ungenau, seitlich weit genug vom Zerstörer ab, ins Wasser gingen.

Eine halbe Stunde dauerte dieses Gefecht bereits, als gegen 09.30 Uhr an Backbord querab Mündungsfeuer gesehen wurde. Auf meine wiederholten ES-Anrufe erhielt ich keine Antwort. Das feuernde Schiff wurde vom E-Gerät als »Hipper« ausgemacht, der den englischen Zerstörer kurz danach versenkte.«

In seinem Erfahrungsbericht aus diesem halbstündigen Gefecht schrieb Kurt Rechel kurze Zeit nach dem Gefecht:

»Der englische Zerstörer »Glowworm«, um diesen handelte es sich, konnte meines Erachtens sowohl vor, als auch gegen die See alle Fahrtstufen mühelos mit fast trockener Back laufen. Er hatte es in der Hand, aufgrund dieser Tatsache sich unter den gegebenen Verhältnissen die günstigere Gefechtsseite auszusuchen. Auf der anderen Seite war es für mich erschütternd, so klar erkennen zu müssen, daß bei diesen Wetterverhältnissen die Taktik auf die See-Eigenschaften und die Stabilität des Zerstörers Rücksicht nehmen mußte.

Bei dem Unterschneiden mit 35 kn grub sich der Zerstörer so tief in die See ein und krängte so stark über, daß man den Eindruck hatte, als gehe er bis zum Kentern weiter auf Tiefe.

Der Hafen von Narvik

Einschiffung des britischen Expeditionskorps für Norwegen. Den Truppentransporter »Oronsay« passiert der Zerstörer »Fury«.

Die norwegischen Küstenpanzer »Eidsvold« und »Norge« am 8. 4. 1940 im Hafen von Narvik

Wrack des britischen Zerstörers »Hardy«

Britischer Zerstörer »Hunter«

Wrack des Zerstörers »Bernd von Arnim«

Bei unseren neuen Zerstörerbauten muß dringend gefordert werden, daß das Vorschiff über genug Auftrieb verfügt, daß der Zerstörer große Stabilität hat und seetüchtig genug ist, um ein Gefecht auf allen Kursen führen zu können, wie es bei dem Wetter am 8. 4. 1940 zwingend erforderlich war. Es ist eine Unmöglichkeit, daß – wie in diesem Gefecht des 8. 4. – der Schiffbau und nicht die taktischen Erfordernisse den Gefechtskurs bestimmte.
Bei dem Gefecht hatte ich selbst drei Treffer auf der »Glowworm« beobachtet. Unser Boot erhielt keinen Treffer. Bei dem Unterschneiden des Vorschiffes wurden zwei Mann vom zweiten Geschütz über Bord geschwemmt. Das Geschütz selbst wurde um 90 Grad herumgerissen und fiel vorübergehend aus.
»Hipper« brachte schließlich die Entscheidung zu unseren Gunsten.«
Nachdem »BA« um 09.35 Uhr auf Kurs 45 Grad und 27 kn Fahrt gegangen war, ließ KKpt. Rechel das englische ES durch UK allen anderen Einheiten mitteilen.
Bis um 17.00 Uhr dieses Tages lief dann »BA« allein weiter, erst dann kamen an Steuerbord voraus Mastspitzen in Sicht, die bald darauf als das eigene Gros erkannt wurden.
60 sm vor der norwegischen Küste, nordwestlich von Drontheim, war mit der »Glowworm« der erste Zerstörer während der Unternehmung »Weserübung« gesunken. Der Flottenchef, Vizeadmiral Lütjens, entließ nach diesem Gefecht »Hipper« und die ihm zugeteilten vier Zerstörer der 2. Z.-Fl. zur Durchführung der Aufgaben nach Drontheim.
»EG«, der wegen seiner Defekte am weitesten zurückhing, sichtete am Mittag dieses 8. 4. zwischen Schneeböen einen englischen Zerstörer in rw 300 Grad. Die Messung ergab 250 hm. Da dieser Gegner südwestliche Kurse steuerte, kam er bald außer Sicht. »EG« setzte den Vormarsch planmäßig fort und gab auch keine FT-Meldung über diese Sichtung ab, da festzustehen schien, daß er selber vom Gegner nicht bemerkt worden war.
Drei Stunden nach dieser Sichtmeldung hallte plötzlich der Ruf eines Ausgucks auf die Brücke: »Mann über Bord«. KKpt. Smidt ließ das Boot sofort stoppen. Es stellte sich heraus, daß es einer der Gebirgsjäger war, der bei Südwestwind in Stärken bis zu 9 von einer überkommenden See über Bord geschwemmt worden war. Es gelang, den über Bord gegangenen Soldaten binnen fünf

Minuten aufzufischen. Wäre dieser Mann bei Nacht über Bord gegangen, wäre sein Tod gewiß gewesen.
Den ganzen Nachmittag des 8. 4. hindurch kämpften sich die deutschen Zerstörer ihren Zielen entgegen. Eine Stunde lang sah es an diesem Nachmittag so aus, als wollte der Sturm aussetzen. Eine vorübergehende Stille setzte ein. Doch sie währte nur eine Stunde und wurde von einem scheinbar aus dem Nichts kommenden schweren Westnordwest-Sturm abgelöst, der zuerst mit Stärken zwischen 8 und 9 einsetzte, dann aber 10 und 11 und zeitweilig sogar Orkanstärke erreichte.
Dadurch, daß die vorhergehende starke Südwestdünung noch anhielt, entstand durch die neue Sturmrichtung eine Kreuzsee, in welcher die Zerstörer hin- und hergeworfen wurden. Im wilden Sturm wurde der Maschinengefreite Böker auf »EK« über Bord geschleudert. Seewasser drang ins Vorschiff ein.
Ein Funkspruch des Marinegruppenkommandos West, daß weitere Feindeinheiten gesichtet worden waren, ließ den Flottenchef und seinen Verband die Stärke der auf sie angesetzten Kräfte des Gegners erkennen. Immerhin hieß es in diesem Spruch:
»An alle: 14.48 h gesichtet sechs Zerstörer, zwei Schlachtkreuzer, ein schwerer Kreuzer, Quadrat 7360, auf nördlichem Kurs, 20 kn Fahrt.«
Als FKpt. Schulze-Hinrichs diesen Standort auf der Quadratkarte nachsah, fand er heraus, daß dies ein Seegebiet 100 sm nordwestlich von Kraakenes, auf der Höhe von Stadlandet, war. Danach mußten es Schiffe der Home Fleet sein, deren Auslaufen bereits vorher gemeldet worden war.
Um 16.33 Uhr ging ein weiterer Funkspruch des Marinegruppenkommandos West bei der Flotte ein:
»Englische Seestreitkräfte, mehrere Gruppen Kreuzer und Zerstörer, stehen zwischen Orkneys und Shetlands und der norwegischen Küste mit wechselnden Kursen.«
Welche Seestreitkräfte des Gegners waren dies? Welche Aufträge waren ihnen gegeben worden? Galt ihr Auslaufen den Schiffen der deutschen Flotte, die zur Operation »Weserübung« in See standen?

Am 5. 4. 1940 waren einige britische Verbände zu Minenunternehmungen in norwegische Gewässer ausgelaufen. Es waren dies einmal die Force »WB« mit zwei Zerstörern, die ein Scheinunternehmen gegen Bud/Christiansund unternahmen. Gleichzeitig lief die Force »WS« mit dem Minenleger »Teviot Bank« und vier Zerstörern aus. Sie wurde aber wenig später, noch bevor sie das Minenunternehmen durchführen konnte, zurückgerufen. Die Force »WV« hingegen, mit den zum Minenlegen ausgerüsteten Zerstörern »Express«, »Esk«, »Icarus« und »Impulse« der 20. Z.-Fl. unter Captain Bickford, gesichert von den Zerstörern der 2. Z.-Fl., Captain Warburton-Lee, mit »Hardy«, »Havock«, »Hunter« und »Hotspur«, legten ihre vorgesehene Sperre bei Bodö. Die Dekkungsgruppe unter Viceadmiral Whitworth mit dem Schlachtkreuzer »Renown« und den Zerstörern »Hyperion«, »Hero«, »Greyhound« und »Glowworm« sicherte diesen Verband nach Süden und Südwesten.
Auch diese Einheiten wurden vom Sturm am Morgen des 8. 4. 1940 arg zerzaust. Als auf »Glowworm« ein Besatzungsmitglied über Bord ging, blieb das Boot zurück, um diesen Mann zu retten. So bekam schließlich »BA« diesen Zerstörer zu Gesicht, kam mit ihm ins Gefecht und brachte ihm drei Treffer bei. »Hipper« besiegelte dann – wie vorher dargestellt – das Schicksal dieses Zerstörers.
Dieses britische Minenunternehmen »Wilfried«, mit dem die schwedische Erzzufuhr aus Narvik nach Deutschland gestört werden sollte, war von langer Hand geplant, und da man wußte, daß die vorhandenen norwegischen Küstenpanzerschiffe in Narvik versammelt worden waren, hatte man der Minenwurfgruppe die verhältnismäßig starke Sicherung mitgegeben.
Britischerseits erwartete man aufgrund des eigenen Minenlegens an diesen Stellen deutsche Gegenmaßnahmen. Um wiederum diesen zu begegnen, hatte man in einem Plan mit der Codebezeichnung »R 4« die Besetzung von Stavanger, Bergen, Drontheim und Narvik vorgesehen. Jene Truppen, die Stavanger und Bergen besetzen sollten, wurden am 7. 4. 1940 in Rosyth auf den Kreuzern »Devonshire«, »Berwick«, »York« und »Glasgow« eingeschifft. Führer dieses Verbandes war Viceadmiral Edward-Collins. Die-

jenigen Truppen, die Drontheim und Narvik zum Ziel hatten, sammelten sich auf mehreren im Clyde liegenden Transportern. Sie erhielten eine Deckungsstreitmacht, welche aus dem Kreuzer »Aurora« und sechs Zerstörern bestand. Die Führung übernahm hier Admiral Evans. Diese Streitkräfte sollten dann in See gehen, wenn sichere Nachrichten vorlägen, daß deutsche Truppen sich anschickten, Norwegen zu besetzen. 16 britische U-Boote wurden als »Späher« aufgestellt. Sie sollten die Annäherung deutscher Schiffe melden.

Bereits am Morgen des 7. 4., um 11.20 Uhr, hatte eine Hudson-Maschine des britischen Coastal Command einen deutschen Kreuzer mit sechs Zerstörern in Höhe von Horns Riff, westlich der dänischen Küste, gemeldet. Dann meldeten jene um 14.30 Uhr den deutschen Schiffsverband angreifenden Bomber ziemlich genau einen Schlachtkreuzer, zwei Kreuzer und zehn Zerstörer in Höhe des Zugangs zum Skagerrak auf Nordwestkurs. Dieser Funkspruch kam aus irgendwelchen Gründen nicht beim britischen C in C an, so daß erst später, am Nachmittag dieses Tages, die britische Home Fleet alarmiert wurde. Um 20.15 Uhr des 7. 4. war sie endlich in Scapa Flow ankerauf gegangen und lief mit hoher Fahrt nach Nordosten, um die inzwischen erkannten deutschen Verbände zu stellen. Der Nordostkurs war so gewählt, daß eventuell in den Atlantik ausbrechende deutsche Einheiten abgefangen werden konnten. Die gesamte mittlere Nordsee blieb dabei jedoch ungedeckt. Das heißt, man war der Meinung, ein Ausbruch in den Atlantik sei geplant. Erst nachdem der Zerstörer »Glowworm« unter Lieutenant Commander Roope über sein Gefecht mit einem deutschen Zerstörer und dann mit »Hipper« eine Meldung abgab, die mitten im Text abbrach, befahl Admiral Forbes, der OB der Home Fleet, der »Repulse«, dem Kreuzer »Penelope« und vier Zerstörern, in Richtung auf die »Glowworm« zu operieren. Admiral Whitworth wiederum marschierte mit der »Renown« und seinen Begleitzerstörern in Richtung Westfjord, um einen Gegner, der diesen Fjord möglicherweise anzusteuern versuchte, zu stellen. In dieser Situation griff auch die britische Admiralität direkt in die Befehlsführung ein und befahl, daß sämtliche Zerstörer, die vor dem Westfjord Minen gelegt oder die Minenleger gesichert hatten, ebenfalls auf die »Renown« zu sammeln hätten. Durch dieses Eingreifen wurde der Westfjord von den dort ste-

henden acht britischen Zerstörern entblößt, und die zehn deutschen Zerstörer konnten ungehindert nach Narvik einlaufen.
Nunmehr war endgültig klar, daß deutsche Truppen nach Narvik gehen würden, und daß man dies nicht mehr würde verhindern können. Deshalb lautete der Befehl der britischen Admiralität vom Abend des 8. 4., daß sich Admiral Whitworth mit seinen Einheiten ausschließlich darauf zu konzentrieren habe, jeden feindlichen Versuch, in den Westfjord einzudringen, zu verhindern. Dazu würden ihm vom C in C Verstärkungen geschickt. Und zwar der Schlachtkreuzer »Repulse«, Kreuzer »Penelope« und die vier Zerstörer, die ursprünglich der »Glowworm« helfen sollten. Doch zur Sperrung des Westfjords war es bereits zu spät, wie in dem folgenden Abschnitt dargestellt werden soll.

## DEUTSCHE ZERSTÖRER ERREICHEN NARVIK

Nachdem der Flottenchef, Vizeadmiral Lütjens, damit rechnete, daß feindliche Kriegsschiffe in der Nähe waren, entschloß er sich, die zehn deutschen Zerstörer mit seinen schweren Einheiten bis zum Westfjord zu begleiten, um sie notfalls schützen zu können. Es war 21.00 Uhr am 8. 4., als der Verband vor dem Eingang zum Westfjord stand. Der aus Nordwest kommende Wind hatte Stärken bis 10 und die See ging als Kreuzsee mit 7 bis 9.
»Alle Boote sammeln auf »WH«!« lautete der Befehl von Kommodore Bonte, als alle den von den beiden Schlachtkreuzern »Gneisenau« und »Scharnhorst« mit ihren besseren Navigationsmitteln errechneten Standort erhalten hatten. Während nun die Schlachtschiffe auf Nordwestkurs abdrehten, stampften und schlingerten die Zerstörer durch den hier in großer Breite von den Lofoten und der norwegischen Küste begrenzten Fjord. Neun Boote hatten Anschluß gewonnen, und lediglich »EG«, der durch eine weitere Leckage an Heizölbunkern insgesamt 90 cbm Heizöl verloren hatte und nur 21 kn laufen konnte, stand noch weit zurück. KKpt. Smidt, der Kommandant dieses Bootes, hatte sich zunächst entschlossen – da er den Hafen von Narvik nicht mehr zu erreichen fürchtete –, die Lofoten anzusteuern, um in ruhigem Wasser den genauen Ölstand peilen zu lassen. Notfalls mußte er mit seinem Zerstörer unter einer der Inseln einen Anker-

platz aufsuchen, um hier Tankerhilfe abzuwarten. Doch bei der herrschenden Wetterlage erschien ihm keiner der Ankerplätze unter den Lofoten sicher. Trotz schwerster See von Backbord voraus wurde auch von »EG« weiterhin 21 kn gelaufen, und schließlich steuerte auch dieses zehnte Boot mit einer als zuverlässig beurteilten Funkpeilung und Lotreihen den Westfjord an.

Die übrigen Boote hatten inzwischen alle den Westfjord erreicht und liefen in Kiellinie den Fjord hinauf. Das Ziel konnte nicht mehr weit sein. Um 04.00 Uhr passierten sie, noch immer 27 kn laufend, die Insel Barö. Von hier ab verengt sich der bis dahin breite Westfjord zum Ofotfjord. Gegen 04.10 Uhr wurde auf allen Booten »Klar Schiff zum Gefecht!« befohlen. Genau um 05.00 Uhr erging der UK-Befehl des F. d. Z. an »BA«:

»Auf befohlene Station gehen!«

KKpt. Rechel dampfte nun mit seinem Zerstörer auf, um befehlsgemäß als erster Zerstörer nach Narvik einzulaufen und die Sturmkompanie zu landen. Inzwischen war das Schneetreiben so stark geworden, daß man nur noch ungefähr 100 m weit sehen konnte. Nach der Koppelung des Kommandanten von »BA« mußte sein Boot dicht vor der Einfahrt von Narvik stehen. Er drehte etwas nach Steuerbord und nahm mit 17 kn Fahrt direkten Kurs auf den Hafen.

Beim Einlaufen in den Ofotfjord waren die beiden Boote der 3. Z.-Fl., »HL« und »AS«, auf der Linie Ramnes – Hamnes zurückgeblieben. Hier sollten zwei vermutete norwegische Küstenbatterien außer Gefecht gesetzt werden. Beide Zerstörer, zu deren Sicherung »DR« bei Barö geblieben war, hatten gestoppt. Boote wurden zu Wasser gefiert, Gebirgsjäger der 1. und 6. GJR 139 stiegen hinein und wurden nach Ramnes auf der Nordseite sowie Hamnes auf der Südseite des Fjordes hinübergebracht. Als sich ein norwegisches Küstenwachboot »AS« näherte, ließ KKpt. Böhme es anrufen und auffordern, nach Narvik zurückzulaufen. Doch das Wachboot hielt weiter auf sie zu. Auch nach dem ersten Schuß aus dem 3,7-cm-Geschütz lief das Boot weiter. Doch dann stoppte es. Es war die »Senja«, ein Fischereischutzboot. Während die Landungen glatt vonstatten gingen, lag »DR« mit schußbereiter Batterie in der Mitte des Ofotfjords klar, um die beiden anderen Einheiten zu sichern.

Inzwischen hatte sich »BA« bis auf wenige hundert Meter dem

Hafen von Narvik genähert, als plötzlich an Backbord im herrschenden Schneetreiben für kurze Zeit ein Kriegsschiff in Sicht kam. Es war – wie sich später herausstellte – der norwegische Küstenpanzer »Eidsvold«, der vor dem Hafen auf und ab stand. KKpt. Rechel erinnerte sich daran, daß ihm Kommodore Bonte ausdrücklich vor dem Auslaufen in Bremerhaven befohlen hatte, sich nicht um die wahrscheinlich vor Narvik liegenden Küstenpanzerschiffe zu kümmern, sondern so schnell wie möglich die Stoßtrupp-Kompanie an Land zu setzen. Davon, so hatte der F.d.Z. betont, hänge das Gelingen der Narvik-Operation ab. Aus diesem Grunde kümmerte sich Rechel jetzt auch nicht darum. Das Schneetreiben hielt weiter an. Es wurde zeitweise sogar so stark, daß von der Brücke kaum das eigene Vorschiff zu sehen war. Deshalb ließ der Kommandant seinen nun an der Spitze laufenden Zerstörer auf 12 kn Fahrt heruntergehen. Plötzlich war er mitten im Hafen von Narvik.

Sekunden später bekam er an Backbord und an Steuerbord vor Anker liegende Dampfer in Sicht. Mit »AK zurück« brachte er die Fahrt aus dem Boot. »BA« hatte als erster deutscher Zerstörer den Hafen von Narvik erreicht. Es war ein seltsam irreales Bild, das sich den Männern an Bord des Zerstörers bot. Auf den Dampfern eilten die Besatzungen an Deck. Es waren englische, schwedische, norwegische, dänische und deutsche Sailors, die überrascht auf diesen ersten Zerstörer starrten. Immer wieder ließ das Schneetreiben für ein paar Minuten nach, dann wurde auch die Sicht etwas besser. KKpt. Kurt Rechel berichtete darüber in seinem KTB:

»Ich konnte nur Dampfer und immer wieder Dampfer sehen. Teilweise wurde Hurra geschrien, das Deutschlandlied gesungen, Heil Hitler gerufen. Dann wieder erreichte uns der Ruf: »Seid ihr Engländer? Oder wer seid ihr?« Einige Dampfer lichteten ihre Anker, andere steckten Kette.

An Backbord kam für kurze Zeit ein weiteres Kriegsschiff in Sicht. Es war der norwegische Küstenpanzer »Norge«. Er rief uns unentwegt mit dem Morsebuchstaben »A-A« an, was ich ignorierte. Von der Postpier aber, an der ich anzulegen hatte, war nichts zu sehen.

Mein Zerstörer war klar zum Gefecht. Die Heizerfreiwache war vorne, mittschiffs und achtern verteilt, um das Anlegemanöver

durchzuführen. Ich ließ vor allem den Küstenpanzer und die bewaffneten englischen Handelsschiffe scharf beobachten. Dann ging ich in Rufweite an das Heck eines deutschen Dampfers heran, ließ ihn anrufen, ohne jedoch Auskunft über die Lage der Postpier zu erhalten. Danach drehte ich unter schärfstem Manövrieren – es herrschte immer noch starkes Schneetreiben – zwischen den eng zusammenliegenden Dampfern und bekam auf diesem Kurs die Erzpier in Sicht.
Nun hatte ich Klarheit. Die Postpier mußte demnach südlich davon liegen. Deshalb legte ich meinen Zerstörer auf 90 Grad und ließ mich durch den Nordwestwind nach Süden treiben, in der Annahme, daß ich auf diese Weise genau die Postpier bekommen mußte. Meine Überlegung erwies sich als richtig. Auf 80 m Distanz bekam ich plötzlich die Postpier in Sicht, genau in der Höhe des Zerstörers. Das Schneetreiben ließ jetzt etwas nach.
Während wir noch auf die Postpier zutrieben, beobachtete ich, daß der an Backbord querab peilende norwegische Küstenpanzer »Norge« seine beiden schweren Türme auf mich zuschwenkte. Artillerie-, Torpedooffizier und der Leiter der Fla-Maschinenwaffen erhielten Befehl zur sofortigen Feuererlaubnis, sobald die »Norge« das Feuer eröffnen würde. Zur gleichen Zeit machte ich an Steuerbord das Anlegemanöver, das ohne Schwierigkeiten vonstatten ging. Die Stoßtrupp-Kompanie unter Führung von Hauptmann Salzer stand an Steuerbord verteilt, klar zum An-Land-Springen. Noch während dieses Anlegemanövers flogen die Stellings an Land. Die ersten Männer der Stoßtrupp-Kompanie eilten auf die Pier.
In diesem Augenblick eröffnete die »Norge« das Feuer. Sie feuerte aus ihren beiden 21-cm-Türmen und mit der 15-cm-Batterie aus einer Entfernung von 500 m auf mich. Ihre ersten Salven lagen etwas kurz, ca. 100 bis 30 m, alle weiteren Salven gingen über »BA« hinweg und schlugen weiter oben in der Stadt ein.
Mit der ersten feindlichen Salve wurde auch von uns aus das Feuer sofort aus allen Waffen eröffnet. Nachdem ich anfangs den Eindruck hatte, daß der Küstenpanzer zu Anker lag, stellte sich plötzlich heraus, daß er ankerauf gegangen war, ständig hin und her dampfte und mich öfter mit zwei im Schußfeld liegenden Dampfern in Deckpeilung hielt. Ich befahl, ohne Rücksicht auf diese beiden Dampfer, gegebenenfalls unter Freischießen des

Schußfeldes, das Feuer auf die »Norge« weiterhin fortzusetzen. Während dieses Gefechtes mußte ich, da das Anlegemanöver noch nicht beendet war, »BA« noch etwas vorziehen, um die Truppen an der günstigsten Stelle der Pier schneller an Land zu bringen. Die bereits an Land befindlichen Gebirgsjäger nahmen in dem auf der Pier stehenden Betonschuppen volle Deckung.
Nun ließ ich Torpedos schießen. Insgesamt sieben wurden einzeln losgemacht. Der erste Aal war infolge des Hin- und Herdampfens der »Norge« ein Fehlschuß. Der zweite und dritte Torpedo berührten sich im Wasser und steuerten danach divergierende Kurse, während der 4. und 5. Torpedo wegen der zu geringen Wassertiefe Grundgänger waren. Der sechste jedoch war ein Oberflächenläufer. Er traf die »Norge« etwa hinten 30 bis 40. Eine masthohe feuerdurchmischte Wassersäule stob in die Höhe. Damit war der Küstenpanzer ausgeschaltet. Die »Norge« drehte sich noch einmal um ihre Achse und schwamm dann noch für kurze Zeit kieloben. Die eine Schraube drehte sich noch in der Luft, um dann endgültig zu verschwinden. Das Ganze, vom Torpedotreffer bis zum Verschwinden der »Norge«, dauerte etwa eine Minute.
Nun konnte das Ausschiffen der Stoßkompanie ohne Störungen fortgesetzt werden. Zur gleichen Zeit, da die »Norge« gesunken war, ließ ich das Verkehrsboot zu Wasser bringen und schickte es zur Untergangsstelle. Dort waren bereits mehrere Boote von den Dampfern bei den Rettungsarbeiten. Unser Verkehrsboot fischte noch neun Männer der »Norge«, darunter den Kommandanten. Dieser wurde in völlig erschöpftem Zustand zu mir an Bord gebracht und erhielt sofort erste ärztliche Hilfe. Es war ein älterer Herr von über 60 Jahren.«
Soweit der direkte Bericht.
Mit einem Sanka, den KKpt. Rechel aus dem norwegischen Lazarett holen ließ, wurden die neun Männer der »Norge« in das Krankenhaus geschafft. Von den übrigen Booten wurden weitere 88 Männer der »Norge« aufgefischt.
Kurze Zeit, nachdem der F. d. Z. drei Boote bei der Ramnes – Hamnes-Enge und die drei zum Einlaufen in Elvegaardsmoen bestimmten Zerstörer entlassen hatte, tauchte plötzlich vor dem deutschen Führerboot »WH« das zweite Küstenpanzerschiff, die »Eidsvold«, auf. Sie hatte die Wache vor dem Hafen. Mit diesen

3.645 t großen Küstenpanzerschiffen hatten die Norweger ihre stärkste Waffe aufgeboten, um ein Eindringen nach Narvik zu verhindern. Noch während man herumrätselte, was nun geschehen würde, blitzte auf dem Küstenpanzer Mündungsfeuer auf und die erste Granate schlug hinter »WH« ins Wasser. Gleichzeitig damit setzte man auf der »Eidsvold« das Signal »Stoppen Sie sofort!« Der F.d.Z. ließ »WH« stoppen und ebenfalls ein Flaggensignal setzen:
»Ich sende Boot mit Offizier.«
Die Motorpinaß wurde ausgeschwungen, und KKpt. Gerlach, der 2. Admiralstabsoffizier (A2) des F.d.Z., stieg mit einem Signalgasten über.
Noch wußte niemand, daß FKpt. Askim, der Befehlshaber der Küstenpanzerschiffe, an eben diesem Tage um 05.00 Uhr den Befehl seiner Admiralität erhalten hatte, auf deutsche Kriegsschiffe das Feuer zu eröffnen, englische aber ungehindert nach Narvik einlaufen zu lassen.
Während die Pinaß drüben anlegte, manövrierte KKpt. Erdmenger »WH« so, daß er schnellstens zum Torpedoschuß kommen konnte, wenn der Gegner das Feuer eröffnete.
Als schließlich die »Eidsvold«, die gestoppt gelegen hatte, mit der Maschine anging und drehte, ließ KKpt. Erdmenger sein Boot Fahrt aufnehmen.
Inzwischen verhandelte KKpt. Gerlach mit FKpt. Willoch, dem Kommandanten der »Eidsvold«. Nach einigem Warten, und nachdem sich FKpt. Willoch mit dem Kommandanten der »Norge« im Hafen ins Benehmen gesetzt hatte, verkündete er, daß er Widerstand leisten würde.
Die Motorpinaß legte ab und im Ablaufen sah der A2 des F.d.Z., daß bereits die 21-cm-Geschütze der »Eidsvold« sich auf »WH« richteten. Er befahl dem Signalgasten, den für diesen Fall vereinbarten roten Stern zu schießen. Der F.d.Z. zögerte auch nach diesem Gefahrensignal noch mit den Gegenmaßnahmen. Er blickte den neben ihm stehenden Generalmajor Dietl fragend an.
»Schießen!« sagte Dietl nur knapp.
Während dieser Zeit hatte KKpt. Erdmenger das Boot gedreht und lief mit hoher Fahrt an der »Eidsvold« vorbei und während er abdrehte, um noch bessere Schußmöglichkeiten zu haben, befahl er, die achtere Torpedorohrgruppe klarzumachen.

»Bitte um Torpedoschußerlaubnis, Herr Kommodore!«
»Ja«, erwiderte Kommodore Bonte knapp.
Auf den unmittelbar darauf gegebenen Befehl des Kommandanten drückte der Torpedooffizier auf den Abfeuerknopf. Ein Viererfächer klatschte ins Wasser, alle vier Torpedos liefen auf die »Eidsvold« zu. Zwei dieser Torpedos trafen sie. Gewaltige Feuersäulen stiegen in die Höhe. Stahl flog durch die Luft, und schon brach der Küstenpanzer in der Mitte durch. Die beiden Teile kenterten und sanken sofort. Auch hier lief nur Sekunden später eine Anzahl Boote auf die Untergangsstelle zu. Aber es konnten nur acht Männer der »Eidsvold« gerettet werden. Der Untergang erfolgte zu schnell.
Sekunden später dröhnten die Schüsse aus dem Hafen heraus, die die Feuereröffnung der »Norge« anzeigten. Dann rollte eine mächtige Detonation durch den Fjord und hallte von den hohen Felswänden wider.
»Torpedos! Dort hat »Bernd von Arnim« den zweiten Küstenpanzer hochgehen lassen«, sagte einer der Männer an der Dreisieben leise.
Dicht hinter »BA« hatte auch »GT« die Huk von Framnes passiert und sah, wie sein Schwesterboot, den Hafen, der voller Schiffe lag. Die Männer auf ihren Stationen sahen eines der deutschen Schiffe, das brennend auf dem Uferfelsen aufsaß. Es war die »Bokenheim«. Der Kapitän dieses Handelsschiffes war der Annahme, die Engländer seien überfallartig in Narvik gelandet. Da er sein Schiff nicht in die Hand des Gegners fallen lassen wollte, hatte er es in Brand setzen und auflaufen lassen. »GT« mit dem Chef der 1. Z.-Fl., FKpt. Berger, an Bord, lief in den Hafen hinein und fand den deutschen Tanker »Jan Wellem«, bei dem sich das Boot längsseits legte und schon wenige Minuten später mit dem Beölen begann.
Als »WH«, in den Hafen einlaufend, jene Stelle passierte, wo die »Norge« untergegangen war, ließ der F.d.Z. das Signal »Beteiligung an Rettungsaktion« setzen.
Während nunmehr die Stoßtrupp-Kompanie nach Narvik hineinstürmte, um die wichtigsten Gebäude zu besetzen, blieb »BA« gefechtsbereit, um jederzeit mit seiner Artillerie eingreifen zu können. Das Schneetreiben hatte inzwischen aufgehört. Eine Stunde nach dem Anlandgehen kam der Führer der Stoßtrupp-

Kompanie zurück und berichtete KKpt. Rechel, daß die Aktionen an Land planmäßig abgelaufen und alle wichtigen Punkte Narviks in deutscher Hand seien.
Danach meldete sich KKpt. Rechel beim F. d. Z. und machte seine Meldung über das Gefecht mit der »Norge«. Als er geendet hatte, stand Kommodore Bonte auf, trat zu Rechel, faßte ihn an den Schultern und sagte:
»Ich bin Ihnen ja so dankbar, daß Sie dem Küstenpanzer den ersten Schuß gelassen haben; ich mußte den anderen versenken, ohne daß er sich vorher gewehrt hatte.«
KKpt. Rechel berichtet in seinem KTB über diese Minuten:
»Der Kommodore stand noch immer ganz unter dem Eindruck der Versenkung der »Eidsvold«. In seiner vornehmen ritterlichen Denkungsart war es ihm unsympathisch, zu wissen, daß die »Eidsvold«, ohne sich gewehrt zu haben, torpediert werden mußte. Er war sichtlich erleichtert, als ich ihm meldete, daß die »Norge« das Landen der Truppen und das Anlegen des Zerstörers durch den Einsatz ihrer gesamten Artillerie zu verhindern versucht hatte.«
Im Verlaufe des Vormittags ging auch »BA« an der »Jan Wellem« längsseits, um nach dem Beölen in die Südbucht von Narvik zu verholen und dort zu ankern.
Was aber war mit »EG« geschehen, der ja in seiner Fahrt behindert und insgesamt 50 sm zurückgeblieben war? Hatte sein Öl ausgereicht?
Als KKpt. Smidt gegen 23.00 Uhr des 8. 4. im starken Schneetreiben das Feuer von Skomvär in geringem Abstand an Backbord querab sichtete und auch die nächsten Feuer ausmachen konnte, wußte er, daß er bei Moskenesöy Landschutz erreichen würde. Dort konnten die Bunker richtig gepeilt werden. Als dies geschehen war, stand fest, daß noch mehr Öl vorhanden war, als er angenommen hatte. Nach der Meldung des Leitenden Ingenieurs konnte mit sparsamer Marschfahrt Narvik erreicht werden.
KKpt. Smidt ließ auf 15 kn heruntergehen und die Fahrt fortsetzen. Zeitweise ließ er nur mit einem Kessel fahren. Doch wegen der geringen Sicherheit wurde dieses Verfahren bald aufgegeben. Am Vormittag des 9. 4. wurde die Insel Barö passiert und der Ofotfjord erreicht. Dann passierte das Boot jene Zerstörer, die bei Ramnes und Hamnes ihre Truppen landeten und erreichte Narvik. Nach einer UK-Meldung an den F. d. Z. erhielt KKpt.

Smidt die Weisung, nach Elvegaardsmoen zu laufen und dort zu ankern. Um 08.30 Uhr ließ das Boot Anker fallen und schiffte die an Bord befindlichen Gebirgsjäger aus. Dann leistete es »EK« Hilfe, denn dieser Zerstörer war mit dem Heck festgekommen. Eine Leine von »EK« wurde auf »EG« ausgefahren, und »EG« holte das Heck frei. Danach kam »EK« mit eigener Kraft und ohne Beschädigung wieder frei.

Um 08.10 Uhr des 9. 4. 1940 meldete der F.d.Z. dem Marinegruppenkommando West, daß Narvik in deutscher Hand sei und dem Heeresbefehlshaber, Generalmajor Dietl, übergeben worden sei. Damit war der erste und wichtigste Teil des Unternehmens »Weserübung« gelungen. Der Gegner hatte es, trotz des langen Seeweges, nicht vermocht, die deutschen Seestreitkräfte mit seinen weit überlegenen Streitkräften zu stellen und zu vernichten.

Nach dem Operationsplan hätten nunmehr die zehn Zerstörer der Gruppe Narvik nach erfolgter Brennstoffergänzung in der Nacht zum 10. April den Rückmarsch antreten müssen. Doch von den beiden vorgesehenen Tankern war nur »Jan Wellem« zur Stelle. Die »Kattegatt« war am 9. 4. versenkt worden. Dadurch konnten jeweils nur zwei Zerstörer gleichzeitig beölen. Diese Beölung dauerte sieben Stunden. Deshalb war der Operationsbefehl nicht einzuhalten.

Als die ersten Minuten des 10. 4. vertickten, hatten drei Zerstörer beölt: »WH«, »BA« und »GT«. In sein KTB schrieb der F.d.Z. in der Nacht zum 10. 4.:

»Ich erwarte einen englischen Angriff zur Vernichtung der Zerstörergruppe, rechne jedoch nicht mit einer englischen Landung. Die auf der Innenposition stehenden deutschen U-Boote bilden eine vorzügliche Sicherung. Sie werden mit Sicherheit jede Feindannäherung rechtzeitig melden und die feindlichen Seestreitkräfte schwer schädigen, ja das Eindringen selbst verhindern.«

Es ging denn auch gegen 21.30 Uhr des 9. 4. eine U-Bootmeldung von U 51 ein:

»Fünf feindliche Zerstörer in Sicht. Feind steuert südwestlichen Kurs, mittlere Fahrt, Westfjord!«

Da diese Zerstörer auszulaufen schienen, wurde diesem Funkspruch keine besondere Bedeutung beigemessen. Und dennoch wäre dies die einzige Chance gewesen, dem Feind gefechtsbereit gegenüberzutreten. Es handelte sich um die fünf Boote der 2. bri-

tischen Z.-Fl. unter Captain Warburton-Lee, die die Absicht hatten, am 10. 4. bei Morgendämmerung und Hochwasser vor Narvik zu stehen und anzugreifen. Der Flottillenchef mußte seine Boote, um diese Absicht ausführen zu können, auf wechselnden Kursen laufen lassen. Dies führte zur Täuschung des F. d. Z.
Da die zehn deutschen Zerstörer ein zu günstiges Ziel für feindliche Angriffe aller Art boten, ließ der F. d. Z. die Boote auseinanderziehen. FKpt. Berger, der Chef der 1. Z.-Fl., wurde mit den Booten »GT« und »BA« in den westlich Narvik befindlichen Ballangenfjord gelegt. FKpt. Bey, Chef der 4. Z.-Fl., sollte mit »WZ«, »EG« und »EK« in den nordostwärts Narvik gelegenen Herjangsfjord verlegen, während FKpt. Gadow, Chef der 3. Z.-Fl., mit einem seiner Zerstörer den Hafeneingang sichern sollte. Der Rest der Boote blieb im Hafen von Narvik. Es waren dies: »HL«, »HK«, »AS« und »DR«.
FKpt. Gadow ließ »HK« als ersten Zerstörer den vorgesehenen Vorpostendienst übernehmen und ordnete an, daß er in vierstündlichem Wechsel bis zum Hellwerden ab 0 Uhr von »AS«, ab 04.00 Uhr von »DR« und danach vom Führerboot »HL« versehen werden sollte.
Damit waren die Entscheidungen auf deutscher Seite getroffen worden: Der F. d. Z. wollte die Fahrbereitschaft einer größeren Zahl der Zerstörer abwarten, um damit eine größtmögliche Streitmacht zur Bekämpfung des sicherlich auftauchenden Gegners zur Verfügung zu haben.
Wie aber sah es zu dieser Zeit beim Gegner aus?

## DER BRITISCHE GEGENSCHLAG: ANGRIFF AUF NARVIK AM 10. 4. 1940 – VERLUST VON ZWEI ZERSTÖRERN AUF BEIDEN SEITEN

Während Admiral Whitworth mit dem Schlachtkreuzer »Renown« in Höhe des Westfjordes in See auf und ab stand, und in den Morgenstunden des 9. 4. in ein Gefecht mit »Scharnhorst« und »Gneisenau« verwickelt wurde, befanden seine neun Zerstörer sich vor dem Westfjord auf Patrouille. Sie konnten die Fahrt der »Renown« nicht halten. Zu dieser Zeit marschierten noch der Schlachtkreuzer »Repulse« mit weiteren Zerstörern – vom C in C zur Hilfe entsandt – in Richtung auf den Westfjord.

Um 11.38 Uhr war Admiral Whitworth über FT eine Unterrichtung zugegangen, daß deutsche Truppen in Narvik gelandet seien, und daß er ein weiteres Eindringen deutscher Kräfte in den Westfjord verhindern müsse. Er erhielt diese Nachricht erst am 10. 4. Dennoch hatte er von sich aus bereits am 9. 4. alle entsprechenden Maßnahmen getroffen. Gegen 12.00 Uhr erhielt dann Captain Warburton-Lee direkt von seinem Flottenchef den Befehl, die Zerstörer der 20. Z.-Fl., die er beim Minenlegen gesichert hatte, zu verlassen, die deutschen Transporter anzugreifen, zu versenken und nach Möglichkeit Narvik zurückzuerobern.
Er lief an Bord seines Führerbootes »Hardy« mit den Booten »Hotspur«, Cdr. H.F.H. Layman, »Havock«, LtCdr. R E. Courage, und »Hunter«, LtCdr. L. de Villiers, in den Westfjord ein. Die »Hostile«, Cdr. J.P. Wright, kam hier noch hinzu. Gegen 16.00 Uhr ließ der Flottillenchef in Höhe der Lotsenstation Tranöy, auf der Südseite, auf halbem Wege durch den Westfjord nach Narvik stoppen. Nachdem er von den Norwegern hörte, daß nicht weniger als sechs (so viele deutsche Zerstörer hatte man gesehen) große Zerstörer nach Narvik gelaufen seien, ließ er um 17.51 Uhr einen Funkspruch absetzen:
»Intend attacking at dawn high water – ich beabsichtige in der Morgendämmerung bei Hochwasser anzugreifen.«
Nachdem bereits um 14.00 Uhr die »Repulse« und der Kreuzer »Penelope« sowie vier große Zerstörer die Kampfgruppe von Admiral Whitworth erreicht hatten, erwog dieser eine Verstärkung der 2. Z.-Fl. Um dies in die Tat umsetzen zu können, hätte er den Angriff verschieben müssen und damit den Überraschungsfaktor aus der Hand gegeben. Außerdem hätte er natürlich den Zerstörerschutz seiner schweren Einheiten geschwächt. Dennoch: wäre es so geschehen, wie es von ihm erwogen wurde, hätte es keinen wochenlangen Kampf um Narvik und schließlich einen deutschen Sieg gegeben, sondern die Engländer hätten sich in Narvik festgesetzt und die deutsche Erzzufuhr für lange Zeit unterbunden.
Admiral Whitworth unterließ diese Verstärkung. Er stützte sich auf den Befehl der Admiralität, die diesen Angriff ausdrücklich der 2. Z.-Fl. übertragen hatte. Am Abend dieses 9. 4. gegen 20.59 Uhr, als die fünf britischen Zerstörer auf dem Marsch nach Narvik waren, funkte der Erste Seelord an diese:

»You alone can judge whether, in these circumstances, attack should be made. We shall support whatever decision you take. – Sie allein können beurteilen, ob unter den bestehenden Umständen ein Angriff ausgeführt werden sollte. Wir werden jede Entscheidung unterstützen, die Sie treffen.«
Captain Warburton-Lee hatte seine Entscheidung aber bereits getroffen. Er wollte kurz nach 05.00 Uhr angreifen und verzögerte deshalb den Vormarsch seiner Zerstörer, um die Zeit einzuhalten. Hierbei wurde er, gerade als er sich auf Südwestkurs – also Auslaufkurs – befand, von U 51 gesichtet und gemeldet. In den häufigen Schneeböen aber konnte U 51 nicht sehen, daß die fünf britischen Zerstörer bald darauf wieder auf Nordostkurs gingen.
Gegen 05.00 Uhr des 10. 4. erreichten die britischen Zerstörer ihre Ausgangsposition zum Angriff auf den Hafen.
KKpt. Holtorf hatte Befehl, mit seinem Boot »DR« den seit 0 Uhr im Vorpostendienst stehenden »AS« um 04.00 Uhr abzulösen und bis zur Helligkeit U-Boot-Sicherung vor der Hafeneinfahrt durchzuführen. Als er den Hafen verließ, war das Schneetreiben so dicht, daß man kaum 100 m weit sehen konnte.
»Wir steuern wechselnde Kurse vor der Hafeneinfahrt!« entschied der Kommandant. Als sie die Huk passiert und den Ofotfjord erreicht hatten, war nichts zu sehen. Alles verschwamm im dichten Flockengewirbel. Nach Anbruch der Helligkeit lief »DR« wieder in den Hafen ein und ging zwischen den Dampfern in der Mitte zwischen Malmkai und Postpier vor Anker, um sich zur Ölübernahme bereitzuhalten.
10 Minuten später erreichten »Hardy«, »Hunter« und »Havock« die Huk, sichteten eine Menge Schiffe und deutsche Zerstörer und eröffneten aus allen Waffen das Feuer. Torpedofächer wurden geschossen. Währenddessen hatten »Hotspur« und »Hostile« die Hafeneinfahrt erreicht. Sie griffen erst in einer zweiten Attacke an.
Torpedos trafen und ließen große Wassersäulen aufsteigen. Granaten, im schnellsten Salventakt geschossen, trafen die Zerstörer und Dampfer. Der Überraschungsschlag war geglückt. Welche von den deutschen Zerstörern hatte dieser Schlag getroffen?
Es war genau 05.30 Uhr, als die Wache auf »WH« einen Schuß vernahm. Sie gab sofort »Alarm«. Der Kommandant, KKpt. Erdmenger, der in seiner Brückenkammer geschlafen hatte, stürzte

(Links) KKpt. Erdmenger, Kommandant »Wilhelm Heidkamp«

(Mitte) KKpt. Wolff, Kommandant »Georg Thiele«

(Rechts) Kpt. z. S. Smidt (1944), 1940 als KKpt. Kommandant »Erich Giese«, danach Z 27

(Unten) Zerstörer »Georg Thiele« in seinem letzten Gefecht am 13. 4. 1940 im Rombakenfjord

Britischer Zerstörer »Eskimo« (Tribal-Klasse)

»Eskimo« im Augenblick des Torpedotreffers von »Georg Thiele«, aufgenommen von einem Trägerflugzeug vom Typ »Swordfish«

»Eskimo« nach Torpedotreffer ohne Vorschiff

Wrack des Zerstörers »Georg Thiele« bei Sildvik

auf die Brücke. Er sah nichts und wollte schon die Wache zurechtweisen, als auf einmal ringsum ein Höllenlärm ausbrach. Irgendeiner rief etwas von Fliegern. Doch bald war Klarheit, als ringsumher Granaten in die See und auf die Schiffe einschlugen. Und dann schlug es mit einem fürchterlichen Krachen in Höhe der Signalbrücke in »WH« hinein. Die Backbord-Brückennock dieses Zerstörers wurde von dem ersten Treffer weggerissen. Dann dröhnte abermals eine gewaltige Detonation, die noch stärker als die vorhergehende war; und als KKpt. Erdmenger auf den freien Teil der Brücke eilte, sah er, daß seinem Boot das Achterschiff weggeschossen worden war. Eines der drei achteren 12,7-cm-Geschütze wurde von der letzten Detonation hochgerissen, durch die Luft geschleudert und landete krachend auf der Back. Das zweite schlug in den Niedergang zu einem Heizraum hinein, durchschlug diesen und landete im zweiten Kesselraum. Das dritte aber wurde auf den Brückenniedergang geschleudert.
Einer der von den Angreifern geschossenen Torpedos hatte in Nähe der achteren Munitionskammer den Führerzerstörer getroffen, und die anschließenden Detonationen rissen das Achterschiff von »WH« weg. Kommodore Bonte, die meisten Offiziere und viele Mannschaften fielen diesem Torpedo zum Opfer.
Doch das war noch nicht alles. Der Gefechtslärm war zu einem wilden Getöse angeschwollen. Einschläge ließen Wasserfontänen in die Höhe steigen. Splitter heulten mit schrillem Surren durch die Luft. Stahl krachte auf Stahl. Schreie der Schwerverwundeten gellten.
Nur wenige Sekunden nach dem Führerzerstörer wurde auch »AS« von Torpedos getroffen. Der Zerstörer brach sofort auseinander und sank so schnell, daß er einen großen Teil der Besatzung mit in die Tiefe nahm.
Die beiden Boote »HL« und »HK«, die zur Brennstoffübernahme an der »Jan Wellem« längsseits lagen, brachen die Übernahme ab, machten los und versuchten im Rückwärtsgang von dem Tanker freizukommen, um in das Gefecht mit den schemenhaft sichtbarwerdenden Feindzerstörern eingreifen zu können. Während dieser Manöver erhielt »HL« zwei Artillerietreffer. »HK« aber, der nur 40 m von »AS« entfernt lag, wurde von der Detonation der Torpedos, die »AS« versenkten, derart erschüttert, daß seine Maschinenanlage für eine Stunde ausfiel.

An Bord von »DR« wurde ebenfalls sofort Alarm gegeben, und Sekunden später vernahm KKpt. Holtorf die ersten Granateinschläge. Durch das dicke Schneegestöber konnten weder Kommandant noch Brückenwache etwas erkennen. Nur das immer wieder aufblitzende grelle Mündungsfeuer zeigte, daß die Gegner, wer sie auch waren, pausenlos schossen. Dann schlugen an der Backbordseite, hart unterhalb der Brücke, die ersten Granaten in den Zerstörer hinein. Der Ölbunker des 2. Kesselraumes erhielt zwei Treffer, dicker schwarzer Qualm quoll in wabernden Wolken hervor und hüllte das ganze Vorschiff ein. Mehrere Männer stürzten in brennenden Lederanzügen aus dem Kesselraum nach oben, einer von ihnen sprang über Bord. Die Kabelstränge der Feuerleitanlagen wurden von diesen Treffern zerstört.
Ganze Salven schlugen in der Runde im Hafenbecken ein. Der dritte Treffer hämmerte ins Vorschiff von »DR«, die Granate detonierte im Heizerdeck und tötete acht Männer. Zwei wurden verwundet, ein einziger konnte der Hölle entkommen. Über Megaphon befahl KKpt. Holtorf:
»Geschütze Backbord querab. Feuererlaubnis!«
Fünf Sekunden darauf erwiderte »DR« das Feuer des Gegners. Die Ziele waren jeweils nur schemenhaft für Sekunden sichtbar. Die fünf 12,7-cm-Geschütze schossen im Salventakt. Nun verschmolzen Abschüsse und Einschläge zu einem wilden Lärm der Vernichtung und in diesen hinein erscholl der Ruf eines Ausgucks:
»Torpedolaufbahnen an Backbord!«
KKpt. Holtorf stürzte nach vorn in die Backbord-Brückennock und konnte noch sehen, wie die eine Blasenbahn keine zehn Meter vor dem Bug seines Zerstörers vorbeilief. Die zweite jagte dicht nebenher, und einer der Dampfer, der neben »DR« lag, wurde von diesem Aal getroffen und brach in zwei Teile auseinander. Die deutschen Zerstörer, soweit sie nicht schon untergegangen waren, schossen nun aus allen Waffen. KKpt. Holtorf sah die aufzuckenden Mündungsfeuer der Feindzerstörer durch das Schneetreiben.
»Torpedowaffe – Feuererlaubnis!«
Der TO mußte jeden der Aale einzeln von den Rohrsätzen losmachen, da auch die Feuerleitanlage der Torpedowaffe ausgefallen war. Aber die acht Torpedos trafen nicht. Zu wechselnd

waren die vom Gegner gelaufenen Kurse, zu unsichtig das Wetter.

Der vierte Treffer schmetterte in »DR« hinein und zerstörte das dritte Geschütz. Flammen schlugen über das Achterschiff und Sekunden später schlug der fünfte Treffer hart an der Wasserlinie in die Konservenlast.

Schließlich ließ das Gefecht nach. Mit einem Male war der Gefechtslärm im Hafen von Narvik verstummt.

Captain Warburton-Lee hatte seine Zerstörer wenden und ablaufen lassen, um sie im Ofotfjord zu sammeln, und dann aus dem Fjord auszulaufen. Doch nun verließ das Kriegsglück den Flottillenchef, der mit diesem überfallartigen Angriff eines der wagemutigsten Zerstörergefechte des Zweiten Weltkrieges geliefert hatte.

In der Nacht zum 10. 4. lagen die beiden Zerstörer »GT« und »BA« in der Ballangenbucht, westlich von Narvik, in sofortiger Bereitschaft vor Anker. Die Backbordmaschine von »GT« war nur ab 15 kn Fahrt klar, da wegen Ausfalls der Backbord-Kühlwasserpumpe bereits ab 7. 4. nachmittags nur mit natürlicher Kühlung durch Fahrtstrom gefahren werden konnte.

Kurz vor 06.00 Uhr ging ein Funkspruch ein:

»Alarm, Überfall auf Narvik.«

Beide Zerstörer gingen beschleunigt ankerauf und liefen aus dem Ballangenfjord aus. Auch hier dichtes Schneegestöber, das nur Sichtweiten bis zu 200 m zuließ. Mit möglichst hoher Fahrt liefen beide Zerstörer – »BA« in ungefähr 1.000 m Abstand im Kielwasser von »GT« – in Richtung Narvik. Es klarte etwas auf und um 06.50 Uhr, bei Erreichen des Ofotfjords, kamen von Steuerbord voraus fünf stark schwarzqualmende Zerstörer in Sicht, die mit hoher Fahrt nach Westen liefen. Für einige Sekunden war Korvettenkapitän Wolff im Zweifel, ob es sich hierbei nicht um Boote der 4. Z.-Fl. handeln könne, denn kurz vorher war ein FT des Chefs der 4. Z.-Fl. eingegangen:

»Breche durch nach Westen!«

Doch bald darauf konnten anhand der Silhouetten einwandfrei englische Zerstörer erkannt werden. Sie wurden vorausgenommen. Um 06.57 Uhr drehte »GT« um drei Dez nach Backbord ab, um seine Batterie voll ins Gefecht bringen zu können und gleichzeitig dem Gegner den Weg nach Westen zu verlegen.

»Feuer eröffnen mit allen Geschützen!« befahl KKpt. Wolff wenig später, als die geschätzte Entfernung nur noch 40 hm betrug.
Im Passiergefecht an Steuerbord wurde der britische Führerzerstörer »Hardy« unter Feuer genommen, der allein zu dieser Zeit klar aus dem Qualm heraustrat. Auch »BA« eröffnete das Feuer. Dieses Boot feuerte jedoch auf den zweiten Zerstörer in der Linie, da man dort sah, daß »GT« bereits den Spitzenzerstörer beschoß.
Geben wir an dieser Stelle Flottillenadmiral a. D. Wolff mit seinem Gefechtsbericht das Wort:
»Die Batterie »Georg Thiele« liegt bereits nach der dritten Salve deckend am Ziel. Beim Gegner werden Treffer mit Brandwirkung beobachtet. Nach etwa zehn in schneller Folge geschossenen Salven verschwindet der Führerzerstörer »Hardy«, mit einer hohen Flamme mittschiffs, in einer dichten Qualm- und Rauchwolke. Als sich diese verzieht, ist der Zerstörer brennend aus der Linie geschoren. Er sackt zunächst bewegungsunfähig achteraus und setzt sich später auf die Klippen an der Südseite des Fjordes.
Nunmehr wird der nächste Zerstörer der Linie von »GT« wie von »BA« unter Feuer genommen, da die drei nachfolgenden Zerstörer in dem starken Qualm immer noch schlecht auszumachen sind. Die Batterie liegt wieder schnell deckend am Ziel.
Um den Gegner vor dem Eintreffen der 4. Z.-Fl. nicht zu weit nach Westen ablaufen zu lassen, wird mit Hartruder nach Backbord auf Gegenkurs gewendet.
Während dieses ersten Gefechtsabschnittes hatte »GT« keinen Treffer erhalten. Die Gefechtsentfernungen haben sich zwischen 35 bis 25 hm bewegt, so daß auch die FlaMW sehr wirkungsvoll in das Gefecht eingreifen konnten. Die Torpedowaffe hat zwei Einzelschüsse geschossen, die ihr Ziel verfehlten. Zwei vom Gegner geschossenen Einzelschüssen konnte ausgewichen werden, die Torpedos detonierten am Nordufer des Fjords.
Nach dieser Wendung führten wir das Gefecht im laufenden Gefecht an Backbord weiter. Auch diesmal ist die Batterie wieder schnell eingeschossen. Als ein weiterer Zerstörer durch das vereinte Feuer unserer beiden Einheiten schwer getroffen brennend achteraus sackt, löst sich die Linie der gegnerischen Zerstörer auf, die ihren Marsch nach Westen zunächst aufzugeben scheinen und mit wechselnden Kursen, Qualmwänden und starkem vereinten Artilleriefeuer die havarierten und brennenden Kamera-

denboote decken. Wiederum muß einem Dreierfächer und einem Einzelschuß ausgewichen werden.
Eine Granate durchschlägt die Backbordseitenwand Abt. VII, detoniert im Gefechtsbunker VII 3.2. und schlägt diesen leck. Splitter dringen in den Kesselraum I ein, zerstören das K-Gebläse II und schlagen außerdem die Bunker VII 3.3. und VII 3.1. leck. K I muß wegen starken Heizöleinbruchs und der damit verbundenen Brandgefahr Feuer ausmachen. Ferner werden zerstört: Feuerlösch-, Seewasser-, Trink- und Waschwasser- sowie die Hafendampfleitung.
Eine weitere Granate durchschlägt die Backbordwand Abteilung I, durchschlägt auch noch das Querschott der Abteilung II und detoniert in der achteren Backbord-Doppelkammer.
In diesem Gefechtsabschnitt schießt die Torpedowaffe einen Einzeltorpedo, ohne daß beim Gegner Wirkung festgestellt werden kann.
Da der Gegner weiterhin in der Nähe seiner harvarierten Kameraden auf der Stelle verhält, wird wiederum mit Hartruder nach Steuerbord zum Gefecht an Steuerbord gewendet. Während dieser Wendung schlägt eine Granate, von Backbord achteraus kommend, in das Pivot des bereits nach Steuerbord geschwenkten 1. Geschützes ein. Die Bedienung mit den Munitionsmännern fällt bis auf zwei Mann. Das Geschütz ist unbrauchbar geworden. Sprengstücke verursachen zudem einen Kartuschenbrand, der sich mit starker Rauchentwicklung in den umliegenden Schreibstuben ausbreitet. Eine weitere Granate durchschlägt, von Steuerbord kommend, den vorderen Schornstein und detoniert an der Backbordseite hinter dem Signaldeck.
Nach der Wendung erhält unser Boot einen weiteren Treffer. Die gesamte Besatzung der Artilleriezentrale wird getötet oder verwundet. Der Kampf aber geht weiter. Unsere Artillerie schießt Höhe und Seite direkt, Schieber und Aufsatz durch Telefon.
Zu diesem Zeitpunkt dreht einer der englischen Zerstörer hart auf »GT« zu und läuft mit Höchstfahrt, scheinbar zum Torpedoschuß oder zum Rammstoß, an. Die FlaMW decken ihn mit starkem Feuer auf Brücke und Leitstände ein, so daß er auf 17 hm wieder abdreht. Torpedoschüsse werden nicht beobachtet. Weitere Granaten schlagen auf »GT« ein. Unsere Torpedowaffe schießt auf etwa 28 hm einen Dreierfächer, dessen rechter Tor-

pedo einen feindlichen Zerstörer in Höhe der Brücke mit hoher Wasser- und Detonationssäule trifft. Der Zerstörer sinkt sofort. Nach Aussagen später durch »WZ« aufgefischter englischer Seeleute ist es der Zerstörer »Hunter«.
Ein von einem der Gegner geschossener Torpedo verfehlt sein Ziel. Einem weiteren Dreierfächer kann nur mit Mühe ausgewichen werden. Die Blasenbahnen gehen nur wenig hinter dem Heck von »GT« durch.
Inzwischen kommen die aus der Herjangsbucht anlaufenden 3 Zerstörer der 4. Z.-Fl. in Sicht, von denen »WZ«, am weitesten vorn stehend, bald in das Gefecht eingreift. Unter starkem Schwarzqualmen brechen jetzt die restlichen englischen Zerstörer das Gefecht ab und versuchen, mit hoher Fahrt nach Westen zu entkommen.
Um 07.25 h wird das Feuer auf den von den Zerstörern der 4. Z.-Fl. verfolgten Gegner eingestellt. Die Endentfernung beträgt 110 hm.
Die mit starker Rauchentwicklung weiterarbeitenden Brände im Vor- und Achterschiff unseres Bootes zwingen zum Fluten der vorderen und achteren Munitionskammergruppen. Auch die Feuerlöschmittel des nunmehr längsseitskommenden Zerstörers »BA« bringen keinen Erfolg. Erst durch völliges Abriegeln des Brandes wird das Feuer nach etwa zwei Stunden erstickt. Die Munitionskammern werden wieder gelenzt.
Unsere eigenen Verluste betragen:
Gefallen: 3 Uffz. und 12 Mann
Verwundet: 1 Offz., 5 Uffz., 17 Mann.«
Soweit der Bericht, den Max-Eckart Wolff unmittelbar nach seinem bravourösen Einsatz niederschrieb.
Doch nun zu »Bernd von Arnim«, dessen KTB ebenfalls vorliegt. Geben wir auch KKpt. Rechel mit seinem Gefechtsbericht Raum.
»Ich manövrierte auf ein Passiergefecht an Steuerbord. Da aus Osten mit dem Auftreten von eigenen Zerstörern zu rechnen ist, ließ ich den großen »ES-Wimpel« setzen. Gleiches zu tun riet ich »GT«, der daraufhin ebenfalls »ES-Wimpel« setzte. Die Anfangsentfernung betrug etwa 60 hm. Infolge des starken Nebels und Schwarzqualmens war nicht genau auszumachen, um wie viele Feindzerstörer es sich handelte. Wir haben das Feuer eröffnet auf den 1. Zerstörer. Bereits nach kürzester Zeit hat sich »BA« einge-

schossen. Es waren Treffer auf dem ersten Zerstörer beobachtet. Rote Feuerbrände und weißer Qualm steigen auf.
Ich staffelte noch etwas heran und brachte auf etwa 35 hm die Fla-Maschinenwaffen zum Einsatz. Gerade diese Waffe hat nach Gefangenenaussagen gute Dienste geleistet.
Die Gefechtsentfernung ging bis auf 25 hm herunter. In dieser Situation brach ein englischer Zerstörer aus der Linie heraus und kam 6 Dez an Steuerbord mit einer Schneidung von etwa 90 Grad auf mich zu. Ich vermutete einen Torpedoangriff. Er drehte dann auf etwa 22 hm zu einem laufenden Gefecht an Steuerbord auf und schoß Torpedos. Kurz darauf verschwand er wieder im schwarzen Rauch der feindlichen Linie. Während des Manövers dieses Zerstörers wurde dieser heftig unter Feuer genommen. Der einzige an Bord befindliche Torpedo wurde geschossen. Kurz danach kamen mehrere Blasenbahnen in Sicht, denen wir auswichen.«
Soweit der direkte Bericht. Immer wenn »GT« zu seinen wechselnden Gefechten nach Backbord oder Steuerbord wendete, machte »BA« diese Wendung mit. Es mußte noch mehreren Torpedos ausgewichen werden. Als die eigenen drei Zerstörer der 4. Z.-Fl. an Steuerbord vorbeiliefen, gab KKpt. Rechel den Befehl: »Halt, Batterie halt!«
Sekunden später ging die Anfrage von »GT« ein, ob die Feuerlöschmittel noch klar seien. KKpt. Rechel ließ sein Boot bei »GT« längsseits gehen und half mit, die Brände in den vorderen und achteren Munitionskammern zu löschen.
An Bord von »BA« hatte es durch die fünf erhaltenen Treffer zwei Tote und mehrere Verwundete gegeben. Zusammen mit den von »GT« übergebenen Schwerverwundeten lief »BA« in Narvik-Hafen ein und machte längsseits eines deutschen Dampfers an der Erzpier fest.
Aus der Sicht eines der drei Boote der 4. Z.-Fl. – es handelte sich um »Erich Giese« unter KKpt. Smidt –, die zur Verfolgung der westgehenden Feindzerstörer aus Elvegaardsmoen ausgelaufen waren, stellt sich dieses Gefecht des 10. 4. 1940 folgendermaßen dar:
»10. 4.: Um 05.30 h erreichte mich die Meldung der Wache: »Geschützdonner Richtung Narvik.« Gleichzeitig ging ein offener Funk-Spruch ein: »Englischer Überfall auf Narvik!«

Der Flottillenchef gab den Befehl »Ankerauf gehen!« Alle drei Zerstörer gingen in Kiellinie Richtung Narvik.
Im Ofotfjord wurde die Sicht besser. Bei Insichtkommen der englischen Zerstörer, die vor dem Hafen standen, wurde auf Befehl des Flottillenchefs Backbordstaffel eingenommen, um von allen Booten aus das Feuer im Buggefecht eröffnen zu können. Die Anfangsentfernung betrug 70 hm. Der Gegner erwiderte das Feuer sofort. Als sich der eigene Verband den englischen Zerstörern näherte und auf 40 bis 50 hm herangekommen war, wurden quer durch den Ofotfjord die Kurse einzelbootsweise gesteuert, um alle Geschütze ins Feuer zu bringen. Bei Annäherung an die Küste wurde kehrtgemacht. Dabei mußte wegen der starken Krängung, die wiederum durch den außerordentlich geringen Ölbestand hervorgerufen wurde, das Feuer jeweils eingestellt werden, bis der neue Kurs anlag. In dem engen Seegebiet ergaben sich weitere Unterbrechungen des Feuers bei Überdecken der Schußlinie durch eigene Boote.
Da der Gegner ähnlich starke Kursänderungen ausführte, war ein längeres geleitetes Schießen im allgemeinen nicht möglich. Der AO unternahm deshalb auch im wesentlichen Feuerüberfälle mit 2-hm-Gabelgruppen, die seitlich und der Länge nach durchweg gut lagen. Der Gegner erhielt zahlreiche Treffer.
Das Feuer des Gegners lag schlecht, sowohl der Länge als auch der Seite nach. Die Aufschläge lagen nur selten näher als 50 m. Als Ziel wurde unsererseits jeweils der zum Beschuß am günstigsten liegende Gegner gewählt. Daher kam auch häufiger Zielwechsel in Frage. Mit der eigenen Fahrt wechselten wir zwischen 15 und 25 kn, was dem Gegner offensichtlich das »Am-Ziel-bleiben« der Seite nach erschwerte, während das eigene Schießen nicht behindert wurde, da der Vorhaltrechner alle Bewegungen gut und sofort erfaßte. Während des Gefechtes nebelte sich ein Zerstörer stark mit schwarzem Nebel ein. Was dort vor sich ging, war zunächst nicht zu erkennen. Wie sich jedoch hinterher herausstellte, hatte »Hunter« unter der Einwirkung von starken Treffern mit einem anderen Zerstörer eine Ramming, die seinen Untergang herbeiführte.
Auf einen aus dem Nebel sichtbar werdenden, gestopptliegenden Zerstörer wurde auf etwa 40 hm ein Torpedo losgemacht. Wirkung konnte nicht beobachtet werden.

Während sich »Hardy« gegen Ende des Gefechtes in der Nähe des Ballangenfjords nach schweren Beschädigungen auf Strand setzte, liefen die restlichen drei Zerstörer, die ebenfalls Treffer erhalten hatten, mit hoher Fahrt ab.
Eine längere Verfolgung des Gegners war wegen des Brennstoffmangels nicht möglich. Außerdem konnte mit den zwei verfügbaren Kesseln nicht genügend hohe Fahrt gelaufen werden, um die Verfolgung wirksam zu machen.
Während des Gefechtes kamen »BA« und »GT«, die im Ballangenfjord vor Anker gelegen hatten, mit Gegenkurs an der Nordseite des Ofotfjords auf die eigene Gruppe zu. Die langen Gefechtswimpel haben sich dabei als Gefechts-ES gut bewährt.
Von »Hunter« schwammen noch eine Reihe Überlebende auf Flößen und Schwimmwesten im Wasser. Hiervon konnten 16 Mann mit unserem Verkehrsboot aufgefischt werden. Acht Mann davon starben jedoch an Bord vor Erschöpfung.
Bei Rückkehr nach Narvik wurden im Westen hohe weiße Explosionswolken gesichtet. Wie sich später herausstellte, handelte es sich um den eigenen Versorgungsdampfer »Rauenfels«, der von den abziehenden englischen Zerstörern – und zwar von »Havock« – im Ofotfjord vernichtet worden war.«
Soweit der direkte Bericht von KKpt. Smidt. Die Ramming, von der er berichtete, hatte sich derart abgespielt, daß »Hunter« nach der Torpedierung durch »GT« sofort stoppte und sank und der dahinterlaufende Zerstörer das bereits fast ganz untergeschnittene Boot noch berührte, wie die Überlebenden berichteten.
»Erich Giese«, der noch nicht beölt hatte, lief um 11.00 Uhr in Narvik ein. Auch KKpt. Smidt bot sich nun das katastrophale Bild der Vernichtung. Der größte Teil der hier vor Anker liegenden Schiffe war vernichtet worden. Das Einlaufen an den vielen auf Grund liegenden Wracks vorbei gestaltete sich äußerst schwierig. Dennoch machte der Zerstörer rasch bei »Jan Wellem« längsseits fest, beölte und war um 17.00 Uhr wieder voll fahrbereit. Danach wurden die zwei verschossenen Torpedos durch Torpedos von »WH« ersetzt.
Durch diesen schneidigen Überfall der Engländer und durch die Verfolgungsgefechte waren zwei deutsche Zerstörer vernichtet worden. Zwei waren nicht mehr seefähig und weitere zwei wurden durch Artilleriefeuer beschädigt. Von den zehn deutschen

Zerstörern waren im Augenblick nur noch »WZ«, »EG« und »EK« voll einsatzfähig.

Captain Warburton-Lee, der auf »Hardy« die Flottille führte, ging mit seinem Führerzerstörer unter. Posthum erhielt er die höchste englische Kriegsauszeichnung: das Viktoria Cross.

Da an Bord von »WH« auch der F.d.Z., Kommodore Bonte, gefallen war, übernahm der älteste Flottillenchef, FKpt. Bey, Chef der 4. Z.-Fl., die Führung der Zerstörer.

Im Laufe des 10. 4. ließ das Marinegruppenkommando West wiederholt anfragen, welche Zerstörer noch einsatz- und auslaufbereit seien. »EK« konnte, nachdem eine Reparatur der Hochdruckdampfleitung und die Beölung ausgeführt waren, erst gegen 01.00 Uhr des 11. 4. fahrbereit sein. Deshalb zögerte man noch. Um 18.12 Uhr ging dann ein Funkbefehl ein, der das Auslaufen der beiden bereits fahrbereiten Boote forderte:

»An Flotte, Chef 4. Zerstörer-Flottille: »Zenker« und »Giese« mit Chef heute nach Dunkelwerden auslaufen. Seebefehlshaber Treffpunkt durch Kurzsignal geben. Gruppe.«

FKpt. Bey ließ sofort auslaufklar machen. Kurz nachdem beide Boote klargemeldet hatten, ließ er nach eingebrochener Abenddämmerung, um 20.40 Uhr, zum Durchbruch in die Heimat auslaufen. Es war eine helle Nacht, die Sicht war gut, und der Wind ging mit nur Stärke 3. Doch bereits um 22.05 Uhr wurde bei Barö ein mit gleichem Kurs laufender Zerstörer gesichtet. Als sich die beiden Boote diesem in westlicher Richtung ablaufenden Zerstörer näherten, wurde kurz darauf auch ein feindlicher Kreuzer erkannt. Dennoch wurde zunächst noch weitermarschiert. Erst als auf der Westseite der Tranö-Enge ein zweiter Zerstörer in Sicht kam und sich den beiden deutschen Booten bis auf 70 hm näherte, befahl der Flottillenchef die Umkehr. In einer Unterredung sagte er wenig später:

»Da die Ausfahrt vom Gegner dicht bewacht war, war die Chance, unbemerkt und vor allem unbeschädigt die hohe See zu erreichen, gleich Null. Damit war auch die Durchführung einer folgenden längeren Fahrt nach Deutschland unmöglich. Diese Gründe veranlaßten mich, den Befehl zur Umkehr zu geben.«

»WZ« nebelte und drehte als erster. Nachdem er kehrtgemacht hatte, schwenkte auch »EG« hinter ihm auf Gegenkurs, und beide Einheiten liefen nach Narvik zurück. Im Ofotfjord passierten sie

den noch immer stark brennenden, an der Südküste auf Strand liegenden Versorger »Rauenfels«. Vor Elvegaardsmoen wurde geankert. Die Kriegswachen blieben aufgezogen.
Kurz danach meldete der Leitende Ingenieur von »EG«, daß sich Salz im Kondensator befinde. Nachdem KKpt. Smidt darüber dem Chef der 4. Z.-Fl. Meldung erstattet hatte, wurden die Reparaturarbeiten in Angriff genommen.
Im Verlaufe des 11. 4. wurden schließlich fünf Zerstörer fahrbereit gemeldet. Es waren dies »WZ«, »EK«, »HL« und »HK«. »EG« konnte nicht klargemeldet werden, weil die Reparaturen, zu denen das Boot längsseits des Tankers »Jan Wellem« verholt hatte, den ganzen Tag über andauerten.
Elf Minuten nach Mittag ließ FKpt. Bey einen Lagefunkspruch an das Marinegruppenkommando West tasten:
»Ausbruchsabsicht Zerstörer heute abend ebenso unmöglich wie gestern. Halte Rückmarsch Küstennähe angesichts gemeinsamer Kontrolle durch Norweger und englische Streitkräfte für nachteilig.«
Die Nacht zum 12. 4. war unsichtig und möglicherweise eher für einen Ausbruch geeignet. Doch er fand nicht statt. Beim Vorpostendienst in der Nacht zum 12. 4. erhielten »EK« und »WZ« Beschädigungen durch Grundberührung. Während dieser Zeit hatte auch »BA« die Reparatur der Gefechtsschäden an der Narviker Erzpier beendet.
Gegen 18.45 Uhr gab es Fliegeralarm. Neun feindliche Trägermaschinen tauchten über Narvik auf. Das sofort einsetzende Flakfeuer aller Waffen war so wirksam, daß der Gegner am gezielten Bombenwurf gehindert wurde. Die Bomben fielen größtenteils ins Wasser, einige an Land. An Bord von »BA« gab es durch einen Rohrkrepierer den Ausfall eines Rohres der Steuerbord-3,7-cm-Flak. Am Abend übernahm »BA« noch drei Torpedos von »EK« und hatte damit wieder sechs Torpedos zur Verfügung.
Eine der Bomben war knapp 50 m querab von »EG« ins Wasser gegangen. Durch die Splitterwirkung wurden einige Männer verwundet. Ein Mann wurde an Land durch eine Bombe getötet.
Der 13. 4. 1940 brach an. Es wurde der Tag der Entscheidung, und bereits am Vormittag war es FKpt. Bey klar, daß mit einem feindlichen Angriff zu rechnen sei. Es war zum ersten eine Luftaufklärermeldung, die dem neuen F.d.Z. diese Gewißheit gab. Die

Meldung ging um 01.44 Uhr beim F.d.Z. ein und besagte, daß ein großes Kriegsschiff und sieben bis acht Zerstörer im Westfjord beobachtet worden seien.
Eine zweite Unterrichtung des Marinegruppenkommandos West verdichtete dann die Erwartung des F.d.Z. zur Gewißheit. Sie ging um 10.10 Uhr bei ihm ein. Er las diesen Spruch und rief sofort die Offiziere seines Stabes zusammen.
»Meine Herren«, sagte er ihnen, »ich habe hier einen Funkspruch vom Marinegruppenkommando West. Heute nachmittag ist eine Aktion im Narvikgebiet zu erwarten. Es werden daran von der Feindseite wahrscheinlich zwei Schlachtschiffe, ein Flugzeugträger und neun Zerstörer teilnehmen. Wir müssen uns rüsten. Viel Zeit haben wir nicht mehr.«
Der 1. Admiralstabsoffizier breitete eine Karte aus und FKpt. Bey beugte sich darüber.
»Wir werden »Erich Koellner« hierher verlegen, nach Taarstad. Er wird dort als Sperrbatterie liegen bleiben. »Hermann Künne« wird ihm als Geleit beigegeben. Die übrigen laufen in die Seitenfjorde. Sie bleiben, wo sie sind und machen bei Alarm sofort Dampf auf in allen Kesseln.«
Auf »EK« und »HK« wurden die Stellings eingenommen. Die Flagge »Anton«, die weiße Manöverflagge mit dem liegenden roten Kreuz, ging zur Rah. Die Maschinentelegraphen schnarrten. Die Leinen wurden losgemacht, und mit langsamer Fahrt zurück legte als erster »EK« über den Achtersteven ab.
Als er das Flottillenboot passierte, grüßte FKpt. Bey den auslaufenden Zerstörer. Der Kommandant, FKpt. Schulze-Hinrichs, griff zur Batteriepfeife. Ein langer und kurzer Pfiff erklang. Er bedeutete: »Front nach Steuerbord!«
Mit Front zum Führerboot standen die Seeleute an Deck von »EK« still. Als sie den Hafen verlassen hatten und draußen im Fjord standen, ließ FKpt. Schulze-Hinrichs die Besatzung auf dem Achterdeck antreten und gab ihnen die Aufgabe des Bootes bekannt:
»Wir werden etwa 18 Meilen westlich Narvik als äußerster Vorposten bei Taarstad als Sperrbatterie stehen.« Er machte eine kurze Pause, dann deutete er auf den Zerstörer »HK«, der in hoher Fahrt an Backbord auflief und sich nun an die Spitze setzte. »Hermann Künne« wird uns hinausgeleiten. Dann läuft er zurück, um

seine eigene Position einzunehmen. Bei Taarstad sind wir auf uns allein gestellt.« Der Kommandant gab seinem Ersten Offizier, Kapitänleutnant Reitsch, einen kurzen Wink. Der Bruder der Fliegerin Hanna Reitsch hob die Hand zur Mütze.
»Stillgestanden! – Weggetreten!«
Nun wußten die Männer an Bord des Zerstörers »EK«, warum diese unübliche Abschiedszeremonie vonstatten gegangen war. Es war gewissermaßen ein letzter Gruß an die Todgeweihten, die als erste den Ansturm einer vielfachen Übermacht aufhalten sollten. Dies also würde der letzte Angriff werden, den ihr Boot fuhr. Und wenn er zu Ende war, war es wahrscheinlich auch mit ihnen aus.

## DAS GEFECHT VOR NARVIK AM 13. 4. 1940: UNTERGANG ACHT DEUTSCHER ZERSTÖRER

Die Absichten und Maßnahmen der englischen Führung waren ebenso uneinheitlich, wie dies auf deutscher Seite der Fall war. Zwar hatte Admiral Whitworth nach Erhalt der letzten Funksprüche von Captain Warburton-Lee gegen 07.00 Uhr des 10. 4. seinen Kreuzer »Penelope« und alle vier Zerstörer seiner eigenen Sicherungsgruppe zur Hilfeleistung und Unterstützung der 2. Z.-Fl. entsandt, doch diese Hilfeleistung kam zu spät.
Abermals griff auch der C in C, Admiral Forbes, ein und befahl, daß der Kreuzer »Penelope« und einige Zerstörer nach Narvik einlaufen und den noch dortstehenden Feind vernichten sollten. Admiral Whitworth wurde die Aufgabe zugewiesen, das Auslaufen der feindlichen Zerstörer aus Narvik zu verhindern. Am frühen Morgen des 12. 4. wurde der Angriff der »Penelope« auf Narvik widerrufen, denn dieser leichte Kreuzer war am Abend des 11. 4. gestrandet. Die britische Admiralität beschloß nunmehr, den Angriff gegen die noch im Raume Narvik vermuteten zwei deutschen Kreuzer und sechs Zerstörer mit bedeutend stärkeren Streitkräften zu führen.
Zu diesem Zweck lief Admiral Forbes, der bis dahin vor Drontheim gestanden hatte, mit seinen Streitkräften, darunter der Flugzeugträger »Furious«, nach Norden. Er wollte die Maschinen des Trägers gemeinsam mit den Seestreitkräften angreifen lassen. Am

Nachmittag erreichte er die Höhe der Lofoten. Noch während er die Flugzeugangriffe durchführen ließ, erreichte ihn eine Weisung der Admiralität:
»The final destruction of the enemies remaining at Narvik should be compassed from the sea – Die endgültige Vernichtung des in Narvik verbliebenen Feindes hat von See aus zu erfolgen!«
Daraufhin führte Admiral Forbes den Streitkräften von Admiral Whitworth das Schlachtschiff »Warspite« und neun große Zerstörer zu. Innerhalb des Westfjords sammelten diese Streitkräfte am frühen Morgen des 13. 4. und setzten sich kurz darauf in Bewegung. Ihr Ziel war der Hafen von Narvik und die restlose Vernichtung der deutschen Zerstörer.
An der Spitze dieses Angriffsverbandes führte der Zerstörer »Icarus«, eines der vier kleineren und älteren Boote, die diesen Angriff mitfuhren. Ihm folgten »Hero«, »Foxhound« und »Forester« der gleichen Klasse. Ferner kamen die neuen Boote der »Tribal«-Klasse »Bedouin«, »Punjabi«, »Eskimo« und »Cossack« hinzu, die alle mit jeweils acht 12-cm-Geschützen und zwei Vierlings-Torpedorohrsätzen sowie einer Menge Flak bestückt waren. Den Schluß machte der neue große Zerstörer der »Jervis«-Klasse »Kimberley«.
Dann folgte die »Warspite« mit der Flagge des Admirals Whitworth, die ungefähr zwei sm hinter den Zerstörern lief. Während des Vormarsches ließ Admiral Whitworth ein langes Signal an die Angriffs-Einheiten absetzen:
»Wir stoßen vor, greifen die Verteidigungsanlagen von Narvik und sämtliche deutschen Kriegs- und Handelsschiffe im Hafen an, die wir treffen sollten. Jeder Widerstand wird, davon bin ich überzeugt, auf rücksichtslose Weise gebrochen. Ich wünsche euch allen vollen Erfolg.«
Um 12.15 Uhr erreichte die Alarmmeldung des Zerstörers »HK« den F.d.Z.:
»Alarm, Einbruch leichter Seestreitkräfte!«
Dann lief der Zerstörer mit hoher Fahrt mit Ostkurs an Steuerbord von »EK« vorbei. FKpt. Schulze-Hinrichs faßte in diesem Augenblick jenen Entschluß, der für ihn und sein Boot entscheidend war:
»Hart Backbord! Kurs Djupvikbucht!«
Gleichzeitig ließ er Nebelbojen werfen. Ungefähr 1.000 m vor

Land ließ der Kommandant von »EK« den Steuerbordanker fallen. An dieser Stelle, hinter einer hohen Landzunge war das Boot vor frühzeitigem Sichten durch den Gegner geschützt. Durch ein geschicktes Manöver ließ Schulze-Hinrichs die Schrauben mit kleinen Umdrehungen gegeneinander laufen. Dadurch brachte er den Zerstörer quer zum Wind und die gesamte Breitseite in Richtung zum anmarschierenden Gegner. Das sicherte den sofortigen Einsatz aller Waffen.

Währenddessen hatte einer der Oberfähnriche, im Krähennest auf der Rah über dem Scheinwerferstand hockend, den Gegner entdeckt und meldete über Telefon:

»Etwa 12 Zerstörer, ein Schlachtschiff und ein Kreuzer in Sicht!«

Wenig später passierte der erste Zerstörer die Huk und kam in Sicht. Es war »Icarus«. Ihm folgten drei weitere Zerstörer. FKpt. Schulze-Hinrichs gab den Befehl:

»Artillerie Feuererlaubnis!«

Sekunden später schrillte die Salvenglocke. Es war genau 13.08 Uhr, als die erste Salve geschossen wurde. Der Gegner, der auf den ablaufenden »HK« gefeuert hatte, sah sich plötzlich einem zweiten deutschen Zerstörer gegenüber. Drei Salven hatten die Rohre von »EK« bereits verlassen, ehe »Icarus« das Feuer erwiderte. Nun aber fielen die nach und nach hinter der Huk hervorkommenden britischen Zerstörer in das Feuer ein.

Die ersten Treffer schlugen auf »EK« ein. Der vordere Schornstein wurde durchschossen. Der Zerstörer legte sich bei jeder eigenen Salve weit nach Feuerlee über. Die Backbordbrücke erhielt einen Treffer. Die ersten Verwundeten und Toten lagen an Deck, und plötzlich tauchte auch die »Warspite« auf. Der Veteran aus der Skagerrakschlacht eröffnete mit allen Geschützen das Feuer. Rings um »EK« stiegen die Einschläge der schweren Artillerie des Schlachtschiffes wie Fontänen aus der See. Das 2. Geschütz wurde getroffen. Ein Kartuschenbrand loderte empor. Auf der zerschossenen Brücke versuchte FKpt. Schulze-Hinrichs das Artilleriefeuer zu lenken. Der Funkraum wurde, Sekunden nachdem die Bedienung ihn verlassen hatte, durch Volltreffer vernichtet. Dann fiel das 3. Geschütz durch Treffer aus. Flammen loderten aus dem Vorschiff. »EK« war so gut wie vernichtet. Der Kommandant befahl:

»Alle Mann außenbords! – Zerstörer verlassen!«

Boote und Flöße wurden zu Wasser gelassen. Die Verwundeten hineingeschafft. Als letzte verließen der Artillerieoffizier und der Kommandant das sinkende Boot.
Nur Sekunden später traf ein Feindtorpedo die Back des Zerstörers. Sie wurde förmlich in die Luft gejagt. Und dann detonierte die zur Sprengung ins Boot geschaffte Wasserbombe.
Die Gewalt dieser Detonation riß »Erich Koellner« auseinander. Das Boot legte sich auf die Seite, ging sehr schnell unter und war verschwunden. Die Schlacht des 13. 4. hatte das erste Opfer gefordert. 31 Soldaten fielen. Drei Offiziere und weitere 31 Männer wurden verwundet. Der Rest geriet in norwegische Gefangenschaft.
Der Alarm von »HK« erreichte Narvik, und der F. d. Z. befahl das Auslaufen aller Boote. Als erstes ging »HL« ankerauf. Ihm folgten »WZ« und »BA«. Sie verließen den Hafen und steuerten mit Höchstfahrt in den Ofotfjord hinaus. »EG«, der noch nicht fahrbereit war, blieb noch an seinem Liegeplatz und versuchte, seine Schäden so schnell wie möglich zu beheben, um auch auslaufen zu können.
Schon schlug diesen drei Zerstörern das erste Geschützfeuer entgegen, als ihnen der zurücklaufende »HK« begegnete und, Zickzackkurs steuernd, mit seinen Heckgeschützen die Verfolger beschoß.
Kurz darauf konnten die Männer auf den Brücken der drei Boote den Gegner entdecken. Sie sahen die ersten drei Feindzerstörer, die in Kiellinie vorausliefen, und dahinter jeweils drei in zwei Linien laufende Einheiten mit den großen Gefechtsflaggen im Topp (dem »White Ensign« – der weißen Kriegsflagge, die ein schmales rotes Kreuz hatte und den Union Jack am inneren Oberliek führte). Sie sahen die ersten Mündungsfeuer. Ringsumher schlugen die Einschläge in die See.
Die deutschen Zerstörer hatten den roten Doppelstander »Z« – das Angriffssignal der Zerstörer und Torpedoboote – an der Rah gesetzt. Es war 13.12 Uhr, als der F. d. Z. das Feuer eröffnen ließ. »WZ«, der an der Spitze lief, versuchte, zum Torpedoschuß zu kommen. FKpt. Pönitz wollte versuchen, dem Gegner gleich zu Beginn des Gefechtes einige Torpedos entgegenzuschicken.
Der TO sah durch das Torpedozielgerät. Der erste Viererfächer aus dem vorderen Rohrsatz schnellte aus den Rohren. Die Aale

Wrack des Zerstörers »Hermann Künne« vor dem Herjangsfjord

Die Wracks der am 13. 4. 1940 im Rombaksbotten selbstversenkten Zerstörer »Wolfgang Zenker«, »Bernd von Arnim« und »Hans Lüdemann«

Britischer Zerstörer »Havant«, gesunken vor Dünkirchen am 1. 6. 1940

Zerstörer »Hans Lody« beim Unternehmen »Juno« im Nordmeer vor dem sinkenden britischen Truppentransporter »Orama«

Die Besatzungen der Narvik-Zerstörer kehren im Sommer 1940 in die Heimat zurück, wo sie festlich begrüßt werden

klatschten ins Wasser und liefen auf den Gegner zu. Sekunden später drehte »WZ« mit Hartruderlage und ließ seine fünf 12,7-cm-Geschütze im Schnellfeuer auf den Gegner schießen. In die Abschüsse der Geschütze der Zerstörer dröhnten dumpf die 38-cm-Geschütze des britischen Schlachtschiffes hinein. Torpedos, die fehlgegangen waren, gingen an den Uferfelsen hoch. Alle drei Zerstörer liefen nun quer über den Ofotfjord, um Breitseiten schießen zu können. Sie drehten in Ufernähe auf Gegenkurs und setzten das Feuer fort. In dieser Situation griffen auch die Trägermaschinen der »Furious« an. Zwei von ihnen wurden durch die Bordflak abgeschossen. Die Bomben fielen unschädlich ins Wasser, und die übrigen Maschinen drehten ab.
Drei Feindzerstörer und das Schlachtschiff schossen nun auf »WZ«. Dort wurde bereits die Munition knapp. Geben wir wieder KKpt. Rechel mit seinem Gefechtsbericht Raum. Lassen wir ihn in der nüchternen Sprache des KTB seinen Bericht erstatten:
»Gegen die aus dem Westen auftauchenden feindlichen Einheiten eröffneten wir aus 120 hm das Feuer. Es werden neun kleinere Einheiten und im Süden eine größere Einheit ausgemacht. Das Gefecht wird zerstörerweise geführt, da der Gefechtskurs durch die Enge des Fjords bestimmt wird.
Ich dampfe, bald die Backbord-, bald die Steuerbordseite in das Gefecht bringend, von der Nordseite des Fjordes zur Südseite. Bei starkem Eingedecktsein, vornehmlich von den vielen Einschlägen der schweren Einheit, genügten Fahrtänderungen von drei bis fünf Meilen, um aus diesen deckenden Einschlägen herauszukommen. Ich hatte auch den Eindruck, daß der Gegner häufig Zielwechsel vornahm und nicht streng nach Zielverteilung schoß.
Etwa um 14.00 h lief ich stark nach Süden, um die Gegnerlinie in eine günstige Schußposition für meine Torpedos zu bekommen. Dann drehte ich nach Backbord, auf Nordkurs, zum laufenden Gefecht an Backbord. Aus dieser Position heraus wurden hintereinander zwei Dreierfächer geschossen. Nach einigen Minuten eine hohe Detonationssäule bei einem feindlichen Zerstörer.
Durch dieses Manöver war »BA« der dem Gegner zunächststehende Zerstörer geworden. Kurz danach wurde ich von unzähligen Aufschlägen eingedeckt. Die schwerkalibrigen waren deut-

lich von denen der Zerstörer zu unterscheiden. In dieser Situation kam dann der Fliegeralarm.
Von Norden, über die Berge kommend, sichteten wir mehrere Flugzeuge, die sofort zum Angriff ansetzten. Etwa vier bis fünf Bombenwürfe erfolgten in unmittelbarer Nähe aus Abwurfhöhen von 300 bis 400 m. Eine schwere Unterwasserdetonation erschütterte den ganzen Zerstörer, ich selbst wurde gegen das Brückenkleid geworfen. Ich hatte den Eindruck, daß der ganze Zerstörer etwas aus dem Wasser gehoben würde. Anfragen bei allen Stellen ergaben keine Beschädigungen. Eine Maschine, die wahrscheinlich von uns abgeschossen wurde, ging achtern von »BA« nieder.
Ich warf nun den Zerstörer mit äußerster Kraft und Hartruder auf Gegenkurs herum und war frei von dem starken Eingedecktsein.
In dieser Situation erreichte uns der Befehl des F. d. Z.:
»Ausweichen Rombakenfjord!«
Ich führte nochmal ein Gefecht mit Südkurs, drehte dann nach Backbord auf Nordkurs und steuerte, meine letzte Munition verschießend, den Rombakenfjord an. Da »BA« keine Munition mehr hatte, aber immer noch beschossen wurde, ließ ich Nebelbojen werfen und aus den Kannen nebeln.
Es wurde die Südseite des Fjordes angesteuert; auf diese Weise, begünstigt durch den Eigennebel, kam der Gegner außer Sicht. Das Gefecht war für »BA« beendet.«
Soweit der Gefechtsbericht von KKpt. Rechel. Für ihn stand nunmehr fest, daß jetzt nur noch die Selbstversenkung des Zerstörers in Frage kam. Deshalb rief er während des weiteren Einlaufens seine Offiziere auf die Brücke. Er teilte ihnen seinen Entschluß mit und gab genaue Anweisungen, wie dies geschehen sollte. Er befahl die sofortige Versenkung der Geheimsachen und ließ alle Handwaffen und MG an Oberdeck klarlegen, um sie an Land hinüberschaffen zu lassen. Die Kantine und Provianträume wurden geöffnet. Jeder Mann konnte sich nach Belieben eindecken.
Letztere Maßnahme erwies sich übrigens als äußerst weitblickend, da dieser Proviant die einzige Verpflegung war, welche die Besatzung in den nächsten 12 Stunden erhielt.
Um 14.50 Uhr stand »BA« im Rombaksbotten, wie das Ende des Rombakenfjords genannt wird. »WZ» befand sich bereits dort, da er vor »BA« eingelaufen war. KKpt. Rechel machte FKpt. Bey

Meldung, daß er seine Munition verschossen habe und nunmehr den Zerstörer zu versenken beabsichtige. Der F.d.Z. stimmte zu. Die Kutter, Flöße und die Rettungsinseln wurden zu Wasser gebracht. Dann erfolgte der letzte Befehl:
»Alle Mann außenbords!« und gleich danach: »An alle Stellen: Schiff versenken!«
Die Besatzung begab sich – bis auf das Sprengkommando – zur etwa 80 m entfernt liegenden Küste. Zum größten Teil sprangen die Besatzungsangehörigen von Bord und schwammen an Land. Planmäßig ging dann die Versenkung vor sich. Die Ventile wurden geöffnet, die Sprengpatronen angeschlagen und mit Hilfe von Wasserbomben, die über Heck außenbords geworfen wurden, die Versenkung beschleunigt. Die letzte Phase schildert KKpt. Rechel folgendermaßen:
»Während sich der Zerstörer langsam nach Steuerbord überlegte, verließ ich nunmehr die Brücke, begab mich auf die Back, um von dort aus nachzusehen, wie weit der Zerstörer auf Land aufgelaufen war. Bei diesem Außenbordlehnen verlor ich das Gleichgewicht und fiel in Höhe der Back an der Steuerbordseite außenbords. Im Wasser blies ich noch meine Schwimmweste auf und schwamm an Land. Von Land aus sah ich, daß der Zerstörer sich weiter nach Steuerbord überlegte.
Aus der späteren Meldung meines Ersten Offiziers ergab sich, daß die Versenkung ohne besondere Störungen vonstatten ging. Das Sprengkommando ist während des Überlegens nach Steuerbord als letztes von Bord gegangen und mit dem Kutter an Land gefahren.«
Der Zerstörer »BA« kenterte 100 Grad nach Steuerbord und ragte etwa 25 m – mit seiner Back auf Land aufliegend – aus dem Wasser heraus. Damit war auch das Schicksal von »Bernd von Arnim« besiegelt. Folgen wir den anderen Booten und lassen wir uns durch den Gefechtsbericht des Kommandanten des Zerstörers »Georg Thiele« darlegen, wie dessen Kampf und Untergang sich vollzog.
Der Zerstörer »GT« lag seit dem 11. 4. abends an der Erzpier im Hafen von Narvik, um mit allen Mitteln seine volle Kriegsbereitschaft wieder herzustellen. Am Mittag des 13. 4., als die Alarmmeldung einlief, war der Zustand des Bootes so, daß die Maschinenanlage nur beschränkt klar war. Einige Pumpen, darunter

die Backbord-Hauptkühlwasserpumpe, waren ausgefallen. Die Steuerbordmaschine war klar für 27 kn, während die Backbordmaschine erst ab 15 kn Fahrt durch das Wasser klar wurde, da sie wegen Ausfalls der genannten Pumpe mit natürlicher Kühlung durch den dann wirkenden Fahrtstrom gefahren werden mußte. Dann war auch sie für 27 kn klar.

Die Artillerie war mit vier Geschützen einsatzbereit, allerdings waren sämtliche Feuerleitapparate durch die Treffer des 10. 4. ausgefallen. Auch bei der Torpedowaffe war die gesamte Feuerleitanlage ausgefallen. Sie war dementsprechend nur klar zum Schuß vom Rohr mit sechs Torpedos, nachdem 4 Torpedos von »EK« übernommen worden waren.

Als gegen 11.45 Uhr die Alarmmeldung eintraf und danach der Befehl zum Dampfaufmachen erfolgte, war für KKpt. Wolff klar, daß nunmehr der Endkampf bevorstand. Kurz darauf wurde über UK empfangen, daß sich »HK« und »EK« im Gefecht mit feindlichen Zerstörern befänden, die in den Ofotfjord eindrängen.

Bevor die Maschinen klar waren, wurde »GT« mit Leinen zwischen den Dampfern »Jan Wellem« und »Frielinghaus« frei von der Erzpier verholt. Mit einer Querleine ließ der Kommandant das Boot von der Achterback aus zu dem querab im Hafen liegenden Dampfer »Planet« verholen. Als dann die Steuerbordmaschine klar war, ließ er sein Boot an dieser Querleine um den Steven der »Planet« herum eindampfen. Damit lag »GT« nunmehr mit dem Heck zur Hafenausfahrt. Während dieses langwierigen und zeitraubenden Manövers lagen bereits die ersten feindlichen Geschoßaufschläge in der Hafeneinfahrt. Als dieses Manöver beendet war, konnten 21 kn gelaufen werden, kurz darauf war »GT« für 27 kn klar. Das Boot passierte die Hafenausfahrt, und die Artillerie erhielt Feuererlaubnis. Hier der Gefechtsbericht von KKpt. Wolff:

»Im Westen von Narvik werden die zehn gemeldeten Zerstörer mit der »Warspite« ausgemacht, das Feuer wird auf den Zerstörer am weitesten im Süden eröffnet. Anfangsentfernung etwa 120 hm.

Das ständig wechselnde, regellose und auf engem Raum gedrängte Gefechtsfeld macht die Artillerie-Feuerleitung mit den vorhandenen Mitteln sehr schwierig. Es wird mehrfach Zielwechsel vorgenommen und der jeweils am nächsten stehende Zerstö-

rer unter Feuer genommen. Der eigene Kurs ist Nord bis Nordost. Die Flawaffen bekämpfen mehrere feindliche Bomber und schießen einen von ihnen ab. Er stürzt senkrecht ins Wasser.
»Georg Thiele« liegt im konzentrierten Feuer des Feindes, ohne Treffer zu erhalten. Hohe Aufschläge, die dicht am Boot liegen und das Boot mit Wasser überschütten, deuten darauf hin, daß sich auch die »Warspite« mit ihrer schweren Artillerie am Gefecht beteiligt. Auf die durcheinanderlaufenden und sich dabei teilweise überlappenden Zerstörer werden vier einzelne Torpedos losgemacht. Ein Treffererfolg wird nicht beobachtet.
Dem UK-Befehl des Chefs der 4. Z.-Fl.: »Ausweichen in den Rombakenfjord!« entsprechend wird den drei Zerstörern, die weiter ostwärts vor dem Rombakenfjord stehen, gefolgt. Durch starkes Qualmen und Werfen von Nebelbojen gelingt die Loslösung von den feindlichen Zerstörern.
Nachdem die Strömsnes-Enge passiert ist, wird mit geringer Fahrt weitergelaufen. In der Erwartung, daß der Gegner mit einzelnen Zerstörern in den Fjord nachfolgen wird, legt sich »GT« quer zum Fjord, die Steuerbord-Breitseite in Richtung Strömsnes-Enge, und bleibt gestoppt liegen. Die kurze Gefechtspause wird zum Munitionstransport genutzt.
Bereits nach kurzer Zeit schiebt sich der erste feindliche Zerstörer durch die Enge. Die Batterie eröffnet das Feuer auf 50 hm. Unmittelbar nach dem ersten erscheint der zweite Feindzerstörer, dem in kurzen Abständen ein dritter und vierter folgen. Das Feuer der Engländer konzentriert sich auf »GT«, da die drei anderen eigenen Zerstörer im Fjordende für den Gegner nicht mehr erreichbar sind. Ein vom Rohr unbeabsichtigt losgemachter eigener Torpedo detoniert an den Felsen des Fjordes. Der letzte Torpedo, von dem TO, Oberleutnant z. See Sommer, auf der achteren Rohrgruppe selber eingerichtet und losgemacht, läuft als Oberflächenläufer mit verminderter Geschwindigkeit auf die feindlichen Zerstörer zu und trifft einen Zerstörer der »Afridi«-Klasse in Höhe der Brücke. Das Vorschiff bis zur Brücke wird abgerissen. Die Besatzung der »Eskimo« – dies ist der getroffene Zerstörer – wird von einem anderen Zerstörer übernommen. Das Achterschiff, von einem anderen Zerstörer abgeschleppt, soll später gesunken sein.
Das Feuer der eigenen Batterie ist unregelmäßig und schwach ge-

worden. Es fallen meist nur Einzelschüsse außerhalb des Feuerbefehls. Zum 2. Geschütz besteht keine Telefonverbindung mehr, es erhält den Aufsatz durch Zuruf von der Brücke. Das 3. und 4. Geschütz haben Munitionsmangel infolge Stockens der Förderung. Das 5. Geschütz verschießt seine letzte Munition.
Der vordere Stand erhält einen Treffer, der den BÜ des Feuersignalgebers und den Fla-Einsatzleiter verwundet und die Zielgeber-Nr. 2 tötet. Der verwundete Feuersignalgeber befiehlt selbständig: »Schnellfeuer!«, als der Artillerieoffizier einen Augenblick ohne Besinnung an Deck liegt. Als hierauf keine Schüsse mehr fallen, meldet der AO:
»Ich bekomme keine Munition mehr in die Batterie!«
Zu dieser Zeit schlagen weitere Treffer in den Funkraum, in die Brücke und in die achteren Aufbauten ein.
Der Kommandant gibt nun den Befehl: »Boot klar zum Versenken!«, legt die Maschinentelegraphen auf »AK voraus« – der Posten Maschinentelegraph ist tot, der Gefechtsrudergänger ist schwer verwundet – und setzt das Boot gegen die steil ansteigenden Felsen, in denen sich der Vorsteven festsetzt. Dann gibt er den Befehl: »Boot verlassen!«
Ein Teil der Besatzung springt von der Backbordseite in das Wasser, der andere geht auf direktem Wege über die Back an Land. Der Kommandant verläßt das Boot nach Vernichtung der letzten Geheimsachen. Die Verwundeten werden an Land geschafft und dort in Deckung gelegt.
Das Achterschiff und Vorschiff des Zerstörers steht hell in Flammen. Die Fla-Munition auf der Hütte krepiert. Später kentert »Georg Thiele«, das Achterschiff bricht bis zum vorderen Schornstein ab und sinkt nach schweren Detonationen.«
Soweit der Bericht von KKpt. Wolff.
Die Verluste auf »GT« betrugen:

Gefallene: 16 Soldaten (darunter der Erste Offizier, Kapitänleutnant Frhr. von Lepel).

Verwundet: 10 Soldaten schwer, 18 leicht.

Damit war der dritte Zerstörer gesunken. Was aber war inzwischen auf »Hans Lüdemann« geschehen?
»Hans Lüdemann«, unter dem Kommando von KKpt. Friedrichs, hatte ebenso wie »BA« und »GT« den Kampf aufgenommen. Als der Befehl zum Rückzug in den Rombakenfjord ausgeführt war,

verfügte das Boot noch über einige Granaten und stand bereit, »GT« zu helfen, solange die Munition reichte. Bald hatte »HL« jedoch seine letzten Granaten verschossen und zog sich ebenfalls tief in den Rombakenfjord zurück. KKpt. Friedrichs gab ebenso wie die beiden anderen Kommandanten den Befehl zur Versenkung des Bootes. Sprengpatronen und Wasserbomben gingen hoch, doch »HL« war das einzige Boot, das nicht sofort sank. Einige Stunden nach dem Gefecht wurde es gegen 17.00 Uhr von Männern des englischen Zerstörers »Hero« durchsucht und dann mit einem Torpedo versenkt.
»Diether von Roeder«, der vom Gefecht des 10. 4. schwer beschädigt an der Postpier von Narvik lag, wurde ebenso wie die anderen Boote vom Alarm von »HK« alarmiert. KKpt. Holtorf ließ alles Personal mit Ausnahme der Artillerie-Mannschaften vom Boot herunterziehen und in einem Tunnel der Erzbahn-Abzweigung in Deckung gehen. Aus zwanzig Metern Höhe über dem Hafen blickten die Männer auf ihr Boot, auf dem sich nur noch die Bedienungen der beiden Buggeschütze befanden. Nach Verschießen der noch vorhandenen Munition sollte es versenkt werden.
Während der Kommandant in diesem Falle an Land bei seinen Soldaten zu bleiben hatte, die er im Landkampf würde führen müssen, waren der Artillerie-Offizier und der IO an Bord geblieben. Letzterer sollte die Versenkung leiten.
So erlebten die Männer von »DR« den Kampf der Zerstörer gewissermaßen von einem Logenplatz aus. Sie sahen die englischen und deutschen Zerstörer, ihr Mündungsfeuer, die Einschläge und Brände und dann schob sich die wuchtige Silhouette der »Warspite« vor die Hafeneinfahrt und aus ihren Türmen blitzte das Mündungsfeuer der Abschüsse. Granaten hämmerten in die Postpier hinein, schlugen in Felsen und Häuser.
Drei Zerstörer waren bei der »Warspite«. KKpt. Holtorf konnte »Cossack« und »Forester« erkennen. »DR« erwiderte das Feuer aus seinen Buggeschützen. Die erste Salve krachte, dann die zweite. Aus 80 hm geschossen lagen die Granaten sehr gut. Auf einem der Zerstörer loderte ein Brand auf. Dieser Angreifer drehte ab. Dann drehte ein zweiter ab und nur noch »Cossack« setzte die Fahrt auf »DR« zu fort. Er erhielt mehrere Treffer. Südlich des Hafenbeckens, vor Ankenes, geriet »Cossack« schließlich

auf Grund. So hatte »DR« noch Anteil an der Ausschaltung dieses Zerstörers.
Die »Warspite« war derweilen mitten im Fjord liegengeblieben und schoß nach Narvik hinein. Die beiden Zerstörer, die abgedreht hatten, machten Torpedos los. Zwei dieser Aale liefen dicht an »DR« vorbei und trafen die Postpier, die in Stücke gerissen wurde. Brände brachen in den Lagerschuppen aus. »DR« kam ins Schlingern, zwei der Festmacherleinen brachen. Nur die Bergetrosse hielt den Druck aus. Ein dritter Torpedo detonierte am Fuß des Postkais. Dann schlugen auch die Granaten der »Warspite« dicht bei »DR« ins Wasser. Der auf Grund sitzende »Cossack«, unter Führung von Captain Vian, schoß ebenfalls. Eine der Granaten schlug unter dem Artillerie-Leitstand in die Brücke des deutschen Zerstörers.
Auf einmal hörte das Feuer auf. »DR« hatte seine gesamte Munition verschossen. Der IO des Bootes winkte Obermaat Tiedke, den Sprengmaaten, heran. Alle anderen Männer verließen das Boot, und während sich »Forester« bis auf 300 m an »DR« heranschob, zündeten die beiden die Sprengpatronen und rannten zusammen mit dem AO an Land. »Forester« traf Anstalten, bei »DR« längsseits zu gehen. Das hätte auch seinen Untergang bedeutet. Doch als irgendwo aus den Stellungen um das Hafenbecken ein MG der Gebirgsjäger loshämmerte, ging »Forester« über den Achtersteven zurück. Er befand sich schon wieder 400 m von »DR« entfernt, als die Sprengladungen mit den beiden Wasserbomben hochgingen. In einem Abstand von zwei Sekunden schlugen nacheinander aus dem Vorschiff und aus dem Achterschiff die Detonationsflammen empor. »Diether von Roeder« sank. »Forester« lief zurück. Es herrschte mit einem Male völlige Stille. Eineinhalb Minuten später war von »DR« nichts mehr zu sehen.
Wenden wir uns nun dem letzten Boot zu, dem Zerstörer »Erich Giese«. Als letztes Boot verließ es, um 13.50 Uhr von »Jan Wellem« ablegend, den Hafen. Das Gefecht hatte sich inzwischen bis hierher hingezogen. Geben wir KKpt. Karl Smidt das Wort:
»»Giese« legte über den Achtersteven ab und mußte in der Hafeneinfahrt durch Backsen auf Auslaufkurs gelegt werden. Das Feuer wurde um 13.52 Uhr von der Hafenausfahrt, aus einer Distanz von 40 – 50 hm eröffnet.

Die Masse der feindlichen Zerstörer stand im Ofotfjord, vor der Hafeneinfahrt. Ein Teil von ihnen im Eingang zum Rombakenfjord, in der Verfolgung der dorthin gelaufenen eigenen Zerstörer. Die Artillerie schoß in schnellster Salvenfolge. Das Ziel mußte häufig, der Gefechtslage entsprechend, gewechselt werden.
Bei Beginn des Drehens in der Hafeneinfahrt fiel die Backbordmaschine aus. »Giese« mußte stoppen und lag nun bewegungsunfähig quer in der Hafeneinfahrt. Dabei erhielt er starkes Artilleriefeuer. Dieses lag glücklicherweise nicht sehr gut und brachte keine Ausfälle.
Zur Entlastung entschloß ich mich zum Feuern eines Viererfächers aus dem vorderen Rohrsatz. Durch ein Versehen wählte der TO jedoch einen feindlichen Zerstörer als Ziel, der mit östlichem Kurs lief, so daß nur der am weitesten links laufende Torpedo frei von der Osthuk der Hafeneinfahrt lief. Drei der Torpedos hingegen rannten gegen die Huk und detonierten dort. Wirkung des vierten Aals am Feind wurde nicht beobachtet. Unsere Artillerie feuerte während des Gestopptliegens mit höchster Feuergeschwindigkeit.
Um 14.05 Uhr war die eigene Backbordmaschine wieder klar. Mit höchster Maschinenleistung wurde das Boot auf Auslaufkurs gebracht. Es war meine Absicht, dem Feind mit der vorhandenen Munition den höchsten Schaden zuzufügen. Dabei rechnete ich bei der Feindlage mit der sicheren Vernichtung des Bootes. Deshalb befahl ich nach Verlassen des Hafens, die Geheimsachen und Nachrichtenmittel zu versenken. Die G-Sachen wurden in den dafür vorgesehenen Kästen auf tiefem Wasser außenbords geworfen. Die Walzen vom Schlüssel M zerstört und ebenfalls über Bord geworfen.
Während des Auslaufens Angriff von Trägerflugzeugen, der im Abwehrfeuer der Küstenflak und der eigenen FlaMG ohne Erfolg blieb. Eine Maschine erhielt durch eigene Flak Treffer. Sie ging 200 m vor »Giese« auf dem Wasser nieder und zerschellte.
Fünf bis sechs Zerstörer konzentrierten nun ihr Feuer auf »EG«. Treffer setzten sehr bald die Torpedo-BÜ-Anlage und alle Telefone außer Gefecht. Ich gab daher dem TO Befehl, die achtere Rohrgruppe vom Rohr aus in einem günstigen Augenblick selbständig zu schießen.
Dann begab ich mich zum vorderen Stand, um bei dem unüber-

sichtlichen Gefechtsfeld einen besseren Überblick zu gewinnen. Das Boot wurde nun bis zum Schluß des Gefechtes vom vorderen Stand geführt.
Die achtere Rohrgruppe wurde auf einen in geringer Entfernung mit westlicher Richtung laufenden Zerstörer vom Torpedomechaniker vom Rohr losgemacht, als sich eine günstige Schußgelegenheit ergab. Nach übereinstimmender Meldung mehrerer Soldaten auf den verschiedensten Gefechtsstationen traf ein Torpedo einen englischen Zerstörer. Dieser sank kurz danach.
(Der englische Zerstörer »Punjabi« erhielt zwar bei diesem Angriff einen Treffer. Er sank jedoch nicht, sondern konnte später schwer beschädigt abgeschleppt werden).
Die Gefechtsentfernung wurde zum Schluß immer geringer. Die letzte gemessene Entfernung betrug 18 hm. »Giese« erhielt besonders in diesem letzten Gefechtsabschnitt Treffer in schneller Folge. Fast gleichzeitig wurden Kesselanlagen, Maschinen- und Schiffsführungsanlagen außer Gefecht gesetzt. Die Artillerie konnte jedoch trotz dieser Treffer ihre gesamte Munition verschießen.
Um 14.30 Uhr war die Munition verschossen. Das Schiff befand sich mit starker Schlagseite im Sinken. Alle Kessel und Maschinenanlagen waren bereits ausgefallen, deshalb befahl ich:
»Alle Mann außenbords!«
Damit sollte der überlebende Teil der Besatzung gerettet werden. Während dieser Befehl ausgeführt wurde, gelang es dem Feuerwerker Piening, noch etwa drei Chargierungen Munition, die in der Nähe des 5. Geschützes verdeckt gelegen hatten, zu finden. Er und die Nr. 1 des 5. Geschützes, Oberbootsmannsmaat Gagelhoff, haben in einem besonders anerkennenswerten Einsatz diese Munition noch aus geringster Entfernung abgeschossen. Wenig später sank auch »Erich Giese« auf tiefem Wasser im Ofotfjord.«
In diesen Sekunden ereignete sich etwas, das einen Schatten auf das ritterlich geführte große Zerstörergefecht vor Narvik warf. Der Gegner eröffnete aus MG das Feuer auf die im Wasser schwimmenden Männer von »EG«. Ein Schiffbrüchiger, der im Wasser schwimmend einen Streifschuß am Kopf erhielt, erreichte dennoch das Ufer und berichtete davon. Eines der Holzflöße, auf dem neun Männer saßen, darunter der TO des Bootes, wurde

vom Gegner gefischt. Die Soldaten gerieten in Gefangenschaft. Von der Besatzung von »EG« sind während des Gefechtes des 13. 4. 92 Soldaten gefallen bzw. vermißt. Neun davon wurden später als in englische Gefangenschaft geraten gemeldet.
Eines der größten Zerstörergefechte des Zweiten Weltkrieges war zu Ende. Die Landung in Narvik wurde jedoch von Admiral Whitworth nicht versucht. Er verließ gegen 17.30 Uhr mit der »Warspite« und einigen Zerstörern den Kampfplatz. Der auf Fels gelaufene Zerstörer »Cossack« kam am 14. 4. gegen 14.15 Uhr ebenfalls frei und lief ab. Die deutschen Zerstörer hatten ihren Auftrag ausgeführt. Aber sie hatten ihn mit dem eigenen Untergang bezahlt. Alle Besatzungen hatten bis zum Aufbrauch der Munition gekämpft. Ihr Verlust war für die Marine, vor allem aber für den Zerstörerverband selbst, schmerzlich und lähmte diesen stark. Doch fest steht auch, daß ihr Einsatz die Fortsetzung der Erzzufuhr aus Schweden über Norwegen bedeutete.
Darüber hinaus schuf die Gewinnung neuer Stützpunkte und des »Flugzeugträgers« Norwegen eine neue Flankenstellung gegen England.

## TORPEDOBOOTE UND ZERSTÖRER SICHERN DEUTSCHE HILFSKREUZER

Schiff 16, Hilfskreuzer »Atlantis«, unter Kpt. z. S. Bernhard Rogge, war der erste Hilfskreuzer der deutschen Kriegsmarine, der die Heimat verließ. Als norwegisches Motorschiff »Knute Nelson« getarnt, lief er am 31. 3. 1940 in sein Operationsgebiet – Indischer Ozean – aus. Gesichert von den T-Booten »Leopard«, Kptlt. Hans Trummer, und »Wolf«, Oblt. z. S. Broder Peters, verließ Schiff 16 die Deutsche Bucht. Als die beiden T-Boote entlassen wurden, hängte sich U 37, Kptlt. Werner Hartmann, zur weiteren Sicherung des Hilfskreuzers durch die Dänemarkstraße an.
Damit hatten die T-Boote den ersten Geleitdienst für Hilfskreuzer geleistet. Viele weitere sollten hinzukommen. So beim Auslaufen von Schiff 36, Hilfskreuzer »Orion«, unter FKpt. Kurt Weyher, das am 6. 4. 1940 auslief und von den T-Booten »Seeadler«, Kptlt. Kohlauf, und »Luchs«, Kptlt. Kassbaum, bis Einbruch der Dunkelheit vom Süder Pip – Nordsee – nach Norden geleitet und dann entlassen wurde.

Der nächste von T-Booten geleitete Hilfskreuzer war Schiff 10, »Thor«, das unter Führung von Kpt. z. S. Otto Kähler am 6. 6. 1940 von Kiel aus in See ging. Hinter einem Sperrbrecher passierte »Thor« den Großen Belt, wo er von den T-Booten »Jaguar« und »Falke« aufgenommen und bis Skudesnes geleitet wurde. Hier wurden die T-Boote entlassen.
Auch der fünfte auslaufende Hilfskreuzer, Schiff 33, »Pinguin«, Kpt. z. S. Ernst-Felix Krüder, wurde von T-Booten geleitet. Schiff 33 war am 15. 6. aus Gotenhafen ausgelaufen. Es wurde am 16. 6. im Gebiet der Süd-Mittelbank (Ostsee) als deutscher Transporter unter Reichsdienstflagge umgemalt und lief am 17. weiter nach Westen. Von einem Minensuch-(M-)Boot bis Kjels Nor geleitet und dann hinter Sperrbrecher IV durch den Großen Belt ins Kattegatt geführt, wurde es hier am 18. 6. um 18.30 Uhr von den T-Booten »Jaguar«, Kptlt. Werner Hartenstein, und »Falke«, Kptlt. Heinrich Hansen-Nootbaar, erwartet. Die beiden T-Boote sicherten Hilfskreuzer und Sperrbrecher bis zur Seelandsrev-Sperre. Dort wurde der Sperrbrecher entlassen. Den 19. 6. über führten die beiden T-Boote den Hilfskreuzer weiter. Vor Skudesnes stießen die M-Boote M 17 (Chef der 3. M.-Fl., KKpt. Hermann Knuth, an Bord) und M 18 zum Verband, den sie mit den T-Booten bis nach Bergen geleiteten. In Bergen wurden die beiden T-Boote entlassen.
Damit hatten die Torpedoboote der 5. und 6. T.-Flottille vier der fünf auslaufenden Handelsstörer hinausbegleitet.

## DER WESTFELDZUG 1940 – OHNE ZERSTÖRER UND TORPEDOBOOTE!

Mit 21 Zerstörern war die deutsche Kriegsmarine in den Zweiten Weltkrieg gegangen. Am 24. 9. 1939 war mit dem neu in Dienst gestellten Zerstörer »Anton Schmitt« das 22. Boot dieser Klasse hinzugekommen. Nach Ende des Norwegenfeldzuges besaß die Kriegsmarine nur noch zehn Zerstörer, denn neben den zehn in Narvik gebliebenen waren bereits im Februar 1940 zwei Zerstörer beim Unternehmen »Wikinger« verlorengegangen.
Von diesen zehn Zerstörern lagen zu Beginn des nur sechs Wochen nach der Besetzung Norwegens einsetzenden Frankreichfeldzuges am 10. 5. 1940 noch zwei in Norwegen. Sieben weitere

befanden sich in Überholung oder in Reparatur. Nur ein Boot war voll einsatzbereit.
Der Torpedobootverband wiederum, der mit 11 Booten in den Zweiten Weltkrieg gegangen war (das zwölfte, »Tiger«, war bereits am 25. 8. 1939 bei Bornholm nach einer Kollision mit dem Zerstörer »Max Schultz« gesunken), hatte zwei Boote verloren. Und zwar sank »Albatros«, der beim Norwegenunternehmen zur Kriegsschiffgruppe 5, Oslo, gehörte, am 10. 4. 1940 im Oslofjord nach Grundberührung. »Leopard« ging am 30. 4. 1940 bei einem Minenunternehmen durch eine schwere Kollision mit dem Minenschiff »Preußen« in der Nordsee unter. Zwei weitere Boote befanden sich in Reparatur.
Der Frankreichfeldzug, in dessen Rahmen auch sie eine wichtige Funktion erfüllen sollten, fand ohne deutsche Zerstörer statt. Lediglich die Torpedoboote standen mit sechs Booten für Geleitaufgaben im Kattegatt und Skagerrak zur Verfügung. Dies war ganz und gar nicht im Sinne der Seekriegsleitung und der obersten deutschen Führung.
In der Weisung Nr. 6 für die Kriegführung vom 9. 10. 1939 hieß es in Bezug auf die Marine für den »Fall Gelb«, den Angriff im Westen:
»Die Seekriegführung hat alles daranzusetzen, um für die Dauer des Angriffes die Operationen des Heeres und der Luftwaffe mittelbar und unmittelbar zu unterstützen.«
Bereits im März 1940 hatte die Skl allerdings betont:
»Bei gleichzeitigem Ablauf beider Operationen können für den Westen keine Überwasserstreitkräfte bereitgestellt werden.«
Als am 10. 5. 1940 der Westfeldzug begann, waren denn auch keine Einheiten der Kriegsmarine daran beteiligt. Deshalb sollen an dieser Stelle die Einsätze britischer Zerstörer dargestellt werden, die im Frankreichfeldzug, wie die deutschen Zerstörer im Norwegenfeldzug, zum Zünglein an der Waage wurden. Während in Norwegen die deutschen Zerstörer dafür verantwortlich zeichneten, daß die Landung in Narvik gelang und die 3. Gebirgs-Division Fuß fassen konnte, waren die britischen Zerstörer im Frankreichfeldzug maßgeblich an der Rückführung des britischen Expeditionskorps beteiligt und legten damit – lange Jahre vor Wiederauftreten britischer Truppen auf dem Kontinent während der Invasion – einen Grundstein für diesen späteren Sieg.

## BRITISCHE ZERSTÖRER BEI RÜCKFÜHRUNG DES EXPEDITIONSKORPS VOM KONTINENT (28. 5. BIS 4. 6. 1940)

Als am 19. 5. die deutschen Panzerspitzen vor Abbeville standen, war das britische Kriegskabinett beunruhigt und beauftragte den Viceadmiral DOVER, Admiral Sir Bertram Ramsay, Schiffe zusammenzuziehen für den Fall, daß gewisse Truppen der bedrohten Heeresgruppe 1 von den Kanalhäfen über See abtransportiert werden müßten. Eine Woche später erließ die britische Admiralität den Befehl:

»Operation Dynamo is to commence!«

Diese Operation bedeutete den Versuch, die in Frankreich stehende britische Expeditions-Streitmacht in Stärke von über 350.000 Mann auf die Inseln zu retten.

Am 23. 5. hatte diese Evakuierung schon begonnen. In einer von »Dynamo« unabhängigen Operation evakuierten die britischen Zerstörer »Venetia«, »Venomous«, »Vimiera«, »Wild Swan«, »Whitshed« und »Windsor« von Boulogne aus 4.368 Mann. Im Feuerhagel der deutschen Artillerie, die bereits in den Hafen hineinschoß, gelang es der »Vimiera«, auf ihrer zweiten Fahrt durch diese Hölle allein 1.400 Mann an Bord zu nehmen und nach England zu bringen.

Zum erstenmal im Zweiten Weltkrieg hatten die Zerstörer ihre überlegene Schnelligkeit nun auch dazu eingesetzt, Menschen aus dem Einsatz zurückzubringen.

Noch ein weiteres Unternehmen von Zerstörern ist in diesem Zusammenhang bemerkenswert. Der französische Seeoffizier Kapitän z. S. Urvoy de Porzamparc hatte mit zwei französischen Großzerstörern und acht Zerstörern bei Boulogne von See her in die Kämpfe eingegriffen und den deutschen Vormarsch durch ihr Feuer gestoppt. Bei diesen Kämpfen wurde der französische Zerstörer »Orage« durch deutsche Bomber, der Großzerstörer »Jaguar« durch S 21 unter Oblt. z. S. von Mirbach und S 23 unter Oblt. z. S. Christiansen versenkt.

Die erste Unternehmung im Rahmen von »Dynamo« begann in der Nacht zum 27. 5. Doch hieran waren keine Zerstörer beteiligt. Erst am 28. 5. wurden von der britischen Admiralität ein Kreuzer, acht Zerstörer und 26 andere Schiffe nach Dünkirchen entsandt. Weitere Zerstörer aus Portsmouth und von den »Western Appro-

aches« kamen hinzu, und so ist zu erklären, daß die Zahl der Evakuierten von 4.347 in der ersten Nacht auf 17.804 am 28. 5. gesteigert werden konnte. Der Zerstörer »Windsor« wurde bei der Fahrt dieses Tages durch Bombentreffer beschädigt.
Auch am zweiten Tage dieser Rückführungs-Operation trugen die Zerstörer die Hauptlast des Kampfes. Diesmal wurden 47.310 Mann gerettet. Der Preis dafür war der Zerstörer »Wakeful«, der von S 30 mit Torpedos versenkt wurde, und der Zerstörer »Grenade«, der den Bomben der Maschinen der Luftflotte 2 zum Opfer fiel, während Zerstörer »Grafton« durch U 62 versenkt wurde. Die Zerstörer »Gallant«, »Jaguar«, »Greyhound«, »Intrepid«, »Saladin«, »Wolfhound« und der französische Zerstörer »Mistral«, der sich ebenfalls an der Evakuierung beteiligte, wurden durch Bombentreffer beschädigt.
Am 30. 5. gelang es der englischen Marine, 53.823 Mann zu retten. Dabei wurde der französische Zerstörer »Burrasque« von deutscher Artillerie von Land aus versenkt, während die Zerstörer »Anthony«, »Sabre« und »Worcester« durch Bombenangriffe beschädigt wurden.
Auch der vierte Tag sah einen weiteren Großeinsatz der alliierten Zerstörer, die infolge ihrer Schnelligkeit zu den bevorzugten Evakuierungsfahrzeugen zählten, wenn auch große Transportschiffe ebenfalls dabei waren.
Die Schnellboot-Waffe errang durch S 23, Oblt. z. S. Christiansen, einen neuen Erfolg, indem dieses Boot den französischen Zerstörer »Sirocco« versenkte. S 24, Oblt. z. S. Detlefsen, schoß der »Cyclone« das Vorschiff weg. »Express«, »Harvester«, »Icarus« – der auch in Narvik am 13. 4. mit dabei gewesen war – »Impulsive«, »Malcolm« und »Scimitar« wurden durch Bombenangriffe beschädigt, konnten aber mit den an Bord befindlichen Soldaten die Heimathäfen erreichen.
Der fünfte Tag wurde zu einem Desaster für die Zerstörer. Von 05.27 Uhr am Morgen bis 20.05 Uhr am Abend wurden Hafen und Schiffe vor Dünkirchen mit Bomben belegt. Der Zerstörer-Flottillenführer »Keith«, das Flaggschiff von Konteradmiral Wake-Walker, und die Zerstörer »Basilisk«, »Havant« und »Foudroyant« (franz.) sanken. Aber »Icarus«, der wieder klargekommen war, »Vanquisher« und »Windsor« beförderten allein 3.000 Mann nach England. Die Zerstörer »Ivanhoe«, »Venemous«, »Vi-

my«, »Vivacious« und »Whitehall« erhielten mit erheblichen Mannschaftsverlusten Bombentreffer, konnten aber ebenfalls mit ihrer menschlichen Fracht die Heimathäfen erreichen.
Während sich der deutsche Umklammerungsring um Dünkirchen enger und enger schloß, fuhren die britischen und französischen Zerstörer die Einsätze ihres Lebens. Die beiden Zerstörer »Malcolm« und »Sabre« wurden am 2. 6. zum zweitenmal getroffen. Auf drei verschiedenen Seerouten – der Route Y, X und Z – von denen die östlichste Route Y mit 87 sm am längsten war, liefen die Zerstörer hin und zurück.
In der Nacht bis um 02.30 Uhr des 4. 6. 1940 wurden die Einschiffungen abgeschlossen. Die 12. (mot.) Division der Franzosen und die Truppen der SFF – Secteur Fortifiée Francaise – blieben in Dünkirchen zurück. Sie hatten Nachhuten gebildet.
In dieser letzten Nacht der Evakuierung waren es die Zerstörer »Whitshed«, »Sabre«, »Venemous«, »Malcolm«, »Vanquisher« und »Express«, die neben den Fahrgastschiffen, Korvetten und Minenlegern, ausliefen. Sie kehrten heil nach England zurück.
Damit war die Operation »Dynamo« abgeschlossen. Von den 40 Zerstörern (darunter ein polnischer und mehrere französische) gingen neun Zerstörer, darunter drei französische, verloren. 23 Zerstörer wurden beschädigt, zwei davon zweimal. Der Zerstörer »Venemous« brachte auf fünf Fahrten nicht weniger als 4.410 britische und französische Soldaten nach England. Als letztes Schiff verließ um 03.30 Uhr des 4. 6. der Zerstörer »Shikari« mit 338 Mann den Hafen von Dünkirchen. Um 09.40 Uhr meldete das X. deutsche Armeekorps die Einnahme der Stadt und des Hafens.
Für die britischen Zerstörer war ein bravouröser Einsatz zu Ende gegangen. Er hatte auch sie nun Verluste gekostet. Doch sie wogen nicht so schwer wie die deutschen Verluste bei Narvik, denn die Zahl der englischen Zerstörer betrug zu dieser Zeit 187.

## OPERATION »JUNO« DER DEUTSCHEN FLOTTE IM JUNI 1940

Auch bei der Evakuierung von Narvik durch die Alliierten vom 4. bis 10. Juni 1940 waren britische Zerstörer in großer Zahl be-

teiligt. Die Stadt Narvik hatte im Verlauf des Norwegenfeldzuges von General Dietl aufgegeben werden müssen und war von den Truppen der alliierten Expeditionsstreitmacht besetzt worden, ohne daß es ihnen im Verlauf der weiteren Kämpfe gelungen wäre, die deutschen Truppen aus Norwegen hinauszudrängen.
In fünf aufeinanderfolgenden Nächten der ersten Juni-Dekade erwiesen sich die Zerstörer unter Captain Stevens, der auf »Havelock« die Rückführung leitete, als entscheidend schnelle Evakuierungsfahrzeuge. Sie retteten 4.700, 4.900, 5.100, 5.200 und 4.600 Mann, die von ihnen von den Stützpunkten an Land zu den vor Harstad versammelten Transportern gebracht wurden.
Ohne von dieser Rückführung der Alliierten Kenntnis zu haben, hatte die deutsche Seekriegsleitung zur gleichen Zeit das Unternehmen »Juno« befohlen, um der Gruppe Narvik des Generals Dietl Entlastung zu verschaffen. Mit einem starken Flottenverband unter Führung des Flottenchefs, Admiral Marschall, sollte der Hauptnachschubhafen der Alliierten, Harstad, angegriffen und im Nordmeer angetroffene Seestreitkräfte bekämpft sowie der dort vermutlich laufende Seenachschub geschädigt werden. Dazu stieß der Flottenchef, am 4. 6. aus Kiel auslaufend, mit »Gneisenau«, Kpt. z. S. Netzbandt, »Scharnhorst«, Kpt. z. S. Hoffmann, dem B.d.A., Konteradmiral Schmundt an Bord von »Admiral Hipper«, Kpt. z. S. Heye, nach Norden vor. Die drei großen Schiffe wurden von den Zerstörern »Hans Lody«, »Hermann Schoemann«, »Karl Galster«, »Erich Steinbrinck« unter Führung des F.d.Z., Kpt. z. S. Bey, und bis zum Passieren der Skagerraksperre den Torpedobooten »Jaguar« und »Falke« als Sicherung begleitet.
Auf dem Vormarsch wurde im Seegebiet westlich der Lofoten am 8. 6. der leere britische Truppentransporter »Orama«, 19.840 BRT, von den Schlachtschiffen versenkt. Hinzu kamen der Tanker »Oilpioneer« und der Trawler »Juniper«, 505 ts.
Nachdem am 9. 6. »Admiral Hipper« mit den Zerstörern zur Brennstoffergänzung nach Drontheim detachiert worden waren, stießen die beiden Schlachtschiffe auf den britischen Flugzeugträger »Glorious«, der von den Zerstörern »Acasta«, Cdr. C. E. Glasfurd, und »Ardent«, LtCdr. J. F. Barker, gesichert wurde. Aus einer Entfernung von 26.000 Metern eröffnete die »Scharnhorst« das Feuer. Die ersten schweren Treffer vernichten die Hangars

der »Glorious«. 1½ Stunden später sank der Träger. Der Zerstörer »Ardent« schoß sämtliche Torpedos, er wurde von einem wahren Feuerregen eingedeckt und sank. Als »Glorious« und »Ardent« gesunken waren, griff »Acasta« erneut an und schoß ebenfalls einen Torpedofächer. Einer der Torpedos traf und beschädigte die »Scharnhorst«. 28 Minuten nach der »Glorious« sank dann auch der letzte der beiden Zerstörer.
Von Drontheim aus liefen kurz danach »Gneisenau« und »Admiral Hipper« mit den vorgenannten vier Zerstörern zu einer abermaligen Suchoperation ins Nordmeer aus. Diese Fahrt verlief ergebnislos.

## GEFECHTE BRITISCHER UND ITALIENISCHER ZERSTÖRER IM MITTELMEER

Am 10. Juni 1940 trat Italien in den Krieg ein. Damit begann auch für die italienische Flotte mit sechs Schlachtschiffen, 7 schweren Kreuzern, 12 leichten Kreuzern, 59 Zerstörern, 67 großen Torpedobooten und 116 U-Booten der Kampf. Ihr Operationsgebiet war das Mittelmeer. Im Mittelmeer aber konnten die französisch-britischen Seestreitkräfte ihnen eine ebenbürtige Flotte entgegenstellen. Und zwar verfügte England in seiner Mittelmeerflotte unter Admiral Sir Andrew Cunningham über fünf Schlachtschiffe, zwei Flugzeugträger, 10 leichte Kreuzer, 31 Zerstörer – vier weitere im Roten Meer – und 12 U-Boote.
Die französische Mittelmeerflotte bestand ebenfalls aus fünf Schlachtschiffen (darunter zwei alten), 7 schweren Kreuzern, 7 leichten Kreuzern, 38 Zerstörern, 6 Torpedobooten und 42 U-Booten.
Die italienischen Torpedoboote und Zerstörer legten während der ersten Wochen zahlreiche defensive Minensperren. Der erste Einsatz britischer Zerstörer im Mittelmeer galt der U-Bootbekämpfung. Und zwar liefen am 27. 6. der britische Führerzerstörer »Dainty«, Cdr. Thomas, mit den Booten »Ilex«, »Decoy« und »Voyager« zu einem U-Jagdunternehmen aus, das der erkannten italienischen U-Bootaufstellung südlich Kreta galt. Noch auf dem Anmarsch gelang es dieser ersten provisorischen U-Jagdgruppe, das von Cypern zurückmarschierende U-Boot »Liuzzi« zu ver-

senken. Aus dem italienischen Vorpostenstreifen südwestlich von Kreta wurde am 29. 6. das U-Boot »Uebi Scebeli« versenkt und die »Scalpa« beschädigt. Auch das von Tobruk zurückmarschierende U-Boot »Argonauta« fiel wahrscheinlich dieser Zerstörer-U-Jagdgruppe zum Opfer.
Damit hatten die britischen Zerstörer im Mittelmeer ihre ersten Erfolge errungen. Ihre ersten Verluste erlitten sie wenig später, als am Abend des 6. 7. 1940 ein italienischer Geleitzug aus Neapel auslief, der Soldaten, Waffen und Munition nach Bengasi bringen sollte. Zwei Fahrgastschiffe und drei große Transporter wurden von den Booten der 14. Torpedoboot-Flottille, »Procione«, »Orione«, »Orsa« und »Pegaso«, als Sicherung begleitet.
Als »Supermarina« – der obersten italienischen Marineführung – das Einlaufen eines britischen Kreuzerverbandes nach Malta gemeldet wurde, ließ es die Geleitsicherung durch die 2. Division unter Divisionsadmiral Ferdinando Casardi, mit den Kreuzern »Giovanni delle Bande nere« und »Bartolomeo Colleoni«, sowie durch die 10. Z.-Fl. mit den Booten »Maestrale«, »Grecale«, »Scirocco«, »Libessio«, ferner noch durch die T-Boote »Rosolino Pilo« und »Giuseppe Missori« als Nahsicherung verstärken. Zur Fernsicherung kamen die 1. und 3. Division mit 7 Kreuzern und 12 Zerstörern hinzu. Den Oberbefehl über die Fernsicherung übernahm Geschwaderadmiral Riccardo Paladini. Zur Deckungsgruppe gegen Malta wurde die 7. Division, Divisionsadmiral Luigi Sansonetti, mit 4 Kreuzern und vier Zerstörern der 13. Z.-Fl. bestimmt. Dahinter stand noch als »Rückhaltgruppe« das Gros der Flotte mit zwei Schlachtschiffen, 7 Kreuzern und 13 Zerstörern. Insgesamt 24 U-Boote befanden sich ebenfalls in See. Damit schien der große Geleitzug ausreichend gesichert. Zur gleichen Zeit liefen auch die »Forces« der britischen Mittelmeerflotte aus. Zum erstenmal standen gleichzeitig diese Flotten in See.
Es war das italienische U-Boot »Beilul«, das die britische Mittelmeerflotte sichtete. Der italienische Konvoi nach Afrika kam heil durch und erreichte am 8. 7. Bengasi.
Am selben Tage ging auch noch die britische Force »H« von Gibraltar in See. Damit standen vier britische Gruppen, die Force »A« bis »C« und Force »H« in See. Am 9. 7. kam es zum ersten größeren Seegefecht im Mittelmeer. Nachdem die »Warspite« einen Treffer auf dem italienischen Schlachtschiff »Giulio Cesare«, Ka-

pitän z. S. Angelo Varoli Piazza, erzielt hatte und dessen Fahrt auf 18 kn herabsetzte und zudem auch noch der Kreuzer »Bolzano« beschädigt wurde, traten die italienischen Zerstörer in Aktion. Die Boote der 9., 7., 11. und 12. Z.-Fl. griffen an, schossen ihre Torpedos und legten Rauchschleier vor das eigene Gros, um es der Sicht des Gegners zu entziehen.
Das Gefecht wurde abgebrochen. Die einzigen Verluste auf beiden Seiten erlitten die Zerstörer. Doch nicht etwa in diesem Seegefecht, sondern nur an seinem Rande. Und zwar wurde der britische Zerstörer »Escort« von dem italienischen U-Boot »Marconi«, KKpt. Chialamberto, ostwärts Gibraltar am 11. 7. versenkt. Bereits am 10. 7. hatten Swordfish-Maschinen des britischen Flugzeugträgers »Eagle« den italienischen Zerstörer »Pancaldo« auf der Reede von Augusta versenkt. Die »Pancaldo« wurde später gehoben.
So hatte auch im Mittelmeer der Kampf der Seestreitkräfte zuerst Verluste der beiden Zerstörer-Flotten hervorgerufen. Weitere große Seeschlachten und kleine Einsätze, Geleitfahrten und Minenaufgaben sollten in der Folgezeit auch das Mittelmeer zu einem Kampfplatz der Zerstörer machen.
Vorher kam es jedoch noch zu einer besonderen britischen Operation.

## NACH FRANKREICHS KAPITULATION: SCHLAG GEGEN DIE FRANZÖSISCHE FLOTTE

Inzwischen war der Frankreichfeldzug beendet. Hitler hatte der in Vichy amtierenden Regierung unter Marschall Pétain Südfrankreich, Nordafrika und die übrigen Kolonien belassen. Heer und Luftwaffe wurden stark verringert. Die französische Flotte – so war es abgemacht worden – sollte sich in ihre Stützpunkte Toulon, Bizerta, Ajaccio und Mers-el-Kebir zurückziehen und dort entwaffnet werden. Einige Kreuzer blieben in Dienst, um die französischen Interessen in den Kolonien wahrnehmen zu können. Nordfrankreich und Westfrankreich aber blieben von der deutschen Wehrmacht besetzt. Die französischen Häfen sollten für die Weiterführung des Krieges von dort aus gegen England vorbereitet werden.

Damit lag die englische Küste vom deutschbesetzten Kontinent zwischen Den Helder und Brest höchstens 200 km und nur 32 km bei der Straße von Dover entfernt. Dies wiederum bot viele Möglichkeiten für den Einsatz leichter Seestreitkräfte, also auch für Zerstörer und Torpedoboote. Von den französischen Altantikhäfen konnten auch die deutschen Hilfskreuzer auslaufen. Um diese zu sichern, wurden dort ebenfalls leichte deutsche Seestreitkräfte gebraucht. Darüber hinaus waren diese Häfen auch ideale Stützpunkte für die deutsche U-Bootwaffe.
Zwar hatte Hitler erklärt, daß er keine Absichten habe, sich der französischen Flotte zu bemächtigen. Doch die Engländer fürchteten seit der Kapitulation Frankreichs nichts mehr, als daß die französische Flotte auf der Seite Deutschlands in den Krieg gegen England eingreifen werde. Aus diesem Grunde beschlossen sie, vorher zuzuschlagen und sich der französischen Flotte zu bemächtigen. Winston Churchill, der britische Premierminister, versuchte es zuerst mit Verhandlungen. Doch dieser Versuch, Frankreichs Flotte auf britischer Seite im Mittelmeerraum und vor der Küste Nordafrikas sowie im Geleitverkehr Gibraltar – Malta – Alexandrien zum Einsatz zu bewegen, schlug fehl. Nun wurden zunächst die in den englischen Häfen liegenden französischen Schiffe in einer Nacht-und-Nebel-Operation in der Frühe des 3. 7. besetzt. Es kam zu Schießereien und Verlusten auf beiden Seiten. Noch am selben Tage geschah im nordafrikanischen Kriegshafen Mers-el-Kebir bei Oran in Algerien das gleiche. Die Force H – die Gibraltar-Seestreitkräfte –, geführt von Viceadmiral Somerville, erschien vor Mers-el-Kebir. Man stellte dem Befehlshaber der französischen Streitkräfte, Admiral Gensoul, ein Ultimatum. Da dieses Ultimatum den deutsch-französischen Waffenstillstandsbedingungen widersprach, lehnte Admiral Gensoul es daher auch ab.
Es war 18.00 Uhr, als die englische Flotte mit dem Schlachtkreuzer »Hood«, den Schlachtschiffen »Resolution« und »Valiant«, dem Flugzeugträger »Arc Royal«, zwei Kreuzern und elf Zerstörern das Feuer auf die an der Mole und vor Anker liegenden französischen Schiffe eröffnete.
Die an diesem Überfall auf den französischen Flottenstützpunkt beteiligten britischen Zerstörer waren »Faulknor«, »Foxhound«, »Fearless«, »Forester«, »Foresight«, »Escort«, »Keppel«, »Active«,

»Wrestler«, »Vidette« und »Vortigern«. Gleichzeitig wurde der ehemalige Verbündete mit Trägerflugzeugen angegriffen. Die Hafenausfahrt wurde vermint.
Bei diesem Gefecht, in das auch die schnellen Zerstörer immer wieder eingriffen, sank das französische Schlachtschiff »Bretagne« nach schweren Treffern. Das Schlachtschiff »Provence« und der Schlachtkreuzer »Dunkerque« wurden schwer beschädigt und setzten sich selbst auf Grund. Aber dem Schlachtkreuzer »Strasbourg« und fünf französischen Zerstörern gelang der Ausbruch, und sie erreichten Toulon. 1.200 französische Seeleute fielen im Kampf gegen den ehemaligen Verbündeten.
Am 8. 7. griffen britische Streitkräfte auch Dakar an. Sie wurden hier abgewiesen. Sie versuchten es noch zweimal, am 23. und 25. 9. 1940, ohne diesen Stützpunkt in Besitz nehmen zu können.

## OPERATIONEN DEUTSCHER ZERSTÖRER UND TORPEDOBOOTE ZU ENDE DES ERSTEN KRIEGSJAHRES

Bei der Überführung des nach einem U-Boottreffer notdürftig wiederhergestellten Schlachtschiffes »Gneisenau« von Drontheim nach Kiel waren durch den Befehlshaber der Aufklärungsstreitkräfte, Konteradmiral Schmundt, der Kreuzer »Nürnberg« und vier Zerstörer als Sicherung eingesetzt worden. Die Rückführung begann am 25. 7. 1940. Ab Utsire stießen sechs Torpedoboote der 6. T.-Fl. hinzu.
Vor Drontheim bereits kam das britische U-Boot »Swordfish« unter Lt. Cowell, das seit einigen Tagen vor der norwegischen Küste auf und ab stand, heran und gelangte zum Torpedoschuß auf »Luchs«, der in der Sicherung an Steuerbord stand. »Luchs« brach nach dem Treffer auseinander und sank sehr schnell. Es gelang, einen Teil der Besatzung zu retten. Durch Wasserbomben konnte »Swordfish« unter Wasser gedrückt werden.
Wieder hatte der Verband ein Boot verloren.
Inzwischen hatte in den Atlantikhäfen der Ausbau der französischen Stützpunkte für die deutsche Marine begonnen. Die ersten Zerstörer und Torpedoboote wurden in den Westraum verlegt. Erste Basis war Cherbourg, später kamen noch Brest, St. Nazaire, La Pallice und andere hinzu. Von hier aus konnten nun Vorstöße

der Torpedoboote und Zerstörer unter die feindliche Küste geführt werden. Die Aufgaben waren: Minenlegen, Geleitfahrten, Handelskrieg und Stichfahrten. Hier, im Küstenkrieg, sollten sich ganz besonders die Torpedoboote der Raubvogel- und Raubtierklasse und die inzwischen aus den neuen Torpedobooten Typ 35 aufgestellten 1. und 2. T.-Fl. bewähren.
Auch an dem offensiven Minenunternehmen vom 7. bis 8. 8. 1940, das von den Minenschiffen »Roland«, FKpt. von Kutzleben »Cobra«, KKpt. Brill und »Brummer«, KKpt. Koppe, unter dem Führer der Vorpostenboote West, Kapitän z. S. Schiller, zunächst in der südwestlichen Nordsee durchgeführt wurde, nahmen Torpedoboote teil.
Es waren die Boote der 2. und 5. T.-Fl. »Falke«, »Kondor«, »Jaguar«, T 2, T 7 und T 8 unter Führung des Chefs der 5. T.-Fl., KKpt. Henne. Die Sperre »SW 1« wurde ohne Behinderungen durch den Feind geworfen.
Eine Woche später, als es darum ging, die Minensperre »SW 2« in Anschluß an die vorige Minensperre zu werfen, fuhren die T-Boote abermals Sicherung für die Minenschiffe. Diesmal waren die Minenschiffe »Tannenberg«, FKpt. von Schönermark, »Roland« und »Cobra« dabei. Der Gesamtverband wurde vom Chef des Stabes des Befehlshabers der Sicherung der Nordsee, Kpt. z. S. Böhmer, geführt. KKpt. Henne hatte diesmal die Boote »Kondor«, »Falke«, »Iltis«, »Jaguar«, T 5 und T 7 dabei. Auch bei dieser Unternehmung gab es keine Feindberührung. Die Aufgabe wurde rasch und sicher durchgeführt.
Das letzte gemeinsame Unternehmen von Zerstörern und Torpedobooten im ersten Kriegsjahr war das am 31. 8. 1940 beginnende offensive Minenunternehmen, mit dem die Sperre »SW 3« in der südwestlichen Nordsee gelegt werden sollte. Die Minenschiffe »Roland«, »Tannenberg« und »Cobra« waren randvoll mit Minen gepackt. Um diese Großoperation wirksam zu schützen, wurde die 5. Z.-Fl. unter FKpt. Berger mit den Zerstörern »Erich Steinbrinck«, »Paul Jacobi« und »Karl Galster« eingesetzt. Hinzu kamen die Boote der 5. T.-Fl., KKpt. Henne, mit »Falke«, »Iltis«, »Jaguar« und »Greif« und die Boote der 2. T.-Fl., KKpt. Riede, mit T 8, T 5, T 6 und T 7.
Auch diese Unternehmung verlief erfolgreich und ohne Feindberührung. Wie wirksam diese Minensperren waren, das zeigte sich

am 31. 8. 1940, als im Seegebiet nordwestlich von Texel die 20. brit. Z.-Fl. in ein deutsches Minenfeld geriet. Die Flottille verlor die Zerstörer »Esk« und »Ivanhoe«. Als dritter wurde die »Express« beschädigt. Der Chef der 20. Z.-Fl. wurde schwer verwundet.

Das erste Kriegsjahr war zu Ende gegangen. Es hatte dem Torpedoboot- und Zerstörerverband eine Reihe schwerer Einsätze und den Verlust vieler Boote gebracht. In dieser Zeit war neu in Dienst gestellt worden:

Z 22 »Anton Schmitt« am 24. 9. 1939

An Torpedobooten wurden im ersten Kriegsjahr in Dienst gestellt:

| | |
|---|---|
| T 1 am 1. 12. 1939 | T 7 am 20. 12. 1939 |
| T 2 am 2. 12. 1939 | T 8 am 8. 10. 1939 |
| T 3 am 3. 2. 1940 | T 9 am 4. 7. 1940 |
| T 4 am 27. 5. 1940 | T 10 am 5. 8. 1940 |
| T 5 am 23. 1. 1940 | T 11 am 7. 5. 1940 |
| T 6 am 30. 4. 1940 | T 12 am 3. 7. 1940 |

Die Boote T 1 – T 4, T 9 und T 10 wurden bei der Schichau-Werft in Elbing, T 5 – T 8, T 11 und T 12 bei der Deschimag-AG Weser in Bremen gebaut.

Damit hatte sich die Zahl der einsatzbereiten Torpedoboote beträchtlich erhöht, während der Zerstörerverband um rund 50% geschwächt in das zweite Kriegsjahr ging.

Karl Dönitz, als Kapitänleutnant 1920-1922 Kommandant eines T-Bootes, ab 01.10.1928 Führer der 1. Torpedoboot-Halbflottille mit den Booten „Albatros“, „Kondor“, „Greif“ und „Möwe“. Auszeichnungen im 2. Weltkrieg: RK am 21.04.1940 als kommandierender Admiral der U-Boote; 223. EL zum RK am 06.04.1943 als Oberbefehlshaber der Kriegsmarine.

Günther Lütjens: Führer der Torpedoboote als Konteradmiral vom Oktober 1937 bis Oktober 1939, beim Untergang der Bismarck am 27.05.1941 im Atlantik gefallen.

***Unten links:*** Leo Kreisch (als Torpedoboot-Kommandant): Kommandant von T 154 vom 19.09.1924 bis 30.09.1926, Kommandant von T 153 vom 30.09.1927 bis 02.09.1929, zugleich Führer der 2. T-Boot-Halbflottille, Chef der 2. T-Boot-Flottille vom 03.10.1933 bis 26.09.1936, Befehlshaber der Torpedoboote und Zerstörer vom 26.01.1944 bis 02.05.1945. Er war Träger des Deutschen Kreuzes in Gold.

***Unten rechts:*** Vizeadmiral Werner Löwisch (als Torpedoboot-Kommandant): Kommandant von T 158 vom 01.03.1919 bis 15.06.1919, Kommandant von T 158 und zugleich i. V. Chef der 6. T-Halbflottille vom 16.06.1919 bis 13.06.1920, Chef der 6. T-Halbflottille vom 23.08.1920 bis 09.10.1921, Kommandant in der 5. T-Flottille vom 10.11.1921 bis 01.01.1923, Kommandant auf Torpedoboot „Panther" vom 02.01.1922 bis 31.03.1922, Wachoffizier auf Torpedoboot „Panther" vom 01.04.1922 bis 06.06.1923, Kommandierender Admiral Adria vom 09.07.1944 bis 16.07.1944, Kommandierender Admiral des dt. Marinekommandos Adria vom 01.01.1945 bis 02.05.1945.

TA 23 „Impavido“.
Die „Impavido“ ist am 25.04.1944 durch Minentreffer gesunken.

TA 24 „Arturo“ (Bildmitte), gesunken im Gefecht am 18.03.1945 südlich von Genua.

TA 20 „Audace“ (von rechts) auf einer Überführungs-fahrt. Die „Audace“ ist am 01.11.1944 im Gefecht in der Nähe von Zara gesunken.

Torpedoboot „Wolf“ der 6. T-Flottille in der Biskaya. Das Boot ist am 08.01.1941 nach einem Minentreffer im Kanal gesunken.

TA 26 „Ardito“. Die „Ardito“ wurde am 06. Juli 1944 in Rapallo durch Sabotagetrupps versenkt.

TA 38 „Spada“. Die „Spada“ wurde am 13.10.1944 vor Volos durch Fliegerbomben versenkt.

TA 37 „Gladio“, gesunken nach einem Gefecht am 07.10.1944 in der Ägäis

TA 20 „Audace“, aus der Luft fotografiert

TA 40 „Pugnale". Die „Pubnale" wurde am 20.02.1945 in Triest durch eine Fliegerbombe vernichtet.

TA 49 „Lira". Die „Lira" wurde am 04.11.1944 im Hafen von La Spezia durch Fliegerbomben versenkt.

Fregattenkapitän Birnbaum, Chef der 9. T-Flottille/Adria und vorher kurzzeitig Kommandant von T 38, das auch als Führerboot der Flottille fungierte.

TA 38 „Spada“ führte unter Oberleutnant zur See Scheller eine Reihe dramatischer Einsätze durch.

Kommandant und Flottillenchef auf der Brücke von TA 38.

Die Back von TA 38, Blick von der Brücke, Besatzung beim Anker lichten im Sommer 1944.

Dies ist das Flakschiff „Niobe“.

R 186 gehörte zur 10. R-Flottille und war im Mittelmeer erfolgreich.

TA 37 „Gladio“ erhielt in mehreren Gefechten schwere Beschädigungen, lief aber immer wieder aus. Hier mit Treffern in der Bordwand.

Teil III

# *Das zweite Kriegsjahr*

## DEUTSCHE TORPEDOBOOTE UND ZERSTÖRER IM KANAL UND VOR ENGLANDS KÜSTE

Deutsche Minenschiffe, gesichert durch Boote der 2. T.-Fl., KKpt. Riede, liefen am Abend des 5. 9. 1940 zum Minenunternehmen »Walter« aus, das den Verband bis in die Doverstraße führen sollte. Die Boote T 5, T 6, T 7 und T 8 schützten den Minenwurfverband.
In der nächsten Nacht vom 6. zum 7. 9. folgte das offensive Minenunternehmen »SW O«, das von den Booten »Greif«, »Kondor«, »Falke« und »Iltis« der 5. T.-Fl., KKpt. Henne, sowie den Booten der 1. T.-Fl. T 1, T 2 und T 3, KKpt. Edler von Rennenkampff, durchgeführt wurde. Auch dieses Unternehmen verlief ohne Verluste.
Das offensive Minenunternehmen »Hannelore« vom 8. zum 9. 9. in der Doverstraße wurde durch die Boote T 5, T 6, T 7 und T 8 der 2. T.-Fl., KKpt. Riede, durchgeführt.
Die 2. T.-Fl. führte auch das offensive Minenunternehmen »Bernhard« in der Nacht zum 16. 9. in der Doverstraße durch. Britische Schnellboote versuchten diesmal, den Verband zu zersprengen, doch sie wurden durch Leuchtgranaten und Feuer der Seezielbatterien abgedrängt.
Eine offensive Minenunternehmung vom 28. bis 29. 9. gegen die Falmouthbucht im Südwesten von Cornwall sah wieder die Zerstörer mit in Aktion. Der F.d.Z., Kpt. z. S. Bey, hatte sich auf dem Führerzerstörer »Hans Lody« eingeschifft. Dieser sowie »Karl Galster«, »Paul Jacobi« und »Erich Steinbrinck« dienten als Minenleger, während die Deckungsgruppe aus »Friedrich Eckoldt« mit dem Chef der 5. Z.-Fl., FKpt. Berger, und »Theodor Riedel« bestand. Auf dieser Minensperre sanken fünf kleine Schiffe.

Minenoperationen waren in den ersten zwei Monaten des 2. Kriegsjahres Hauptaufgaben der Torpedoboote und Zerstörer. Am 8. 10. abends drangen die Boote der 5. T.-Fl., KKpt. Henne, mit »Greif«, »Seeadler«, »Kondor«, »Falke«, »Wolf« und »Jaguar« zu einem Aufklärungsvorstoß bis ins Gebiet der Isle of Wight vor. Dieser erste Vorstoß unter die englische Küste blieb vom Gegner weitgehend unbemerkt. Bei dem zweiten Vorstoß dieser Art, der am 11. 10. 1940 von den Booten der 5. T.-Fl. unternommen wurde, kam es zu einem Gefecht mit feindlichen leichten Seestreitkräften. Die Boote der 5. T.-Fl. »Greif«, »Kondor«, »Falke«, »Seeadler« und »Wolf« stießen abermals in das Gebiet vor der Isle of Wight vor. An Bord von »Greif« war Kptlt. Heinrich Hoffmann Kommandant. Alle Kommandanten hatten während der Kommandantenbesprechung in Cherbourg den Auftrag erhalten: »Vor der englischen Küste laufende Küstenfrachter angreifen und versenken!«

Unter der englischen Küste, direkt in der Höhle des Löwen, beschoß »Greif« in der Nacht zum 12. 10. einen Frachter, der direkt vor der Zufahrt nach Portsmouth stand. Treffer wurden beobachtet, doch der Frachter verschwand hinter einem Inselvorsprung außer Sicht.

Wenig später wurden leichte Seestreitkräfte gesichtet. Alle Boote eröffneten das Feuer. Die beiden französischen U-Jäger »Ch 6« und »Ch 7« wurden nach einem kurzen Gefecht versenkt.

»»Greif« läuft zur Untergangsstelle und nimmt Rettungsaufgaben wahr!« so lautete der Befehl von KKpt. Henne, der sich an Bord des Führerbootes »Greif« befand, über UK. Heinrich Hoffmann lief mit »Greif« der Untergangsstelle entgegen. Er leuchtete kurz mit dem Scheinwerfer und fand einige Pulks dicht beieinander schwimmender Schiffbrüchiger.

Ungefähr 20 Soldaten wurden an Bord von »Greif« geholt und sofort versorgt. Aber eine Reihe der Schiffbrüchigen ließ sich nicht retten. Sie weigerten sich, aus dem Wasser gefischt zu werden. Es stellte sich heraus, daß es Franzosen waren. Diese mußten nach ihrer Übergabe an die französische Vichy-Regierung mit dem Tode rechnen. Vichy-Frankreich hatte sich gegenüber Deutschland als streng neutral erklärt und auf eine Beteiligung französischer Staatsbürger am Kampf gegen Deutschland die Todesstrafe gesetzt.

Kurz nach der Versenkung dieser beiden französischen U-Jäger und der Rettungsaktion kamen auf Nord-Südkurs fünf englische Zerstörer in Sicht. Sie liefen mit hoher Fahrt. Auf Parallelkurs drehend, wurden diese Zerstörer von den deutschen Booten unter Feuer genommen. Doch der Gegner nahm das Gefecht nicht an, sondern verschwand nach Südosten.
In den nächsten Einsätzen war »Greif« stets das Führerboot, weil es infolge der eingebauten Funk- und Führungsmittel dazu prädestiniert war. Nur wenn es nicht einsatzbereit war, stieg der Flottillenchef auf eines der anderen Boote um.
Am 17. 10. abends liefen von Brest die Zerstörer »Hans Lody«, »Karl Galster«, »Friedrich Ihn« und »Erich Steinbrinck« zu einem Unternehmen gegen den Westausgang des Bristol-Kanals aus. Der F.d.Z., Kpt. z. S. Bey, führte diesen Vorstoß. Die 5. T.-Fl. war mit den Booten »Greif«, »Seeadler«, »Kondor«, »Falke«, »Wolf« und »Jaguar« als Unterstützungsgruppe eingesetzt.
Diesmal kam es zu einer Begegnung mit englischen Kreuzern und Zerstörern. Zwei Kreuzer und sechs Zerstörer wurden gesichtet. Es kam zu einem kurzen Gefecht, bei dem »Erich Steinbrinck« einen Torpedotreffer auf einem Kreuzer meldete. Die deutschen Einheiten erreichten sämtlich wieder ihre Stützpunkte an der Atlantikküste.
Ein weiterer Vorstoß durch die Biskaya bis nach Kap Finisterre mußte wegen Maschinenschäden auf mehreren Zerstörern abgebrochen werden. Nunmehr gingen fünf Zerstörer in die Werft. Nur drei Boote führten zunächst den Kampf weiter. Damit war das Schwergewicht der Einsätze auf die Torpedoboote verlagert.
Vom 29. zum 30. 10. fuhren »Jaguar« und »Iltis« ein offensives Minenunternehmen vor Dover.
Am Abend des 6. November 1940 führten die 1. und 2. T.-Fl. einen offensiven Vorstoß gegen die schottische Ostküste durch. Als die Boote dicht vor der schottischen Küste standen, lief T 6, Kptlt. Wolfram, auf eine Mine und sank. Das Unternehmen wurde abgebrochen und der Rückmarsch angetreten.
Der Vorstoß des F.d.Z., Kpt. z. S. Bey, mit den Zerstörern »Karl Galster«, »Hans Lody« und »Richard Beitzen« ins Seegebiet vor Plymouth am Abend des 24. 11. verlief erfolgreich. Zwei Schiffe mit zusammen 2.156 BRT wurden in der Nacht gesichtet und durch Artillerie versenkt.

Der zweite Vorstoß des F.d.Z. mit denselben Zerstörern vier Nächte später führte abermals ins Gebiet von Plymouth, zwischen Landsend und Start Point. Diesmal wurden zwei kleine Schiffe versenkt und der britische Zerstörer »Javeline« torpediert.
Abermals gingen zwei Zerstörer in die Werft, und zum Jahresanfang 1941 fiel auch der letzte noch aus. Damit war der deutsche Zerstörerverband vorläufig außer Gefecht. Die Torpedoboote hatten ihre schwierige Aufgabe allein wahrzunehmen.
Unter der Führung von Kptlt. Neuss liefen in der Nacht zum 3. 12. 1940 die Boote »Iltis« und »Jaguar« aus Cherbourg zum Minenlegen vor Dover aus. Als die Boote am Abend des 3. 12. wieder in Cherbourg festmachten, legten die Boote »Greif«, »Kondor«, »Falke« und »Seeadler« unter dem Flottillenchef ab zum Minenunternehmen »Marianne«, das ebenfalls vor Dover durchgeführt wurde.
Dies war die letzte Fahrt von KKpt. Henne als Flottillenchef, denn am nächsten Tage wurde Kapitänleutnant Neuss mit der Führung der 5. T.-Fl. beauftragt.
Nach Auslaufen des Hilfskreuzers Schiff 14, »Kormoran«, KKpt. Detmers, am Nachmittag des 3. 12. 1940 aus Gotenhafen waren T-Boote der 1. T.-Fl. als Sicherung eingesetzt. Und zwar geleiteten sie den Hilfskreuzer vom 7. 12. 06.00 Uhr an von Frederikshavn aus nach Norden. T 1, Kptlt. Richter-Oldekop, T 5, Kptlt. Koppenhagen, und T 12, Kptlt. Mellin, bildeten die U-Bootsicherung für diesen wichtigen Hilfskreuzer. Am Abend des 7. 12. konnten die T-Boote nicht mehr mithalten, weil die mit Stärke 8 gehende grobe See ein Weiterlaufen mit hoher Fahrt nicht mehr zuließ. Der Verband lief Stavanger an, wo die T-Boote entlassen wurden.
Unter der Führung des neuen Flottillenchefs liefen am Abend des 21. 12. die Boote »Greif«, »Falke« und »Seeadler« zum offensiven Minenunternehmen »SW a« in die westliche Nordsee aus. Das Unternehmen wurde ohne Feindberührung durchgeführt.
Vom 7. bis 8. 1. 1941 folgte das offensive Minenunternehmen »Renate«. Ziel dieser Operation war abermals das Gebiet von Dover. Die T-Boote »Wolf« und »Kondor« nahmen daran teil. Auf dem Rückmarsch lief »Wolf«, Oblt. z. S. Peters, am Morgen des 8. 1. vor Dünkirchen auf eine Mine und sank. Der Kommandant fand dabei den Tod. Abermals hatte die 5. T.-Fl. einen schweren Verlust erlitten.

Da die Boote dieser Flottille sich seit dem Sommer in ununterbrochenem Einsatz befanden, wurden sie nunmehr nach Cuxhaven zurückbefohlen. Sie blieben jedoch nur bis zum 16. 1. in Cuxhaven. Hier erhielten am 16. 1. »Seeadler« und »Greif« Befehl zum Geleit des Blockadebrechers »Alstertor«. Sie setzten sich um 16.20 Uhr vor den Dampfer und liefen bis 19.00 Uhr westliche Kurse. Um 09.00 Uhr des 17. 1. erreichten sie befehlsgemäß Hoek van Holland.
Am 18. 1. wurde »Alstertor« weitergeleitet. Gegen Mittag gab es den ersten Fliegeralarm. Um 14.00 Uhr wurden die Sände von Dünkirchen passiert, und als sie eben eine navigatorisch schwierige Stelle erreicht hatten, setzte um 15.30 Uhr starkes Schneetreiben ein. Kptlt. Hoffmann, der Kdt. von »Greif«, mußte nach der Stoppuhr navigieren. Er sagt dazu:
»Um mit einem Schiff wie der »Alstertor« mit ihren sieben Metern Tiefgang im Geleit diese Sände und Engen heil zu passieren, bedarf es nicht nur guten seemännischen Könnens der Besatzung, sondern auch einer guten Portion Glück des Kommandanten.«
Die beiden T-Boote hatten dieses Glück, und so umrundete der Verband gegen 18.45 Uhr Kap Gris Nez.
Den ganzen 19. 1. waren die beiden Boote mit der »Alstertor« unterwegs. Bei der Einfahrt nach Brest ergaben sich wieder Schwierigkeiten, da keine Leuchtfeuer zu sehen waren. Doch dann kam der zum Hereinbringen zugewiesene Sperrbrecher bei der Einfahrt an Backbord in Sicht und erhielt vom Kommandanten »Seeadler«, Kptlt. Kohlauf, Weisung, sich vorzusetzen. »Seeadler« und »Greif« hängten sich an. Sie liefen nach Brest ein und ankerten um 22.22 Uhr auf Brest-Reede. Am nächsten Morgen liefen sie in den Handelshafen ein.

## TORPEDOBOOT »FALKE« IM NORDEN

Aus dem KTB des T-Bootes »Falke« für den gleichen Zeitraum geht hervor, daß dieses Boot eine Sonderaufgabe erhielt.
Am 23. 1. traf auf diesem Boot, das sich in Christiansand befand, gegen 16.00 Uhr ein Befehl des Flottillenchefs für den anderen Morgen ein. Danach sollte »Falke« zum Unternehmen »Berlin« seeklar machen. Weiter im KTB »Falke«:

»Nach Ölübernahme abgelegt und mit den Booten T 5, T 9, T 10 der 1. und 2. T.-Fl. den Marsch zum Treffpunkt »Punkt Schwarz« angetreten. Um 05.45 h am 25. 1. wurden T 5 und T 9 auf dem Vormarschweg Flotte gemäß Befehl des Marinegruppenkommandos Nord entlassen. Von 07.45 bis 13.32 h mit T 10 gestoppt gelegen und auf »Angelhaken« gewartet. Da »Angelhaken« nicht in Sicht, um 13.35 h bei Treibeis mit Kurs 274 Grad und Marschfahrt 5 kn Rückmarsch angetreten. Um 14.15 h wird »Angelhaken« gesichtet und um 15.00 h das Geleit Flotte übernommen.«

Unter »Angelhaken« verbarg sich der Marsch der Schlachtkreuzer »Scharnhorst« und »Gneisenau« nach Norden. Der Verband hatte am 22. 1. 1941 um 16.00 Uhr Kiel verlassen. Die schwere Eislage verzögerte das Vorwärtskommen. Die beiden Schlachtkreuzer mußten südlich der Skagerraksperre ankern, weil sich das Auslaufen der 1. T.-Fl., KKpt. Edler von Rennenkampff, verzögerte und die Boote einschließlich »Falke«, das als einziges Boot der 5. T.-Fl. dabei war, nicht rechtzeitig zum Geleit der schweren Einheiten herangekommen waren. Als dann die T-Boote von den Schlachtkreuzern gesichtet wurden, ließ Admiral Lütjens den Marsch fortsetzen. Sein Ziel war es, die Faröer-Island-Enge für den Durchbruch der beiden Einheiten in den Atlantik zu benutzen.

»Der Marsch wurde durch das Skagerrak angetreten. Mit 22 kn Fahrt lief »Falke« an Backbord voraus als U-Bootsicherung. Die beiden Boote T 5 und T 9 hatten sich in die Sicherung eingeschoben. T 10 lief an Steuerbord. 19.08 h wurde das Sperrgebiet von Christiansand passiert. Hier hängte sich »Falke« an die Flotte an, die in Kiellinie lief. Die ganze Nacht über liefen T 10 und »Falke« als Sicherung mit, bis sie um 04.35 h des 26. 1. von Flottenchef, Admiral Lütjens, nach Bergen entlassen wurden. Um 08.37 h lief »Falke« in den Korsfjord ein. Ein Sperrlotse kam an Bord. Mit seiner Hilfe wurde die Sperrlücke Byfjord passiert.

Um 12.08 h in Bergen am Tanker »Orion« festgemacht. Bis 14.00 h Ölübernahme. Hier erreichte mich um 13.25 h der Befehl der Gruppe Nord, sofort nach Stavanger zu gehen.

Ich fuhr vorher mit der Jolle zu T 5 hinüber, um dort die Befehle für das Unternehmen »Pommern« einzusehen, an dem die T-Boote teilnehmen sollten.«

Bis hierher aus dem KTB von Kptlt. Hansen-Nootbaar. Das T-Boot »Falke« wurde jedoch nicht zum Unternehmen »Pommern« eingesetzt. Es lief zum Skudesnesfjord, stand dort bis 00.00 Uhr des 27. 1. auf und ab und wurde schließlich von der Minenschiffgruppe Nord nach Stavanger entlassen. Bis zum 31. 1. blieb das Boot im Hafen von Stavanger, und Kptlt. Hansen-Nootbaar hatte Gelegenheit, die neu an Bord gekommenen Soldaten mit den alten Seeleuten gemeinsam im Maschinendienst und im Gefechtsdienst auszubilden.

Aus der Schilderung dieser wenigen Tage eines T-Bootes ergibt sich die mannigfache Aufgabenmöglichkeit und die Tatsache, daß T-Boote ebenso wie die Zerstörer »Mädchen für alles« geworden waren. Darüber hinaus wird aber auch die geringe Zahl der T-Boote deutlich und jene Tatsache, daß nicht einmal in der Operation »Berlin« Zerstörer zur Stelle waren, um die deutschen Schlachtkreuzer zum Kreuzerkrieg in den Atlantik zu geleiten.

Das Unternehmen »Pommern« fand Ende Januar statt. Von Stavanger aus lief der Verband der Minenschiffgruppe Nord unter FKpt. von Schönermark mit den Minenschiffen »Tannenberg«, »Brummer«, »Königin Luise« und »Hansestadt Danzig« am Abend des 26. 1. zu einer defensiven Minensperraufgabe aus. Gesichert wurde dieses Unternehmen von den T-Booten T 5, T 9 und T 12. Diese Aufgabe wurde ohne jede Feindberührung ausgeführt. Die Unternehmung ging am 30. 1. zu Ende.

Bereits am 3. 2. wurde die zweite defensive Minensperre vor der norwegischen Küste gelegt. Wieder war die Minenschiffgruppe Nord daran beteiligt. Auch diesmal sicherten die Boote der 2. T.-Fl. den Verband.

In der Zeit zwischen diesen beiden defensiven Minenunternehmungen wurden am 29. 1. 1941 in Washington bereits britisch-amerikanische Geheimbesprechungen geführt. In diesen Beratungen ging es um die Strategie einer gemeinsamen Kriegführung für den Fall, daß die USA in den Krieg eintreten würden.

»Falke«, der nach wie vor im Hafen von Stavanger lag, nahm an der folgenden Minenunternehmung »Frankfurt« teil. Die Unternehmung fand unter der Führung des Chefs der Minenschiffgruppe Nord statt.

Am 3. 2., um 18.36 Uhr legte »Falke« mit T 10 ab, nachdem Kptlt. Hansen-Nootbaar kurz vorher vom Chef der 2. T.-Fl. den Befehl

zur Teilnahme an dieser Operation erhalten hatte. Beide Boote hängten sich an die Minenschiffe »Tannenberg«, »Königin Luise« und »Brummer« an und liefen in Kiellinie in Richtung Skudesnesfjord aus. Um 20.00 Uhr erreichten sie den Eingang des Skudesnesfjords und trafen hier mit den Booten T 5, T 9 und T 12 der 2. T.-Fl. zusammen. Gemeinsam wurde nunmehr der Marsch ins Operationsgebiet angetreten. Die Führung mit ausgebrachtem Ottergeleitgerät (OGG) vor dem Verband lag in Händen des Chefs der 2. T.-Fl. T 10 fuhr die U-Bootsicherung an Backbord, während »Falke« die Sicherung an Steuerbord übernahm.
Am 4. 2. war das Operationsgebiet erreicht. Hier ging der Verband um 01.17 Uhr auf Wurfkurs. Während »Falke« und T 10 die U-Bootsicherung übernahmen, begannen die Minenschiffe um 01.30 Uhr mit dem Minenwerfen, das um 03.28 Uhr beendet war. Um 03.40 Uhr wurde der Rückmarsch zum Skudesnesfjord angetreten. Gegen 10.10 Uhr wurden die T-Boote vom Chef der Minenschiffgruppe Nord entlassen. »Falke« und T 10 machten um 11.12 Uhr in Stavanger fest.

## MINENUNTERNEHMUNGEN IM WESTEN

Mit dem Eintreffen von »Seeadler«, »Greif«, »Kondor« und »Falke« zur Werftliegezeit in Rotterdam im Februar 1941 war die 5. T.-Fl. bis auf zwei Boote zusammengeschmolzen.
Damit standen der Flottille und der Gruppe West nur noch »Jaguar« und »Iltis« zur Verfügung. Sie sollten die geplanten Minenunternehmungen durchführen.
»Jaguar« und »Iltis«, die auf dem Ankerplatz A auf Brest-Reede ankerten, mußten allabendlich auslaufen und bei der Ile Ronde ankern, um nicht von den Fliegerangriffen auf Brest gepackt zu werden. Am 21. 2. erhielten beide Boote den Befehl, nach Cherbourg zu marschieren, um die Sicherung für das Minenunternehmen »Augsburg« zu übernehmen. Um 16.00 Uhr legten beide Boote ab und wurden zuerst durch Sperrbrecher 9, später Sperrbrecher 13, hinausgeleitet. Um 17.05 Uhr wurden die Sperrbrecher entlassen. 22.20 Uhr standen beide Boote querab Ouessant. Hier erlitt »Iltis« einen Stagbruch am achteren Mast. Wegen der groben See und der schlechten Wetterlage machten beide

Kommodore, später Konteradmiral Erich Bey, Mai 1940 Führer der Zerstörer, gefallen auf »Scharnhorst« am 26. 12. 1943

Indienststellung von Z 23 bei der Deschimag-AG Weser in Bremen am 14. 9. 1940

Nach der Indienststellung von Z 23, von links: I. O. Kptlt. Frhr. Freytag von Loringhoven, Kommandant KKpt. Böhme und L. I. Kptlt. (Ing.) Dipl.-Ing. Schäfer

Zerstörer Typ 36 A (Z 23)

Indienststellung von Z 27 am 26. 2. 1941

Boote kehrt und liefen auf Brest-Reede zurück, wo sie nördlich der Ile Ronde ankerten.
Zwei schwere Fliegerangriffe, die am 23. 2. auf Brest geflogen wurden, trafen die Boote nicht. Sie gingen am 24. 2. um 07.12 Uhr ankerauf, hängten sich um 08.00 Uhr an das Geleit des Sperrbrechers und der VP-Boote an und marschierten um 09.02 Uhr mit 17 kn Marschfahrt allein weiter nach Osten. Unterwegs gab es mehrere Fliegeralarme. Um 18.50 Uhr wurde querab der Kanalinsel Alderney ein treibender Sperrballon gesichtet. Der Versuch von »Jaguar«, Kptlt. Hartenstein, ihn an Bord zu nehmen, mißlang.
Um 19.30 Uhr machten beide Boote in Cherbourg fest. Am 25. 2. verholten die Boote zur Minenübernahme. Binnen 15 Minuten wurden jeweils 40 Minen an Bord genommen, und um 15.03 Uhr legten »Jaguar« und »Iltis« zum Unternehmen »Augsburg A« ab. Diese Minenoperation sollte in das Seegebiet vor Eastburne führen.
Wie umfassend eine Vorbereitung zum Werfen einer Minensperre ist, sei anhand eines Auszuges aus dem Operationsbefehl dargestellt:
»Aufgabe:
1. Englischen Geleitzugweg an der Südküste zwischen Dungeness und Brighton durch mehrere Unternehmungen breiträumig verseuchen.
2. Feindlage: Mit feindlichen Vorpostenbooten überall rechnen. Zerstörer treten gelegentlich auf. Ergebnis Luftaufklärung wird laufend übermittelt.
3. Eigene Lage: Vom 25. bis 26. 2. keine eigenen Streitkräfte im Operationsgebiet. Kein Geleitverkehr auf Weg Rosa.
4. Durchführungsbefehle:
   a) Während Hochwasser im Wurfgebiet stehen.
   b) Vor dem Werfen jedem Feind ausweichen, möglichst ungesehen bleiben, doch günstige Torpedoschußgelegenheiten gegen gute Torpedoziele ausnutzen.
   c) Rückmarsch auf dem Weg Rosa nach Cherbourg.
   d) Führung hat »Jaguar«, Kptlt. Hartenstein.
5. Wurfbefehl: Einzelne, parallele lichte Minenreihen sollen den Geleitzugverkehr im spitzen Winkel kreuzen. Abstände der Reihen nach Sicht bis zu 2 sm. Tiefeneinstellung zwei Meter

unter mittlerem Wasserstand. Verseuchung nur in unmittelbarer Nähe des Geleitzugweges. Anzustrebende Lage: nach Lage-Wurfplan.

6. Absprung südlich Boulogne bei Punkt 16, 1,5 Stunden vor Hochwasser. Wurfbeginn von Osten.«

Das hieß, daß der Absprung mit dem Leuchtfeuer Boulogne recht achteraus, dazu mit dem Leuchtturm beim Kap Gris Nez als Kreuzpeilung, durchgeführt werden mußte. Dadurch war eine gute Möglichkeit der Peilung für das Passieren frei vom Südende der Colbartbank gegeben.

Das Überlaufen einiger noch im Operationsgebiet liegender eigener Minen konnte bei Hochwasser und nicht zu hoher Fahrt von den Booten gewagt werden. Vorsichtigerweise hatte man jedoch zusätzlich die Gutachten von Minensachverständigen eingeholt, die erklärten, daß die Zündmöglichkeit dieser Minen abgelaufen seien.

Am 25. 2. nachmittags wurde der Molenkopf von Cherbourg passiert. Die Fahrt beider Boote betrug bis Boulogne 25 kn, da ein entstandener Zeitverlust aufgeholt werden mußte. Der Absprung von Boulogne um 23.20 Uhr ging wie geplant vonstatten. In den Geräten war bis dahin keine Feindortung erfolgt. Der eigene UK-Verkehr wurde auf das Notwendigste eingeschränkt. Die notwendige Verständigung mußte zudem in Englisch geführt werden, um eventuelle Horcher zu täuschen.

Am 26. 2., 00.41 Uhr, gingen beide Boote im Operationsgebiet auf Wurfkurs. Eine Minute später begann das Legen der Sperre und um 01.39 Uhr wurde die letzte Mine geworfen. Bei der Operation wurde kein Gegner gesichtet. Die beiden Boote traten unbemerkt den Rückmarsch an und machten um 09.57 Uhr in Cherbourg fest.

Dies war die erste von vier gleichen Minenunternehmungen, mit denen die Absicht verfolgt wurde, eine aus einzelnen Sperren bestehende große Minensperre zwischen Dungeness und der Isle of Wight zu legen.

Am 1. März 1941 bildete die US-Navy eine »Support Force Atlantic Fleet« unter Führung von Konteradmiral Bristol jr. mit drei Zerstörer-Flottillen. Dieser Tag kann als der einer ersten aktiven Mitwirkung amerikanischer Zerstörer auf Seiten der Alliierten im Zweiten Weltkrieg bezeichnet werden, wenn auch bis zu ersten Kampfhandlungen von US-Zerstörern noch einige Wochen vergehen sollten.

Die drei Zerstörer-Flottillen waren:

Destroyer Squadron (Desron) 7 – Z.-Fl. 7 – Captain Kauffmann mit den Zerstörern »Plunkett«, »Niblack«, »Benson«, »Gleaves«, »Mayo«, »Madison«, »Lansdale«, »Hilary P. Jones«, »Charles F. Hughes«.

Destroyer Squadron (Desron) 30 – Z.-Fl. 30 – Captain Cohen, mit den Zerstörern »Dallas«, »Ellis Cole«, »Bernadou«, »Dupont«, »Greer«, »Tarbell«, »Upshur« und »Lea«.

Destroyer Squadron (Desron) 31 – Z.-Fl. 31 – Captain Baker, mit den Zerstörern »Macleish«, »Bainbridge«, »Overton«, »Sturtevant«, »Reuben James«, »McCormick«, »Broome«, »Simpson« und »Truxtun«.

Von diesen Zerstörern sollten einige Bekanntheit erlangen; z. B. »Reuben James«. Doch davon später. Bereits am 10. 4. 1941 war der US-Zerstörer »Niblack« der erste amerikanische Gegner deutscher Seestreitkräfte, als er vor Island ein deutsches U-Boot mit Wasserbomben angriff.

Die neutralitätswidrigen Maßnahmen der Vereinigten Staaten, die bereits mit der Überlassung 50 veralteter Zerstörer an England im Austausch gegen britische Luft- und Flottenstützpunkte auf den Bermudas im September 1940 begonnen hatten, setzten sich solcherart fort. Sie steigerten sich zu offenen Neutralitätsverletzungen, als gegen Ende des zweiten Kriegsjahres Anfang Juni die Errichtung von US-Stützpunkten in Grönland bekannt wurde und am 7. 7. 1941 die Ablösung der bisherigen britischen Besetzung Islands durch US-Truppen erfolgte.

Kehren wir zurück zum Kanal und zur atlantischen Küste und zu den Minenunternehmungen, von denen »Augsburg A« bereits stattgefunden hatte.

Bei der 5. T.-Fl. in Cherbourg ging am Vormittag des 5. März 1941 um 11.00 Uhr ein Fernschreiben ein, daß mit dem Legen der Minensperre »Augsburg B« begonnen werden solle. KKpt. Marks, der die Flottille für den erkrankten KKpt. Schmidt führte, ließ sofort zum Seebahnhof verholen und wiederum jeweils 40 Minen laden.

»Iltis« und »Jaguar« liefen um 20.22 Uhr aus Cherbourg aus. Die Aufgabe sah vor, daß die Minen südlich von Beachy Head auf dem englischen Geleitweg geworfen werden sollten. Dabei mußte man mit dem Auftauchen englischer Vorpostenboote rechnen. Mit Einsetzen des Hochwassers befanden sich die T-Boote im Wurfgebiet und begannen um 04.43 Uhr mit dem Legen von Minen. »Iltis« fuhr Backbordstaffel, an der Grenze der Sicht. Mit Ende des Minenwerfens, um 05.42 Uhr, gingen beide Boote auf Ablaufkurs 180 Grad und steuerten das Kap d'Antifer nördlich von Le Havre an, das um 08.10 Uhr querab passiert wurde. Um 12.28 Uhr machten die Boote in Cherbourg an ihrem alten Liegeplatz fest.

Der nächste Einsatz von T-Booten fand statt, als die Operation »Heftnadel« erfolgte. Dieser Tarnname bezeichnete die Meilen-Probefahrt von »Admiral Hipper«, die von Brest aus angetreten werden sollte. Mit »Iltis« lief »Jaguar« am 9. 3. um 10.00 Uhr zum Marsch nach Brest aus. Mit 21 kn Marschfahrt liefen die Boote nach Westen und ankerten am Abend um 20.18 Uhr auf der Reede von Brest, in der Nähe der Ile Ronde. Am Morgen des 10. 3. liefen sie in den Handelshafen ein. 24 Stunden später liefen sie als U-Bootsicherung für »Hipper« mit 27 kn Fahrt aus und begleiteten den Kreuzer bis zur Rückkehr um 18.32 Uhr, um sodann wieder nahe der Ile Ronde vor Anker zu gehen.

Kapitänleutnant Hartenstein war wie Kapitänleutnant Jacobson der Ansicht, daß ihre beiden Boote ebenfalls einer dringenden Werftliegezeit bedurften. Da sie aber im Augenblick die einzigen einsatzbereiten T-Boote des Westraumes waren, hatte es damit noch gute Weile. Der F.d.T. jedenfalls konnte den beiden Kommandanten noch nicht verraten, wann sie zur dringenden Werftliegezeit entlassen werden würden.

Am 24. 3. reiste KKpt. Marks, der stellvertretende Chef der 5. T.-Fl. zu seinem neuen Kommando als Vertreter des F.d.T. Stellvertretender Flottillenchef wurde Kptlt. Heinrich Hoffmann, der den noch immer kranken Flottillenchef KKpt. Schmidt vertrat. Dieser kehrte erst am 31. 3. zur Flottille zurück.

Das Boot von Kptlt. Hoffmann, »Greif«, lag ebenso in der Werft wie »Falke», Kptlt. Hansen-Nootbaar, und »Seeadler«, Kptlt. Frhr. von Lyncker.

Am 21. 3. liefen »Iltis« und »Jaguar« um 08.10 Uhr zum Einholen der Schlachtkreuzer »Scharnhorst« und »Gneisenau« aus. Die beiden Schlachtkreuzer waren Ende Januar, gesichert durch Boote der 1. und 2. T.-Fl. und des T-Bootes »Falke«, zur Operation »Berlin« – Kreuzerkrieg im Atlantik – ausgelaufen. Nun kehrten sie zurück, nachdem sie eine Reihe von Erfolgen erzielt hatten.

Durch dicken Nebel steuerten die beiden T-Boote den Treffpunkt an. Sie sichteten um 14.35 Uhr ein Fischereifahrzeug und überprüften es. Es handelte sich um den französischen Fischkutter »Alaemeca«. Der Weitermarsch wurde fortgesetzt und um 15.39 Uhr der Nordrand der Biskaya erreicht. Ein FT der Gruppe West sagte den beiden Kommandanten, daß sie auf alle Fälle – auch bei Nichtsichten der Schlachtkreuzer – den Vorstoß bis zum Dunkelwerden fortsetzen sollten, um erst dann auf Rückmarschkurs zu gehen.

Es bestand durchaus die Gefahr, daß sie, allein und auf sich gestellt, mit der aus dem Raume Gibraltar nach Norden laufenden Force »H« der Engländer unter Admiral Somerville zusammenstießen.

Um 20.45 Uhr kamen die beiden Schlachtkreuzer in Kiellinie in Sicht. Eine Viertelstunde später hatten sich die beiden T-Boote angehängt und waren bereit, die U-Bootsicherung aufzunehmen oder feindliche S-Boote abzuwehren.

Ein englisches Flugzeug, Typ »Lockheed Hudson«, sichtete die beiden Schlachtschiffe und meldete an die Force »H«:

»Zwei Schlachtschiffe und ein Zerstörer.«

Dazu gab diese Maschine einen falschen Standort an. Diese Meldung wurde vom Funkbeobachtungs-(B-)Dienst der Gruppe West aufgenommen und als Warnung an den Verband gefunkt. Doch für die Force »H« war es zu spät. Sie stand zu weit entfernt, um noch angreifen zu können.

Bis gegen 02.00 Uhr am 22. 3. wurde die Biskaya durchlaufen. Um 05.30 Uhr erschienen die beiden Sperrbrecher 8 und 9, die von der 3. Sicherungsdivision in Brest zum Einholen bereitgestellt waren; sie lotsten die beiden Schlachtkreuzer in den Hafen von Brest ein. »Jaguar« und »Iltis« wurden vom Flottenchef entlassen und gingen auf Reede vor Anker. Kptlt. Hartenstein verließ nun sein altes Boot »Jaguar«, um zur U-Bootwaffe zu gehen. Er übernahm wenige Monate später U 156 als Kommandant und errang mit diesem Boot viele große Erfolge. Er wurde am 17. 9. 1942 mit dem Ritterkreuz ausgezeichnet und fiel am 8. 3. 1943 im Westatlantik, als sein Boot von amerikanischen Fliegern mit Bomben getroffen wurde und mit der gesamten Besatzung unterging.
Neuer Kommandant von »Jaguar« wurde Kptlt. Friedrich-Karl Paul. Wenig später ging ein Fernschreiben der Gruppe West bei »Jaguar« und »Iltis« ein, daß beide Boote sofort in die Deutsche Bucht zu verlegen hätten, um dort dem Marinegruppenkommando Nord zur Verfügung zu stehen.
Am 23. 3. liefen die Boote aus und erreichten um 18.45 Uhr Cherbourg, wo sie zur Ergänzung und Reparatur einlaufen mußten, denn auf »Iltis« war der Backbord-Kondensator ausgefallen. Dennoch konnten sie eine Stunde vor Mitternacht zum Weitermarsch Richtung Deutsche Bucht ablegen. Zwanzig Minuten nach Mitternacht des 23. 3. passierten sie das Kap Barfleur an der Nordwestecke der Seinebucht. Um 08.30 Uhr lag Calais querab, eine Stunde später wurde Dünkirchen passiert und um 12.20 Uhr erreichte sie ein FT der Gruppe Nord, daß beide Boote zur Ölergänzung nach Helgoland gehen sollten.
Bevor sie jedoch die Nordsee erreichten, griff ein englischer Bomber an. Die beiden geworfenen Bomben fielen hart neben »Jaguar« in die See. Sie waren Blindgänger. Der zweite Angriff galt abermals »Jaguar«. Wieder waren die beiden geworfenen Bomben Blindgänger. Die Flawaffen feuerten in schnellster Schußfolge, dennoch drehte die Maschine heran zu einem dritten Angriff. Im direkten Anflug versuchte sie ein drittesmal, »Jaguar« voll zu treffen. Dabei flog sie genau in das Abwehrfeuer der Flawaffen hinein. Die ersten Treffer führten zu Bränden. Kptlt. Paul sah, daß sich eine dichte Rauchwolke entwickelte, und dann stürzte die Maschine mit einer steilen Rechtskurve ins Wasser, um in einer Aufschlagexplosion auseinanderzubersten.

»Sofort Kutter aussetzen zum Bergen der Überlebenden!« befahl Paul.
Der Kutter wurde ausgesetzt und ging zur Absturzstelle der Maschine. Doch so sehr die Männer auch suchten, sie fanden nur einen Toten. Dazu Rettungsausrüstungen, den Fallschirm und Bordbücher, die geborgen wurden. Der Tote wurde an ein herankommendes R-Boot übergeben, welches ihn an Land brachte.
Die beiden T-Boote setzten ihren Marsch fort. Westlich von Den Helder wurden sie abermals aus der Luft angegriffen. Diesmal war es ein Martin-Bomber, der jedoch keine Bomben warf.
Am 25. 3., zehn Minuten nach Mitternacht, ankerten beide Boote auf der Reede von Helgoland. Nach dem Hellwerden liefen sie in den Osthafen ein. Dort sollte auf der Werft der Einbau der Kondensatpumpe bei ruhigliegendem Boot erfolgen. Reparatur und Wiedereinbau zeigten dem neu auf »Jaguar« eingestiegenen Kommandanten, daß das Maschinenpersonal auf der Höhe seines Könnens war.
Um 20.00 Uhr gingen beide Boote zum Marsch durch die Deutsche Bucht ankerauf. Sie liefen durch das Skagerrak nach Egersund. Um 11.15 Uhr hatte »Jaguar« Ruderversager. Vor dem gestopptliegenden Boot stand »Iltis« als U-Bootsicherung auf und ab. Der Versuch von Kptlt. Paul, »Jaguar« mit den Schrauben zu steuern, mißlang. Der Kommandant ließ einen Funkspruch an das Marinegruppenkommando Nord tasten:
»11.15 h: »Jaguar« Ruderversager in Höhe Egersund. Steuere mit Schrauben. Einlaufen Skudesnes.«
Um 12.55 Uhr hatte »Iltis« »Jaguar« mit Tross und Kette in Schlepp genommen. Mit den Maschinen versuchte Kptlt. Paul während dieser Zeit sein geschlepptes Boot einigermaßen auf Kurs zu halten. Um 13.35 Uhr konnte die Schleppfahrt auf 10 kn gesteigert werden. Beide Kommandanten atmeten auf, als der Seekommandant Stavanger mit FT von 13.59 Uhr mitteilte, daß der Schlepper »Seefalke« »Jaguar« in Skudesnes erwarte. Kptlt. Jacobson, der Kommandant des schleppenden »Iltis«, ließ nun einen Funkspruch absetzen, daß der Schlepper »Seefalke« ihnen entgegenkommen solle, da »Iltis« das andere Boot nicht mehr regieren könne. Die Antwort des Seekommandanten lautete:
»»Seefalke« hat Befehl, euch entgegenzulaufen!«
Unmittelbar darauf ging »Iltis« bei »Jaguar« längsseits. Beide

Boote wurden miteinander vertäut, und nun konnte beim Abschleppen auch die Außenmaschine von »Jaguar« mitlaufen. Um 22.30 Uhr kam der Schlepper in Sicht und nahm »Jaguar« in Schlepp. Eine halbe Stunde vor Mitternacht des 26. 3. befahl der Seekommandant Stavanger, daß »Iltis« mit »Jaguar« Stavanger anlaufen solle. Sobald dort ein Kondensatorschaden von »Iltis« behoben sei, solle dieses Boot allein den Weitermarsch nach Bergen antreten.

Am 27. 3. um 02.00 Uhr erreichte »Iltis« Stavanger. »Jaguar« kam erst 06.00 Uhr hier an, und nun warf der Schlepper »Seefalke« los, während ein Hafenschlepper »Jaguar« auf den Haken nahm und ihn bis zum Liegeplatz schleppte. Um 08.00 Uhr verholte »Jaguar« zur Rosenbergwerft. Er wurde um 14.35 Uhr auf Slip genommen. Nunmehr wurde festgestellt, daß das Boot sein Ruder verloren hatte, wobei glücklicherweise der Schaft unversehrt geblieben war. Das Boot blieb in Stavanger.

»Iltis« hingegen ging bereits um 12.30 Uhr wieder ankerauf zur Alleinfahrt durch den Schärenweg. Es machte um 17.45 Uhr in Bergen fest. Im Hafen von Bergen stieß das Boot zu Z 23 und Z 24 von der 8. Z.-Fl. mit FKpt. Pönitz, dem Chef dieser Flottille, an Bord.

Am 30. 3. fand eine Besprechung über die Geleitaufgabe »Admiral Scheer« statt.

Der schwere Kreuzer »Admiral Scheer« war bereits am 23. 10. 1940 aus Gotenhafen zum Kreuzerkrieg gegen den englischen Geleitverkehr ausgelaufen. Von Cuxhaven war Kpt. z. S. Krancke mit seinem Schiff hinter Sperrbrecher 12 am 27. Oktober um 11.10 Uhr ausgelaufen. »Admiral Scheer« war von der 2. T.-Fl., KKpt. Walter Riede, mit den Booten T 6, Kptlt. Wolfram, T 7, Kptlt. Erhardt, T 8, Kptlt. Erdmann und T 10, Kptlt. Hoepner, geleitet worden. Mit dieser Sicherung hatte das Schiff am 28. 10. Stavanger erreicht und von dort aus um 19.10 Uhr den Weitermarsch nach Norden angetreten. Bis zum 29. 10., 04.00 Uhr, hatten die T-Boote den Kreuzer begleitet. Sie waren auf 61° 45′ N – 03° 20′ O nach Bergen entlassen worden.

Nach einer überaus erfolgreichen Kreuzerfahrt kehrte nun dieses Schiff zurück. Torpedoboote und Zerstörer sollten es einholen und vor feindlichen U-Booten und Fliegern schützen.

Am 30. 3. um 19.30 Uhr liefen Z 24, Z 23 (mit FKpt. Pönitz an

Bord) und »Iltis« aus Bergen aus. Die Kommandanten wußten, daß »Admiral Scheer« am 28. 3. um 03.00 Uhr Kap Horn auf Island am Eingang der Dänemarkstraße passiert hatte und daß das Schiff in den Morgenstunden dieses 30. 3. in den Grimstadfjord bei Bergen einlaufen und vor Anker gehen würde. Sie sollten rechtzeitig dort sein und es weiter nach Süden geleiten.
Planmäßig kam gegen 20.30 Uhr der Kreuzer in Sicht. Zehn Minuten später hängte sich »Admiral Scheer« an das Sicherungsgeleit an, und der Verband lief mit 25 kn Marschfahrt in Richtung Christiansand. Am frühen Morgen des 31. 3. wurden die Schiffe von einem schweren Schneetreiben eingedeckt, gerade als sie das gefährliche Gebiet vor der Südwestküste Norwegens passierten, doch bald ließ dieses Wetter nach. Um 07.00 Uhr schlossen die Zerstörer und das T-Boot zur engen U-Bootsicherung heran. »Iltis« lief Backbord vorn. Die Sperre bei Christiansand wurde auf dem Weg durch die Lücke durchlaufen. Z 24 stand achtern und Z 23 sowie »Iltis« vorn.
Es war 12.00 Uhr, als Skagen in 270 Grad, Abstand 17 sm, passiert wurde. Bei Anholt setzte sich um 14.40 Uhr ein Sperrbrecher vor den Verband und übernahm das Geleit zum Einlaufen nach Kiel. »Iltis« wurde zum Weitermarsch nach Kiel vom Verband entlassen.
»Admiral Scheer« hatte nach der erfolgreichsten Handelskriegsunternehmung eines regulären Kriegsschiffes wohlbehalten in Kiel festgemacht. Das Schiff hatte in 161 Tagen 46.419 Seemeilen zurückgelegt und dabei 17 Handelsschiffe mit 113.233 BRT versenkt. Der Weg von »Admiral Scheer« war damit am Anfang und Ende seiner Operation von T-Booten und Zerstörern begleitet worden.

## NEUAUFBAU DES ZERSTÖRERVERBANDES UND ERSTE AUFGABEN: »RHEINÜBUNG« IM NORDEN, HILFSKREUZERGELEITE IM WESTEN

Nach der Zeit der zahlenmäßigen Schwäche des Zerstörerverbandes war unter dem Kommando von Kommodore, später Konteradmiral Bey, der im Mai 1940 neuer F. d. Z. geworden war, dieser Verband wieder aufgebaut worden. Die bei Kriegsausbruch bestehenden 1., 2., 3. und 4. Z.-Fl. wurden nach dem Verlust von

zehn Zerstörern in Narvik und dem vorhergehenden Verlust von »Leberecht Maass« und »Max Schultz« aufgelöst und bereits im Mai 1940 aus den restlichen 10 Zerstörern die 5. und 6. Z.-Fl. gebildet. Chef der 5. Z.-Fl. wurde im August 1940 FKpt. Berger (ab 1. 3. 1941 Kpt. z. S.), Chef der 6. Z.-Fl. wurde im November 1940 Kpt. z. S. Schulze-Hinrichs.
Im Dezember 1940 wurde die 8. Zerstörer-Flottille aufgestellt, der als Traditionsname die Bezeichnung »Narvik« verliehen wurde. Flottillenchef war FKpt. (ab 1. 4. 1941 Kpt. z. S.) Pönitz. Zu ihr traten die neu in Dienst gestellten Zerstörer Z 23, der am 15. 9. 1940 in Dienst gestellt worden war, Z 24 (i. D. am 26. 10. 1940), später Z 25 (i. D. am 30. 11. 1940), Z 26 (i. D. am 11. 1. 1941) und Z 27 (i. D. am 26. 2. 1941). Im Verlaufe dieses Jahres sollten noch Z 28, (i. D. 9. 8. 1941), Z 29 (i. D. 25. 6. 1941) und Z 30 (i. D. am 15. 11. 1941) hinzukommen. Z 25, Z 26 und Z 27 wurden im September 1941 in der Ostsee im Verband der »Baltenflotte« eingesetzt, die unter VAdm. Ciliax in die Aalandsee verlegt wurde, um einen evtl. Ausbruch der sowjetischen Flotte in die Ostsee zu verhindern. Es standen also der 8. Z.-Fl. zunächst lediglich Z 23 und Z 24 zur Verfügung.
Kommandant des Zerstörers Z 23 war Fregattenkapitän Böhme, der im Norwegenfeldzug Kommandant von »Anton Schmitt« gewesen war und nach dessen Untergang am 10. 4. 1940 bis zum August 1940 als Seekommandant Narvik diente, ehe er den Zerstörer Z 23 in Dienst stellte.
Kommandant von Z 24 war KKpt. Saltzwedel.
Wenn nunmehr auch wieder drei Zerstörer-Flottillen auf dem Papier standen, so waren die Boote doch sämtlich mehr oder weniger noch nicht voll kriegsbereit, und nur einige wenige waren in der ersten Hälfte des zweiten Kriegsjahres für Operationen verfügbar. Zwei dieser Boote waren Z 23 und Z 24, die vom 21. bis 24. 3. 1941 über Christiansand und Stavanger nach Bergen liefen und vom 26. – 28. 3. 1941 »Admiral Hipper« von Bergen aus durch das Skagerrak geleiteten. Einige Tage darauf wurde »Admiral Scheer« von Bergen nach Kiel geleitet, und am 19. 5. 1941 nahmen Z 23 und Z 24 an der Operation »Rheinübung« teil.
Die Seekriegsleitung hatte nach dem erfolgreichen Verlauf der Handelskriegsoperationen der schweren Kreuzer »Admiral Scheer« und »Admiral Hipper« und der beiden Schlachtkreuzer

»Scharnhorst« und »Gneisenau« für April eine weitere Operation schwerer Einheiten im Atlantik unter dem Decknamen »Rheinübung« vorgesehen. Das neue Schlachtschiff »Bismarck«, Kpt. z. S. Ernst Lindemann, und der schwere Kreuzer »Prinz Eugen«, Kpt. z. S. Brinkmann sollten unter Führung des Flottenchefs, Admiral Lütjens, möglichst unbemerkt in den Atlantik durchbrechen und im Nord- und Mittelatlantik Kreuzerkrieg führen. Die Durchführung dieses Plans verzögerte sich jedoch, denn »Prinz Eugen« erlitt am 23. 4. 1941 im Fehmarnbelt durch eine Magnetmine, die nahe beim Schiff detonierte, Schäden in der Maschinenanlage. So konnte der Verband erst am 18. 5. 1941 aus Gotenhafen auslaufen.

Die seit Mitte März 1941 in Brest liegenden Schlachtkreuzer »Scharnhorst« und »Gneisenau«, die gleichzeitig zu Operationen in den Atlantik auslaufen sollten, waren nicht einsatzbereit. Sie waren bei feindlichen Luftangriffen auf Brest beschädigt worden.

Zum erstenmal standen auch wieder Zerstörer in größerer Zahl gleichzeitig in See: das Auslaufen von »Bismarck« und »Prinz Eugen« wurde von der mittleren Ostsee ab von Zerstörern gesichert. Bei Kap Arkona stießen am Abend des 19. 5. 1941 die Zerstörer »Friedrich Eckoldt«, FKpt. Schemmel, und Z 23, FKpt. Böhme, zu den beiden schweren Schiffen. Zwei Sperrbrecher setzten sich vor, und so gesichert setzte der Verband den Weitermarsch zum Großen Belt fort. Um 20.00 Uhr wurden die Kriegswachen auf Stationen befohlen. Bei Punkt Rot stieß um 22.34 Uhr »Hans Lody« mit dem Chef der 6. Z.-Fl., FKpt. Schulze-Hinrichs, an Bord zum Verband. Kommandant von »Hans Lody« war FKpt. Pfeiffer.

Um 02.00 Uhr des 20. 5. passierte der Verband die Vorpostenrotte VP 1011 der 10. VP-Flottille, die einen wichtigen Ansteuerungspunkt im Großen Belt markierte. Die Zerstörer »Karl Galster«, KKpt. von Bechtolsheim, und »Erich Steinbrinck«, FKpt. Johannesson, kamen noch hinzu.

Der Marsch wurde planmäßig fortgesetzt, und in der Abenddämmerung passierte der Verband die Sperrlücke bei Christiansand-Süd. In den frühen Morgenstunden des 21. 5. wurde das Seegebiet von Bergen erreicht. »Bismarck« lief in den Grimstadfjord ein und ankerte dort, während »Prinz Eugen« mit Lotsenhilfe

durch den Korsfjord nach Norden ging und gemeinsam mit den Zerstörern in der Kalvenesbucht ankerte. Die Zerstörer verteilten sich auf einen weiten Raum, um keine zu dichte Ansammlung von Schiffen zu bilden, denn neben »Prinz Eugen« lag auch der Tanker »Wollin«, von dem die Brennstoffversorgung durchgeführt wurde. Ein weiterer Dampfer legte sich nach See zu vor »Prinz Eugen«, um eventuelle Lufttorpedos abzufangen.
Der gesamte Verband sammelte gegen 20.00 Uhr in der Kalvenesbucht zum Weitermarsch nach Norden. An der Spitze fuhr der Führerzerstörer »Hans Lody«, ihm folgten zwei weitere Zerstörer, und hinter diesen folgten »Bismarck« und »Prinz Eugen« in Kiellinie. Mit achterlichem Wind, bei tiefhängender Wolkendecke, wurde der Hjeltefjord passiert. Vor Drontheim wurden am 22. 5. bei Christiansund-Nord die Zerstörer entlassen. Die beiden großen Schiffe setzten ihren Marsch allein fort. Damit hatten die Zerstörer ihren Auftrag erfüllt.
Auch die 5. Z.-Fl. war im Frühjahr 1941 wieder einsatzbereit. Sie lag zunächst in den Häfen der französischen Atlantikküste.
Eine der ersten Aufgaben dieser Flottille war das Einbringen des Hilfskreuzers »Thor«, der nach langer erfolgreicher Handelskriegführung am 23. 4. 1941 in die Biskaya einlief, wo er um 08.20 Uhr von den Booten der 5. Z.-Fl. aufgenommen wurde.
Diese Flottille operierte von französischen Stützpunkten und stand zwischen Biskaya und Kanal im wechselnden Dienst von Geleitfahrten und Minenunternehmungen. Kpt. z. S. Fritz Berger, der Flottillenchef, befand sich auf dem Führerzerstörer »Erich Steinbrinck«, der von FKpt. Rolf Johannesson geführt wurde. Die Zerstörer »Friedrich Ihn«, KKpt. Wachsmuth, und »Bruno Heinemann«, KKpt. Alberts, waren ebenfalls am Einholen des »Thor« beteiligt. Als der einlaufende Verband den Westausgang des Kanals erreichte, setzte starker Sturm ein. Auf der Höhe von Ouessant hatte dieser aus ONO kommende Sturm bereits die Stärke 9 erreicht. Die See ging mit Stärke 7 und machte den Zerstörern schwer zu schaffen. Erste Seeschäden wurden gemeldet, und schließlich mußte der Verband nach Cherbourg einlaufen, wo um 21.00 Uhr auf der kleinen Reede geankert wurde. Hier wartete man bis zum 27. 4. auf ein Weiterlaufen. In der Nacht zum 27. 4. erfolgte ein Luftangriff englischer Bomber auf Cherbourg. Glücklicherweise erhielt »Thor« keinen Treffer. Das neuer-

liche Auslaufen und Weitergeleiten erfolgte am 27. 4. durch M-Boote der 2. M.-Fl. unter Kptlt. Nau. Außer der 5. Z.-Fl. kamen im Juni 1941 die beiden Neubauten Z 23 und Z 24 der 8. Z.-Fl. »Narvik« unter FKpt. Pönitz in den Westraum.

## DAS ENDE DER »BISMARCK«

Das Schlachtschiff »Bismarck« und der schwere Kreuzer »Prinz Eugen«, die bereits am Abend des 23. 5. in der Dänemarkstraße von dem britischen Kreuzer »Suffolk« gesichtet und gemeldet worden waren, trafen am frühen Morgen des 24. 5. südwestlich von Island auf den Schlachtkreuzer »Hood« und das neue Schlachtschiff »Prince of Wales«. Es kam zu einem schweren Seegefecht.

Nach der fünften Salve der »Bismarck« flog der Schlachtkreuzer »Hood« in die Luft. Acht Minuten hatte dieses Gefecht gedauert. Es kostete 95 Offiziere und 1.321 englische Seeleute das Leben.

An »Bismarck« und »Prinz Eugen« hatten ständig die Kreuzer »Norfolk« und »Suffolk«, von achtern aufdampfend, Fühlung gehalten. Auch »Prince of Wales« hatte sieben Treffer erhalten. Den ersten Funkspruch über den Untergang der »Hood« tastete der Funker der »Norfolk« um 06.15 Uhr. Er lautete:

»»Hood« in die Luft geflogen. Position 63° 20′ N, 31° 50′ W.«

»Bismarck« und »Prinz Eugen« liefen auf ihrem beabsichtigten Kurs weiter in den Atlantik. Hier wurde die »Bismarck« von ihrem Schicksal ereilt.

Das deutsche Schlachtschiff, das »Prinz Eugen« entlassen hatte, wurde am späten Abend des 24. 5. südlich Grönland von britischen Torpedoflugzeugen angegriffen. Wenige Stunden später abermals. Es gelang ihm, dem Gegner zu entkommen. Am Morgen des 25. 5. lief »Bismarck« hinter einem englischen Verband vorbei und verschwand zunächst in der Weite des Atlantik. Nachdem die Fühlung für 31 Stunden abgerissen war, gewann ein Catalina-Flugboot sie am Morgen des 26. 5. um 10.30 Uhr wieder. Torpedoflugzeuge des Trägers »Arc Royal« griffen zweimal nacheinander an. Um 21.03 Uhr erhielt »Bismarck« einen Torpedotreffer in die Ruderanlage. Von diesem Zeitpunkt an war das Schlachtschiff nicht mehr steuerfähig.

Nun griffen die Zerstörer der britischen 4. Z.-Fl. unter Captain Vian in den Kampf ein. Die Boote »Zulu«, »Sikh«, »Cossack«, »Maori« und der polnische Zerstörer »Piorun« griffen die »Bismarck« wiederholt an. »Bismarck« war vom Gegner umstellt. Vier Schlachtschiffe, ein Flugzeugträger und ein schwerer Kreuzer, dazu die 4. Z.-Fl., waren vom Gegner aufgeboten, die »Hood« zu rächen.
Zerstörer »Piorun« sichtete die »Bismarck« als erster. »Bismarck« eröffnete das Feuer auf dieses Boot und beschädigte es. Dreißig Minuten später lief »Piorun« ab.
Um 23.24 Uhr gab Captain Vian den Befehl, daß sich seine Boote der »Tribal«-Klasse zum Angriff sammeln sollten. Seine Absicht war es, »Bismarck« mit drei Zerstörern von Steuerbordseite und zwei von der Backbordseite her anzugreifen. Als sich die Zerstörer der »Bismarck« näherten, wurden sie von dem deutschen Schlachtschiff unter gutliegendes Abwehrfeuer genommen.
Nun gab Captain Vian Befehl, daß jeder seiner Zerstörer selbständig angreifen sollte. Alle griffen an und verschossen bis auf »Piorun« sämtliche Torpedos auf die »Bismarck«, die dennoch nicht getroffen wurde. Zwar gab »Maori« um 01.45 Uhr in einem FT an, einen Treffer festgestellt zu haben, doch ist dies ein Irrtum. Auch »Cossack« meldete einen Torpedotreffer, der nicht erzielt wurde. Um 02.34 Uhr gab »Sikh« den FT an die Home Fleet ab:
»Gegner scheint zum Stoppen gebracht zu sein!«
Der Endkampf begann am Morgen des 27. 5., als der Kreuzer »Norfolk« die Schlachtschiffe »King George V.« und »Rodney« herangeführt hatte. Um 08.47 Uhr eröffneten diese Einheiten das Feuer, das von der »Bismarck« bis zum Ausfall aller Geschütze erwidert wurde. Der schwere Kreuzer »Dorsetshire« griff ebenfalls in den Kampf ein. Zahlreiche Treffer schlugen auf »Bismarck« ein. Um 10.00 Uhr schwiegen auf dem deutschen Schlachtschiff endgültig alle Waffen. Von der Schiffsführung wurde befohlen:
»Schiff versenken!«
Die »Bismarck« verschwand nach letzten Sprengungen durch die Besatzung von der See und sank für immer in die Tiefe.
Wieder waren Zerstörer dabei, als es darum ging, die im Wasser schwimmenden deutschen Seeleute zu retten. Neben dem Kreuzer »Dorsetshire«, der 80 Überlebende der »Bismarck« rettete, fischte der Zerstörer »Maori« 30 Seeleute auf.

Am 28. Mai starteten 63 deutsche Kampfflugzeuge zum Angriff auf die in Reichweite befindlichen Teile der britischen Flotte. Sie versenkten den Zerstörer »Mashoni« und beschädigten den Zerstörer »Maori«, der auch die 30 geretteten deutschen Seeleute an Bord hatte.

## GELEITE UND MINENSPERREN – DEUTSCHE T-BOOTE IM WESTEN UND NORDEN

Das Kriegstagebuch der 5. T.-Fl., KKpt. Moritz Schmidt, weist für die Zeit vom 1. – 15. April 1941 noch immer die planmäßige Werftliegezeit aus. Lediglich »Iltis« unter Kptlt. Jacobson war einsatzbereit und machte nach einem Marsch durch die westliche Ostsee am 1. 4. 1941 in Kiel fest. Dort erhielt Kptlt. Jacobson ein Fernschreiben der Flottille, daß das Boot ebenfalls mit der Werftliegezeit beginnen solle, da für ein Einzelboot keine Verwendung vorhanden sei.
Am 4. 4. um 08.05 Uhr legte »Iltis« ab, um nach Westen in die Werft zu marschieren. Am 9. 4. machte das Boot in der Wiltonwerft, Schiedam, fest.
Währenddessen lag »Jaguar« noch zur Rudererneuerung in der Rosenbergwerft in Stavanger. Nach Beendigung der Reparatur sollte »Jaguar« sich am 11. 4. dem nächsten Südgeleit nach Christiansand anschließen. Von dort würde das Boot dann durch den B. S. O. nach Kiel geleitet werden.
Um 13.22 Uhr am 14. 4. machte »Jaguar« in Kiel fest und trat am 15. 4. den Weitermarsch nach Wilhelmshaven an. Es blieb bis zum 18. 4. dort, um an diesem Tage um 18.40 Uhr den Geleitdienst für den Flakjäger 21 und das Schiff »Python« zu übernehmen. »Python« war ein U-Bootversorger, der Boote des Typs VII A-C auf See versorgen sollte, um ihnen eine größere Seeausdauer zu geben. Nach Passieren der Netzsperre am 19. 4. um 05.56 Uhr übernahm »Jaguar« die Sicherung dieses wichtigen Schiffes. Gegen 18.00 Uhr wurde ein Bristol-Blenheim-Bomber gesichtet, der den Verband angriff. Kptlt. Paul ließ das Abwehrfeuer aus allen Waffen eröffnen. Der Bomber drehte ab und griff nunmehr die »Python« an, die ebenfalls das Feuer eröffnete. Der Bomber kam nicht zum Wurf. Um 18.14 Uhr griff er zum zweiten-

mal an. Er wurde abermals von »Jaguar« abgewehrt und drehte wiederum auf die »Python« zu. Über ihr klinkte er Bomben schweren Kalibers aus, die sämtlich achteraus von dem Schiff ins Kielwasser fielen. Bei dem Beschuß fehlte der Flakjäger 21, der durch Havarie nicht mitmarschieren konnte. Die Maschine drehte ab und verschwand an Backbord im Abenddunst.
Am 20. 4. erreichte »Jaguar« Rotterdam, wo es um 11.56 Uhr in der Smith-Werft festmachte. Damit war auch das letzte Torpedoboot dieser Flottille zur Instandsetzung in die Werft gegangen.
Am 13. 5. war für »Greif«, »Kondor« und »Seeadler« die Werftliegezeit in Rotterdam zu Ende. Die Boote legten um 18.00 Uhr ab zum Marsch nach Kiel, wo sie am anderen Nachmittag eintrafen und festmachten. Am nächsten Tag marschierten die Boote in die mittlere Ostsee, um hier nach der Grundüberholung in Einzelübungen ihre volle Einsatzbereitschaft wiederherzustellen. »Falke« und »Jaguar« folgten bald danach.
Nach Beendigung dieses Übungsabschnittes sollte am 16. 6. der Marsch in den Nordraum angetreten werden. Unter Führung des Kommandanten »Seeadler«, Kptlt. Kohlauf – für den erkrankten Flottillenchef –, marschierten »Seeadler«, »Falke« und »Jaguar« am 16. 6. von Kiel in Richtung Aarhus. »Greif« folgte nach. Im Skagerrak wurde das Lazarettschiff »Oberhausen« getroffen und nach Frederikshavn geleitet.
Von Frederikshavn aus liefen »Seeadler«, »Falke«, »Greif« und »Jaguar« am 20. 6. um 21.39 Uhr zum Marsch nach Skagen aus, wo um 23.11 Uhr geankert wurde. Hier erhielt der stellvertretende Chef um 07.00 Uhr am 22. 5. ein Fernschreiben: »Seit 05.00 h Kriegszustand mit Sowjetrußland. Einlaufen Frederikshavn!«
In den ersten Wochen des Krieges gegen die Sowjetunion operierten nunmehr die »Kanalarbeiter«, als welche die Boote der 5. T.-Fl. bekannt geworden waren, im Nordraum. So geleiteten sie am 7. 7. den Kreuzer »Nürnberg« nach Horten. Anschließend standen sie vor Horten auf und ab, bis die Kreuzer »Leipzig« und »Emden« mit zwei Sperrbrechern in Sicht kamen, die sie auf dem Wege ostwärts Skagen bis nach Frederikshavn geleiteten.
Vom 9. bis 14. 7. lagen die Boote in Frederikshavn fest. Am 21. 7. traf KKpt. Moritz Schmidt wieder bei der Flottille ein und übernahm das Kommando als Flottillenchef. Am 28. 7. wurden zwei Boote der Flottille nach Christiansand-Süd verlegt.

(Links) KKpt. Saltzwedel, Kommandant Z 24

(Rechts) Kptlt Paul, Kommandant »Jaguar«, später T 23

Der Chef der 8. Z.-Fl. »Narvik«, FKpt. Pönitz (links), auf der Brücke von Z 27

Capt. Vian, Chef der britischen 4. Z.-Fl., auf der Brücke von HMS »Cossack«

Zerstörer »Hermann Schoemann« in Norwegen 1941

Zwischen zwei Unternehmungen: Ruhestunden auf dem Achterdeck »Hermann Schoemann«. Mitte: Kommandant KKpt. Wittig, links daneben der I. O. Kptlt. Loerke

Capt. Lord Louis Mountbatten (Mitte), Chef der britischen 5. Z.-Fl., auf der Brücke von HMS »Kelvin«

Am 3. 8. traf auch »Kondor« in Frederikshavn ein. Dieses Boot sollte den Zerstörer »Theodor Riedel« nach Norden geleiten.
Am 10. 8. marschierten »Falke« und »Jaguar« nach Horten, um ein Geleit der »Nürnberg« durchzuführen. Um 05.25 Uhr kamen »Theodor Riedel« und »Greif«, der den Zerstörer von Kiel aus geleitete, in Sicht. KKpt. Schmidt legte mit »Kondor« und T 2 in Frederikshavn ab und übernahm das Geleit »Theodor Riedel«. »Greif« lief nach Frederikshavn ein, und der neue Geleitzug, mit »Kondor« an der Spitze, gefolgt von »Theodor Riedel« und T 2, setzte den Marsch nach Norden mit 25 kn fort. Um 21.15 Uhr stand der Verband vor Christiansand-Süd, und am 11. 8. um 02.30 Uhr wurden die T-Boote von »Theodor Riedel« vor Skudesnes entlassen.
Am 12. 8. marschierten »Kondor« und T 2 nach Frederikshavn zurück. Am 13. 8. übernahmen diese beiden T-Boote wiederum ein kleines Geleit nach Norden, während »Iltis« und »Seeadler« von Christiansand-Süd nach Stavanger liefen, um den Zerstörer »Richard Beitzen« aufzunehmen, der durch einen Nahtreffer während eines Angriffs am 9. 8. vor dem Kolafjord einen schweren Maschinenschaden erlitten hatte und zur Reparatur in die Heimat entlassen werden mußte. Am 17. 8. kehrten »Iltis« und »Seeadler« nach glücklicher Durchführung dieses Geleites nach Frederikshavn zurück, wo sie am 18. 8. gemeinsam mit »Greif«, »Kondor«, T 2 und T 10 Übungen durchführten.
Am 22. 8. folgte die nächste Geleitaufgabe, als »Kondor« und »Greif« um 04.00 Uhr in Frederikshavn zur Aufnahme des Kreuzers »Emden« und des Sperrbrechers 131 zum befohlenen Treffpunkt ausliefen, die beiden Schiffe um 20.00 Uhr erreichten und die Sicherung für die Fahrt der »Emden« nach Norden übernahmen, während Sperrbrecher 131 entlassen wurde. In der sehr hellen folgenden Nacht standen die T-Boote an beiden Seiten der »Emden« als U-Bootsicherung.
Damit ging auch für die Torpedoboote das zweite Kriegsjahr zu Ende. Sie hatten nach dem Untergang von T 6 am 7. 11. 1940 und »Wolf« am 8. 1. 1941 keine weiteren Verluste mehr erlitten. Neu in Dienst gestellt werden konnten die Boote des Typs 37 T 13 bis T 17 in den drei letzten Monaten dieses zweiten Kriegsjahres. Damit war der Torpedobootverband um drei Boote stärker als zu Beginn des zweiten Kriegsjahres.

## GEFECHTE BRITISCHER UND ITALIENISCHER ZERSTÖRER IM MITTELMEER

Auch im zweiten Kriegsjahr konnten im Mittelmeer keine deutschen Torpedoboote oder Zerstörer operieren. Es bestand nicht die Möglichkeit – selbst wenn man Einheiten zur Verfügung gehabt hätte – Zerstörer oder Torpedoboote durch die Straße von Gibraltar zu bringen. Das war selbst für U-Boote, wie sich später herausstellen sollte, ein schwieriges Unterfangen und endete oftmals mit dem Verlust der den Durchbruch versuchenden Boote.
Dennoch war die deutsche Wehrmacht mit der Entsendung des Deutschen Afrikakorps im Februar 1941 und mit Beginn des Balkanfeldzuges am 6. April 1941 stark an den Geschehnissen des Seekrieges im Mittelmeer interessiert, zumal es darum ging, deutsche Truppenkonvois sicher nach Nordafrika zu bringen und die Vorbereitung zur Eroberung der Insel Kreta aus der Luft zu treffen. Diese Aufgaben mußten von italienischen Torpedobooten und Zerstörern übernommen werden.
Bereits vorher waren englische und italienische Zerstörer in mehreren Gefechten und Seeschlachten aufeinander geprallt. So im Seegefecht bei Kap Teulada (Sardinien) am 27. 11. 1940, in dem die britischen Forces »B«, »D« und »F« unter dem Befehl von Viceadmiral Somerville auf Teile der italienischen Flotte unter Admiral I. Campioni trafen. Neben den großen Schiffen waren auf italienischer Seite die 13. Z.-Fl. mit dem Führerzerstörer »Granatiere« und drei Zerstörern, die 7. Z.-Fl. mit »Freccia« und zwei Zerstörern, die 9. Z.-Fl. mit »Alfieri« und 3 Zerstörern sowie die 12. Z.-Fl. mit »Lanciere« und zwei Zerstörern beteiligt. Englischerseits standen insgesamt 20 Zerstörer und 4 Korvetten als kleine Einheiten in See.
In einem einstündigen Gefecht der Kreuzer und Schlachtschiffe, an dem sich die Zerstörer beteiligten, wurde der italienische Zerstörer »Lanciere« schwer getroffen. Er konnte jedoch abgeschleppt werden.
In der Seeschlacht bei Kap Matapan am 28. 3. 1941, bei der es darum ging, britische Konvois nach Griechenland abzufangen, waren die vier Einheiten der 13. ital. Z.-Fl. »Granatiere«, »Alpino«, »Bersagliere« und »Fuciliere« beteiligt, die mit den drei Kreuzern der 1. Division aus Neapel ausliefen. In der 8. Division

stand die 16. Z.-Fl. mit den Booten »Da Recco« und »Pessagno«, die von Brindisi aus in See gingen, während von Messina aus die 3. Division mit ebenfalls drei Kreuzern und der 12. Z.-Fl. mit den Booten »Coraziere«, »Carabiniere« und »Ascari« in See gingen.
Auf englischer Seite standen in der Force »B« die Zerstörer »Ilex«, »Hasty«, »Vendetta« und »Hereward« der 2. brit. Z.-Fl. unter Captain Nicolson. Im Gros der Mittelmeerflotte, der Force »A«, lief die 14. Z.-Fl. unter Captain Mack mit den Booten »Jervis«, »Janus«, »Mohawk« und »Nubian« diesem gemeldeten italienischen Kreuzerverband entgegen. Später wurde noch die 10. Z.-Fl. der Force »C« unter Captain Waller mit »Stuart«, »Greyhound«, »Griffin«, »Hotspur« und »Havock« von Alexandria aus attachiert.
Als der italienische Admiral auf seinem Flaggschiff »Vittorio Veneto« die Meldung über die anmarschierende Force »B« erhielt, wollte er diesen Verband in einer Zangenoperation packen und vernichten. In dem anschließenden Artillerieduell konnte aber kein Treffer auf Einheiten der Force »B« erzielt werden. Der italienische Verband trat den Rückmarsch an. Als der italienische Kreuzer »Pola« von zehn Flugzeugen angegriffen und torpediert wurde, lief die 1. Division unter Admiral Carlo Cattaneo zur Unterstützung der »Pola« und stieß während des Marsches auf die britische Force »A« mit den Schlachtschiffen »Warspite«, »Barham« und »Valiant« sowie den neun Zerstörern der 14. und 10. Z.-Fl. Neben den beiden Kreuzern »Zara« und »Fiume« wurden in dem beginnenden Gefecht die italienischen Zerstörer »Alfiere« und »Carducci« versenkt und »Oriani« schwer beschädigt. Nur der 4. Zerstörer, »Gioberti«, entkam unversehrt.
Die britischen Zerstörer »Jervis« und »Nubian« nahmen 22 Offiziere und 236 Seeleute der »Pola« an Bord und versenkten den Kreuzer durch Torpedofangschuß.
Einen weiteren Erfolg erzielten die Zerstörer »Jervis«, »Nubian«, »Mohawk« und »Janus« der 14. Z.-Fl. unter Captain Mack, als sie am Abend des 16. 4. 1941 bei der Insel Kerkennah einen aus einem italienischen und vier deutschen Dampfern bestehenden Geleitzug für das Afrikakorps abfangen und vollständig vernichten konnten. Die drei italienischen Sicherungszerstörer »Baleno«, »Lampo« und »Tarigo« konnten nicht verhindern, daß alle fünf Dampfer versenkt wurden. Doch »Tarigo« und FKpt. Piero De

Christofaro gelang es, »Mohawk« durch einen Torpedotreffer zu versenken. In einem verzweifelten Gefecht ging aber auch »Tarigo« verloren. »Baleno« und »Lampo« wurden derart beschädigt, daß ersterer am 18. 4. kenterte, während »Lampo« sich selber auf Grund setzte und später abgeschleppt werden konnte. Dies war das erste typische Zerstörergefecht, das im Mittelmeer stattfand.

## DER BRITISCHE RÜCKZUG AUS GRIECHENLAND

Eine weitere Rückführungsoperation war nach der Besetzung Griechenlands durch die deutschen Truppen Ende April 1941 auf englischer Seite durchzuführen. Wieder einmal mehr mußten britische Zerstörer in der Operation »Demon« ihre Schnelligkeit und ihren Kampfgeist unter Beweis stellen. Die Zerstörer »Stuart« und »Voyager« übernahmen am ersten Tag, dem 24. 4., mit der Korvette »Phoebe« und dem Landungsschiff »Glenearn« zusammen 6.685 Mann. Am nächsten Tage waren es die Zerstörer »Havock«, »Decoy«, »Wryneck«, »Hasty«, »Waterhen« und »Vendetta«, die von Megara aus 5.900 Mann in Sicherheit brachten.

Der dritte Tag brachte dann den Höhepunkt der Zerstörereinsätze für »Demon«. Neben fünf Kreuzern waren diesmal die Zerstörer »Nubian«, »Decoy«, »Hasty«, »Kandahar«, »Kingston«, »Isis«, »Hotspur«, »Diamond«, »Stuart«, »Defender«, »Hero« und »Hereward« dabei, als ein Großteil des britischen Griechenland-Expeditionskorps vom Strand bei Rafina abgeholt wurde.

Als der Transporter »Slamat« schwer getroffen wurde, bargen die Zerstörer »Diamond« und »Wryneck« die Überlebenden, aber nur um wenig später selbst von deutschen Bombern angegriffen, mit Bomben belegt und vernichtet zu werden. Nur ein Offizier, 41 Seeleute und 8 Soldaten überlebten dieses Desaster, das mehr als jedes andere an die späteren blutigen Verluste auf deutscher Seite während der Rückführung deutscher Truppen, Zivilpersonen und Verwundeter aus dem Ostraum erinnert, wo ebenfalls – diesmal deutsche – Zerstörer die Rettungsoperationen maßgeblich unterstützten.

Viceadmiral H. D. Pridham-Wippell, der mit der Durchführung

dieser Operation beauftragte Seeoffizier, äußerte sich dazu so: »Wenn meine Zerstörer nicht gewesen wären, hätte es sehr schlimm ausgesehen. Sie trugen die Last der Rückführungskämpfe, indem sie mit ihren Flawaffen die deutschen Bomber auf Distanz hielten.«
Als am Nachmittag des 27. 4. drei Ju 87 überraschend den nördlich Kreta stehenden Transportverband angriffen und die »Costa Rica« versenkten, eilten die Zerstörer »Defender«, »Hereward« und »Hero« zur Rettung der Schiffbrüchigen herbei und bargen 2.500 Soldaten, die sie nach Kreta brachten, wo sie die britische Inselverteidigung nur knapp einen Monat später verstärkten.
Auch in den nächsten Tagen waren die Zerstörer in erster Linie beteiligt. »Havock« rettete 800 Mann der 1. brit. Panzerbrigade aus Rafina, »Kingston« und »Kimberley« mit dem Kreuzer »Ajax« 3.840 Soldaten aus Porto Rafti. »Isis«, »Hotspur« und »Havock«, um nur noch einige zu nennen, liefen bis zum 30. April nach Griechenland. 50.732 Mann wurden von den Zerstörern insgesamt nach Kreta und Alexandria überführt.
Man darf die Zerstörereinsätze des Zweiten Weltkrieges nicht nennen, ohne auch dieser Einsätze zu gedenken, die von jedem Mann der Besatzung das Letzte forderten, denn immer wieder hieß es, die Einschiffungsstellen anzulaufen, die durch deutsche Bomber an den griechischen Küsten pausenlos angegriffen wurden.

## DIE EROBERUNG VON KRETA: ITALIENISCHE T-BOOTE VERTEIDIGEN DEUTSCHE SEETRANSPORTE – BRITISCHE RÜCKFÜHRUNGEN.

Als ab 20. Mai 1941 die deutsche Fallschirmtruppe gemeinsam mit der 5. Gebirgs-Division die Insel Kreta in der ersten Fallschirm- und Luftlandeoperation der Kriegsgeschichte aus der Luft eroberten, standen italienische Torpedoboote in einem Kampf, der ebenso unvergleichlich sein dürfte. Zusätzlich zu den Fallschirmabsprüngen, den Lastenseglern und den Luftlandungen waren zwei leichte Schiffsstaffeln in Marsch gesetzt worden, die zu diesem Zweck aus zusammengesuchten griechischen Schiffen aller Art zusammengestellt worden waren. Dieser Truppentransport über See wurde zu einer Tragödie.

Die erste leichte Schiffsstaffel wurde von dem T-Boot »Lupo« begleitet. Als dieser Verband vor Kap Spatha nordwestlich von Chania stand, wurde er von einer englischen Kriegsschiffgruppe – der Force »D« – angegriffen. Fregattenkapitän Mimbelli, der Kommandant der »Lupo«, erwiderte das Feuer der Kreuzer. Mit stark wechselnden Kursen versuchte das Boot den Verband zu sichern. Es wurde immer wieder getroffen. Dennoch gelang es ihm, die völlige Vernichtung dieser Schiffsstaffel zu verhindern. »Lupo« bezahlte dies mit vielen Toten und 17 schweren Treffern.
Niemals vorher oder nachher in der Seekriegsgeschichte hat ein einzelnes Torpedoboot gegen eine so große Übermacht gekämpft wie die »Lupo«. Viele deutsche Soldaten verdanken der Besatzung dieses Bootes ihr Leben. Neben drei Kreuzern hatten Admiral Glennie die Zerstörer »Janus«, »Kimberley«, »Hasty« und »Hereward« zur Verfügung gestanden.
Die zweite leichte Schiffsstaffel wurde am nächsten Tag von der Force »C« erfaßt. In der Force »C« standen drei Kreuzer sowie die Zerstörer »Kandahar«, »Nubian« und »Kingston«.
Auch diese Schiffsstaffel wurde von nur einem T-Boot begleitet, der »Sagittario« unter FKpt. Cigala. Auch die »Sagittario« kämpfte mit letztem Einsatz. Sie wurde mehrfach getroffen und vereitelte die restlose Vernichtung des Verbandes. Und noch etwas erreichte die »Sagittario«: die Feindeinheiten liefen zu spät ab und wurden am nächsten Morgen von Maschinen des VIII. Fliegerkorps erfaßt und angegriffen. Die Kreuzer »Naiad« und »Carlisle« erhielten schwere Treffer. Am Nachmittag dieses 22. 5. wurden der Kreuzer »Gloucester« und der Zerstörer »Greyhound« versenkt, und am Abend traf es noch den Kreuzer »Fiji«.
Die Zerstörer »Kingston« und »Kandahar« retteten 523 der 700 Besatzungsmitglieder der »Fiji«.
Als die Zerstörer »Kashmir«, »Kipling« und »Kelly« in der Nacht zum 23. 5. den von deutschen Truppen besetzten wichtigen Flugplatz Malemes beschossen, wurden sie am frühen Morgen auf dem Rückmarsch südlich der Insel Gaudo von 24 Ju 87 der I./St. G. 2 angegriffen. »Kelly« und »Kashmir« gingen mit wehenden Flaggen unter. »Kipling« lief ab und rettete wenig später 279 Überlebende, darunter auch den Chef der 5. britischen Z.-Fl., Captain Lord Louis Mountbatten.

Bei der Rückführung der an die Südküste Kretas ausgewichenen britischen Truppen mußten abermals Zerstörer eingreifen. Zehn Zerstörer führten diese Rückführung durch. Davon gingen »Imperial« nach Ruderhavarie und »Hotspur«, der 1940 bereits am Angriff auf Narvik teilgenommen hatte, durch Bombentreffer verloren. Die angreifende III./St. G. 2 versenkte außerdem den Zerstörer »Hereward« und beschädigte die Kreuzer »Dido« und »Orion«. Am Morgen des 30. Mai wurde der Zerstörer »Kelvin« und am 31. 5. »Napier« getroffen.
Wieder waren zwar 17.000 Mann von Kreta evakuiert worden, aber die britische Zerstörerwaffe hatte schwere Verluste erlitten. Als das zweite Kriegsjahr zu Ende ging, hatte auch das Mittelmeer so manches Zerstörerdrama auf beiden Seiten gesehen.

## OPERATIONEN DEUTSCHER ZERSTÖRER IM NORDEN UND WESTEN IM SOMMER 1941

Die Unternehmen deutscher Zerstörer wurden im Juni fortgesetzt. Und zwar beim Ausmarsch des schweren Kreuzers »Lützow«, Kpt. z. S. Kreisch, zum Handelskrieg in den Atlantik. Es waren 5 Boote der 5. und 8. Z.-Fl., die den schweren Kreuzer sicherten. Der Verband wurde bereits beim Anmarsch zum norwegischen Absprunghafen am 12. 6. vor der norwegischen SW-Küste von der britischen Luftaufklärung erfaßt und in der folgenden Nacht durch Torpedoflugzeuge des Typs Bristol-Beaufort angegriffen. Die angreifenden Maschinen wurden mit allen Flawaffen beschossen und am gezielten Abwurf ihrer Lufttorpedos gehindert. Dennoch wurde »Lützow« von einem Torpedo getroffen und mußte beschädigt nach Kiel zurückkehren. Bis zum Januar 1942 blieb das Schiff in Kiel im Dock.
Am 16. 6. marschierten die beiden Zerstörer der 8. Z.-Fl. Z 23 und Z 24, kurzzeitig der 5. Z.-Fl. unterstellt, von Kiel nach Brest. Sie sollten die an der Atlantikküste liegenden Zerstörer der 5. Z.-Fl. bei deren Auftrag unterstützen, »Gneisenau« und »Scharnhorst« von Brest – wo diese Schiffe häufigen Luftangriffen ausgesetzt und mehrfach beschädigt worden waren – bei Probefahrten in der Biskaya zur Wiederherstellung ihrer Einsatzbereitschaft zu sichern.

Als »Scharnhorst« nach Ende einer Maschinenreparatur am 21. 7. zum Marsch nach La Pallice auslief, wurde das Schiff von allen verfügbaren Zerstörern gesichert. »Scharnhorst« wurde kurz nach dem Einlaufen in La Pallice von britischen Bombern angegriffen. Drei Blindgänger durchschlugen das Schiff, zwei weitere Treffer verursachten hingegen schwere Schäden.
Mit 3.000 Tonnen Wasser im Schiff lief die »Scharnhorst« am 24. 7. – wieder von den genannten Zerstörern gesichert – nach Brest zurück, wo sie am 25. 7. ankam. Die Zerstörer hatten das Schiff sicher wieder zurückgebracht.
Nach diesen Geleitaufgaben hatten die Zerstörer der 5. Z.-Fl. eine Reihe weiterer Aufträge auszuführen. Einer der wichtigsten war das Einholen von Schiff 36, Hilfskreuzer »Orion«, FKpt. Kurt Weyher. Dieses Schiff hatte in einem insgesamt 510 Seetage währenden Unternehmen 112.337 sm zurückgelegt und Kreuzerkrieg geführt. 62.915 BRT feindlichen Schiffsraumes wurden von Schiff 36 versenkt.
Sämtliche vier einsatzbereiten Zerstörer der 5. Z.-Fl. liefen unter der Führung des Flottillenchefs, Kpt. z. S. Berger, am 21. 8. in die Biskaya aus. Sie erreichten den heimkehrenden Hilfskreuzer am 22. 8. um 06.19 Uhr und übernahmen die Sicherung sowohl gegen feindliche U-Boote, als auch gegen Flugzeuge und Überwasserstreitkräfte des Gegners. Es gelang, den Hilfskreuzer am 23. 8. sicher in die Gironde einzubringen. Damit ging für diese Zerstörer das zweite Kriegsjahr zu Ende.

## DER RUSSLAND-FELDZUG: NEUE OPERATIONSGEBIETE IN DER OSTSEE UND IM HOHEN NORDEN EUROPAS

Entgegen der von Großadmiral Erich Raeder vorgeschlagenen Sammlung aller Kräfte für den Kampf gegen England war mit dem Angriff am frühen Morgen des 22. 6. 1941 gegen Sowjetrußland die Entscheidung Hitlers für den Krieg auf dem Kontinent gefallen. Der Oberbefehlshaber der Kriegsmarine sagte dazu:
»Ich wußte, daß die vielleicht wichtigste Entscheidung des Krieges gefallen war, und daß sie gegen meinen Rat und meine Auffassung erfolgt war, über die ich Hitler in eingehenden Vorträgen nicht im Unklaren gelassen hatte.«

Die Kriegsmarine hatte folgende Weisung für »Barbarossa«, den Angriff auf die Sowjetunion, erhalten:
»Der Schwerpunkt des Einsatzes der Kriegsmarine bleibt auch während des Ostfeldzuges eindeutig gegen England gerichtet.«
Dennoch mußte sie Einheiten für Operationen in der Ostsee und im hohen Norden Europas abgeben. Einmal galt es, die eigenen Küsten zu sichern. Darüber hinaus aber sollte auch ein Ausbrechen sowjetischer Seestreitkräfte aus der Ostsee verhindert werden. Wie viele deutsche Kriegsschiffseinheiten dafür benötigt wurden, die Nachschubwege in der Ostsee zu sichern, Minen zu legen und zu räumen, das zeigte bereits die nächste Zeit. Diese neuen Aufgaben bedeuteten eine empfindliche Schwächung der Seestreitkräfte in ihrem Kampf gegen England.
Durch den Krieg gegen die Sowjetunion waren darüber hinaus bei der Kriegsmarine neue Führungsstäbe notwendig, denn neue Seekriegsschauplätze kamen hinzu. Die Marinegruppe Nord, Generaladmiral Carls, unterstellte den Ostseeraum dem Befehlshaber der Kreuzer – B.d.K. –, Vizeadmiral Schmundt. Für den Finnenbusen war der F.d.T., Kapitän z. S. Bütow, zuständig. Darüber hinaus wurden die Stäbe des Marinebefehlshabers C und D aufgestellt. Diese sollten den Küstenschutz in den eroberten Gebieten übernehmen.
Vorweg sei berichtet, daß bereits am 6. 11. 1941 die Dienststelle des Marinebefehlshabers C wieder aufgelöst wurde. Der Marinebefehlshaber D, Vizeadmiral Burchardi, übernahm dessen Funktion mit unter der neuen Bezeichnung »Marinebefehlshaber Ostland« mit Sitz in Reval.
Dem Befehlshaber der Sicherung der Ostsee, B.S.O., Vizeadmiral Mootz, unterstanden lediglich die mit der Verteidigung der dänischen Meerengen beauftragten Einheiten sowie die Schulverbände und Stützpunkte.
Der Führer der Minenschiffe, F.d.M., Kpt. z. S. Boehmer, wurde dem B.d.K. unterstellt.
Eine besondere Unterstützung des Heeres durch die Kriegsmarine war nicht von Großadmiral Raeder erbeten worden. Die Marine erhielt lediglich den Auftrag, ein Ausbrechen feindlicher Seestreitkräfte aus der Ostsee zu verhindern. In der Führerweisung zum »Unternehmen Barbarossa« hieß es lediglich:
»Da nach dem Erreichen von Leningrad der russischen Ostsee-

flotte der letzte Stützpunkt genommen und diese dann in hoffnungsloser Lage sein wird, sind vorher größere Seeoperationen zu vermeiden. Nach dem Ausschalten der russischen Flotte wird es darauf ankommen, den vollen Seeverkehr in der Ostsee, dabei auch den Nachschub für den nördlichen Heeresflügel über See, sicherzustellen. (Minenräumung!)«

Zu Beginn des Unternehmens »Barbarossa« standen in der Ostsee weder Torpedoboote noch Zerstörer, außer den Schulflottillen mit alten T-Booten des Ersten Weltkrieges.

Die sowjetische Ostseeflotte hingegen bestand aus zwei Schlachtschiffen, drei Kreuzern, 47 Zerstörern und Torpedobooten und 96 U-Booten.

Die Torpedoboote und Zerstörer der Sowjetflotte, gegen welche die deutschen Seestreitkräfte kämpfen sollten, waren auf die Baltische Flotte sowie die Nordmeer-Flotte verteilt. Die 19 Zerstörer der Schwarzmeer-Flotte traten vorerst nicht in Erscheinung.

Mit Beginn dieses unheilvollen Feldzuges liefen in der Ostsee sowjetische Zerstörer zu Minenoperationen aus. Sie wurden in den ersten Tagen allein durch die deutschen Schnellboote bekämpft. Unter der Führung von Konteradmiral Drozd unternahmen die Sowjet-Zerstörer, aus dem Moonsund kommend, Minenunternehmungen in der Irbenstraße, der Zufahrt nach Riga.

Nun wurde jedoch auch die nordnorwegische Küste wieder Einsatzgebiet, und in den nördlich und nordostwärts davon gelegenen Seegebieten würden sicherlich Zusammenstöße zwischen deutschen und sowjetischen Zerstörern stattfinden, denn seit 1933 hatte die Sowjetflotte an den Küsten des Weißen Meeres sowie jenen der Barentsee Flottenstützpunkte errichtet, und in diesen Seegebieten standen sowjetische Seestreitkräfte.

Um deutscherseits Operationen wie das Legen von Minensperren, ferner Geleitfahrten, durchführen zu können, wurde die 6. Z.-Fl., die im Mai 1940 aufgestellt worden war, unter der Führung von Kpt. z. S. Schulze-Hinrichs nach Nordnorwegen verlegt. Die Verlegung erfolgte vom 8. bis 10. 7. Die Boote »Hans Lody«, »Karl Galster«, »Hermann Schoemann«, »Friedrich Eckoldt« und »Richard Beitzen« trafen am 10. 7. in Kirkenes, ihrem neuen Stützpunkt, ein.

Anläßlich eines ersten Gespräches mit General Dietl, dem Kommandierenden General des Gebirgskorps Norwegen, trug Kpt.

z. S. Schulze-Hinrichs den Plan zu einem Überraschungsvorstoß gegen den sowjetischen Nachschubverkehr vor. Er war, ebenso wie Dietl, der Annahme, daß dem Gegner das Eintreffen der fünf Zerstörer unbemerkt geblieben sei; diese Chance wollte er ausnutzen.
Zu diesem ersten Zerstörervorstoß in das neue Operationsgebiet teilte der Chef der 6. Z.-Fl. seine Boote in zwei Gruppen. Zunächst jedoch liefen sie gemeinsam am Mittag des 12. 7. von Kirkenes nach Norden. Ziel war die sowjetische Murmanküste im Norden der Halbinsel Kola. Nach Auslaufen aus Kirkenes mit Nordkurs gingen die Boote auf Ostkurs und bildeten einen Aufklärungsstreifen. Als die Dunkelheit anbrach, sammelte der Flottillenchef die Einheiten, um sie dann in zwei Gruppen zu teilen und gegen die Küste vorstoßen zu lassen.
Auf diesem Marsch wurden die Boote dreimal von sowjetischen Flugbooten angegriffen. Doch es gab keine Treffer.
Die erste Gruppe erreichte die Küste bei Kap Teriberka und lief ihr entlang weiter nach Osten. Als sie gerade umkehren wollte, sichtete eines der Boote einen kleinen sowjetischen Konvoi. Es war das Wachschiff »Passat« und die beiden Trawler RT 32 und RT 67. Es kam zu einem kurzen Artilleriegefecht, in dem die »Passat« und RT 67 versenkt wurden. Der zweite Trawler konnte sich auf Grund setzen. Er wurde später flottgemacht und eingeschleppt. Die Zerstörer der zweiten Gruppe, deren Ziel Iokanga war, fanden nichts und drehten unverrichteter Dinge ab. Alle Einheiten kehrten am 13. 7. wohlbehalten zurück und ankerten nach 35 Stunden Feindfahrt und 710 zurückgelegten Seemeilen im Tanafjord westlich der Varangerhalbinsel.
Drei Tage später gingen die Boote zum zweitenmal ankerauf. Es bestand die Absicht auf dieser Feindfahrt, die auf ihren Fanggründen vermuteten sowjetischen Fischdampfer und ihre Bewacher schlagartig zu fassen und zu vernichten. Diesmal ging die Rechnung nicht auf; kein einziger Dampfer wurde gesichtet. Die Boote kehrten am 16. 7. in ihren Stützpunkt zurück.
Vier Tage später fiel der erste russische Zerstörer »Stremitelnyj« den Bomben einer Ju 88 der 5./KG 30 in der Ekaterinskij Gavan im Kolafjord zum Opfer und sank.
Am 22. 7. liefen die Zerstörer »Karl Galster«, »Hermann Schoemann«, »Friedrich Eckoldt« und »Richard Beitzen« zum dritten

Vorstoß ins Eismeer aus. Diesmal mußte »Hans Lody« wegen einer Kesselreparatur zurückbleiben.
Da es die Zeit der Mitternachtssonne war, mußten die vier Zerstörer weit nach Norden ausholen, um nicht vorzeitig von sowjetischen Sicherungsschiffen entdeckt zu werden. Die erste Sichtmeldung erfaßte die deutschen U-Boote U 451 und U 566, die im Eismeer operierten. Dann wurde der Verband von zwei sowjetischen Flugbooten angegriffen.
Kpt. z. S. Schulze-Hinrichs ließ alle vier Zerstörer das Feuer eröffnen. Dieser dichte Flakvorhang konnte von den langsamen Flugbooten nicht durchstoßen werden. Beide Maschinen setzten Sichtmeldungen ab, und deshalb mußte der Zerstörerverband noch weiter nach Nordosten ausweichen. Als sie ein dichtes Nebelfeld erreichten, ließ der Flottillenchef hineinlaufen. Unter dieser »Tarnkappe« wurden die vier deutschen Zerstörer in den nächsten 24 Stunden nicht mehr gesichtet. Erst am Abend des 23. 7. ging der Verband erneut auf Südkurs. Ziel war das Weiße Meer und dort die Kolahalbinsel. Auf den Booten standen die Wachgänger in angespannter Erwartung. Würden sie etwas finden?
Zwischen Iokanga und Teriberka sichteten sie das sowjetische Vermessungsschiff »Meridian«. Es wurde sofort mit Artillerie angegriffen und in Brand geschossen. Eine riesige Qualmwolke stieg in die Höhe und lockte am frühen Morgen des 24. 7. zwei sowjetische Flugboote heran. Als diese Flugboote ein rotes Erkennungssignal schossen, ließ Kpt. z. S. Schulze-Hinrichs dieses ES mit einem roten Sternsignal beantworten. Die Maschinen flogen nach Osten weiter. Als wenig später abermals zwei Flugboote auftauchten, wurde auf den Zerstörern das vorher erprobte ES geschossen. Eine der Maschinen setzte zur Landung auf dem Wasser an und blieb einige hundert Meter von dem deutschen Spitzenzerstörer entfernt liegen. Dieser eröffnete das Feuer, und nach einer gewaltigen Benzinexplosion ging das Flugboot unter. Die zweite Maschine, die nun auch unter Feuer genommen wurde, setzte sich über Land ab und gab eine Alarmmeldung durch:
»Vier feindliche Zerstörer zwischen Iokanga und Teriberka.«
Damit war die Absicht des Flottillenchefs, unbemerkt mit seinen Einheiten dicht unter der Küste bis vor Murmansk zu laufen, vereitelt. Schulze-Hinrichs gab den Befehl, mit hoher Fahrt nach Norden abzulaufen.

Bald darauf wurden die Boote von 15 Bombern mit zahlreichen Bomben angegriffen. Die Maschinen waren gegen den fahlen Himmel kaum zu erkennen. Die Bomben fielen sämtlich ins Wasser.

Knapp eine halbe Stunde darauf erfolgte der zweite Bombenangriff einer noch größeren Formation. Aus einer Höhe, die für die Flak der Zerstörer nicht mehr erreichbar war, warfen sie ihre dichten Bombenreihen. Mit einer rechtzeitigen Kursänderung entgingen die Zerstörer, mit AK laufend, Treffern. Hinter ihnen wurde die See von Hunderten von Bomben aufgewühlt, als tobe dort ein wüster Sturm.

»Nordkurs und zurück in das alte Nebelfeld!« ließ der Flottillenchef über UK-Sprechverbindung durchgeben.

Die Zerstörer liefen nach Norden ab, doch noch bevor sie das deckende Nebelfeld erreichten, erfolgte der dritte Angriff. Auch dieser traf die Ziele nicht. Am Abend des 24. 7. erreichten alle vier Zerstörer den Stützpunkt Kirkenes.

Kpt. z. S. Schulze-Hinrichs unternahm Anfang August im Norden einen größeren Vorstoß mit seiner Flottille gegen die Kildininseln und die Mündung des Kolafjords. Mit den einsatzbereiten Einheiten »Richard Beitzen«, »Friedrich Eckoldt« und »Hans Lody« – »Hermann Schoemann« hatte einen Getriebeschaden – verließ er am Abend des 9. 8. Kirkenes und steuerte mit hoher Fahrt direkt die Motowskijbucht an. Dort sollten nach Meldungen von den Gebirgstruppen russische Zerstörer und sogar Kreuzer die deutschen Stellungen beschossen haben. Schulze-Hinrichs faßte diesen Einsatz als Entlastungsvorstoß für das Heer auf.

Genau 10 sm vor der Kildininsel wurde das sowjetische Wachschiff SKR-12 »Tuman« gesichtet. Dieses Vorpostenboot unter Führung von Leutnant Sestakov eröffnete das Feuer auf seine überlegenen Gegner. In einem kurzen Gefecht, in dem sich das kleine Vorpostenboot tapfer wehrte, wurde es versenkt. In Sicht des Kolafjordes liefen die Zerstörer nunmehr nach Westen. Eine halbe Stunde darauf drehten sie nach Norden ab, denn sowjetische Küstenartillerie hatte das Feuer auf sie eröffnet. In großer Zahl gingen die Einschläge um die drei Zerstörer herum nieder.

»Zickzackkurse steuern« befahl der Flottillenchef.

Die drei Boote zackten in kurzen Schlägen, um den Granateinschlägen zu entgehen. »Richard Beitzen« erlitt durch einen Nah-

treffer einen schweren Maschinenschaden und »hinkte«, von »Friedrich Eckoldt« geleitet, nach Tromsö, während »Hans Lody« nach Kirkenes zurückmarschierte.
Der Flottillenchef mußte »Hermann Schoemann« und »Richard Beitzen« zur Reparatur in die Heimat entlassen. Die drei übriggebliebenen Zerstörer liefen zu einer Überholung nach Narvik, wo die Möglichkeit bestand, mit Werftmitteln kleinere Reparaturen auszuführen.
In der Ostsee beschossen die sowjetischen Zerstörer »Surovyj« und »Statnyj« am 6. 8. im Moonsund die deutsche Küstenbatterie Hainasch. Zwei Tage darauf griffen sie die Batterie Markgrafen an. Es gelang einer Ju 88 der Kampffliegergruppe 806, in der Loksabucht bei Reval am 8. 8. den sowjetischen Zerstörer »Karl Marks« zu versenken.
In der Nacht zum 19. 8. 1941 lief bei einer Unternehmung im Rigaer Meerbusen der sowjetische Zerstörer »Statnyj« auf eine Mine und sank. Damit hatten die Sowjets abermals einen Zerstörer verloren. Der große Schlag aber folgte erst, als es darum ging, die sowjetische »Baltische Flotte« mit den Resten des X. Schützenkorps von Reval nach Kronstadt zurückzubringen. Wieder einmal mehr hatten die schnellen und kampfkräftigen Zerstörer – diesmal die sowjetischen – eine Evakuierungsaufgabe zu übernehmen. Während dieser Fahrt vom 28. bis 29. 8. 1941 sanken beim Durchbruch durch die deutsche »Jumindasperre« die sowjetischen Zerstörer »Sverdloy«, »Skoryj«, »Kalinin«, »Artem«, »Volodarskij« und mehrere kleinere Einheiten. Die Zerstörer »Gordyj« und »Slavnyj« wurden durch Minentreffer beschädigt. Dies war ein schwerer Schlag für die sowjetische Zerstörerflotte, den sie lange Zeit nicht verwinden konnte.
Während dieser Zeit fand in der Argentiabucht, Neufundland, ein Ereignis statt, das seine Auswirkungen bis auf den heutigen Tag behalten hat. Dort waren am 9. 8. 1941 Präsident Roosevelt und der britische Kriegspremier, Sir Winston Churchill, an Bord des US-Kreuzers »Augusta« und des britischen Schlachtschiffes »Prince of Wales« eingetroffen. Nach viertägigen Verhandlungen wurde hier am 12. 8. 1941 die »Atlantik-Charta« proklamiert.

Die wichtigste Aufgabe der englischen Zerstörer lag in ihrem Kampf gegen deutsche U-Boote. Wie die oberste britische Führung nach dem Zweiten Weltkrieg die deutschen U-Boote beurteilte, drückte der frühere Marineminister, seit Mai 1940 Premierminister, Winston Churchill in folgender Weise aus:
»Der U-Bootkrieg war unsere größte Gefahr. Es wäre klug von den Deutschen gewesen, alles auf diese Karte zu setzen.«
Vom Beginn des Zweiten Weltkrieges an setzte England seine Zerstörer zu Geleitaufgaben ein, um die deutschen U-Boote von ihren Konvois abzudrängen und – wenn möglich – zu vernichten. Sehr bald schon entwickelten sich bestimmte Techniken zur Vernichtung der U-Boote, und einige Geleitgruppen brachten es darin mit der Zeit zu einer Meisterschaft, die für die U-Boote immer gefährlicher wurde. Zur Sicherung ihrer westlichen Zufuhrwege, der »Western Approaches«, standen bei Kriegsausbruch 1939 Admiral Sir M. Dunbar-Nasmith von der Home Fleet zunächst die 3., 11., 12. und 17. Zerstörer-Flottille mit insgesamt 32 Zerstörern zur Verfügung. In Rosyth lag unter Viceadmiral C. G. Ramsey die 15. Zerstörer-Flottille mit 8 Booten für den nördlichen Teil der Ostküsten-Konvois. Die Gibraltar-Geleitzüge wurden von den 9 Zerstörern der 13. Z.-Fl. unter Rear-Admiral N. A. Wodehouse als »Nordatlantik-Station« gesichert. In der Südatlantik-Station, Viceadmiral G. H. d'Oyly Lyon, mit dem Stützpunkt Sierra Leone, befanden sich neben einem Kreuzergeschwader Teile der 2. Z.-Fl. mit vier Zerstörern.
Hinzu kamen 26 Zerstörer der 1., 2., 4. und 21. Z.-Fl., die in der Mittelmeerflotte des Admirals Sir Andrew Cunningham in Dienst waren. Während drei Boote der 21. Z.-Fl. im Roten Meer standen, war der Rest dieser Flottille mit 4 Booten unter Admiral Sir Percy Noble in der China-Station eingesetzt. Schließlich kamen noch die sechs Zerstörer der Royal Canadian Navy hinzu, die zu je drei an der Ost- und Westküste dieses Dominions verfügbar waren.
Dieser Zerstörer-Armada gesellten sich noch Korvetten, Fregatten und Sloops hinzu, und alljährlich wurden weitere Zerstörer neu gebaut und den Flottillen zugeführt, so daß trotz der hohen britischen Verluste die Zahl dieser Fahrzeuge konstant blieb.

Über 100 Flotten-Zerstörer und 101 Geleit-Zerstörer und Sloops hatte das Britische Empire bei Beginn des Zweiten Weltkriegs verfügt, und als im November 1940 die zweite Phase der Schlacht im Atlantik begann, die die längste Schlacht des Zweiten Weltkrieges wurde, hatten sich bereits einige Geleitgruppen gebildet, die sich den Ruf einer »Killer-Group« erworben hatten. Über die Taktik einer solchen Gruppe sei im Folgenden berichtet.

Im Februar 1941 liefen aus Stützpunkten an der französischen Atlantikküste die U-Boote der »Tonnagekönige« Prien, Kretschmer und Schepke aus. Alle drei U-Bootkommandanten trugen bereits das Eichenlaub zum Ritterkreuz des Eisernen Kreuzes als Zeichen dafür, daß sie je 200.000 BRT feindlichen Schiffsraumes versenkt oder ähnliche große Erfolge erzielt hatten.

Am 6. März 1941 meldete U 47, Priens Boot, um 04.45 Uhr den Konvoi OB 293 (von England nach Westen gehender Konvoi). U 99, Kptlt. Kretschmer, und U 70, Kptlt. Matz, schlossen heran. Mehrere Schiffe wurden versenkt. Die Boote wurden unter Wasser gedrückt, und als U 99 wieder auftauchte, meldete sich U 47 nicht mehr. Es sollte sich nie wieder melden.

Um diesen Untergang von Günther Prien haben sich manche Legenden gebildet. Die Wirklichkeit aber ist anders. Hier sei der Bericht von LCdr. J. M. Rowland, Kommandant des Zerstörers »Wolverine«, zitiert, den er bei der britischen Admiralität dem Befehlshaber der Western Approaches, Captain Creasy, gab:

»Ich begleitete mit meinem Zerstörer »Wolverine« den Konvoi OB 293. Am Abend des 7. März 1941 standen wir südostwärts von Island. Wir hielten geraden Kurs und schossen keine Leuchtgranaten, um den Standort unseres Geleites nicht zu verraten.

Dann gab es U-Bootalarm, und ich eilte auf die Brücke. Um 00.23 h meldete der Mann am Horchgerät Schraubengeräusche, und eine halbe Minute später sichtete der Ausguck auf der Brücke voraus Auspuffrauch.

Ich lief mit 18 kn auf diese Stelle zu und gab Signal an »Verity«, der als zweiter Zerstörer auf der Steuerbordseite des Konvois stand. Als der Ausguck Kielwasser sichtete, ging ich mit der Fahrt auf 22 kn. Um 00.27 h erkannte ich ein U-Boot und ging auf AK voraus. Als die »Verity« um 00.31 h Leuchtgranaten schoß, tauchte das Boot. Entfernung von mir etwa eine Meile. Um 00.48 h, als der Horchraum »über dem U-Boot« meldete, ließ ich eine Was-

Die 8. Z.-Fl. »Narvik« auf dem Kriegsmarsch

Z 23 vor Anker im Neidenfjord

(Links) Der Kommandant Z 27, KKpt. Smidt

(Rechts) KKpt. Böhme, Kommandant Z 23, im Nordmeer

Zerstörer in Nordnorwegen im Winter

Zerstörerbrücke im Nordpolarwinter

Die vereiste Back (Vorschiff) eines Zerstörers: die Waffen fielen zum Teil durch Störungen aus

serbombenserie werfen. Wenig später bekam ich abermals Kontakt und warf eine Achtergruppe und anschließend eine überschwere Wasserbombe.
Gegen 03.31 h meldete mein Ingenieuroffizier Ölflecke auf der See. Er nahm eine Probe und kam zu der Überzeugung, daß es das Öl eines U-Bootes sei.
Abermals erfaßten wir das Boot und warfen erneut Wabos. Um 04.03 h sichteten wir eine weitere Ölspur. Als wir dieser Spur nachliefen, meldete der Horchraum Schraubengeräusche achteraus. Wir hatten es mit einem sehr gewiegten Kommandanten zu tun!
Auf Gegenkurs gehend, sichteten wir dann um 05.18 h das U-Boot, das aufgetaucht war. Ich befahl »AK voraus! Klar zum Rammen!« Doch das U-Boot bemerkte uns rechtzeitig und setzte zum Tauchen an. Im Wegtauchen sah ich, daß es drehte und befahl meinem Rudergänger, mitzudrehen. Zum Glück war das Wasser sehr klar. Ich erkannte deutlich die Hecksee des tauchenden Bootes und sah eine keilförmige Blasenspur seines Kielwassers am Heck.
Als ich über dem Boot stand, ließ ich eine Zehnerserie werfen. Es war genau 05.22 h. In Intervallen von je vier Sekunden wurden immer zwei Wabos gleichzeitig geworfen, mit kleiner, mittlerer und großer Tiefeneinstellung. Ich selbst lief zur Steuerbordbrückennock und sah, daß die Steuerbord-Werfer ihre Wabos genau dorthin warfen, wo sich die eine Seite der Blasenspur befand. Das U-Boot konnte kaum 15 m tief gekommen sein.
Ich ließ aufdrehen, um nach Wrackteilen zu suchen. Doch im gleichen Augenblick meldete der Horchraum neue Kontakte. Ich drehte auf diesen Gegner zu. Dort aber, wo wir die Bomben geworfen hatten, sah ich kurz darauf orangerote Flammen auf der See, die etwa zehn Sekunden aufleuchteten und dann erloschen.
Drei Stunden später stellten wir fest, daß der neue Kontakt kein U-Boot gewesen war, sondern ein Schwarm Delphine. Sofort lief ich wieder zurück, doch wir fanden nichts mehr von dem vorherigen U-Boot.«
Soweit der Bericht von LCdr. Rowland. Captain Creasy stellte abschließend fest:
»Ich bin fast sicher, daß es U 47 gewesen ist, das Sie am Morgen

des 8. März mit Wabos belegt haben, und daß Sie wahrscheinlich das Boot Priens versenkt haben.«

Es war so! Prien meldete sich nicht mehr.

Nur wenige Tage darauf ereilte auch U 99 und U 100 das Schicksal. Wenn Prien praktisch von einem einzelnen Zerstörer – dem die »Verity« assistierte – versenkt wurde, so war die Versenkung dieser beiden deutschen U-Boote das erste Beispiel für den Einsatz einer »Killer-Group«. Chef dieser Gruppe war Commander Donald Macintyre. Lassen wir ihn über den Anfang des Geschehens erzählen, an dessen Ende der Verlust der zwei bekanntesten deutschen U-Boote stand:

»Wir liefen am 14. März 1941 zu unserem Rendezvous mit dem Konvoi HX 112 (Halifax [Kanada] nach England laufend) aus. Neben meinem eigenen Zerstörer »Walker« bestanden die Geleitkräfte noch aus den Zerstörern »Vanoc«, »Volunteer«, »Sardonyx« und »Scimitar« sowie den Korvetten »Bluebell« und »Hydrangea«.

Wir trafen den Konvoi und dampften mit ihm ostwärts. Mit Einbruch der Dunkelheit des 15. März wies ich meine Geleitfahrzeuge an, sie sollten sich auf einen Angriff der deutschen U-Boote nach Anbruch der Dunkelheit vorbereiten. Kurz nach Mitternacht des 15. 3. zeigte sich das erste U-Boot auf der Steuerbordseite des Konvois. Es griff an und schoß einen Viererfächer. Zwei Minuten später wurde der Benzintanker »Erodona« getroffen. Er stand sofort in hellen Flammen. Auf der Brücke der »Walker« herrschte betroffenes Schweigen. Dann schrillten die Alarmglocken und schickten die Männer auf ihre Stationen. Wir liefen im Zickzackkurs und suchten nach dem U-Boot. Nichts war zu sehen, und auch unser Asdic zeigte keinen Gegner an. Ich beorderte die Korvette »Bluebelle« zum sinkenden Tanker, um die im Wasser schwimmenden Schiffbrüchigen aufzufischen. Aber selbst die See brannte in der Nähe des Tankers von dem ausgelaufenen Benzin.

Diese Nacht brachte keinen weiteren Angriff. Sollte ich meinen Bericht über das erste Geleit als »Group Commander« mit einer niederschmetternden Geschichte von gesunkenen und torpedierten Dampfern und *keinem* versenkten U-Boot beenden?«

Das sollte Commander Macintyre nicht, denn nachdem U 110, Kptlt. Lemp, zum Schuß gekommen war, gelang es auch U 100,

Kptlt. Schepke, Anschluß zu finden. Zerstörer »Scimitar«, der vor dem Konvoi lief, sichtete das Boot und meldete dem Group Commander:

»An »Walker« von »Scimitar«: U-Boot in Sicht. Sechs Meilen voraus!«

Sofort ließ Commander Macintyre alle vor dem Konvoy laufenden Geleitzerstörer mit AK vorauslaufen. »Walker« und »Vanoc« liefen – der »Scimitar« folgend – direkt auf die Sichtungsstelle zu. Als sie bis auf 3 sm an das Boot herangekommen waren, tauchte dieses weg. Die drei Zerstörer versuchten nun, das U-Boot in die Zange zu nehmen, vergebens. Zwei Stunden später lief »Walker« zum Konvoi zurück, während »Vanoc« und »Scimitar« die Jagd weitere zwei Stunden fortsetzten, ehe sie auch aufgaben.

Macintyre hoffte, bis zum 17. 3. Ruhe zu haben. Schließlich hatte man das U-Boot ja unter Wasser gedrückt, und bis es wieder Anschluß fand, würden Stunden vergehen. Doch diese Hoffnung trog.

Kaum hatte »Walker« die achtere Position am Konvoi wieder eingenommen, als um 10.06 Uhr des 16. 3. auf der anderen Seite eine Torpedodetonation gehört wurde. U 100 hatte in einer geschickten Drehung unter Wasser Fühlung gehalten und ein Schiff aus dem Konvoi HX 112 herausgeschossen.

Nun griff auch U 99 in das Kampfgeschehen ein. »Otto der Schweigsame«, wie der Kommandant, Kptlt. Kretschmer, genannt wurde, brach zwischen den beiden Zerstörern der Außensicherung durch und stieß in den Konvoi hinein. Er torpedierte den Tanker »Ferm«, der sofort in Flammen stand. Vor einem Zerstörer mußte U 99 auf Tiefe gehen.

Als »Walker« nach dieser Explosion eine Kursänderung vornahm, sichtete Commander Macintyre mitten in dieser Drehung einen weißen Gischtstreifen. Es war U 100! Plötzlich sah er auch das U-Boot vor sich. Er gab Befehl, mit der Fahrt auf 30 kn zu gehen und stieß genau auf das U-Boot zu. Eben noch rechtzeitig sichtete die Brückenwache von U 100 den Gegner und in einem Schwall von Luftblasen verschwand es mit Alarmtauchen »in den Keller«. Lassen wir Captain Macintyre weiter berichten:

»Wenige Sekunden später passierten wir die Stelle, an der das U-Boot verschwunden war und warfen eine Zehnerserie. Die

zehn Wabos detonierten mit Krachen, und gigantische Wasserfontänen schossen masthoch hinter unserem Heck aus der See hoch. Zweieinhalb Minuten später krachte eine Unterwasser-Explosion, und ein orangeroter Blitz sprang sekundenlang aus der Wasseroberfläche empor. Wir glaubten, das U-Boot versenkt zu haben, daß es nach dieser Explosion auseinandergerissen sei. Eineinhalb Stunden später hatten wir mit demselben U-Boot wieder Kontakt. Wir hatten es also doch nicht versenkt.«
Während der Verfolgung von U 100 durch die Zerstörer war U 99 unbemerkt wieder aufgetaucht, um der Asdic-Ortung zu entgehen. Das Boot brach abermals in die Dampferkolonne ein und versenkte – es war inzwischen wieder dunkel geworden – den Tanker »Bedouin« und eine Viertelstunde darauf den dritten Tanker, »Franche Comté«. Während die Zerstörer Wasserbomben warfen, brachte Kretschmer sein Boot wieder an die Spitze des Geleitzuges, wo er zwei Dampfer mit Einzelschüssen traf und den zweiten, der nicht sinken wollte, noch zweimal angriff, bis auch der sank.
U 99 ließ sich nun achteraus sacken, und für Commander Macintyre war die Katastrophe vollkommen. Unter dem Schutz von »Vanoc« fischte »Walker« den Kapitän und 37 Seeleute der »J. B. White« aus dem Wasser.
Inzwischen hatte U 99 einen achtern laufenden Tanker – es war der vierte – angegriffen und die »Korsham« versenkt. Völlig verschossen brach U 99 wieder zwischen zwei Bewachern durch und lief vom Geleit ab. U 100 aber, das durch die Wabos der »Walker« schwer beschädigt war, konnte am Morgen des 17. 3. nicht länger unter Wasser bleiben und tauchte um 03.00 Uhr auf. Das Boot wurde vom Radargerät von »Vanoc« geortet, die soeben »Walker« umkreiste, um den Zerstörer bei der Bergungsarbeit zu sichern. »Vanoc« sah das U-Boot dicht vor sich. Es lag breitseits zum Zerstörer, der auf AK ging und das U-Boot mittschiffs rammte.
Joachim Schepke wurde von der Wucht des Zerstörerstevens auf dem Turm seines Bootes eingeklemmt. Er verlor beide Beine und wurde dann, als »Vanoc« mit voller Kraft zurückging, um sich vom U-Boot freizumachen, im hohen Bogen über Bord geschleudert und versank in der See. Das Boot sank Sekunden später. Nur fünf Männer von U 100 konnten von der »Vanoc« aufgefischt

werden. Wie dicht in einem solchen Duell Erfolg und Untergang beieinander sind, wird durch die Worte Macintyres bezeugt:
»Dies war für uns ein glücklicher Moment, ein erfolgreicher Höhepunkt in einem langen und mühsamen Kampf. Wir hatten für unsere Verluste am Konvoi Rache genommen. Aber nun mußten wir die »Vanoc« sichern, die die wenigen Schiffbrüchigen des versenkten U-Bootes auffischte. In diesem Augenblick meldete mir der Asdic-Mann die Ortung eines zweiten U-Bootes. Ich wollte zunächst einfach nicht glauben, daß zwei U-Boote so dicht beieinander standen und äußerte meinen Zweifel gegenüber First-Lieutenant J. C. Langton, meinem Asdic-Offizier. Aber der Asdic-Mann beharrte auf seiner Meldung.
Langton gab an die Wasserbombenwerfer Befehl, zu feuern. Eine Serie von sechs Wabos wurde geworfen, und als »Walker« drehte, um den nächsten Angriff einzuleiten, kam von »Vanoc« das alarmierende Signal:
»U-Boot hinter Ihnen aufgetaucht!««
Soweit der direkte Bericht. Der Scheinwerfer der »Vanoc« erfaßte U 99, das gestoppt aufgetaucht lag. Die Geschützbedienung der »Walker« eröffnete das Feuer. U 99 sank sehr schnell, so daß Commander Macintyre seine Absicht, das Boot aufzubringen und einzuschleppen, nicht verwirklichen konnte.
Inzwischen hatte der Obersteuermann Petersen des U-Bootes den nächststehenden Zerstörer angemorst:
»C to C: Please pick up my men drifting towards to you in the water – I am sinking.«
Bis auf drei Mann wurde die gesamte Besatzung von U 99 gerettet.
Als Commander Macintyre am 17. 3. seinen Erfolg meldete, sprach ihm Premierminister Churchill seine und des Kabinetts Glückwünsche aus. Die 5. Escort-Group war von dem Tage an in aller Munde. Sie sollte noch eine Reihe weiterer deutscher U-Boote versenken. Commander Macintyre erhielt den Distinguished Service Order, die nach dem Victoria Cross höchste englische Tapferkeits-Auszeichnung.
Die Zerstörer hatten damit unter Beweis gestellt, daß sie in Bezug auf die U-Jagd zu den entscheidenden Waffen des Britischen Empire gehörten.

Teil IV

# *Das dritte Kriegsjahr*

## DEUTSCHE ZERSTÖRER IM NORDMEER UND IN DER BARENTSEE

Die drei restlichen Boote der 6. deutschen Z.-Fl. wurden im September 1941 zum Geleitdienst und für Truppentransporte zwischen Tromsö und Kirkenes eingesetzt. Das britische U-Boot »Trident« hatte aus einem Geleitzug zwei Dampfer herausgeschossen. Nun sollten die Zerstörer den Transport von Truppen übernehmen und die U-Boote abwehren. Die Strecke legten sie in der Zeit von 15 Stunden zurück.

Bereits nach wenigen Fahrten, noch im September 1941, mußte »Hans Lody« wegen einiger Rohrreißer in den Kesseln nach Kiel entlassen werden. Wenig später erlitt »Friedrich Eckoldt« bei Versammlung eines Geleitzuges auf der Reede von Tromsö schwere Schäden, als er von einem der Schiffe gerammt wurde. Auch er mußte in die Heimat entlassen werden.

Nunmehr stand allein noch »Karl Galster« im Transport-Einsatz. Immer wieder brachte er Truppen in schneller Fahrt nach Norden. Nach Zurücklegen einer Gesamtfahrstrecke von 32.000 sm mußte auch dieser letzte Zerstörer im November zur Werftüberholung nach Kiel gehen. Damit gab es eine zeitlang keine kampfkräftige Geleitsicherung mehr im hohen Norden. Dies erschien dem OKM zu gefährlich, und so wurde im Dezember 1941 die 8. Z.-Fl., Kpt. z. S. Pönitz, mit fünf Zerstörern nach Kirkenes in Marsch gesetzt, um die Nachfolge der 6. Z.-Fl. anzutreten.

Mit den Booten Z 25 (als Führerboot), Z 23, Z 24, Z 26 und Z 27 lief Kpt. z. S. Pönitz am 1. 12. 1941 von Bergen aus, wohin die Flottille beordert worden war, um durch das Schärenfahrwasser weiterzulaufen. Gegen 18.00 Uhr wurde der Örstenfjord erreicht und dort geankert.

Am nächsten Vormittag wurde die Fahrt nach Drontheim unter Führung von Z 23, FKpt. Böhme, fortgesetzt. Nacheinander mach-

ten die Zerstörer auf der Reede von Drontheim längsseits am Dampfer »Ohlrogge« fest, um die mitgeführten Minen abzugeben. Danach gingen die Boote in die Drontheimer Werft.
Hier wurden während des 3. 12. die an den Zerstörern aufgetretenen Schäden repariert. Am 4. 12. wurden die Minen wieder vom Dampfer »Ohlrogge« an die Zerstörer abgegeben, und um 24.00 Uhr lichtete die Flottille Anker und trat unter Lotsenhilfe den Marsch durch die Schären nach Norden an. Tromsö wurde unbehelligt erreicht. Nach Brennstoffübernahme an der Ölpier gingen alle Boote auf der Reede vor Anker.
Die nächsten Tage vergingen im Dienst nach dem »Winterpolarplan«. Am 9. 12. erfolgte Wasserübernahme, ein sicheres Zeichen dafür, daß eine Unternehmung bevorstand. Unter Führung von Kpt. z. S. Pönitz, der sich diesmal auf Z 26 eingeschifft hatte, marschierten die Boote am 10. 12. um 11.45 Uhr in Kiellinie nach Norden. Die Boote nahmen um 15.25 Uhr die Formation zum Legen einer Scheinsperre ein. Danach setzten sie den Marsch fort.
Am 11. 12. gegen 14.00 Uhr, ein leichtes Schneetreiben hatte eingesetzt, Nebel war aufgekommen, ging ein FT-Befehl des Admirals Nordmeer ein:
»Einlaufen Bökfjord unter Minengeleit M 30 und M 17.«
Da dieses Minengeleit nicht rechtzeitig eintraf, standen die Boote zwischen Bökfjord und Vardö auf und ab. Hierbei verloren sie sich zeitweise aus Sicht. Jederzeit konnte einer der Zerstörer in Kollisionsgefahr geraten. Im KTB von Z 27, KKpt. Smidt, stellt sich diese Situation folgendermaßen dar:
»12. 12., 02.30 h: Geräusche in rechtweisend 120 Grad. Vermutlich eigenes U-Boot, denn U 454 und U 134 stehen ebenfalls vor dem Bökfjord und warten auf das Minengeleit.
03.37 h: Im Varangerfjord vor Jacobself geankert. Eine Kriegswache auf Station. Ein Zerstörer gemäß Befehl des Flottillenchefs auf Horchwache in Fahrt vor dem Eingang zum Fjord.
11.31 h: Anker gelichtet. Nach FT-Signal des Admirals Nordmeer feindliches U-Boot im Varangerfjord. Unter U-Bootsicherung für »Tanga« in Richtung Bökfjord gesteuert. Bis 15.00 h auf und ab gestanden, da Minengeleit wegen zu schlechter Sicht nicht auslief. Von See aus bot Einsteuerung Bökfjord jedoch keine Schwierigkeit. Nach Anfrage Kpt. z. S. Pönitz beim Admiral Nordmeer wur-

Britischer Zerstörer »Wolverine«, der U 47 (Kptlt. Prien) versenkte

Britischer Zerstörer »Haydon« beim Wasserbombenangriff auf ein getauchtes U-Boot

Commander MacIntyre, Kommandant HMS »Walker«, der den Kommandanten von U 99, Kptlt. Kretschmer, gefangennahm, Führer einer U-Jagdgruppe

Britischer Zerstörer »Walker«, der U 99 (Kptlt. Kretschmer) versenkte

Britischer Zerstörer »Vanoc«, der U 100 (Kptlt. Schepke) rammte und versenkte

de nunmehr das Einlaufen ohne Minengeleit zugestanden. Beim Einlaufen in den Bökfjord war auch M 30 zur Stelle. Es setzte sich vor und wir steuerten im Geleit von M 30 ein. Z 24 sicherte das Einsteuern des Verbandes durch Werfen von Schreckwasserbomben.
18.05 h: Südlich Insel Reynö geankert.«
Soweit das Zitat aus dem KTB.
Die Boote blieben am 13. 12. in der Reynöbucht. Erst gegen 23.00 Uhr lichteten sie Anker und marschierten nach Kirkenes, wo sie längsseits des Dampfers »La France« zur Minenabgabe gingen. Anschließend beölten die Boote nacheinander am Tanker »Weißenburg«, um am Abend des 14. 12. abzulegen, in den Neidenfjord zu verlegen und dort abermals zu ankern.
Die neu in den Nordraum gekommene Flottille wurde am 15. 12. bei einer Musterung durch den Admiral Nordmeer begrüßt. Am 16. 12. steuerten die Boote nach dem Ankerlichten unter Führung von Z 23 zum Bökfjord zurück, wo alle Boote gegen 19.00 Uhr auf das Führerboot sammelten. Auf Z 26 eingeschifft, sollte nunmehr Kpt. z. S. Pönitz die Flottille zur ersten Unternehmung in das Operationsgebiet führen.
Eine Stunde nach dem Auslaufen erlitt Z 26 einen Maschinenschaden. Der Flottillenchef stieg auf Z 25 über. Während dieser kritischen Phase übernahm Z 27 für Z 25 und Z 26 die Sicherung gegen U-Boote. Um 22.00 Uhr war das Übersteigen beendet, und Kpt. z. S. Pönitz beschloß, Z 26 mit der gesamten Flottille zum Bökfjord zurückzubegleiten und dann den Marsch erneut anzutreten.
Um 23.45 Uhr wurde Z 26 nach Kirkenes entlassen und der Vormarsch gemäß Operationsbefehl erneut angetreten. In der taktischen Reihenfolge Z 25, Z 27, Z 23 und Z 24 marschierten die Boote mit 25 kn Fahrt ins Operationsgebiet.
Um 09.15 Uhr, die Barentsee war inzwischen erreicht, wurden auf Z 27 Schraubengeräusche in 330 Grad gehorcht, die sich jedoch kurz darauf als aus der Gegenrichtung, von Z 25 ausgehend, herausstellten.
Im breiten Aufklärungsstreifen lief der Verband nun durch die Barentsee auf Kurs 180 Grad. Gegen 17.03 Uhr sichtete der Kommandant von Z 27 Schatten an Steuerbord voraus. Wenig später kamen sie bei kurzzeitiger Sichtbesserung in Sicht, verschwanden

dann aber wieder in einer Nebelbank. Zwei Minuten später meldete Z 25 über UK:
»In 7 Grad zwei Torpedoboote!«
Unmittelbar darauf wurde von Z 27 ein Schatten ausgemacht. Es gab Alarm, und nur wenige Minuten später erhielten die Boote vom Führerzerstörer, Z 25, Befehl zur Kursänderung auf 300 Grad und Fahrt 25 kn. Die Boote folgten dem Führerboot in spitzer Staffel. Um 17.22 Uhr begann ein Gefecht gegen vermeintliche Zerstörer der sowjetischen »G«-Klasse, als KKpt. Smidt für Z 27 »Feuererlaubnis« gab.
Der Artillerieoffizier, der das Ziel genau beobachten konnte, gab dem Torpedooffizier die Werte an, damit dieser einen Fächer schießen könnte. Bei der der Artillerie unterlegenen Zieloptik der Torpedowaffe gelang es dem TO erst nach 5 Minuten, das Ziel, zwei Feindeinheiten, einwandfrei zu erkennen.
Um 17.28 Uhr wurde ein Torpedo-Viererfächer geschossen: Lage 80 Grad, Gegnerfahrt 25 kn, geschätzte Entfernung 30 hm, Tiefeneinstellung 3 m. Ziel war der linke Zerstörer, da dessen Lage KKpt. Smidt günstiger erschien als die des vorderen.
Von dem Viererfächer fielen nur drei Schuß. Beim vierten Aal versagte der Luftausstoß, wahrscheinlich durch Vereisung des Ausstoßkolbens.
Um 17.30 Uhr wurde dann ein Dreierfächer geschossen. Von ihm fiel nur ein Schuß. Die beiden Versager hatten den gleichen Grund wie der erste. Dazu schreibt KKpt. Smidt in seinem KTB:
»Es muß festgestellt werden, daß die Torpedowaffe in der kalten Jahreszeit nicht frontbereit ist.«
Kurz nach Schießen des einen Torpedos des beabsichtigten Dreierfächers drehte der anvisierte vordere Zerstörer, so daß er nicht mehr getroffen werden konnte. Um 17.31 Uhr erfolgte beim linken, zuerst beschossenen Zerstörer eine starke Detonation mit einer hohen Wasser- und Rauchsäule. Danach war von ihm nichts mehr zu sehen.
Unmittelbar nach dieser Detonation eröffnete der vordere feindliche Zerstörer das Artilleriefeuer. Fast gleichzeitig erwiderten Z 25 und Z 27 dieses Feuer, und wenig später fielen Z 23 und Z 24 ein. Die Batterie von Z 27 schoß bis 17.44 Uhr 12 Salven mit insgesamt 25 Schuß. Das dritte Geschütz wurde nach der dritten Salve als Leuchtgranatengeschütz eingesetzt.

Vom Artillerieoffizier auf Z 27 wurden zwei Treffer beobachtet mit starker Wirkung am Ziel. Einer dieser Treffer schlug achtern ein, der andere mittschiffs. Nach dem Mittschiffstreffer lief der Gegner nur noch 12 kn. Das gegnerische Feuer lag durchweg schlecht. Nur einige 300 – 500 Meter kurzliegende Salven schlugen vor den deutschen Zerstörern ein. Der Gegner warf Nebelbojen und stieß starke Nebelschwaden aus.
Um 17.36 Uhr entschloß sich KKpt. Smidt, den letzten Torpedo auf den in seiner Geschwindigkeit herabgesetzten Zerstörer der »Grosny«-Klasse zu schießen. Auch bei diesem Schuß versagte die Abfeuerung.
Gegen 17.44 Uhr befahl KKpt. Smidt: »Halt! Kampfbatterie Halt!« Von da an übernahm Z 27 das LG-Schießen zur Beleuchtung des Zieles, während die übrigen Zerstörer weiterfeuerten, bis um 17.49 Uhr Kpt. z. S. Pönitz durch UK-Befehl das Gefecht abbrechen ließ.
Mit hoher Fahrt wurde der Rückmarsch angetreten. Die eigentliche Aufgabe: Einsehen der Murmanküste, konnte nicht durchgeführt werden, da an der Küste dichter Nebel herrschte. Es wurde ein Rückmarschkurs gelaufen, der gut frei von der Kolabucht und dem Varangerfjord in 40 sm Abstand an Vardö vorbeiführte. Die Flottille ging nach Tromsö. Alle Boote erreichten den Fuglöyfjord, wo Z 24 die U-Bootsicherung übernahm. Am 18. 12. um 17.00 Uhr wurde vor Tromsö geankert.
Das Gefecht mit vermeintlich sowjetischen Zerstörern erwies sich später als ein solches mit den englischen Minensuchern »Hazard« und »Speedy«. Beide Boote konnten – wenn auch beschädigt – Murmansk erreichen.
Das nächste Unternehmen der 8. Z.-Fl. war eine Minenaufgabe. Und zwar liefen am 13. 1. 1942 drei Boote der Flottille aus, um im Westfahrwasser des Weißen Meeres vier Sperren mit insgesamt 100 Minen zu legen. Diesmal war Kpt. z. S. Pönitz auf Z 25 eingeschifft. Dieses Boot diente nicht nur als Führerboot, sondern auch als Sicherungsboot, während Z 23 und Z 24 Minenleger waren. Dieses Unternehmen verlief ohne jeden Zwischenfall.

## DEUTSCHE TORPEDOBOOTE BEI DER EROBERUNG VON ÖSEL UND DAGÖ IM HERBST 1941

Bei der Eroberung der Insel Ösel vom 13. 9. bis 5. 10. 1941 gehörten die Torpedoboote T 11, T 2, T 5 und T 8 der 2. T.-Fl. zu der Operationsgruppe West. Es ging darum, durch Scheinunternehmen auf der Westseite, von See her, den Einsatz der zur Eroberung der Insel Ösel und Moon angesetzten 61. Infanterie-Division zu erleichtern. Außerdem hatten die T-Boote neben den Kreuzern »Emden« und »Leipzig« (und später noch »Köln«) die Aufgabe, die Feindbatterien auf den Inseln niederzukämpfen.
Die Boote erfüllten diese Aufgabe und konnten mehrere Feindstellungen niederkämpfen. Außerdem kam es vom 25. – 27. 9. zur Beschießung der auf der Halbinsel Sworbe zusammengedrängten sowjetischen Verteidiger durch »Leipzig«, Kpt. z. S. Stichling, »Emden«, Kpt. z. S. Mirow, T 11, T 7 und T 8.
Die Verlegung der »Baltenflotte« unter Vizeadmiral Ciliax vom 23. bis 29. 9. in die Aalandsee mit dem Ziel, einen Ausbruch der sowjetischen Flotte in die Ostsee zu verhindern, ließ auch die Boote der 2. T.-Fl. wieder neben den größeren Einheiten in Aktion treten.
Alle Einheiten liefen am 24. 9. aus Swinemünde aus. Als schließlich »Tirpitz« und »Admiral Scheer«, die an diesem Unternehmen beteiligt waren, zurückgerufen wurden, erhielten zwei T-Boote den Auftrag, die beiden großen Schiffe zu geleiten. Die drei übrigen Boote der 2. T.-Fl. stießen nunmehr zur Südgruppe und traten nach einer erneuten Beschießung sowjetischer Streitkräfte am 29. 9. den Rückmarsch nach Gotenhafen an.
Auch bei der Eroberung von Dagö waren die T-Boote am Scheinunternehmen »Westfalen« beteiligt. Diesmal liefen am 12. 10. T 2, T 5, T 7 und T 8 mit sieben Minensuchbooten aus, um den Kreuzer »Köln« nach Kap Ristma zu geleiten. Hier schossen sie die erkannten Küstenbatterien der Sowjets zusammen und halfen solcherart mit, daß Dagö ohne große Verluste in deutschen Besitz kam.

Im Winter 1941/42 war es insbesondere die 2. T.-Fl., KKpt. Heinrich Erdmann, die Geleitaufgaben vor der französischen Kanal- und Atlantikküste übernahm. So nahm sie Schiff 45, Hilfskreuzer »Komet«, auf, der am 23. 11. 1941 kurz nach Hellwerden querab Kap Ortegal an der Nordwestspitze der iberischen Halbinsel stand, um nach einer Feindfahrt von 516 (!) Tagen und insgesamt 87.000 zurückgelegten sm heimzukehren. Von Cherbourg aus, wohin der Hilfskreuzer durch U-Boote und anschließend Boote der 8. Minensuch-Flottille, KKpt. von Kamptz, geleitet worden war, wurde das Schiff am Abend des 26. 11. nach Le Havre geleitet. In der Sicherung fuhren T 4, T 7 und T 12. Noch am 27. 11. wurde von Le Havre der Weitermarsch angetreten. Es galt nun, die Enge Dover – Calais zu durchfahren. Neben den drei T-Booten waren noch die R-Boote R 65, R 66, R 67, R 72, R 73 und R 76 der 1. R.-Fl., KKpt. Forstmann, hinzugekommen. Fünf Boote der 2. M.-Fl., KKpt. Rehm, verstärkten die Sicherung.
Als der Verband bei Kap Gris Nez stand, erhielt die britische Admiralität davon Kenntnis. Englische S-Boote liefen in der Nacht zum 28. 11. aus Dover aus. Sie wurden am 28. 11., 04.11 Uhr von den R-Booten gesichtet, die vor dem Verband liefen.
Es kam zu einem harten Gefecht, in dem die T-Boote mit ihrer Artillerie die feindlichen S-Boote abwehrten. T 4 traf ein S-Boot so schwer, daß es in Brand geriet und bald sank. Aber auch T 4 erlitt durch 4-cm-Beschuß Beschädigungen. Der Hilfskreuzer wurde zwar beschädigt, konnte aber seine Fahrt fortsetzen. Zwei weitere S-Boote des Gegners wurden von T 7 und T 12 derart eingedeckt, daß sie brennend ablaufen mußten. Auf T 4 fielen drei Mann. Zehn Soldaten, unter ihnen der Kommandant, wurden verwundet.
Es war dem Feuer der T-Boote zu verdanken, daß Schiff 45 Dünkirchen am Morgen um 07.00 Uhr erreichte. Am nächsten Tag wurde der Hilfskreuzer bei einem Luftangriff getroffen. Doch die Bombe war glücklicherweise ein Blindgänger. Am 30. 11. um 03.10 Uhr wurde Feuerschiff Elbe I passiert. HK 45 war heil durchgekommen.
Wie dieser Einsatz der 2. T.-Fl., so war auch der folgende am 2. 12. 1941 von Erfolg gekrönt. Es galt diesmal, Schiff 10, HK

»Thor«, von Wilhelmshaven hinauszubringen. Wieder war die 2. T.-Fl. dabei. Diesmal mit vier Booten: T 2, Kptlt. Gödecke, T 4, Kptlt. Sommerlatt, T 7, Kptlt. Quaet-Faslem, und T 12, Kptlt. Mellin. In kurzen Etappen und nur bei Nacht wurde »Thor« bei regnerischem und unsichtigem Wetter durch den Kanal nach La Rochelle geleitet und erreichte am 17. 12. die Girondemündung, von wo er in sein Operationsgebiet auslief.

Teil V

# *Deutsche Zerstörer und T-Boote im Frühjahr und Sommer 1942*

## DER KANALDURCHBRUCH

Anfang 1942 verlegte die neu aufgestellte 3. T.-Fl. mit neun Booten in den Kanal, um sich an den dort ständig wachsenden Aufgaben zu beteiligen. Zur gleichen Zeit wurden die restlichen Boote der 1. T.-Fl. der 2. T.-Fl. angeschlossen. In der 5. T.-Fl. waren die restlichen Boote der Raubvogel- und Raubtierklasse zusammengefaßt.

Es wurde eine Operation vorbereitet, die in der Seekriegsgeschichte ohne Vorbild war: das Unternehmen »Cerberus«, zu dem sämtliche verfügbaren Torpedoboote und Zerstörer in den Westraum befohlen wurden. Bei der Verlegung in den Westraum ging der Zerstörer »Bruno Heinemann« verloren, als er am 25. 1. 1942 im Kanal auf eine Mine lief und sank. Die Besatzung konnte geborgen werden.

Nach ihrer Handelskriegführung im Atlantik waren die Schlachtkreuzer »Gneisenau« und »Scharnhorst« am 22. 3. 1941 in Brest eingelaufen. Seitdem der Gegner wußte, daß diese großen Schiffe in Brest lagen, versuchte er alles, sie zu vernichten. Er unternahm zahlreiche Angriffe. Die Schiffe wurden wiederholt beschädigt.

Nach dem Untergang der »Bismarck« war auch »Prinz Eugen« am 1. 6. 1941 in Brest eingelaufen. Damit lagen drei deutsche große Schiffe in dem westfranzösischen Hafen auf dem Präsentierteller. Brest wurde das hauptsächliche Ziel britischer Bomber. Angriff folgte auf Angriff. Bis eingangs Januar 1942 waren nicht weniger als 300 auf die deutschen Schiffe geflogen worden. Sie mußten deshalb so bald wie möglich aus Brest verlegt werden, sollten sie nicht bei weiteren Angriffen durch neue schwere Schäden ihrer Gefechtskraft ganz verlustig gehen.

Bei einem Gespräch zwischen dem Ob.d.M., Großadmiral Raeder, und Hitler kam die Rede darauf, daß »Prinz Eugen« durch den Kanal zurückzubringen wäre, während »Scharnhorst« und »Gneisenau«, die Hitler nach Norwegen verlegen wollte, durch die Dänemarkstraße gehen müßten. Hitler hakte hier ein und befahl schließlich, daß sämtliche Schiffe durch den Kanal zurückzukehren hätten.
Nach einer eingehenden Erkundung und Besprechungen in Brest hielten Großadmiral Raeder und der Befehlshaber der Sicherung West, Konteradmiral Ruge, Hitler am 12. 1. 1942 Vortrag. An dessen Ende befahl Hitler:
»Der Kanaldurchbruch findet statt!«
Nachmittags, am 11. 2. 1942, ging beim Befehlshaber der Schlachtschiffe, Vizeadmiral Ciliax, auf »Scharnhorst« der Befehl ein:
»Durchführung Cerberus heute abend!«
Für 20.30 Uhr wurde »Seeklar« befohlen. Wegen eines Fliegeralarms mußte das Auslaufen verschoben werden. Aber um 22.48 Uhr legten die Schiffe ab. Um 23.45 Uhr sammelte der Verband auf der Reede von Brest und trat mit 17 kn den Marsch an. Eine Stunde später – alle glaubten noch an eine Übung – ging der Verband auf Kurs 340 Grad und 27 kn Fahrt. Nun war den Männern klar, daß etwas Besonderes anlag. Aber erst am 12. 2. um 02.12 Uhr, ließ der B.d.S. sämtlichen Besatzungen das Ziel der Unternehmung bekanntgeben.
Die Sicherung der drei großen Schiffe bestand aus sechs Zerstörern der 5. Z.-Fl. Auf Z 29, KKpt. Rechel, war der F.d.Z., Konteradmiral Bey, eingeschifft, der sämtliche beteiligten Zerstörer und Torpedoboote führte. Kpt. z. S. Berger, der Chef der 5. Z.-Fl., befand sich an Bord von »Richard Beitzen«. Hinzu kamen »Paul Jacobi«, »Friedrich Ihn«, »Hermann Schoemann« und Z 25.
Von Cherbourg und Le Havre stießen die 3. und 2. T.-Fl. hinzu, so daß wieder einmal Zerstörer und Torpedoboote in größerer Zahl gemeinsam operierten. Die 4. S.-Fl. kam hinzu, und als Jagdschutz waren ständig 16 Jäger über dem Verband, die laufend abgelöst wurden.
Die aus Le Havre ausgelaufene 2. T.-Fl. unter Führung von KKpt. Erdmann setzte sich aus den Booten T 11, T 2, T 5, T 12 und T 4 zusammen, während die 3. T.-Fl., KKpt. Wilcke, mit T 13, T 15, T 16 und T 17 an dem Unternehmen beteiligt war.

Gegen 09.00 Uhr stand der gesamte Verband nördlich der Seinebucht und war noch immer nicht vom Gegner erfaßt worden. Um 12.50 Uhr passierten die Schlachtschiffe, von den Zerstörern und Torpedobooten umgeben und gesichert, die Linie Dover – Calais. Um 13.18 Uhr setzte der erste Feuerschlag gegen die Schlachtschiffe ein. Eine schwere Küstenbatterie bei Dover schoß allein 36 Salven, ohne Treffer zu erzielen.

Inzwischen war auch die 5. T.-Fl., von FKpt. Moritz Schmidt geführt, um 13.26 Uhr in Höhe des Kaps Gris Nez zu dem Verband gestoßen. »Seeadler«, »Falke«, »Kondor«, »Iltis« und »Jaguar« kannten sich in diesem Gebiet des Kanals gut aus.

Drei S-Boot-Flottillen und 176 Maschinen der Luftflotte 3 stießen in diesem Gebiet zum Verband, um die Sicherung zu verstärken. Und das war gut, denn nach dem Erfassen des deutschen Verbandes liefen aus Dover 5 Motor-Torpedoboote (MTB) unter Führung von Cdr. Pumphrey aus. Sie griffen den deutschen Verband an. Aber die eigenen S-Boote waren auf der Hut und drängten sie ab.

Drei in Ramsgate liegende MTB unter LCdr. Long folgten nach. Sie durchbrachen die äußere Sicherung und schossen ihre Torpedos auf die Schlachtschiffe. Die Zerstörer »Hermann Schoemann« und »Friedrich Ihn« bekämpften diese Gegner. Im Artilleriegefecht gelang es ihnen, mehrere der MTB zu treffen und schwer zu beschädigen.

Danach griff die Swordfish-Staffel 825, Cdr. Esmonde, in den Kampf ein. Die Maschinen griffen in Höhe von Gravelines in einem äußerst schneidigen Einsatz die deutschen Schiffe an. Sämtliche Flugzeuge wurden abgeschossen. Auch die Kanonen der T-Boote und Zerstörer hatten Anteil an diesem Abwehrerfolg.

Wenig später griffen dreimal Bomber den Gesamtverband an. Diese Angreifer wurden mit Feuer aus allen Abwehrwaffen beschossen. Dennoch kamen sie zum Wurf. T 13 erhielt einen leichten Treffer und auch »Jaguar« wurde durch einen Naheinschlag beschädigt.

Gegen 15.30 Uhr lief »Scharnhorst« vor der Scheldemündung auf eine Grundmine. Alle Generatoren des Schiffes fielen gleichzeitig aus. »Scharnhorst« war ohne Strom. Ein Wassereinbruch konnte behoben werden, und nach einigen Minuten fieberhafter Tätig-

keit, während derer das Schiff bewegungslos lag, ließ es sich wieder steuern. Dennoch beschloß der B.d.S., der von »Scharnhorst« führte, umzusteigen.
Bei grober See wurde Z 29 längsseits befohlen. In einem großartigen Manöver gelang es dem Kommandanten, KKpt. Rechel, den Zerstörer längsseits zu bringen, wobei er sich jedoch die Back eindrückte, was ihn in der Fahrtüchtigkeit aber nicht beeinträchtigte. Um 15.46 Uhr stieg der B.d.S. um und nahm seinen nächsten Stab mit auf den Zerstörer. Während alle Einheiten planmäßig weiterliefen, blieb nur KKpt. Wilcke mit seiner 3. T.-Fl. beim Havaristen und sicherte ihn.
Währenddessen hatte Z 29 Befehl erhalten, mit Höchstfahrt dem weitergelaufenen Verband zu folgen, damit der B.d.S. die Führung wieder übernehmen konnte. In dieser Zeit wurde der Zerstörer laufend von Flugzeugen angegriffen. Die Bordflack schoß einen zweimotorigen Bomber ab. Als er den Verband erreichte, bemerkte der Kommandant von Z 29, daß »Prinz Eugen« Kurs änderte und aus allen Rohren nach Backbord schoß. Der schwere Kreuzer wurde soeben von der aus Harwich ausgelaufenen 21. Z.-Fl., Captain C. T. M. Pizey, angegriffen. Captain Pizey gelang es, mit seinen Booten »Campbell« und »Vivacious« sowie vier ihm unterstellten Booten der 16. Z.-Fl., Captain Wright, »Worcester«, »Whitshed« und »Walpole« an den deutschen Verband heranzukommen. In zwei Divisionen griffen diese Zerstörer den deutschen Verband an. Neben »Prinz Eugen« war »Gneisenau« das Ziel der zweiten Division. Beide deutschen Schiffe eröffneten das Feuer und erzielten nach den ersten Salven Treffer, wie sich an Bränden und Rauchwolken zeigte. Die frühzeitige Feuereröffnung zwang die angreifenden Zerstörer, ihre Torpedos verfrüht und teilweise ungezielt zu schießen, so daß ihnen ausgewichen werden konnte. »Worcester« wurde von »Prinz Eugen« so stark eingedeckt, daß sie brennend und nur mit letzter Kraft einen englischen Hafen erreichte.
Um 17.00 Uhr drehten die Harwich-Zerstörer ab, als sie auch von den Geschützen der deutschen Zerstörer beschossen wurden. Beinahe gleichzeitig fand ein neuer Fliegerangriff statt, der von den Zerstörern und Torpedobooten abgewehrt wurde. Während dieses Abwehrfeuers zerstörte ein Rohrkrepierer auf Z 29 eine Ölleitung. Die Backbordmaschine fiel aus. Abermals mußte Vize-

admiral Ciliax umsteigen, denn mit halber Leistung war Z 29 nicht schnell genug.
»Hermann Schoemann« wurde herangerufen. Ein Kutter von Z 29 pullte den B.d.S. mit seinem Stab zu »Hermann Schoemann« hinüber. Auch die Kutterbesatzung wurde an Bord dieses Zerstörers geholt, der Kutter wurde versenkt.
Während dieses Manövers lief »Scharnhorst«, die inzwischen wieder klargeworden war, Steuerbord achtern mit hoher Fahrt auf und passierte die beiden gestoppt liegenden Zerstörer.
Die Luftangriffe der Engländer, die um 13.45 Uhr eingesetzt hatten, wurden bis zum Anbruch der Dunkelheit gegen 19.30 Uhr ständig fortgesetzt. Um 19.45 Uhr erreichte der B.d.S. auf »Hermann Schoemann« wieder die Spitze des Verbandes und führte von dort weiter.
In Höhe von Terschelling lief die »Gneisenau« auf eine Grundmine. Der Treffer minderte die Fahrt des Schlachtkreuzers nicht herab. Gegen 22.35 Uhr lief dann »Scharnhorst« zum zweiten Male auf eine Mine und blieb 30 Minuten gestoppt liegen, ehe die Fahrt mit 12 kn fortgesetzt werden konnte. Das Schiff mußte von »Hermann Schoemann« geleitet werden, da alle Navigationsmittel bei dieser zweiten Minendetonation ausgefallen waren.
In den frühen Morgenstunden des 13. 2. liefen »Gneisenau« und »Prinz Eugen« in die Elbmündung und »Scharnhorst« nach Wilhelmshaven ein. Ein großes Wagnis war gelungen. Es war vor allem den Zerstörern und Torpedobooten zu verdanken, daß die laufenden Fliegerangriffe abgewehrt werden konnten.

## WIEDER GEFECHTE IM NORDMEER: ZWEI ZERSTÖRER GEHEN VERLOREN

Als am 21. 2. 1942 die schweren Kreuzer »Prinz Eugen« und »Admiral Scheer« von Brunsbüttelkoog nach Norwegen verlegten, wurden diese Schiffe von Z 25, »Hermann Schoemann« und »Friedrich Ihn« geleitet. In der südlichen Nordsee wurde der Verband von britischen Aufklärern erfaßt. Ein deutscher Jäger konnte einen Fühlunghalter abschießen. Von den aufgrund einer FT-Meldung angesetzten Feindbombern fand nur einer den Schiffsverband. Er warf seine Bomben dicht neben »Prinz Eugen« und

wurde von dessen Bordflak abgeschossen. Am 23. 2. kam schließlich aus einer vor Drontheim operierenden britischen U-Bootgruppe abermals die »Trident«, Cdr. Sladen, zum Schuß. »Prinz Eugen« erhielt am Heck einen schweren Treffer, konnte aber den Marsch fortsetzen.
In der Zeit vom 19. bis 20. 3. verlegte auch »Admiral Hipper«, Kpt. z. S. Meisel, von Kiel nach Drontheim. Er wurde von Z 24, Z 26 und Z 30 sowie den T-Booten T 15, T 16 und T 17 gesichert.
Am 28. 3. schließlich wurde die 8. Z.-Fl. mit den Booten Z 26, Z 25 und Z 24 abermals alarmiert. Es ging darum, den ostgehenden Geleitzug PQ 13, der am 27. 3. durch einen deutschen Fernaufklärer erfaßt worden war, anzugreifen. Ju 88 des KG 30 kamen den Zerstörern zuvor und versenkten zwei versprengte Frachter. Schließlich gelang es Z 26, KKpt. Ritter und Edler Herr von Berger, den versprengten Frachter »Bateau«, 4.687 BRT, zu finden und mit Artillerie zu versenken.
Wenig später stießen die drei deutschen Zerstörer auf den vor dem Geleitzug laufenden Kreuzer »Trinidad« mit den beiden Zerstörern »Fury« und »Eclipse« und zwei Trawlern. In einem schweren Kampf, bei dem beide Seiten durch das herrschende starke Schneetreiben behindert waren, lieferten sich Z 26 und »Trinidad« ein Artilleriegefecht. Die Zerstörer »Fury« und »Eclipse« griffen in dieses Feuer ein. Z 26 erhielt schwere Treffer und wurde manövrierunfähig geschossen; wenig später meldete der Ausguck einen vom Kreuzer geschossenen Torpedo. Doch dieser Aal wurde ein Kreisläufer, der die »Trinidad« selber traf. Der Kreuzer mußte, nachdem er in Murmansk behelfsmäßig repariert worden war, am 15. 5. nach einem Angriff einer Ju 88 des KG 30 auf dem Rückmarsch aufgegeben werden.
In einem wilden Mêlée gingen Z 24 und Z 25 an Z 26 heran und bargen 96 Mann von dem inzwischen sinkenden Zerstörer. Als »Eclipse« das Feuer auf die beiden deutschen Zerstörer eröffnete, wurde sie von deren Feuer so eingedeckt, daß sie schwer getroffen ablaufen mußte.
Inzwischen waren aus dem Kolafjord die Zerstörer »Sokrusitelnyj« und »Gremjascij« ausgelaufen und beim Geleitzug eingetroffen. Gemeinsam mit dem englischen Zerstörer »Oribi« griffen sie die deutschen Einheiten an. Nach einem kurzen Feuergefecht

ließ Kpt. z. S. Pönitz ablaufen, da mit Erscheinen weiterer Gegner zu rechnen war.
Ein weiterer schwerer Verlust traf den deutschen Zerstörerverband nur einen Monat später. Die neugebildete »Zerstörergruppe Nordmeer« mit Z 24, Z 25 und »Hermann Schoemann« wurde gegen den leer nach Westen gehenden Geleitzug QP 11 angesetzt. Kpt. z. S. Schulze-Hinrichs, der Chef dieser Gruppe, führte die Boote Ende April an den Konvoi heran. Durch Eis behindert und mehrmals von den britischen Zerstörern »Bulldog«, Cdr. Richmond, »Beagle«, »Beverley« und »Amazon« abgedrängt, kam sie schließlich auf den sowjetischen Dampfer »Tsiolkovskij« zum Schuß und versenkte ihn. Die »Amazon«, die dem Dampfer zur Hilfe eilte, wurde im Artillerieduell beschädigt.
Am 30. 4. wurden die drei deutschen Zerstörer auf den havarierten Kreuzer »Edinburgh« angesetzt, der von zwei Torpedos von U 456, Kptlt. Teichert, getroffen worden war. Der Kreuzer gehörte zur Nahsicherung des Konvois. Er wurde von mehreren kleinen Einheiten umringt und gesichert. Ein Angriff auf ihn war mit der drohenden eigenen Vernichtung verbunden, das wußte Kpt. z. S. Schulze-Hinrichs. Dennoch befahl er den Angriff.
Am 1. 5. passierten die auf die »Edinburgh« operierenden deutschen Zerstörer ein großes Ölfeld, ein sicheres Zeichen dafür, daß die »Edinburgh« nahe war. In einer Schneebö sichtete Z 25 um 06.17 Uhr einen Schatten fünf Dez an Steuerbord. Die in breiter Dwarslinie in Suchformation laufenden Zerstörer gingen nunmehr in Gefechtsformation über und liefen auf den Schatten zu. Es war der englische Kreuzer, von dessen Seitensicherung plötzlich Zerstörer anliefen und angriffen.
»Hermann Schoemann«, der dieser Gruppe am nächsten stand, lief direkt auf sie zu. Die Torpedos wurden zum Nahschuß fertig gemacht. Um 06.34 Uhr befahl der Flottillenchef an alle:
»Abdrehen und Torpedos schießen!«
Für Z 24 und Z 25 war die Ausführung nicht möglich, da der Kreuzer in einer Schneebö außer Sicht geriet. »Hermann Schoemann« jedoch sichtete ihn in 78 hm Entfernung. KKpt. Wittig ließ die Fahrt vermindern und gab um 06.36 Uhr Feuererlaubnis für die Torpedowaffe.
Im selben Augenblick schlugen keine 100 m achteraus von dem Zerstörer drei 15-cm-Granaten des Kreuzers in die See. Die zwei-

te Salve der »Edinburgh«, die rasch der ersten folgte, lag deckend bei »Schoemann«. Granaten schlugen in beide Turbinenräume des deutschen Zerstörers. Beide Maschinen fielen aus. Die Feuerleitanlagen waren ausgefallen.
»Hermann Schoemann« drehte nach Steuerbord weg, verlor rasch an Fahrt und blieb liegen. Nebel quoll aus den über Bord geworfenen Nebelbojen. Die »Edinburgh« stellte das Feuer ein, aber die beiden neben ihr stehenden Zerstörer »Forester« und »Foresight« stießen aus dem Nebel heraus und schossen weiter auf den deutschen Zerstörer.
Als KKpt. Wittig die Meldungen seines LI über die Schäden erhielt, wußte er, daß ihm nur ein Befehl blieb, denn auf Kptlt. (Ing.) Böhmer konnte er sich verlassen. Er gab diesen Befehl:
»Klarmachen zum Sprengen! Geheimsachen vernichten! Alle Rettungsmittel aussetzen.«
Als die beiden anderen Zerstörer die Gefahr erkannten, in der sich »Hermann Schoemann« befand, machten sie kehrt, liefen zurück und nebelten ebenfalls das Führerboot ein. Z 25, KKpt. Peters, schoß einen Viererfächer. Einer seiner Torpedos traf den Kreuzer, und auch mit der Artillerie schossen diese Zerstörer auf die Gegner. Es gelang Z 25, mehrere Treffer mit seiner 15-cm-Batterie auf »Forester« zu erzielen. Der Gegner blieb lahmgeschossen liegen. Auch »Foresight« erhielt Treffer.
Während noch das Gefecht im Gange war, ging KKpt. Saltzwedel mit Z 24 an das Führerboot heran. In mehreren Anläufen schaffte er dies nicht, und Kpt. z. S. Schulze-Hinrichs gab um 07.10 Uhr den Befehl:
»An alle: Zerstörer entlassen. »Schoemann« muß aufgegeben werden.«
Als KKpt. Saltzwedel fragte, ob Längsseitskommen noch möglich sei, erwiderte der Kommandant von »Schoemann«:
»Ja, bitte schnell!«
Immer noch auf den Gegner schießend, der seinerseits mit allen Waffen feuerte, gelang es Z 24 mit seiner Back an »Hermann Schoemann« heranzukommen. Doch diese Verbindung dauerte nur wenige Sekunden. 12 Männer benutzten sie, um an Bord des rettenden Zerstörers zu springen. Dann trieb Z 24 ab und unternahm um 08.15 Uhr einen weiteren Versuch. Diesmal klappte es. Die Verbindung wurde hergestellt. Die Besatzung stieg über so-

weit sie nicht vorher auf Rettungsflöße oder in den Kutter gegangen war.
Die Bodenventile von »Hermann Schoemann« wurden geöffnet. Eine Wasserbombe wurde von Bootsmann Rönn im achteren Wohndeck mit Zeitzünder gesprengt, während Kptlt. Loerke, der Erste Offizier, in der Artillerie-Rechenstelle das Gleiche tat.
Als um 08.30 Uhr beide Wasserbomben hochgingen, waren alle Männer von Bord. »Hermann Schoemann« bäumte sich jäh auf und schoß dann rasch in die Tiefe.
Z 24 und Z 25 marschierten zurück. Sie hatten zusammen 254 Mann des gesunkenen Zerstörers an Bord. Kpt. z. S. Schulze-Hinrichs tat noch ein Weiteres, indem er auf der U-Bootwelle funken ließ, daß in der Nähe stehende U-Boote auf den Untergangsort zu operieren sollten. Was keiner geglaubt hatte, das trat ein: U 88 lief in dieses Gebiet, fand weitere 56 Soldaten des Zerstörers und rettete sie. Bis auf 15 Mann waren damit alle Besatzungsmitglieder von »Hermann Schoemann« gerettet worden. Doch die Kriegsmarine hatte im dritten Kriegsjahr mit ihm bereits den zweiten Zerstörer verloren.
In den Abendstunden des 13. 3. 1942 lief Schiff 28, der Hilfskreuzer »Michel« unter FKpt. von Ruckteschell aus Vlissingen zum Ausbruch in den Atlantik aus. Wieder einmal sollte die 5. T.-Fl. ein solches Schiff hinausbringen. Schiff 28 wurde von neun M-Booten und der 5. T.-Fl., FKpt. Schmidt, mit den Booten »Seeadler«, Oblt. z. S. Holzapfel, »Kondor«, Kptlt. Burckhardt, »Falke«, Kptlt. Hoffmann, »Iltis«, Kptlt. Jacobson, und »Jaguar«, Kptlt. Paul, gesichert. Die deutsche Führung rechnete beim Passieren des Kanals mit besonderer britischer Aufmerksamkeit, da ja knapp einen Monat vorher der Kanaldurchbruch der schweren Schiffe, das Unternehmen »Cerberus«, gelungen war.
In den frühen Morgenstunden des 14. 3. gegen 04.00 Uhr, griffen die ersten britischen Schnellboote das deutsche Geleit an. Alle Boote eröffneten beim Sichten das Feuer. Das erste Schnellboot brannte, zwei weitere erhielten kurz nacheinander schwere Treffer. Die S-Boote liefen ab. Aber nur, um knapp drei Stunden später abermals anzugreifen. Der deutsche Verband stand vor Le Touquet, nördlich der Seinemündung, als »Kondor« den Gegner sichtete. Wenig später waren Schnellboote und vier Zerstörer in Sicht.

FKpt. Schmidt ließ das Feuer auf die vier Zerstörer eröffnen. In schnellster Salvenfolge schießend gelang es, den Gegner zum zweiten Male zum Abdrehen zu zwingen.
Den dritten Angriff führten sechs aus Dover auslaufende MTB, die von drei Motorkanonenbooten (MGB) begleitet wurden. Für den Fall, daß auch diese Kampfgruppe keinen Erfolg haben sollte, hatte die britische Führung eine Zerstörergruppe aus fünf Booten bei Beachy Head bereitgestellt. Es waren die Boote »Walpole«, »Windsor«, »Blencathra«, »Fernie« und »Calpe«.
Wäre es diesem Verband gelungen, das Gefechtsfeld zu erreichen, wäre das deutsche Unternehmen wahrscheinlich mißlungen. Doch diese fünf Zerstörer wurden von Funkmeßgeräten aufgefaßt und von der deutschen Küstenartillerie mit gutliegendem Feuer belegt. Die deckend liegenden Salven trafen drei Zerstörer, einen davon schwer, so daß er nach Dover einlaufen mußte.
Die englischen Zerstörer griffen das deutsche Geleit nunmehr südlich Dungeness an. Die deutschen Boote erwiderten ebenso das Feuer wie der Hilfskreuzer, wobei letzterer mit seinem LG-Schießen die Feuerleitung der T-Boote bedeutend erleichterte.
In dem folgenden Gefecht gelang es den deutschen Booten, die Zerstörer »Fernie« und »Windsor« zu beschädigen.
Schiff 28 erhielt einen Treffer. Wenige Stunden darauf lief das Schiff in Le Havre ein. In St. Malo ergänzte es am 15. 3. seine Munitionsvorräte, und am 17. 3. erreichte Schiff 28 im Geleit der Boote der 5. T.-Fl. La Pallice. Drei Nächte später lief es zum Kreuzerkrieg im Atlantik aus der Gironde aus.
Wenig später sollte während der Geleitsicherung für einen anderen Handelsstörer ein schwerer Verlust die Torpedoboote treffen. Davor trat jedoch noch ein Ereignis ein, von dem berichtet werden muß: Es handelt sich um das britische Kommando-Unternehmen gegen St. Nazaire.

## DAS BRITISCHE KOMMANDOUNTERNEHMEN GEGEN ST. NAZAIRE

Nachdem fast alle kampfkräftigen deutschen Seestreitkräfte nach Norwegen abgezogen worden waren und – infolge der Lage auf dem Ostkriegsschauplatz – auch die Verbände der Luftwaffe zum größten Teil nach Rußland verlegt hatten, nahm England die

Chance wahr, mit einem Kommandounternehmen (»Raid«) gegen St. Nazaire dem Gegner einen empfindlichen Schlag zu versetzen. Ziel war das Schleusentor des großen Docks, des einzigen in Frankreich, das das Schlachtschiff »Tirpitz« aufzunehmen in der Lage war.

Unter Führung des alten Zerstörers »Campbelltown«, der mit einer starken Sprengladung versehen war, sammelten 1 MTB, 1 MGB und 16 Motorlandungsboote, die einige hundert Mann Heerestruppen an Bord nahmen, in Falmouth. Sie gingen am Nachmittag des 26. 3. 1942 in See, um nach einem 35-Stunden-Marsch am frühen Morgen des 28. 3. vor der Loiremündung zu stehen. Der Verband umging die auf Station liegenden Boote der deutschen Hafenschutz-Flottille durch ein Nebenfahrwasser, es gelang ihm auch, die deutsche Signalstelle an Land zu täuschen.

Als Markierungspunkt zur Ansteuerung hatte ein U-Boot gedient; mehrere Zerstörer standen weiter westlich als Unterstützungsgruppe zur Aufnahme der mit Landungsbooten von dem Unternehmen zurückkehrenden Truppen in See.

Der deutsche Flakkommandeur, Kpt. z. S. Mecke, hatte die Situation sofort erfaßt und ließ bei Erkennen der sich nähernden Boote das Feuer eröffnen. Doch nur wenige Landungsboote blieben getroffen liegen. Die Mehrzahl hatte den Schußbereich der Artillerie bereits durchlaufen und steuerte weiter ihre Ziele an. So auch die »Campbelltown«, die auch durch den in das Feuergefecht eingreifenden Sperrbrecher 137 nicht in ihrer Fahrt gehindert werden konnte. Wie vorgesehen, rammte sie das große Schleusentor. Die im Schiff angebrachte Sprengladung wurde gezündet, und während der Zeitzünder tickte, sprangen Kommandotrupps an Land, um Sprengladungen auch an den kleineren Schleusentoren anzubringen und wieder von den Motorbooten aufgenommen zu werden. Eine Gruppe von ihnen, die zur Sprengung des Tores der Mittelschleuse angesetzt worden war, wurde von den Besatzungen der nahe liegenden 16. MS.-Fl. gefangengenommen.

Bevor noch die Detonation an Bord der bereits verlassenen »Campbelltown« erfolgt war, wurde die 5. T.-Fl., die sich in den frühen Morgenstunden des 28. 3. auf einer Stichfahrt mit allen fünf Booten westlich St. Nazaire befand, von den Meldungen aus St. Nazaire alarmiert. Der Flottillenchef erhielt um 03.50 Uhr

Befehl, zur Loiremündung bei St. Nazaire zu gehen. Dort seien englische Kriegsschiffe erschienen und hätten Truppen gelandet.
Mit 26 kn Fahrt stießen die T-Boote in Richtung auf St. Nazaire vor. Gegen 06.30 Uhr erfolgten erste Sichtmeldungen über kleine Schatten auf dem Wasser.
»Jaguar« sichtete als erster den Gegner. Darauf ging die Flottille mit der Fahrt auf 15 kn herunter und drehte auf die Schatten zu.
Geben wir an dieser Stelle Kptlt. Paul, Kommandant von »Jaguar«, das Wort. Er meldete in seinem Gefechtsbericht:
»Um 06.39 h drehte ich auf den kleinen Schatten zu, der kaum auswanderte. Mit 15 kn Fahrt lief ich ihm entgegen und beobachtete durch das Fernglas das Fahrzeug, das ohne Glas nicht zu sehen war. Nach zwei Minuten erkannte ich beim Schatten plötzlich ein starkes Schraubenwasser, das Fahrzeug drehte nach der Steuerbordseite und versuchte, zu entkommen.
Ich befahl 25 kn und drehte, in der Hundekurve laufend und Backbord voraus haltend, dem englischen S-Boot – für das ich das Fahrzeug nunmehr hielt – nach und befahl um 06.43 h:
»Feuererlaubnis! – Scheinwerfer leuchten!«
Beim Aufleuchten des Scheinwerfers wurde dieses als feindliches Kanonenboot erkannt. Darauf entschloß ich mich, es zu rammen. Inzwischen eröffnete auch der Gegner das Feuer und drehte hart auf »Jaguar« zu, um dem Rammstoß, den ich angesetzt hatte, auszuweichen. Beide Boote trafen sich mit der Backbord-Back. Das Kanonenboot krängte dadurch stark und war am Schießen behindert. Wenige Meter voneinander entfernt schlierten die Boote vorbei. Mit Hartruder Backbord drehte ich dem nun abermals fliehenden MGB zum laufenden Gefecht nach. Abstand 80 bis 100 m haltend.
06.48 h: Die Engländer stellten plötzlich ihr Feuer ein, darauf drehte ich vorn am MGB vorbei und hatte jetzt den Gegner zum Passiergefecht an Backbord liegen. Ich ließ ebenfalls das Feuer einstellen und forderte durch Megaphonzuruf die Besatzung des Bootes auf, sich zu ergeben. Deutlich war ein Durcheinanderrufen von Stimmen zu hören. Mit dem Glas konnte ich erkennen, wie zwei Mann zu den Wasserbomben sprangen, obwohl ein dritter die Kriegsflagge niederholen wollte. Gleichzeitig damit begann der Gegner erneut zu schießen.
Ich befahl »Feuererlaubnis!« und ließ nach einer Minute das

Feuer ein zweitesmal einstellen, da die Engländer nicht mehr schossen und fragte um 06.51 h nochmal, ob sie bereit wären, sich zu ergeben. Wenn ja, sollten sie sofort die Hände hochnehmen, von den Wasserbomben fortgehen und alle auf der Backbordseite mittschiffs antreten.

Dieser Befehl wurde ausgeführt. Das Kanonenboot lief mit geringer Fahrt aus. Als ich um 06.52 h mit meiner Steuerbordseite an das Kanonenboot heranging, rief ein im Wasser schwimmender Engländer um Hilfe, und die Engländer an Bord baten mich, diesen Mann nicht zu zerdrücken. Ich zog mich zurück und lief 06.53 h das MGB erneut an. Mehrere Unteroffiziere und Mannschaften meiner Besatzung sprangen sofort mit MPi und Handgranaten an Bord, trieben die an Deck stehenden Engländer auf »Jaguar« und belegten das Boot.

Unter den Gefangenen befand sich ein Oberleutnant vom Heer und ein Leutnant zur See. Letzterer bat mich, die Schwerverwundeten von Bord zu holen und sagte, daß sich auch der Kommandant unter ihnen befände.

07.05 h: Nachdem das Boot Steuerbord längsseits festgemacht worden war, die Wasserbomben bewacht waren und einige Leute in den Räumen festgestellt hatten, daß sich nur noch Schwerverwundete an Bord befanden, übernahm ich die Verwundeten und setzte ein Schlauchboot aus, um die im Wasser schwimmenden Soldaten zu retten. Die Suche nach den Geheimsachen ergab nichts, da die Räume zum Teil dunkel waren. Der I. WO blieb auf der Brücke, der II. WO als AO auf dem vorderen Stand, während ich an Deck ging und die Überwachung der 23 Gefangenen und der Wasserbomben beaufsichtigte.

Nach etwa 10 Minuten ging ich gegen 07.18 h mit drei, später mit fünf kn Fahrt an, um das Boot abzuschleppen. Fünf Minuten später blitzte an Steuerbord voraus Mündungsfeuer auf. Daraufhin ging ich mit der Fahrt höher. Bei sieben kn brachen die Schleppleinen und das Kanonenboot trieb achteraus. Das Steuerbord voraus stehende Gefecht näherte sich. Dem Aufblitzen der Geschütze nach zählte ich zirka acht bis zehn Einheiten, die zur Hälfte verteilt standen. Ich ging mit den Maschinen zurück, übernahm meine Leute von dem geenterten Gun-Boot, MGB 14, die zum Teil von meiner Geschützbedienung waren und ließ das Boot treiben. Eine Nebelboje wurde geworfen, um den Standort

des Bootes zu markieren. Ich entschloß mich nicht zur Versenkung, weil das Boot noch immer drei Schwerverwundete an Bord hatte.
Im Süden konnte ich jetzt im Dämmerlicht zwei Zerstörer mit einem Schornstein erkennen. Sie standen in einer niedrigen Nebelwand, aus der sich der dicke Schornstein mit den Brückenaufbauten deutlich heraushob. Sie liefen sehr hohe Fahrt auf westlichem Kurs. Die Entfernung schätzte ich auf 80 bis 100 hm.
Um einer Begegnung zu entgehen, lief ich auf Kurs 40 Grad mit 26 kn zur Küste. Während ich ablief, wurden mir die Gefechtsschäden und Verluste gemeldet. Verwundet wurden von meiner Besatzung drei Mann, davon einer schwer. Unser Boot hatte 25 S.m.K.-Treffer und 16 Kanonentreffer erhalten. Gefangengenommen wurden 23 Soldaten, darunter der Kommandant von MGB 14 sowie ein Heeresoffizier. Leider erlag der Kommandant wenig später seinen Verwundungen. Schwerverwundet waren weitere acht Engländer. Der Rest war leicht verletzt.«
Soweit der direkte Bericht von Kptlt. Paul.
Die anderen Boote der Flottille beschossen ebenfalls die entgegenkommenden Boote, wobei es »Falke« unter Führung von Kptlt. Heinrich Hoffmann gelang, ein MTB zu vernichten.
Dazwischen aber lagen sie im Feuerwechsel mit den beiden englischen Sicherungszerstörern, die sich schließlich, mehrfach getroffen, nach Westen absetzten.
Es war ein dramatisches Gefecht gewesen. Nur vier Motorlandungsboote des Gegners kehrten nach England zurück. Das Sprengschiff aber, der Zerstörer »Campbelltown«, flog acht Stunden nachdem er die große Schleuse am Tor gerammt hatte, in die Luft. Die Schleuse wurde zerstört.
Bis zum 1. 4. 1942 trat zum F. d. Z. ein neuer Zerstörer hinzu. Insgesamt standen nunmehr 16 Zerstörer zur Verfügung.
Bei den Torpedobooten kamen im selben Zeitraum sieben neue Boote zum Verband. Hier konnten die Flottillen aufgefüllt werden; dem F. d. T. standen 26 Boote zur Verfügung.

## TORPEDOBOOTE »SEEADLER« UND »ILTIS« IM KANAL UNTERGEGANGEN

Die 5. T.-Fl., FKpt. Moritz Schmidt, verfügte am 1. 5. 1942 über folgende Boote:

| | |
|---|---|
| »Seeadler« | Kptlt. Strecker |
| »Kondor« | Kptlt. Burckhardt |
| »Iltis« | Kptlt. Jacobson |
| »Falke« | Kptlt. Hoffmann |
| »Jaguar« | i. V. Oblt. z. S. Tietze. |

Am Abend des 8. 5. verließ die Flottille Brest, um nach Hoek van Holland zu verlegen. Wegen der Luftgefahr wurde dieser Marsch in die Abend- und Nachtstunden verlegt. Deshalb mußte er auch in mehreren Etappen zurückgelegt werden. Die erste Etappe führte von Brest nach Cherbourg. Von dort ging es weiter nach Boulogne. Hoek van Holland war das dritte Etappenziel.
Auf See wurden am späten Abend des 8. 5. die neu eingebauten 2-cm-Vierlinge eingeschossen. FKpt. Schmidt gab seinen Kommandanten die neue Aufgabe bekannt: Schiff 23, Hilfskreuzer »Stier«, FKpt. Gerlach, der am 9. 5. morgens in Kiel ausgelaufen war, sollte zum Ausbruch in den Atlantik geleitet werden. Als Sperrbrecher 171 getarnt, würden sie Schiff 23 bei Hoek van Holland aufnehmen. Der Flottillenchef zu seinen Kommandanten:
»Mit Angriffen von Schnellbooten und englischen Zerstörern ist zu rechnen. Die Minenlage ist ungeklärt. Nach den bisherigen Erfahrungen glaube ich, der Schnellbootgefahr infolge der großen Zahl an Sicherungsfahrzeugen erfolgreich begegnen zu können. Auch den englischen Zerstörern fühle ich mich im Nachtgefecht gewachsen. Dies um so mehr, als von Seiten des Sperrbrechers mit dem Einsatz von 15-cm-LG zu rechnen ist. Unsere Hauptaufgabe ist der Schutz des Hilfskreuzers. Bei Auftreffen auf Geleitboote oder Zerstörer schlagartiger Einsatz aller Waffen. Torpedorohre querab schwenken, damit die Fächerschüsse im Abdrehen sofort fallen können.
Bei Torpedo- oder Minentreffer muß versucht werden, den Sperrbrecher einzuschleppen, oder ihn auf flaches Wasser zu bringen. Solange S-Boot- und Zerstörergefahr besteht, dürfen die T-Boote auf keinen Fall stoppen, da sie sich damit der Gefahr aussetzen, selber torpediert zu werden.

Bei Torpedo- oder Minentreffer auf einem Boot der Sicherungsstreitkräfte sollen die übrigen Boote – solange S-Bootgefahr besteht – unter keinen Umständen stoppen.«
Um 20.30 Uhr des 10. 5. marschierte die Flottille von Cherbourg mit 23 kn Marschfahrt nach Boulogne. Nach Umrunden von Barfleur wurde auf 21 kn heruntergegangen. Die Nacht war sichtig, aber dunkel. Die englische Luftaufklärung hatte den Verband noch nicht erfaßt. Damit waren die Voraussetzungen zu einem guten Gelingen des Nachtmarsches zum Teil bereits erfüllt.
Am 11. 5. um 02.00 Uhr wurde Fécamp passiert. Von diesem Punkt an befanden sich auf sämtlichen Booten alle Mann auf Gefechtsstationen. Zwei Stunden später setzte Nebel ein. Die Sicht wechselte zwischen 500 und 1.000 m. Die Ortungssignale, die dem Führerboot übermittelt wurden, gaben dem Verband jedoch ab 05.00 Uhr eine einwandfreie Schiffsortbestimmung. Aus ihnen ergab sich, daß er sich vor der Einfahrt von Boulogne befand. Im Morgengrauen tastete sich der Verband an die Mole heran und das Führerboot tauschte um 07.00 Uhr mit der Signalstelle ES aus. Wenig später machten die Boote in Boulogne fest.
Mit Sonnenuntergang um 19.30 Uhr lief der Verband zur Fahrt nach Hoek van Holland aus, passierte 20.30 Uhr Kap Gris Nez und marschierte mit 23 kn Fahrt weiter. Die auf »Iltis« eingeschiffte Ortungsgruppe konnte, ebenso wie jene auf »Seeadler«, keine Ortung durch den Gegner feststellen. Um 23.03 Uhr ging ein KR-Spruch von der 2. SichDiv. ein:
»Englische Schnellboote in See!«
25 Minuten vor Mitternacht trat die Flottille bei Gravelines in das ausgebojte Fahrwasser von Dünkirchen ein. Die Marschfahrt wurde hier auf 12 kn herabgesetzt. Die Boote liefen in Kiellinie mit 300 m Abstand. Seit dem Auslaufen aus Boulogne standen alle Mann wieder auf Gefechtsstationen. Lassen wir an dieser Stelle FKpt. Schmidt aus seinem KTB berichten:
»23.30 h: Die Flottille steht in der Dünkirchen-Enge. An Steuerbord voraus werden Motorengeräusche gehört. Es entsteht der Eindruck, als bewege sich ein Fahrzeug mit hoher Fahrt unter Land. Kurz darauf wird an Steuerbord ein Schatten gesichtet. Ich schieße mit dem Führerboot Leuchtgranaten, und in ihrem Licht wird ein feindliches S-Boot erkannt und im Passiergefecht von »Seeadler« unter Feuer genommen. Die übrigen Boote fallen ein.

Das S-Boot erwidert das Feuer. Es scheint ein Gun-Boot zu sein. Bei der hohen Passiergeschwindigkeit werden keine Treffer erzielt. Das Boot verschwindet im Dunkeln.
23.30 – 23.50 h: Während der Verband sich an der navigatorisch schwierigsten Stelle befindet, werden Backbord voraus durch »Seeadler« zwei kleine Schatten gemeldet. Sie werden als gestoppt liegende S-Boote erkannt. In dem engen Fahrwasser kann ich weder ausweichen, noch auf die Fahrzeuge zudrehen.
Die S-Boote kommen langsam querab und stehen in günstiger Schußposition. Im LG-Licht gelingt es, die Boote zu erfassen und nun unter 2-cm-Feuer zu nehmen. Die beiden S-Boote drehen ab und erwidern das Feuer noch im Wegdrehen mit 2 cm und mit einem kleineren Kaliber. Die rote Leuchtspur fliegt dicht über die Brücke. »Seeadler« erhält jedoch keinen Treffer. Eigenes 2-cm-Feuer deckt den Gegner ein. Eine Verfolgung der abgedrehten Boote kommt bei dem schwierigen Fahrwasser nicht in Frage.
23.50 – 00.10 h: An Backbord werden noch zirka zehn Minuten lang Motorengeräusche gehört. Ich befehle durch UK »bei Motorengeräusch selbständig LG schießen!«
Um 00.45 h werden wieder Schatten voraus gesichtet. »Seeadler« schießt LG und die Schatten werden als eigene R-Boote ausgemacht. Der Marsch wird ohne weitere Vorkommnisse fortgesetzt. Nach Passieren einer navigatorisch schwierigen Stelle bei Ostende-Bank geht die Flottille wieder auf 21 kn Marschfahrt herauf. Um 04.05 h werden in großer Entfernung weißrote Sterne beobachtet. Mit der Anwesenheit weiterer feindlicher S-Boote muß gerechnet werden.
Im Morgengrauen steht die Flottille vor Hoek van Holland. Als sie dort einläuft, bekomme ich einen Morsespruch des Hafenkapitäns: »Nicht einlaufen! Einfahrt wegen Minenverdacht gesperrt!« Ich ankere sofort mit der Flottille in der Nähe der Ansteuerungstonne. Dichter Nebel setzt ein. Um 10.20 h lichtet sich dieser Nebel, ich kann mit der Flottille einlaufen. In zwei Päckchen wird an der Fruchtpier festgemacht.
Ab 16.00 h sofortige Bereitschaft. Die Boote beginnen mit der Ölergänzung. Ich selbst fahre im Pkw nach Rotterdam zur Besprechung mit dem Kommandanten von Schiff 23 und dem Chef der 1. SichDiv. Bei dieser Besprechung wird festgelegt, daß der Sperrbrecher zunächst unter R-Bootgeleit um 16.30 h von Hoek

auslaufen soll. Die T-Boote folgen eine halbe Stunde später und laufen zunächst nach Norden, damit sie nicht mit dem Sperrbrecher in Zusammenhang gebracht werden.
Um 16.45 h verläßt Sperrbrecher 171 Hoek van Holland, während meine Boote verabredungsgemäß eine halbe Stunde später ablegen.
Das Geleit hat inzwischen auf Weg »Rot« den Marsch angetreten. Beim Sperrbrecher stehen 6 R-Boote der 8. R.-Fl. Ich entlasse die R-Boote, und damit beginnt für uns die Unternehmung.
Es ist diesig und teilweise sogar neblig, eine günstige Wetterlage für ein Unternehmen wie dieses. Die Sicht beträgt zwischen 1.000 und 2.000 m. Mit Anbruch der Dunkelheit rechne ich noch mit einer Verdichtung des Nebels und bin der festen Überzeugung, daß die englischen S-Boote uns nicht finden werden.
Mit englischer Luftaufklärung ist bei dem schlechten Wetter nicht zu rechnen.
Um 20.00 h wird der Marsch auf Weg »Rosa« mit 14 kn fortgesetzt. 21.45 h: Quintebank, Nordost 1-2, diesig. Bei schnell einbrechender Dämmerung wird an Steuerbord der Minensuchverband gesichtet. Um 22.30 h wird der Marsch hinter diesem Verband auf dem befohlenen Wege angetreten. Die Formation unserer T-Boote habe ich nach den Erfahrungen des Märzeinsatzes wie folgt befohlen:
»Seeadler« als Verbindungsboot zwischen den T-Booten und dem Sperrbrecher. »Kondor« und »Iltis« etwa zwei Dez an Backbord und Steuerbord, etwas achterlicher als querab. »Falke« recht achteraus. Das Fahren hinter einem Minengeleit in diesem stark schnellbootgefährdeten Gewässer bedeutet auch für die T-Boote eine starke Gefährdung durch Torpedoschüsse. Deshalb sind von mir wechselnde Fahrtstufen und Schlangenlinien befohlen worden, um dem Gegner eine genaue Schußabgabe zu erschweren. Ein Ausweichen außerhalb der minengeräumten Wege der M-Boote halte ich nicht für geraten, da dort mit dem Vorhandensein flachliegender Minen gerechnet werden muß.
Es regnet stark, was das Fahren hinter dem Minenverband zusätzlich erschwert. Ein starkes Meerleuchten beeinträchtigt die Orientierung, da es weder das Kielwasser noch die Spurbojen erkennen läßt. Lediglich die starke Kielwasserlaterne des Führerbootes der 8. R.-Fl. und das Erkennen eines Schattens des rechten

Flügelbootes ermöglichen das Stellunghalten. Die Fahrtstufen wechseln zwischen 13 und 9 kn. Um dem Sperrbrecher das Fahren zu erleichtern, wird auf »Seeadler« die Kielwasserlaterne gesetzt.«

Durch diese im Auszug widergegebene Niederschrift des Flottillenchefs wird deutlich, welch ein hohes Maß an seemännischem und navigatorischem Können dazu gehört, in dunkler Nacht im Verband durch minenverseuchtes Gebiet zu fahren. Doch nun weiter im KTB des Flottillenchefs:

»13. 5. 1942, 00.40 h: Die eingeschiffte B-Dienstgruppe meldet, daß der Verband inzwischen vom Gegner erfaßt worden sein muß. Verband steht bei Rytingen. Mit einer so frühzeitigen Erfassung habe ich nicht gerechnet. Um 01.30 h meldet die B-Dienstgruppe, daß mehrere britische S-Boote Auslaufbefehl erhalten hätten und beinahe gleichzeitig – es herrscht noch immer dichter Nebel – werden an Steuerbord voraus Motorengeräusche gehört. Mehrere von »Seeadler« geschossene LG-Fächer ergeben keine Klärung, führen aber zu der Erkenntnis, daß in dieser Nacht das Ergebnis der LG gering ist. Auch achterlich werden Motorengeräusche gehört. Der Gegner hält Fühlung, oder ist bereits vorbeigestoßen.

02.50 h: Der Verband wird von den Fernkampf-Batterien aus Dover beschossen. Zwei Salven liegen 200 – 300 m kurz vor dem Sperrbrecher. Von den englischen S-Booten ist noch nichts zu sehen, nur gelegentliche Motorengeräusche zeigen ihr Vorhandensein an. Auch die von »Falke« in achterlicher Richtung geschossenen LG ergeben kein klares Bild. Es ist derart dunkel, daß eine Sichtung der S-Boote aussichtslos erscheint.

03.00 h: Dover – Calais, Sichtbesserung bei Regen auf ca. 1.000 m. Um diese Zeit wird die engste Stelle des Kanals passiert. Der Verband steuert Punkt »Rosa 15« – Kap Gris Nez – an. Kurz vor dem Kap erfolgen – wie erwartet – die Angriffe der englischen S-Boote.

03.25 h: Der MS-Verband beginnt nach Backbord voraus mit dem LG-Schießen. Von diesem Zeitpunkt an setzt ein LG-Schießen ein, in das alle Einheiten einfallen. Aber nur die 15-cm-Granaten des Sperrbrechers geben eine etwas bessere Beleuchtung. An beiden Seiten des Konvois werden vereinzelt und für kurze Zeit Schatten gesichtet.

03.35 h: Kap Gris Nez an Backbord querab. In geringer Entfernung wird Motorengeräusch gehört. Im LG-Licht wird ein englisches S-Boot erkannt und sofort unter 2-cm-Feuer genommen. Dieses Boot läuft mit etwa gleicher Fahrt und auf gleichem Kurs und erwidert aus 2-cm- und 4-cm-Waffen heftig unser Feuer. Das eigene 2-cm-Feuer erfaßt den Gegner sehr gut. Dieses Gefecht, bei dem ich den Eindruck habe, daß die S-Boote gepanzert sind, weil die 2-cm-Waffen keine Wirkung erzielen, dauert etwa 15 Minuten. Ich selber richte in dieser Zeit meine besondere Aufmerksamkeit nach der Steuerbordseite, da ich nach den Erfahrungen der vergangenen Nacht einen Angriff englischer S-Boote von weitem auf unser Schutzobjekt befürchten muß. Ich lasse deshalb »Seeadler« nach Steuerbord voraus LG schießen, wobei von mir an zwei Stellen künstliche Nebelbänke gesichtet werden.
Inzwischen habe ich den Eindruck gewonnen, daß das S-Boot mit der 2-cm-Waffe nicht zu vernichten ist und befehle deshalb den Einsatz der Seezielbatterie auf kurze Entfernung, da ich dieses Boot unter allen Umständen unter Wasser bringen will. »Seeadler« dreht auf dieses Boot zu und beschießt es auf 500 – 800 m geschützweise. Als die Beleuchtung abreißt und »Seeadler« meldet, daß er keine LG mehr habe, lasse ich das Ziel mit dem Scheinwerfer beleuchten. In dieser Beleuchtung wird das inzwischen bewegungslos auf der See liegende Motor-Gun-Boot aus nächster Nähe in Brand geschossen. Das Boot ist wenig später gesunken. Nach den Aussagen von Gefangenen hat es sich um ein modernes Boot, den Flottillenführer, gehandelt.
Das Feuer wird eingestellt. »Seeadler« wendet und ich gebe Befehl, die alte Position vor dem Sperrbrecher, der inzwischen stark aufgekommen ist, wieder einzunehmen.
Um 04.08 h wird an der Steuerbordseite ein S-Boot gemeldet. Es ist jedoch rasch wieder im Dunkeln verschwunden. Kurz darauf erfolgt ein weicher federnder Stoß. Ich bin mir sofort darüber im Klaren, daß es sich um einen Torpedotreffer handelt. Der Torpedo trifft um 04.09 h das Boot an der Steuerbordseite, in Höhe des achteren Schornsteins. Das Boot legt sich sehr schnell nach Backbord über und zerbricht dann in zwei Teile. Der Untergang erfolgt binnen einer Minute.
Der Untergang meines Bootes ist zunächst von den anderen Booten nicht bemerkt worden. Erst beim Passieren der Wrackstelle

wird auf »Kondor« erkannt, daß es sich um »Seeadler« handelt. Nachdem »Seeadler« gesunken ist, gelingt es mir, auf ein in der Nähe treibendes Floß zu gelangen. Auf dem Floß befinden sich noch etwa acht bis zehn Soldaten.«

Soweit der direkte Bericht von KKpt. Schmidt.

Nach dem Untergang der beiden T-Boote – »Iltis« war bereits vorher, ebenfalls völlig unbemerkt, untergegangen – sah sich der Kommandant des Sperrbrechers veranlaßt, Boulogne anzulaufen und den Weitermarsch zu unterbrechen. Die beiden Boote »Kondor« und »Falke« geleiteten das Schiff dorthin. Die Führung dieser beiden Boote übernahm der Kommandant von »Falke«, Kptlt. Hoffmann.

Wie Kptlt. Strecker, der Kommandant von »Seeadler«, die Torpedierung seines Bootes erlebte, sei im Folgenden auszugsweise dargestellt, weil dieser Bericht den des Flottillenchefs ergänzt:

»04.08 h: Das Boot dreht langsam nach Backbord. In diesem Augenblick gehe ich auf der Backbordseite, um mich vom Freisein in der Drehrichtung zu überzeugen, als ich durch eine heftige Detonation, der starke Erschütterungen im ganzen Boot folgen, gegen die vordere Brückenverkleidung geworfen werde und kurze Zeit später infolge der starken Krängung außenbords falle. Das Boot muß sofort an Fahrt verloren haben, denn als ich wieder aus dem Wasser tauche, kommt mir der Mast entgegen, wobei ich mich in eine Flaggleine verhänge und mich nur durch Untertauchen aus dieser Verstrickung lösen kann. Über dem Boot steht eine hohe Rauchsäule. Das Atmen fällt schwer, auf dem Wasser schwimmt Öl. Über einen großen Raum verteilt fallen Schiffsteile ins Wasser. Ich sehe, wie die Back immer höher aus dem Wasser herauskommt und das Achterschiff als einzelner loser Teil achteraus treibt. Schrauben und Ruder stehen senkrecht aus dem Wasser und versinken dann schnell. Das Vorschiff steht einige Sekunden ebenfalls steil im Wasser, taucht unter und federt noch einmal ein, um dann ganz schnell und unter heftigem Zischen unterzugehen.

Von der schwimmenden Besatzung werden ohne Aufforderung drei Hurras auf »Seeadler« ausgebracht. Im Wasser schwimmen viele Soldaten. Alle, die ich sehe, haben Schwimmwesten an. Flöße oder Schlauchboote kann ich nicht sehen. Nach kurzer Zeit treibt ein Kapokfloß vorbei, auf dem der Adjutant steht und mit der Batteriepfeife Signale gibt, um den Schwimmenden das Auffinden der Rettungsmittel zu erleichtern. Am Floß selbst hängen vier Soldaten. Ich selbst schwimme nochmal vom Floß weg, um einen Mann zu holen, der mit blutüberströmtem Gesicht um Hilfe ruft und unterzugehen droht. In diesem Augenblick läuft mit mittlerer Fahrt »Kondor« vorüber, der von uns um Flöße angerufen wird. Es wird aber nicht verstanden und keine Flöße außenbords geworfen.

Die Soldaten sind guter Dinge und nachdem ich den verwundeten Bootsmann geborgen habe, setze ich mich selbst auf das Floß, auf das sich weitere vier Mann retten. Ein später vorbeitreibendes Gummifloß, auf dem sieben Mann hocken, wird mit einem Tampen an unser Floß angebunden. Der Öldunst ist beklemmend und erschwert das Atmen. Die Wasserfläche ist von Öl bedeckt. Den Sperrbrecher und die anderen Boote sehe ich in südlicher Richtung und unter Gefechtsberührung außer Sicht kommen. Nach Land zu werden mehrfach Motorengeräusche gehört. Auf dem Wasser brennt hell eine Leuchtbüchse, die auf einem Schlauchboot angerissen worden war.

Gegen Morgen wird der aus Nord kommende Wind stärker. Sämtliche Schlauchboote und Flöße sind jetzt dicht beisammen, damit die Rettungsaktion alle gleichzeitig findet.

Das Rufen der Kameraden untereinander verstummte sofort, als ein starkes Motorengeräusch erscholl und näher und näher kam. Aus dem Frühdunst traten vier schnelle Fahrzeuge heraus. Es sind deutsche S-Boote. Unsere beiden Flöße werden von S 63 aufgenommen. Ich sehe Soldaten der S-Boote außenbords springen, um schwache Kameraden an Bord zu holen. Der Einsatz der S-Bootbesatzungen verdient besondere Anerkennung und Würdigung.

Die Boote laufen zurück. Das Ausschiffen der Geretteten erfolgt in Boulogne. Ärztliche Versorgung setzt bereits im Hafen ein. Die Schwerverwundeten werden in ein Lazarett gebracht. Die Leichtverwundeten bleiben im Hafenlazarett unter Betreuung des Standortarztes.

Gerettet wurden der Flottillenchef, der Kommandant, zwei Wachoffiziere und 73 Unteroffiziere und Mannschaften. Vermißt sind der LI, Kptlt. (Ing.) Sauerland, und 75 Soldaten. Tot geborgen wurden 8 Soldaten.«

Was aber war mit »Iltis« geschehen? Wie wurde dieses Boot getroffen und welches Schicksal erlitt die Besatzung? Da das KTB mit dem Boot untergegangen ist, kann hier nur aus dem direkt nach dem Untergang angefertigten Bericht zitiert werden:

»Alarm! Starke Motorengeräusche achteraus. »Iltis« schießt LG-Fächer in 90-70-110 Grad.

03.40 h: FlaMW schießen Steuerbord voraus. Kommandant befiehlt: »Alarm an Steuerbord!« LG-Fächer in 30-50-70 Grad. Auf »Iltis« kann noch kein klares Bild über Stellung und Stärke des Gegners gewonnen werden. Es wird mit dem Auftreten von S-Booten oder Zerstörern an der Steuerbordseite gerechnet.

03.50 h: S-Bootalarm an Backbord. Sperrbrecher schießt auf zwei an der Backbordseite liegende englische S-Boote. FlaMW von »Iltis« erfassen sofort das Ziel. Treffer werden beobachtet. Fahrtverminderung um drei, dann vier kn, um nicht zu dicht auf den Sperrbrecher aufzudampfen. Geringe Kursänderungen vom Grundkurs um zwei bis drei Dez.

04.00 h: Torpedolaufbahn an Backbord. Befehl: »Beide Maschinen AK voraus! – Hart Backbord!«

Sekunden später Torpedotreffer mittschiffs. Wahrscheinlich hinter dem vorderen Schornstein. Der Bootskörper bricht sofort in zwei Teile. Das Vorschiff sackt mit Schlagseite stark nach Backbord weg und steht mit dem Bug nach oben noch zwei Minuten, ehe es sinkt. Das Achterschiff ist sofort weg.

04.03 h: »Iltis« ist mit wehender Flagge gesunken.«

Der Bericht läßt erkennen, daß der Torpedo »Iltis« hinter dem vorderen Schornstein getroffen hat; und zwar an der Backbordseite.

Nach Aussagen Überlebender soll der Kommandant, Kptlt. Jacobson, die schwimmende Besatzung noch ermutigt haben, daß die Rettung bald erfolgen werde. Er hat das Angebot, auf einem der Flöße Platz zu nehmen, abgelehnt.

Gegen sechs Uhr, mit Anbruch der Morgendämmerung, erschien ein eigenes S-Boot an der Untergangsstelle. Um 06.30 Uhr kamen weitere S-Boote hinzu. Es waren Boote der 4. S.-Fl. Sie nahmen die Überlebenden und die Toten auf.

Es wurden gerettet: 33 Soldaten, darunter zwei Offiziere. Tot geborgen wurden 34 Mann, darunter der Kommandant und zwei Offiziere.

In diesem Gefecht, das zwei Torpedoboote kostete, sind mit Sicherheit drei S-Boote des Gegners vernichtet worden. Mehrere S- und Gun-Boote wurden in Brand geschossen oder schwer beschädigt, konnten aber noch ablaufen. Das Ziel des Gegners, den Sperrbrecher zu vernichten, war nicht erreicht, weil die vier eingesetzten Torpedoboote dies durch schnelles Feuer nach allen Richtungen verhinderten.
Von den beiden übriggebliebenen T-Booten und mehreren M- und R-Booten wurde der Hilfskreuzer nach Le Havre und von dort nach Cherbourg weitergeleitet. Am 15. 5. um 03.45 Uhr, der Verband stand nordwestlich von Kap de la Hague, gab es wieder Alarm. Voraus war starkes Artilleriefeuer zu sehen. Mehrere größere Feindeinheiten mußten dort stehen. Sie befanden sich im Gefecht mit einer deutschen Vorpostenrotte. Um 03.47 Uhr machte der Sperrbrecher kehrt und »Falke« setzte sich – da Kptlt. Hoffmann mit einem feindlichen S-Bootangriff rechnete – nach Backbord mit Höchstfahrt vom Sperrbrecher ab, um nach See zu zu sichern. Sie liefen nach Cherbourg zurück.
Um 23.00 Uhr erfolgte der Weitermarsch mit dem Sperrbrecher. Diesmal kamen sie durch. Am 18. 5. um 04.00 Uhr wurde Ouessant an Backbord querab passiert. Von dort ging es in zwei Etappen weiter nach La Pallice und Royan. Hier mußte »Kondor« mit Kondensatorversalzung liegenbleiben, und »Falke« geleitete mit Vorpostenbooten den Sperrbrecher, der in Wahrheit ein Hilfskreuzer war, in die Biskaya. Von hier lief Schiff 23 zum Handelskrieg in den Atlantik aus.

## GELEITE IM NORDEN – ANGRIFF AUF KONVOI PQ 17 ABGEBROCHEN

Vom 16. bis 18. 5. wurde »Prinz Eugen«, nach dem Torpedotreffer vom 23. 2. behelfsmäßig repariert, von Drontheim durch Z 25, »Paul Jacobi«, T 11 und T 12 nach Kiel geleitet. Dieses Geleit wurde vor Lister von starken Bombergruppen des Gegners angegriffen. In einem dramatischen Abwehrgefecht wurden von Bordflak und Jägern sieben Bomber abgeschossen. Die geworfenen Bomben verfehlten ihr Ziel.
Z 29, »Hans Lody« und »Friedrich Ihn« beteiligten sich vom 17. – 18. 5. an einer defensiven Minenunternehmung in der nörd-

lichen Nordsee, westlich des Skagerrak. Anschließend kehrte Z 29 nach Drontheim zurück, um den Marsch von »Lützow« und des Troßschiffes »Nordmark« zu sichern. Mit T 7 geleitete der Zerstörer diese beiden Einheiten nach Narvik.

Am Nachmittag des 2. 7. erfolgte der Abmarsch der Kampfgruppe I unter Generaladmiral Schniewind mit »Tirpitz«, »Hipper« sowie den Zerstörern »Karl Galster«, »Friedrich Ihn«, »Hans Lody«, »Theodor Riedel« und den Torpedobooten T 7 und T 15 von Drontheim zum Absprung aus Nordnorwegen für die Operation »Rösselsprung«, deren Ziel ein Angriff auf den durch deutsche U-Boote und Luftaufklärung erfaßten Konvoi PQ 17 war.

Einen Tag darauf marschierte auch die Kampfgruppe II unter Vizeadmiral Kummetz mit »Lützow«, »Admiral Scheer« sowie den Zerstörern Z 24, Z 27, Z 28, Z 29, Z 30 und »Richard Beitzen« von Narvik zum Altafjord, um sich dort mit der Kampfgruppe I zu vereinigen.

Die Zerstörer »Friedrich Eckoldt« und »Erich Steinbrinck« schlossen sich im Altafjord ebenfalls den Kampfgruppen I und II an.

Auf dem Wege im Gynsöystrammen fielen »Lützow«, »Karl Galster«, »Hans Lody« und »Theodor Riedel« durch Grundberührung aus.

Als am 5. 7. die deutsche Luftaufklärung die Auflösung dieses Konvois meldete, gingen die im Absprungraum bereitliegenden »Tirpitz«, »Admiral Hipper«, »Admiral Scheer« sowie sieben Zerstörer und zwei Torpedoboote ankerauf.

Ein Catalina-Flugboot und ein englisches U-Boot meldeten das Auslaufen der deutschen Einheiten. Diese Funksprüche wurden abgehört. Der Ob. d. M. brach daraufhin – in Übereinstimmung mit der Führerweisung »kein Risiko eingehen« – die Operation für die Seestreitkräfte ab.

Vom 25. bis 29. 7. erfolgte der Rückmarsch der beiden im Gynsöystrammen beschädigten Zerstörer »Hans Lody« und »Friedrich Ihn« von Drontheim nach Kiel im Schlepp von Bergungsschleppern. Dabei mußte bei Christiansand-Süd ein nächtlicher Angriff abgewehrt werden. Die Norwegen-Zerstörer hatten damit – wenn auch nur auf Zeit – zwei weitere Einheiten verloren.

Die 3. T.-Fl., KKpt. Wilcke, die in dieser Zeit zusammen mit der 5. T.-Fl. im Kanal operierte, führte in den Nächten vom 20. bis

22. 7. mit den Booten T 13, T 4, T 10 und T 14 zwei defensive Minenunternehmen »Rhein« und »Stein« durch.
Das dritte Kriegsjahr ging zu Ende. Die Torpedoboote und Zerstörer hatten in diesem ereignisreichen Jahr bittere Verluste erlitten: der Zerstörer »Bruno Heinemann« war im Kanal nach Minentreffer verlorengegangen, Z 26 ging nach einem schweren Gefecht mit dem britischen Kreuzer »Trinidad« und den Zerstörern »Fury« und »Eclipse« am 29. 3. im Nordmeer unter, und nur wenig mehr als einen Monat später mußte »Hermann Schoemann« nach hartem Kampf gegen den britischen Kreuzer »Edinburgh« ebenfalls im Nordmeer aufgegeben werden; die Torpedoboote »Iltis« und »Seeadler« schließlich waren im Kanal gesunken. Neu in Dienst gestellt wurden in diesem Jahr die sechs Torpedoboote T 18 bis T 23. An Zerstörern waren im selben Zeitraum Z 30 und Z 31 hinzugekommen.

## KÄMPFE VON ITALIENISCHEN UND BRITISCHEN ZERSTÖRERN IM MITTELMEER

Der Mittelmeer-Kriegsschauplatz sah zu Beginn des dritten Kriegsjahres den schnellen Vorstoß des deutschen Afrika-Korps und die Panzerschlachten in der Wüste. Damit eng verbunden waren die deutsch-italienischen Nachschubgeleite.
Auf der Seite des Gegners war ebenfalls das Nachschubproblem von besonderer Bedeutung. Da war einmal die Insel Malta, zu deren Versorgung Geleitzüge zusammengestellt werden mußten, und zum anderen Alexandrien, das ebenfalls über das Mittelmeer versorgt werden mußte.
Auf diesen Geleitzugwegen kam es zu Duellen Zerstörer gegen Zerstörer und Zerstörer gegen Luftstreitkräfte und U-Boote. Als im September 1941 von den Engländern die Operation »Halberd« gestartet wurde, standen zum Schutz dieses Malta-Konvois nicht weniger als 18 Zerstörer in den Deckungsgruppen. Unter ihnen so bewährte Boote wie »Cossack«, »Oribi«, »Zulu« und der polnische Zerstörer »Piorun«. Gegen diesen Konvoi, der Gibraltar am 24. 9. 1941 verließ, bot die italienische Seekriegsleitung 11 U-Boote, zwei Schlachtschiffe, mehrere Kreuzer und elf Zerstörer auf. Die britischen Zerstörer versenkten in einem der Gefechte das

Zerstörer Z 29

Zerstörerflottille auf Kriegsmarsch in einem Fjord Norwegens

Britischer Zerstörer »Bulldog« bei Beölung in Fahrt

Die 8. Z.-Fl. »Narvik« in Nordnorwegen 1942

Zerstörer »Hermes« (ZG 3) vor Piräus 1942 (mit Tarnanstrich)

FKpt. Johannesson, Kommandant »Hermes« von März 1942 bis April 1943

italienische U-Boot »Adua«. Es waren »Gurkha« und »Legion«, die sich diesen Erfolg anrechnen konnten.
Bei der Vernichtung des deutschen »Duisburg«-Geleites wiederum, das am 9. 11. 1941 verlorenging, kämpften auch die italienischen Zerstörer »Fulmine«, »Grecale«, »Euro« und »Libeccio« als Geleitsicherung verzweifelt gegen die weit überlegene britische Force »K«. Alle vier Zerstörer wurden von den Kreuzern dieser britischen Kampfgruppe nach hartem Gefecht vernichtet oder schwer beschädigt.
In den Schlachten in der Sirte, bei Geleitzugoperationen beider Seiten, standen immer wieder Zerstörer im vordersten Treffen. So wurde auch der Zerstörer »Hasty« am 14. 6. 42 durch S 55, Oblt. z. S. Weber, versenkt. Der Zerstörer »Bedouin«, der bei der Rückführungsaktion von Dünkirchen von sich reden gemacht hatte, wurde am nächsten Tag ein Opfer italienischer Kreuzer.
Die Operation »Pedestal«, die im August 1942 als letzte Geleitzugoperation der Engländer im dritten Kriegsjahr durchgeführt wurde, sah abermals eine große Anzahl Zerstörer im Einsatz. Neben dem Flugzeugträger »Eagle« verloren die Engländer die Zerstörer »Ithuriel« und »Foresight«.

## DER ERSTE DEUTSCHE ZERSTÖRER IM MITTELMEER

Bei Ende des Balkanfeldzuges wurde im Mai 1941 im Dock von Salamis der in England gebaute griechische Zerstörer »Basileos Georgios I.« erbeutet. Dieser Zerstörer wurde so rasch wie möglich instandgesetzt, mit deutschem Personal bemannt und als »ZG 3 – Hermes« in Dienst gestellt. Damit hatte die deutsche Kriegsmarine ihr erstes größeres Schiff im Mittelmeer. Erster Kommandant von »Hermes« wurde FKpt. Rolf Johannesson.
Dieser Zerstörer fuhr unter einem glücklichen Stern. Zunächst im ostwärtigen Mittelmeer eingesetzt, führte er viele Geleite vor allem von Kreta in Richtung Tobruk. Als Geleitführer bewährte er sich hervorragend. Trotz der vielen Angriffe aus der Luft und durch U-Boote ging kein einziges Schiff verloren, das »Hermes« geleitete.
Während eines Geleites nach den Dardanellen ortete »Hermes« das britische U-Boot »Triton«. Durch geschicktes Manövrieren

und gute Einweisung der U-Jäger gelang es »Hermes«, entscheidend an der Versenkung dieses U-Bootes mitzuwirken.
Eine der besonderen Aufgaben dieses Bootes zu Anfang der Feindfahrten waren die vom 2. bis 3. 7. mit dem Minenschiff »Bulgaria« durchgeführten Minenunternehmungen in der Ägäis.
Als am 7. 8. 1942 U 83, Kptlt. Kraus, vor Haifa nach dem Auftauchen überraschend von britischen Bombern angegriffen und getroffen wurde, erhielt der Kommandant am anderen Morgen einen Funkspruch:
»»Hermes« unterwegs. Wird Sie morgen früh erreichen!«
Am 18. 8. traf »Hermes« bei dem U-Boot ein, nahm es in Schlepp und brachte es nach Salamis.
Von diesem Zerstörer wird auch während des vierten Kriegsjahres noch viel zu berichten sein.

Konteradmiral Wilhelm Meisel erhielt am 26.02.1941 das Ritterkreuz als Kommandant des Kreuzers „Admiral Hipper". In seinen Verbänden spielten Zerstörer stets eine große Rolle.

Admiral Bey bei der Besatzung von Z 29, hinter ihm der Kommandant des Bootes, Fregattenkapitän Rechel.

Fregattenkapitän Hans Dominik,
Chef der 9. T-Flottille, Ritterkreuz am 28.12.1944

Korvettenkapitän Wirich von Gartzen, Chef der
10. T-Flottille, Ritterkreuz am 24.06.1944

Kapitänleutnant Wilhelm Meentzen, Kdt. T 24,
Ritterkreuz am 30.10.1944

Korvettenkapitän Franz Kohlauf, Chef
4.T-Flottille, Ritterkreuz am 29.10.1943; gefallen
am 26.04.1944 im Golf von St. Malo auf T 29.
Postum wurde er zum Fregattenkapitän befördert.

Fregattenkapitän Curt Rechel, Kommandant Z 29,
Ritterkreuz am 08.05.1943

Korvettenkapitän Friedrich-Karl Paul,
Chef 2. T-Flottille, Ritterkreuz am 04.03.1945

Kapitänleutnant Werner-Friedrich Weinlig,
Kommandant T 23, Ritterkreuz am 08.05.1945

Oberleutnant zur See Heinz Guhrke, Kommandant
TA 20, Ritterkreuz am 05.11.1944, gefallen am
31.10.1944 in einem Seegefecht in der Adria.

## Diese vier U-Boot-Kommandanten fuhren vor ihrem „Einsatz unter Wasser“ auf Torpedobooten.

Werner Hartenstein, Kommandant auf der „Seeadler“ von November 1938 bis Oktober 1939, Kommandant auf der „Jaguar“ Oktober 1939 bis März 1941, in Vertretung Flottillen-Chef der 6. T-Flottille, Ritterkreuz am 17.09.1942, gefallen am 12.03.1943 als Korvettenkapitän.

Günther Hessler, Kommandant auf der „Falke“ vom 03.05.1940 bis 10.01.1941, Ritterkreuz am 24.06.1941 als Kommandant von U 107.

Robert Gysae, Kommandant auf T 107 (ex G 7) von Oktober 1938 bis März 1940, Ritterkreuz am 23.11.1941 als Kommandant von U 98, 250. Eichenlaub zum Ritterkreuz am 31.05.1943 als Kommandant von U 177.

Siegfried Stehlow, Kommandant der „Albatros“ vom 12.03.1939 bis April 1940, Ritterkreuz am 27.10.1942 als Korvettenkapitän und Kommandant von U 435, gefallen am 09.07.1943 im Atlantik, westlich von Portugal.

TA 14 „Turbine“ kommt mit Gefangenen von Leros zurück.

TA 14 „Turbine“. Die italienischen Torpedoboot-Zerstörer waren vorzügliche Kampfboote mit Geschwindigkeiten von 25 bis zu 39 Knoten. Sie kämpften aufopfernd unter italienischen und später auch unter deutschen Besatzungen.

Kapitänleutnant Miron Kunst,
2. Kommandant von TA 38

Die Besatzung von TA 38 ist auf der Back angetreten. Der Flottillenchef übergibt das Boot an Kapitänleutnant Kunst, der es bis zum Untergang führte.

Obersteuermann Reinhardt auf dem Signaldeck von TA 38 „Spada"; oben das Flottillenwappen, darunter das Wappen der „Spada", die gekreuzten Schwerter.

Das von Jagdbombern beschädigte Boot TA 22 „Giuseppe Missori“ wird von UJ 202 nach Triest eingeschleppt.

Fregattenkapitän Friedrich Wilhelm Thorwest, Flottenchef der 2. Geleit-Flottille, fiel in der Nacht zum 01.11.1944 bei einem Seegefecht in der Adria. Er erhielt am 05.11.1944 postum das Ritterkreuz.

Fregattenkapitän Biernbaum, Flottillen-Chef der 9. T-Flottille in der Adria

Oberleutnant zur See Guhrke wird als Kommandant auf TA 20 willkommen geheißen

TA 40 „Pugnale“ als Führerboot der 9. T-Flottille

Die TA 30 „Dragone“ wurde am 15.06.1944 westlich von La Spezia durch U-Boot-Torpedotreffer versenkt.

Die TA 17 „San Marino“ war in der Schlacht um Leros mittendrin.

Bombentreffer auf das Arsenal von Triest beim Luftangriff am 16.06.1944

TA 20 „Audace“ sank am 01.11.1944 im Gefecht nördlich von Zara. Der Kommandant Kapitänleutnant Guhrke fiel im Gefecht.

TA 38 mit abschußbereiten Torpedorohren zum Einsatz in See

Das Transportschiff „Leda“ in der Bucht von Portolago auf Leros am Vorabend seiner Versenkung

Teil VI

# *Das vierte Kriegsjahr*

## ZERSTÖRER »HERMES« IN DER ÄGÄIS UND VOR NORDAFRIKA

Zu Beginn des vierten Kriegsjahres hatte »Hermes« bereits in mehreren Unternehmungen seine Seetüchtigkeit und Schlagkraft unter Beweis gestellt. Dieser 1937 – 38 in Hull, England, erbaute Zerstörer von 1.625 t lief mit seinen beiden Maschinen mit einer Leistung von 34.000 PSw 35 Knoten. Er war mit vier Geschützen vom Kaliber 12 cm und zwei deutschen Vierlings-Torpedorohrgruppen bestückt. Außerdem hatte er eine Reihe 2-cm-Flawaffen erhalten, die ihm später bei schweren Luftangriffen zustatten kamen.

Unter FKpt. Johannesson fuhr »Hermes« seine Einsätze als Geleitzerstörer von Saloniki über Piräus bis zur Cyrenaika. Einen harten Kampf lieferte »Hermes« seinen Gegnern, als er vom 22. bis 24. 9. 1942 den Benzintanker »Rondine« aus der Sudabucht von Kreta nach Tobruk geleitete.

Die »Rondine« hatte eine Maschinenstörung. Zweimal fiel die gesamte Maschinenanlage des Tankers aus. Doch »Hermes«, der gemeinsam mit dem italienischen T-Boot »Orso« dieses Schiff geleitete, brach das Unternehmen trotz zahlreicher Fliegerangriffe nicht ab. Bombenabwürfe erschütterten als Naheinschläge den Tanker und die beiden Geleitfahrzeuge. Mit dichtem Abwehrfeuer wurde der Gegner am gezielten Bombenwurf gehindert. Mehrere Flugzeuge wurden abgeschossen. Die »Rondine« erreichte Tobruk und konnte die wertvolle Ladung löschen, die für das Afrika-Korps von entscheidender Bedeutung war.

Ein vom 9. bis 11. 10. in dem Raum südlich Kreta durchgeführtes Minenunternehmen wurde ebenfalls von »Hermes« gefahren. Es wurde ein voller Erfolg.

In den ersten Novembertagen geleitete »Hermes« die Dampfer »Col di Lana«, »Mualdi« und den Tanker »Portofino« von Piräus

nach Bengasi. Diesmal waren in guter Waffenkameradschaft die italienischen Zerstörer »Freccia« und »Folgore« sowie die T-Boote »Ardito«, »Uragano« und »Lupo« dabei. Trotz mehrerer Luftangriffe kam der Konvoi heil durch.
Da die Geleite zum nordafrikanischen Kriegsschauplatz mit der britischen Großoffensive bei El Alamein und ihrem raschen Vorstoß nach Westen, der die 8. Armee des Generals Montgomery bis Ende Januar 1943 nach Tripolis brachte, zu Ende gingen, wurde »Hermes« eingangs April 1943 in den Raum Tunis verlegt.
Am 2. 4. 1943 hatte in Piräus ein Kommandantenwechsel stattgefunden. Neuer Kommandant wurde FKpt. Kurt Rechel, der bis dahin den Zerstörer Z 29 geführt hatte. Er, ein langjähriger Zerstörer- und Torpedobootfahrer, sollte »Hermes« nun im Nachschubdienst nach Tunesien führen.
Seine erste Aufgabe als Kommandant des Zerstörers »Hermes« war es, das Boot ins neue Operationsgebiet zu bringen. Der Weg führte durch den schmalen Kanal von Korinth, durch das Jonische Meer und um die Südspitze Italiens nach Salerno. Im Hafen von Salerno erlebte »Hermes« am 16. 4. 1943 den ersten Fliegerangriff, und am 17. 4., nach einem zweiten Luftangriff, erhielt das Boot die Weisung, zu melden, wie lange seine Beladung mit Minen dauern würde. Die Antwort von FKpt. Rechel lautete: »Zehn Stunden!«
Als die Minen eintrafen, mußten diese in der Nacht zum 19. 4. an Bord genommen werden. Die befohlene Aufgabe lautete:
»Legen einer operativen Minensperre in der Mitte der Sizilienstraße und Legen einer Lotreihe.«
Am 19. 4. um 15.30 Uhr ging »Hermes« zu seiner ersten Aufgabe im westlichen Mittelmeer ankerauf. Kleine Fahrzeuge, die ihm begegneten, wurden als italienische S-Boote erkannt. Ein Fliegeralarm wurde wieder aufgehoben, weil die gesichteten Flugzeuge eigene sechsmotorige Großlastentransporter waren.
Bei Sonnenuntergang stand »Hermes« bereits weit draußen in See. Um 24.00 Uhr kam das Boot vom Landschutz Siziliens frei. Wind und Seegang nahmen zu, das Boot schlingerte bis zu einer Krängung von 15 – 20 Grad. Dieses Überholen war insofern bedenklich, als die Minen lose auf den Schienen standen. Es bestand die Gefahr, daß sie aus den Schienen brachen und über Bord gingen. Aber FKpt. Rechel entschloß sich zum Durchhalten,

auch wenn diese Krängung das Äußerste war, was er dem mit Minen beladenen Boot zumuten konnte.
Eine halbe Stunde nach Mitternacht meldete das eigene Warngerät, daß »Hermes« von einem feindlichen Seeaufklärer erfaßt worden war. Ein FT vom deutschen Marinekommando Italien, der um 01.16 Uhr einging, wies darauf hin, daß Aufklärer des II. Fliegerkorps drei feindliche Zerstörer gesichtet hätten, die sich direkt auf Kollisionskurs zu »Hermes« befanden, wenn dieser seinen vorgesehenen Kurs beibehielt. Auch diesmal beschloß FKpt. Rechel, durchzuhalten und die befohlene Aufgabe auszuführen.
Die eingeschiffte B-Gruppe meldete um 01.42 Uhr, daß ein US-Aufklärer Meldung über einen gesichteten Feindzerstörer nach Malta gefunkt habe. Es konnte nur »Hermes« gewesen sein.
Das Minenlegen begann um 03.35 Uhr an der vorgesehenen Stelle. Alle Minen fielen planmäßig, und um 04.15 Uhr war die letzte geworfen. Da das Lot unklar war, entfiel der zweite Teil der Aufgabe: »Legen einer Lotreihe«. Das Boot trat den Rückmarsch an. Eine Vickers-Wellington, die das Boot kurz vor Sonnenaufgang mit nur 1,5 km Seitenabstand passierte, sichtetet es offenbar nicht. Um 10.00 Uhr ließ FKpt. Rechel das Boot auf Höchstfahrt bringen. Er wollte sich von der Leistungsfähigkeit des Zerstörers überzeugen. Die Maschinen erreichten 300 Umdrehungen, was einer Geschwindigkeit von 30 kn entsprach.
Um 14.16 Uhr lief »Hermes« in Salerno ein und hatte damit die erste Aufgabe im westlichen Mittelmeer erfolgreich hinter sich gebracht.
Am 21. 4. lief das Boot um 07.00 Uhr aus, um in Pozzuoli Ölübernahme durchzuführen. Bereits um 08.38 Uhr wurde an Backbord das Sehrohr eines U-Bootes gesichtet. FKpt. Rechel ließ U-Bootalarm geben und hart darauf zu drehen. Eine Minute darauf sah der Kommandant durch sein Fernglas den Luftschwall eines auf Tiefe gehenden U-Bootes.
Um 08.39 Uhr wurde die erste S-Ortung empfangen. »Hermes« drehte in die Peilung und warf beim ersten Anlauf um 08.43 Uhr eine Wasserbombenserie von fünf Gruppen zu je drei Wabos mit Tiefeneinstellung zwischen 35 und 50 m. Das Boot lief mit 17 kn ab und drehte dann zum zweiten Anlauf auf. Um 08.50 Uhr erfolgte die zweite Ortung. Fünf Minuten später befand sich »Hermes« wieder über dem U-Boot. Abermals wurden fünf Gruppen

zu jeweils drei Wabos geworfen. Diesmal mit Tiefeneinstellungen zwischen 50 und 75 m.
Abermals mußte »Hermes« mit 17 kn ablaufen und entfernte sich rund 30 hm von der geworfenen Rauchboje, die den U-Bootstandort bezeichnete. Dann drehte Rechel wieder auf, und als die U-boot-Ausweichbewegungen erkannt wurden, ließ der Kommandant den Zerstörer laufend nachdrehen. Bei 400 m Entfernung wanderte das U-Boot plötzlich um 25 Grad aus. So hart nachzudrehen war für »Hermes« unmöglich. Rechel brach den Anlauf ab, drehte mit 17 kn Fahrt ab und wiederholte den Anlauf.
Das S-Gerät ortete das U-Boot auf 15 hm, die Wasserbomben wurden auf 90 bis 120 m eingestellt. Dann ging das Boot auf 12 kn Wurffahrt, um von 09.24 Uhr an mit Intervallen von 10 Sekunden drei Gruppen zu jeweils drei Wasserbomben zu werfen. Gleichzeitig ließ FKpt. Rechel zwei Gruppen zu je zwei Wabos über das Heck werfen.
Es wurden keine Beobachtungen gemacht, während das Boot mit nur 3 kn Fahrt auf gleichem Kurs weiterlief. Als es schließlich mit 17 kn ablief, um zu einem neuen Angriff anzusetzen, wurde an Backbord achteraus in 30 hm Entfernung das nunmehr auftauchende U-Boot gesichtet. Sein Bug ragte im Augenblick des Auftauchens hoch aus dem Wasser.
Mit Hartruder und AK drehte »Hermes« auf das U-Boot zu. FKpt. Rechel gab Feuererlaubnis für Flak und Artillerie. Um 09.35 Uhr drehte das U-Boot ab und lag nun quer zum Zerstörer. Sein Geschütz wurde besetzt. Die eigene 3,7-cm-Flak schoß und erzielte Treffer unter dem U-Bootgeschütz. Die Geschützbedienung sprang außenbords.
Um 09.40 Uhr kam die Besatzung des Bootes an Deck. Doch das U-Boot blieb weiterhin in Fahrt. Dies zeigte FKpt. Rechel, daß entweder noch Leute an Bord waren, oder aber, daß man es unterlassen hatte, die Motoren abzustellen. Das U-Boot fuhr jetzt einen großen Kreis, und FKpt. Rechel befahl:
»Seezielartillerie: U-Boot versenken!«
Die Flak stellte das Feuer ein. Die 12-cm-Geschütze eröffneten ihr Feuer und erzielten sofort Treffer. Um 09.47 Uhr sank das U-Boot über den Achtersteven. »Hermes« lief zur Aufnahme der Schiffbrüchigen auf den Versenkungsort zu.
Mit Leitern und mit der ausgesetzten Motorjolle wurden 20 See-

leute dieses Bootes – es handelte sich um die »Splendid« – gerettet. Das hinzugekommene italienische R-Boot »AS 226«, das von Capri ausgelaufen war, konnte 10 Seeleute auffischen. Vier davon hatten schwere Verwundungen erlitten. Der Kommandant wurde von »Hermes« aufgenommen. Nach seinen Aussagen befanden sich an Bord der »Splendid« 40 Mann und fünf Offiziere. Damit hatte »Hermes« einen Erfolg errungen. Um 12.00 Uhr machte das Boot an der Südmole von Pozzuoli fest. Eine Stunde später empfing FKpt. Rechel den Befehlshaber der Marina Napoli, Admiral Pini, an Bord. Der Admiral verlieh FKpt. Rechel nach einer kurzen Ansprache die Silberne italienische Tapferkeitsmedaille.
Nach der Ölübernahme ging »Hermes« nach Salerno zurück. Die Besatzung dieses Zerstörers hatte sich voll bewährt.
Am 23. 4. erhielt der Kommandant einen Funkspruch des OB-Süd, Feldmarschall Kesselring:
»Für Versenkung U-Boot »Splendid« ausspreche Kommandant und Besatzung meine besondere Anerkennung.«
Fünf Minuten vor Mitternacht ging der Operationsbefehl »Munition« ein. Es war dies eine neue Minenunternehmung. Am frühen Morgen des 24. 4. erfolgte die Minenübernahme. Doch als FKpt. Rechel im Begriff stand, auf die Brücke zu gehen und den Befehl zum Ablegen zu geben, ging ein Funkspruch ein, nach welchem das Boot für einen dringenden Truppentransport nach Tunis benötigt werde. Die Minen mußten wieder von Bord gegeben werden. Dies zeigt, daß die Marine im westlichen Mittelmeer von der Hand in den Mund lebte. Eine Flottille von fünf Zerstörern hätte hier Wunder gewirkt und viele schwere Verluste vermeiden helfen. Sicherlich hätten diese Zerstörer auch den Großteil der später in Afrika zurückbleibenden Heeresgruppe Afrika nach Italien zurückbringen können.
Die Vorbereitungen zum Einschiffen der Truppen gingen sehr langsam vor sich. Erst am 25. 4. um 14.10 Uhr ging ein Fernschreiben der Marina Napoli ein:
»»Hermes« Salerno auslaufen nach Einschiffung von 350 Soldaten zur Fahrt nach Tunis. Mit Marschfahrt 20 kn zum Treffen mit Zerstörern »Pigafetta« und »Pancaldo«, die aus Gaeta auslaufen. Weitermarsch gemeinsam nach Trapani. Von dort mit 22 kn Fahrt über den Pantelleriakurs auf Kap Ras Mustafa und Kap

Bon. Einlaufen Tunis am 26. 4. 12.00 h. Nach Ausladen der Truppen Rückmarsch über Zambretta. Kurs Pozzuoli zum Tanken. Eintreffen melden. Leuchtfeuer brennen.«
Um 17.10 Uhr legte »Hermes» ab zur Fahrt nach Tunis. Auf dem angegebenen Treffpunkt stieß der Zerstörer auf die italienischen Boote und schloß sich ihnen als Nr. 3 an. Seeaufklärer suchten diese drei Einheiten, fanden sie aber vorerst noch nicht. Erst um 01.20 Uhr, drei Minuten nach Mondaufgang, wurde eine Leuchtbombe an Backbord querab gesichtet und wenig später Motorengeräusche gehört.
Bis 04.40 Uhr wurden weitere Flugzeuge gesichtet und geortet. Dann ging der Verband gemäß einem Befehl von Supermarina auf 24 kn. Wenige Minuten nach Sonnenaufgang tauchten vier eigene Jäger als Schutz am Verband auf. Als um 07.15 Uhr dichter Bodennebel aufkam, kam der Vordermann von »Hermes« rasch außer Sicht, und FKpt. Rechel mußte nach dem Kielwasser steuern lassen. So hielt er Fühlung am Verband. Mit Hart-Backbord- und Hart-Steuerbord-Bewegungen konnte das Boot plötzlich aus dem Dunst auftauchende, an der Oberfläche stehende Minen umgehen. Eine berührte das Boot sehr schwach und kam nicht zur Detonation.
Alles atmete auf, als gegen 11.38 Uhr die Küste Afrikas heraustrat. Zwanzig Minuten später konnte auf 28 kn Fahrt heraufgegangen werden, um die durch den Nebel verlorene Zeit aufzuholen. Um 13.45 Uhr standen die drei Zerstörer vor La Goulette-Reede im Golf von Tunis und ankerten kurz darauf. Während die Ausladung der Soldaten im Gange war, legten ein Segler und zwei Siebelfähren mit Verwundeten an »Hermes« an. Diese sollten nach Italien zurückgebracht werden. Um 15.42 Uhr gingen die drei Boote zum Rückmarsch ankerauf. An Bord von »Hermes« befanden sich 173 Soldaten, darunter 100 Leichtverwundete.
Bereits um 17.07 Uhr wurden die ersten Feindflugzeuge gesichtet. Als die drei Zerstörer aus einem dichten Nebelfeld auf offene See hinausliefen, erfolgte um 17.52 Uhr der erste Fliegerangriff von 10 »Hawker-Hurricane-Jabos«. Während eine einzelne Maschine zur Ablenkung von der Steuerbordseite anflog, kamen alle übrigen von Backbord querab aus der Sonne. In knapp 600 m Höhe rasten sie heran. Alle Flawaffen von »Hermes« eröffneten das Feuer. Die beiden italienischen Zerstörer schossen mit den

Seezielbatterien. Alle Jabos wurden abgedrängt, bis auf einen, der seinen Kurs durchhielt und eine Raketenbombe knapp 50 m achteraus von »Hermes« ins Kielwasser setzte. Nach fünf Minuten drehten die Maschinen – offenbar verworfen – ab.
Die Fahrt wurde fortgesetzt. Vor Trapani mußten die Boote auf 50 m Wasser wegen dichten Nebels am Morgen des 27. 4. ankern. Nachdem sich die Nebelbank verflüchtigt hatte, liefen die Boote weiter, und am 28. 4. erreichte »Hermes« den Hafen von Pozzuoli und machte an der Pier fest. Die Verwundeten wurden ausgeschifft, und nach der Ölübernahme ging es in den Stützpunkt Salerno zurück.
Am Abend dieses Tages meldete FKpt. Rechel, daß sein Boot wegen eines Kesselschadens bis zum 30. 4. außer Kriegsbereitschaft sei. Er erhielt daraufhin am Vormittag des 29. 4. einen FT:
»Aus zwingenden Gründen noch eine Fahrt erforderlich. Danach Instandsetzung Kessel. Deutsches Marinekommando Italien.«
FKpt. Rechel ließ die Kesselmauerung notdürftig reparieren, um noch einmal Truppen des Regiments General Göring nach Tunis zu überführen. Aus dem KTB von »Hermes« heißt es dazu:
»Im Laufe des Nachmittags 29. 4. in Salerno 213 Soldaten eingeschifft. Befehlsgemäß 18.45 h nach Pozzuoli ausgelaufen, dort mit »Pancaldo« vereinigt und unter dessen Führung Pozzuoli ausgelaufen zum Marsch nach Tunis. Bis 10.12 h, 30. 4. Marsch planmäßig. Dann erster Feindangriff von 37 Jabos. Nach Bombenabwurf kurzer Waffenbeschuß. Einige Verwundete, darunter mein LI. Achterer Mast hat in halber Höhe Durchschüsse, obere Masthälfte später abgebrochen.
11.25 h: Zweiter Angriff von 18 zweimotorigen Bombern, begleitet von ca. 15 Jägern. Angriff aus 2.000 m Höhe.
11.36 h: Nochmaliger Angriff vom gleichen Verband mit 12 Bombern. Bei diesem Angriff erhielt »Pancaldo« einen Bombentreffer. Ort 2 bis 3 sm von Kap Bon. »Pancaldo« bleibt brennend zurück. Beim Überholen dieses Bootes sehe ich, daß bereits viele Soldaten im Wasser schwimmen.
12.10 h: Dritter Angriff von 18 Jagdbombern. Abgewehrt, keine Beschädigungen.
12.24 h: Vierter Angriff von 30 Jagdbombern. Mehrere Einschläge in unmittelbarer Nähe des Zerstörers. Störungen an der Steuerbordmaschine. Ruderversager.

12.50 h: Fünfter und letzter Angriff von 16 Jagdbombern. Mehrere Einschläge in unmittelbarer Nähe der Bordwand. Störungen an beiden Maschinen.
Da ich jeden Augenblick nächste Angriffe erwarte und die Maschine nur noch wenig herausholt, steuere ich die Küste im Osten an.
13.15 h: Beide Maschinen infolge Ausfalls der Schmierölpumpen und des infolgedessen ausgelaufenen Lagers ausgefallen. Das Boot ist manövrierunfähig. Vorsorglich gebe ich deshalb die Soldaten, soweit Flöße vorhanden sind, von Bord. Es sind etwa 60 Mann.
Um 15.00 h kommt das Lazarettschiff »Aquileia« in Sicht. Das Beiboot dieses Dampfers nimmt die Soldaten von den Flößen auf. Sieben Matrosen von »Hermes«, die verwundet sind, werden übergeben.
15.55 h: Drei Motorsegler bei »Hermes«. Von zweien werde ich in Schlepp genommen. Es geht Richtung Küste. Um 16.20 h erreichen Schlepper »Carthago« und ein Hafenschutzboot »Hermes«. »Carthago« setzt sich als Bugschlepper vor und um 17.55 h kann ich bei Korbus, dicht unter Land, ankern und den Rest der Heeressoldaten, etwa 150 Mann mit Heeresgerät, von Bord in die Motorsegler geben, die sie nach La Goulette bringen.«
Soweit der Bericht von FKpt. Rechel. Der Kommandant hatte die Absicht, »Hermes« nach La Goulette zu verholen. Da infolge der Wetterlage – es herrschte Windstärke 8 – am 1. 5. das Boot nicht verholt werden konnte, mußte es an diesem Tage einen weiteren Luftangriff von 15 Jagdbombern an seinem Ankerplatz über sich ergehen lassen. Am 2. 5. erfolgten von 11.00 Uhr bis zum Spätnachmittag drei weitere Angriffe. Um 20.30 Uhr ging »Hermes« im Schlepp der »Carthago« ankerauf. Mit seinen 600 PS schaffte der Schlepper ganze 3 kn Fahrt. Um 01.30 Uhr ankerte schließlich »Hermes« auf der Ostseite der Reede von La Goulette. Gegen 09.00 Uhr machte »Hermes« im Hafen von Tunis fest.
Keiner der an Bord befindlichen Soldaten hatte damit gerechnet, das Boot nach diesen Angriffen noch heimbringen zu können.
Der Zerstörer »Pancaldo« war gesunken. »Hermes« hatte in schweren Abwehrgefechten nicht weniger als acht Jagdbomber und einen Manchester-Bomber abgeschossen. Das Flafeuer von »Hermes« hatte unter schwierigsten Umständen Wirkung gehabt.

Einer Meldung des Fliegerführers Tunesien den dort aufgenommenen B-Meldungen zufolge, hatte der Gegner auf »Pancaldo« und »Hermes« und den später noch nachfolgenden Zerstörer »Lampo« annähernd 800 (!) Flugzeuge angesetzt. »Pancaldo« und »Lampo« wurden durch direkte Bombentreffer vernichtet. »Hermes« hingegen fand sein Schicksal durch Naheinschläge, die die Ruderanlage und Maschinen außer Gefecht setzten. Im Duell selbst war es dem Kommandanten immer wieder gelungen, durch schnelle und sichere Reaktionen dem Bombenhagel zu entgehen.
Am 7. 5. erhielt FKpt. Rechel den Befehl, »Hermes« zu versenken. Er gab diesen Befehl um 08.10 Uhr, und um 08.32 Uhr erfolgte die erste Sprengung im Vorschiff und danach weitere im Mittel- und Achterschiff. Der Zerstörer sackte zuerst auf ebenem Kiel tiefer, legte sich um 09.10 Uhr nach Steuerbord über und kenterte um 09.25 Uhr. Damit lag »Hermes« ungefähr einen halben Meter unter der Wasseroberfläche und sperrte die Hafeneinfahrt in ihrer Gesamtbreite. FKpt. Rechel meldete dem deutschen Marinekommando Italien und dem O.K.M.:
»Versenkung Zerstörer »Hermes« durchgeführt!«
Geben wir hier FKpt. Rechel das Schlußwort:
»So schließe ich denn das KTB des Zerstörers »Hermes« ab: meine Gedanken sind bei meiner tapferen Besatzung, vornehmlich bei jenen 120 Männern, die ich in Tunesien zurücklassen mußte.«

## DEUTSCHE ZERSTÖRER IM NORDMEER UND IM WEISSEN MEER IM WINTER

Die 5. Z.-Fl., seit dem Juli 1942 von Kpt. z. S. Schemmel geführt, lief auch im vierten Kriegsjahr in das Nordmeer zu Minenunternehmungen aus. Außer dieser Flottille befand sich noch die 6. Z.-Fl. im Nordmeer. Sie war im April 1942 von Kpt. z. S. Kothe übernommen worden. Ihre Aufgabe waren Vorstöße gegen Geleitzüge und eigene Geleitsicherungsaufgaben.
Die 8. Z.-Fl. unter Kpt. z. S. Erdmenger, die in Kirkenes stationiert war, beteiligte sich ebenfalls am Kampf der Kriegsmarine im hohen Norden. Von ihr wird ebenfalls in diesem Abschnitt die Rede sein.
Im Westraum hingegen befanden sich seit dem Kanaldurchbruch

keine Zerstörer mehr, so daß hier sämtliche Aufgaben von den T-Booten erfüllt werden mußten.

Die 5. Z.-Fl. unternahm am 4. 9. 1942 mit »Richard Beitzen«, an Bord der Flottillenchef, Z 29 und Z 30 eine Minenunternehmung, die sie bis in das Gebiet nördlich der Murmanküste führte. Diese Unternehmung verlief ohne Störung von der Feindseite.

Am 13. 10. wurde diese Operation wiederholt, nur daß diesmal neben »Richard Beitzen« noch »Friedrich Eckoldt«, Z 27 und Z 30 dabei waren. Während »Richard Beitzen« Sicherungsboot war, warfen die anderen Boote bei Kap Kanin Noss Minen, um den Eingang zum Weißen Meer zu sperren. Auch bei dieser Unternehmung kam es zu keiner Feindberührung.

Vom 24. bis 28. 9. fand ein offensives Minenunternehmen mit der Tarnbezeichnung »Zarin« statt, an der auch »Admiral Hipper«, Kommandant der am 1. 9. beförderte KAdm. Meisel, teilnahm. Die 5. Z.-Fl. war mit den Booten »Richard Beitzen«, Z 28, Z 29 und Z 30 beteiligt. Die Minensperre wurde an der Nordküste von Nowaja Semlja gelegt. Der Gegner war auch von dieser Minenoperation überrascht worden und fand keine Zeit zur rechtzeitigen Gegenwehr. Der Verlauf dieser Operation sei im folgenden anhand der KTB einiger Boote skizziert:

24. 9. 1942, 21.00 h: Auslaufen aus dem Kaafjord, Kurs Nordost ins Operationsgebiet. Am 26. 9. wurden die Zerstörer zu ihrer Minenaufgabe entlassen, während »Admiral Hipper« mit 25 kn Fahrt weiterlief und um 14.15 h dieses Tages in Sichtweite von Nowaja Semlja stand, um den Wurfverband zu decken.

Nach Ende der Aufgabe kam »Hipper« zurück und erreichte am 27. 9. die Zerstörer. »Hipper« übernahm die Führung, und am 28. 9. um 04.07 h liefen alle Einheiten in ihren Stützpunkt ein. Damit war die für den sowjetischen Seeverkehr wichtige Matotschkinstraße vermint. Auf dieser Sperre gingen mehrere sowjetische Frachter verloren.

Der nächste größere Vorstoß ins Nordmeer, der die Tarnbezeichnung »Hoffnung« trug, begann am 5. 11. 1942. Sein Ziel war: »Beeinträchtigung des sowjetischen Seeverkehrs in der Barentsee.« Es wurde eine Kampfgruppe zusammengestellt, die wiederum aus der 5. Z.-Fl. sowie »Admiral Hipper« bestand. Auch diesmal war Kpt. z. S. Schemmel auf »Richard Beitzen« eingeschifft. Ihm standen weiterhin zur Verfügung: »Friedrich Eckoldt«, Z 27

und Z 30. Die Kampfgruppe lief in dem Seeraum zwischen Nordkap und Bäreninsel nach Osten und suchte sowjetische Schiffe. Am 7. 11. stieß sie um 05.15 Uhr auf den sowjetischen U-Jäger 78. Nach kurzem Gefecht wurde dieser von den Zerstörern versenkt. Seine Besatzung in Stärke von 36 Mann und sieben Offizieren wurde an Bord genommen.
Am selben Tage wurde um 14.45 Uhr ein Schiff gesichtet. Mit Höchstfahrt darauf zuhaltend, konnte der sowjetische 8.000-Tonnen-Tanker »Donbass« gestellt werden. Z 27 versenkte ihn mit drei Torpedos. Auch von dem Tanker wurden der Kapitän, ein Offizier und 14 Besatzungsmitglieder gefangen genommen. Damit war der Vorstoß erfolgreich, was den Sowjets Grund gab, ihre Schiffe auf diesem Seewege mehr und besser zu schützen.
Den Höhepunkt des winterlichen Einsatzes der Zerstörer im hohen Norden bildete der Angriff auf den aus England kommenden und für Murmansk bestimmten Geleitzug JW 51 B. Unter Vizeadmiral Kummetz wurde eine Kampfgruppe zusammengestellt, die aus »Admiral Hipper«, »Lützow« und den Zerstörern »Theodor Riedel«, »Friedrich Eckoldt«, mit Kpt. z. S. Schemmel an Bord, »Richard Beitzen«, Z 29, Z 30 sowie Z 31 bestand.
Am 24. 12. gingen Meldungen ein, welche die Zusammenfassung mehrerer Handelsschiffe im Hafen von Murmansk berichteten. Zwei Tage später meldete die Luftaufklärung die Anwesenheit von 15 Dampfern in der Kolabucht. Am 27. 12. meldete die Funkhorchabteilung Ost:
»Zwei britische Kreuzer und drei Zerstörer von Murmansk in die Barentsee ausgelaufen.«
Aber erst am 30. 12 fiel die Entscheidung, als auch U 354, Oblt. z. S. Herschleb, eine Meldung absetzte:
»Geleitzug auf Kurs 70 Grad mit 12 kn Fahrt in Kiellinie in 73.30 Nord und 24.00 Ost.«
Am Mittag ergänzte das Boot die Meldung dahingehend daß der Geleitzug aus sechs bis zehn Handelsschiffen und mehreren Zerstörern mit einem leichten Kreuzer bestehe. Während das U-Boot den Befehl erhielt, Fühlung zu halten, wurde Vizeadmiral Kummetz um 14.10 Uhr dieses 30. 12. der Auslaufbefehl gegeben. Die Kampfgruppe ging ankerauf. Sie setzte sich zusammen:

| | |
|---|---|
| Befehlshaber der Kreuzer: | Vizeadmiral Kummetz |
| Flaggschiff: »Admiral Hipper« | Kpt. z. S. Hartmann |

| | |
|---|---|
| »Lützow« | Kpt. z. S. Stange |
| 5. Z.-Fl. | Kpt. z. S. Schemmel |
| »Friedrich Eckoldt« | KKpt. Bachmann (in Vertretung) |
| Z 29 | FKpt. Rechel |
| »Richard Beitzen« | KKpt. von Davidson |
| »Theodor Riedel« | KKpt. Riede |
| Z 30 | FKpt. Kaiser |
| Z 31 | KKpt. Alberts. |

Der Geleitzug JW 51 war in die beiden Untergruppen A und B aufgeteilt worden, und Admiral Tovey, der Chef der Home Fleet, entschied, daß die beiden Kreuzer, die zur Deckungsgruppe gehörten, in die Barentsee marschierten, während die Home Fleet die Sicherung der Gesamtoperation 350 sm nördlich des Altafjords übernehmen würde. Außerdem ließ er eine Standlinie aus vier U-Booten nördlich Norwegen auf Position gehen. Dem JW 51 A gelang es, unbehelligt durchzukommen. Er lief am 1. Weihnachtstag in Murmansk ein. Der JW 51 B hingegen wurde erfaßt. Dieser Konvoi bestand aus 14 Frachtdampfern. Kpt. z. S. Sherbrooke, an Bord des Zerstörers »Onslow«, führte die Sicherung dieses Teilkonvois. Zur Geleitsicherung gehörten die Zerstörer »Onslow«, »Oribi«, »Obedient«, »Obdurate«, »Orwell« und »Achates«. Ferner noch einige kleinere Einheiten. In der Nahsicherung standen neben dem leichten Kreuzer »Sheffield« die beiden Zerstörer »Opportune« und »Matchless«. Die Fernsicherung bestand aus dem Schlachtschiff »Anson«, dem schweren Kreuzer »Cumberland« und den Zerstörern »Forester«, »Impulsive« und »Icarus«. Hinzu kamen die schon erwähnten vier U-Boote nördlich Norwegen.

Zum Angriff auf diesen Konvoi gingen am Nachmittag des 30. 12. die Einheiten der deutschen Kampfgruppe im Altafjord ankerauf. Um 17.45 Uhr passierte »Hipper« die Sperren des Kaafjords, dicht gefolgt von »Lützow« und den sechs Zerstörern. Es war lange Zeit her, seit so viele Zerstörer gemeinsam zu einer Unternehmung ausgelaufen waren. Als um 18.10 Uhr Kriegsmarschformation eingenommen worden war, lief der Verband mit 12 kn Fahrt durch den Altafjord. Noch im Fjord ging um 18.40 Uhr ein Funkspruch vom Chef des Stabes der Seekriegsleitung, Admiral Fricke, ein, der für den Verlauf des Kampfes entscheidende Bedeutung gewinnen sollte:

»Entgegen Operationsbefehl Verhalten am Feind: Bereits bei gleichstarkem Gegner Zurückhaltung üben, da Eingehen größeren Risikos für Kreuzer unerwünscht.«
Damit wollte die Skl lediglich einen früher gegebenen Führerbefehl in Erinnerung rufen. Das wurde aber als Befehl zu besonderer, ein Risiko vermeidender Vorsicht verstanden.
Um 19.15 Uhr ließ Vizeadmiral Kummetz die Fahrt auf 18 kn erhöhen, und um 20.20 Uhr signalisierte »Hipper« an alle übrigen Einheiten:
»30-Minuten-Bereitschaft für Höchstfahrt! – Kriegswache!«
Daraufhin ging der Verband um 20.20 Uhr auf 24 kn Marschfahrt. Als die Kampfgruppe den Schutz des Fjordes verlassen hatte und die grobe See mit Stärke 6 gegen sie anstand, konnten die Zerstörer diese Fahrt nicht halten. Mit einem neuen Kurs, der es Vizeadmiral Kummetz erlaubte, sich sehr weit vor die Kampfgruppe zu setzen, ging es im dichten Schneetreiben weiter. Die Temperatur betrug 4 Grad minus. Um 23.04 Uhr meldete Kpt. z. S. Schemmel, daß die Zerstörer nunmehr wieder 24 kn laufen könnten. Zweieinhalb Stunden nach Mitternacht setzte Vizeadmiral Kummetz die Zerstörer zur Aufklärung an. Dazu erhielten sie Befehl, sich in Dwarslinie hinter dem Geleitzug aufzustellen. »Hipper« und »Lützow« sollten achteraus von den Zerstörern auf den Flügeln in 10 sm Abstand folgen. Befehlsgemäß teilte sich die Kampfgruppe. Während »Hipper« Kurs 30 Grad steuerte, behielt »Lützow« den Kurs 50 Grad bei.
Am Morgen des 31. 12. um 07.18 Uhr erfolgte die erste Sichtmeldung. In den nächsten Minuten tauchten mehrere Schatten auf. Die Zerstörer hatten den Geleitzug gesichtet. Um 07.54 Uhr befahl Vizeadmiral Kummetz Alarm.
Die deutschen Zerstörer drehten nach Norden und stießen mit Höchstfahrt vor. Um 08.29 Uhr meldete »Eckoldt«, daß er sich hinter den Geleitzug setzen werde. Z 29 und »Richard Beitzen«, die weiter nach Süden abgesetzt standen, stießen sofort in Richtung auf »Friedrich Eckoldt« nach und hängten sich an. Als man auf der Brücke von »Friedrich Eckoldt« um 09.06 Uhr einen der englischen Zerstörer mit hoher Fahrt anlaufen sah, gab Kpt. z. S. Schemmel Weisung, das Feuer auf diesen Gegner zu eröffnen, von dem angenommen wurde, daß er zum Torpedoangriff ansetzte.

KKpt. Bachmann befahl: »Feuer eröffnen mit allen Waffen!« Schon die ersten Granaten schlugen dicht beim Gegner ein, der daraufhin hart abdrehte und ablief.
Nunmehr beschloß Kpt. z. S. Schemmel, auf Ostkurs zu gehen und zu »Hipper« zu stoßen, denn um 09.07 Uhr hatte Vizeadmiral Kummetz den Zerstörern »Friedrich Eckoldt«, »Richard Beitzen« und Z 29 Befehl gegeben, auf »Hipper« zu sammeln. Sowohl »Hipper« als auch »Lützow« hatten den Geleitzug gesichtet und operierten auf ihn. Die Zerstörer »Theodor Riedel«, Z 30 und Z 31 erhielten den Befehl, auf »Lützow« zu sammeln.
Kummetz hatte sich dazu entschlossen, seinen Zerstörern mit Hellwerden entgegenzulaufen, um sie vor dem Angriff neu formieren zu können. Dies war um so wichtiger, als die Sicht durch ständige Schneeböen und den fahlgrauen Himmel so schlecht war, daß Freund und Feind verwechselt werden konnten.
Als um 09.30 Uhr Z 31 meldete, daß er den Konvoi im Norden in Sicht habe, beschloß Vizeadmiral Kummetz, diesen in die Zange zu nehmen. In dieser Operation allein sah er eine entscheidende Erfolgsmöglichkeit. Er befahl »Hipper«, auf den Geleitzug zuzulaufen. Um 09.36 Uhr erhielt »Hipper« bereits Feuererlaubnis. Der Kampf begann und der Führer der Kampfgruppe ließ einen Funkspruch an den Admiral Nordmeer mit Angabe seines Standortes absetzen.
»Bin im Gefecht mit Geleitzug: Kurs 90 Grad, Fahrt 10 kn. B.d.K.«
Während »Hipper« zwei Zerstörer der Geleitsicherung unter Feuer nahm, steuerten die drei Zerstörer der Gruppe Schemmel nach Nordosten, um an »Hipper« heranzuschließen, dessen Mündungsfeuer gut zu sehen war.
Um 10.26 Uhr machte »Friedrich Eckoldt« den Kreuzer in 100 Grad aus, und die Gruppe Schemmel ging auf 33 kn, um »Hipper« so rasch wie möglich zu erreichen. Der Konvoi war für ihn im Süden außer Sicht gekommen.
Gegen 10.00 Uhr wurde von »Hipper« eine Korvette gesichtet und unter Feuer genommen. Die Zerstörer Schemmels fielen in das Feuer ein. Dann befahl Vizeadmiral Kummetz Kpt. z. S. Schemmel, diese Korvette mit seinen Booten zu versenken. Er selbst wollte am Konvoi bleiben, um ihn zu vernichten.
Während nun die drei Zerstörer auf die Korvette feuerten, lief »Hipper« mit 31 kn Fahrt nach Süden, fand um 11.06 Uhr den

(Oben links) »Hermes« auf dem Verlegungsmarsch nach Westen im Kanal von Korinth

(Oben rechts) Die Brücke über den Kanal von Korinth wird passiert

FKpt. Rechel, Kommandant »Hermes« im April und Mai 1943 (Foto als Kpt. z. S. in Athen 1944)

Kpt. z. S. Schemmel, Kommandant Zerstörer »Friedrich Eckoldt«, danach Chef 5. Z.-Fl., gefallen auf »Friedrich Eckoldt« am 31. 12. 1942

Wieder in der Biskaya (Z 23 im Frühjahr 1943)

EK-Verleihung auf Z 23 durch den Kommandanten, FKpt. Wittig, im Frühjahr 1943

Konvoi wieder und eröffnete das Feuer auf zwei Zerstörer, die ihm entgegenliefen, um den Konvoi zu schützen.
In diesem Feuergefecht von »Hipper« mit zwei Zerstörern waren »Onslow«, mit Captain Sherbrooke an Bord, und »Orwell« die Gegner. »Obedient« und »Obdurate« hatten Befehl erhalten, zur Sicherung zum Geleit zurückzukehren. Die beiden Zerstörer versuchten mit einem bravourösen Manöver, auf Torpedoschußweite an »Hipper« heranzukommen, denn nur so konnten sie auf einen Erfolg hoffen. Doch dies mißlang, da »Hipper« die »Onslow« mit zwei Salven 20,3-cm-Granaten so schwer eindeckte, daß dieser Zerstörer ausgeschaltet wurde. Captain Sherbrooke wurde dabei schwer verwundet. Die Führung übernahm der Kommandant des Zerstörers »Obedient«. Die britischen Zerstörer setzten sich nebelnd nach Süden ab.
Das zweite Gefecht von »Hipper« konzentrierte sich auf »Achates« und »Obedient«. Als die »Achates« in einer Drehung nach Nordosten aus dem Nebel heraustrat und »Hipper« sie auf 90 hm sichtete, eröffnete er das Feuer. Der Zerstörer wurde sofort schwer getroffen und sank wenig später. Kurz darauf erhielt auch »Obedient« einen Treffer, der die Funkeinrichtung vernichtete. Nunmehr mußte »Orwell« die Führung übernehmen. Die drei noch schwimmenden britischen Zerstörer legten eine dichte Nebelwand, hinter der sie der Sicht von »Hipper« entzogen waren.
Die Korvette, deren Vernichtung Vizeadmiral Kummetz von den Zerstörern gefordert hatte, war inzwischen getroffen worden, und um 11.08 Uhr meldete »Friedrich Eckoldt«: »Gebe der schwer beschädigten Korvette den Gnadenstoß!« Um 11.21 Uhr meldete der Zerstörer: »Auftrag erfüllt!«
Es war jedoch keine Korvette, die hier versenkt worden war, sondern der Minensucher »Bramble«.
Um 11.30 Uhr lief »Friedrich Eckoldt« nach Süden ab, um wieder zu »Hipper« zu stoßen, denn auch »Richard Beitzen« und Z 29 waren dem schweren Kreuzer gefolgt. Um 11.32 Uhr ließ der Kampfgruppenführer einen Funkspruch an den Admiral Nordmeer absetzen:
»Gefecht mit Sicherungsstreitkräften. Kein Kreuzer am Konvoi.«
Aber nur Sekunden darauf schlugen an Steuerbord voraus nahe bei »Hipper« schwere Granaten eines bis dahin noch nicht ausgemachten Gegners ein, der sich dem deutschen Kreuzer mit gro-

ßer Fahrt näherte. Die zweite Salve mit sechs Schuß lag noch dichter am Schiff, und noch immer war dieser Gegner nicht zu erkennen. Um 11.33 Uhr erhielt »Hipper« einen Treffer an Steuerbord. Im dritten Kesselraum brach ein Brand aus. Dadurch verringerte sich die Höchstfahrt auf 28 kn. Gegen 11.37 Uhr erhielt der schwere Kreuzer zwei weitere Treffer an Backbord. Der Flugzeugschuppen stand in Flammen. »Hipper«, der das Feuer erwidert hatte, erhielt um 11.34 Uhr von »Friedrich Eckoldt« die Anfrage:

»Frage Kurs und Fahrt? In welche Richtung schießen Sie?«

»Kurs 80 Grad – schieße nach Norden«, lautete die Antwort.

»Ich sehe in 300 Grad einen Kreuzer und einen Zerstörer, sind Sie das? Wie stehen Sie zum Geleitzug?« ließ Kpt. z. S. Schemmel sofort weiterfragen.

»Nördlich« erwiderte »Hipper«. Und dann folgte ein UK-Spruch, der den Offizieren auf der Brücke von »Hipper« zeigte, daß sich »Friedrich Eckoldt« in einem tödlichen Irrtum befand:

»Sie beschießen mich!«

»Nein, das ist ein englischer Kreuzer!« ließ Vizeadmiral Kummetz sofort antworten.

»Richard Beitzen« und Z 29, die hinter »Hipper« liefen, hatten die um 11.32 Uhr um den deutschen Kreuzer einschlagenden Granaten beobachtet und sofort diesen neuen Gegner ausgemacht. KKpt. Davidson, der Kommandant von »Richard Beitzen«, der den Irrtum des Flottillenchefs erkannte, setzte sofort eine Meldung an das Führerboot ab:

»Sie werden von einem englischen Kreuzer beschossen, Achtung!«

Doch diese Warnung kam zu spät, denn inzwischen war der Kreuzer auf »Friedrich Eckoldt« zugestoßen und von diesem auch gesichtet worden. Es war die »Sheffield« unter Admiral Burnett, dem Befehlshaber der Nahsicherungsgruppe des Konvois. Der Kreuzer, der im Norden des Gefechtsraumes gestanden hatte, war nach Feuereröffnung der deutschen Kriegsschiffe sofort auf Südkurs gegangen, um mit dem Kreuzer »Jamaica«, der ebenfalls heranschloß, »Hipper« zu bekämpfen. Admiral Burnett erteilte um 11.30 Uhr Feuererlaubnis. Auf 14.000 m erzielte die »Sheffield« drei Treffer auf »Hipper«. Als ihr dann »Friedrich Eckoldt« vor die Rohre lief, eröffnete sie auch auf diesen Zerstörer das Feuer.

Von »Friedrich Eckoldt« gibt es aus dieser tödlichen Situation keine Äußerung mehr. Aber von der Brücke von »Richard Beitzen« wurden jene Salven beobachtet, die auf das Führerboot geschossen wurden. Auch auf Z 29 sah man diese tödlichen Treffer.

»Friedrich Eckoldt« erhielt aus geringer Entfernung einen Treffer ins Achterschiff. Aus dem Heck des Zerstörers schossen grelle Blitze empor. Munitionsdetonationen krachten. Dann sank der deutsche Zerstörer sehr schnell. Mit der gesamten Besatzung, dem Kommandanten und dem Flottillenchef ging »Friedrich Eckoldt« unter.

Was aber war mit »Lützow«? Wo befand sich der Kreuzer, und wo standen die drei zu ihm gehörenden Zerstörer?

»Lützow« steuerte bei Eingang des Alarmbefehls 33 Grad und lief mit 24, dann 26 kn Fahrt weiter. Um 09.30 Uhr meldete Z 31: »Ich sehe fünf Schatten. Es ist der Geleitzug!«

Mit Z 31 waren auch Z 30 und »Theodor Riedel« herangekommen. Westkurs steuernd, versuchten sie, den Konvoi von achtern anzugreifen. Während Z 30 Z 31 nachdrehte, lief »Theodor Riedel« auf »Lützow« zu und hängte sich an den Kreuzer an. Die beiden anderen Boote wurden schließlich von »Lützow« ebenfalls herangeholt. Um 10.35 Uhr erreichte Z 30 den Kreuzer, während Z 31 noch immer direkt auf den Konvoi operierte und um 10.48 Uhr drei Salven gegen eine Gruppe von fünf Fahrzeugen schoß.

Derweilen schloß »Lützow« – der Gegner war bereits einigemale gesichtet oder durch Funkmeß geortet worden – durch dichtes Schneetreiben an den Konvoi heran. Schließlich wurde »Hipper« an Backbord voraus ausgemacht, und »Lützow« erhielt Befehl, den Konvoi von Osten anzugreifen. Da die Sicht dies nicht zuließ, beschloß Kpt. z. S. Stange, »Hipper« entgegenzugehen und den Konvoi ebenfalls von Norden anzugreifen.

Um 11.40 Uhr war »Lützow« auf Schußweite herangekommen und eröffnete das Feuer auf die in Sicht kommenden Schiffe des Konvois. Z 30 fiel ein. Um 12.00 Uhr beschoß »Lützow« einen Zerstörer. Anschließend erzielte sie zwei Treffer auf Frachtdampfern. Um 12.03 Uhr erhielt sie den Befehl, das Gefecht abzubrechen.

Es war übrigens der Zerstörer »Obdurate«, der von »Lützow« be-

schossen worden war und einige schwere Treffer erhalten hatte, die ihn zwangen, sich beschädigt abzusetzen.
Als Admiral Burnett mit den beiden übriggebliebenen Zerstörern »Hipper« abermals sichtete und die Zerstörer um 12.27 Uhr mit Torpedos angreifen wollten, erschien »Lützow« auf dem Gefechtsfeld. Beide deutschen Kreuzer beschossen nun die Engländer, die daraufhin den Angriff abbrachen und sich nach Norden absetzten.
Drei deutsche U-Boote erhielten Befehl, nach Schiffbrüchigen von »Friedrich Eckoldt« zu suchen. Sie fanden keinen einzigen Mann.
Die Kampfgruppe trat den Rückmarsch zum Altafjord an. Am 1. 1. 1943 passierte sie die Sperren beim Kaafjord, und um 05.40 Uhr hatten sämtliche Einheiten geankert. Nur der Ankerplatz von »Friedrich Eckoldt« blieb leer.
Diese Unternehmung wurde um ein Haar zum Todesurteil für die deutschen schweren Schiffe. Hitler warf ihnen Feigheit vor. Am 6. 1. 1943 trat Großadmiral Raeder von der Führung der deutschen Kriegsmarine zurück, die er seit 1928 innegehabt hatte. Admiral Karl Dönitz, der Befehlshaber der U-Boote, wurde sein Nachfolger und am 31. 1. 1943 zum Großadmiral ernannt.
Am 13. 1. 1943 warf die 8. Z.-Fl. mit Z 23, Z 25 und Z 24 vier Minensperren mit insgesamt 100 Minen im Westfahrwasser des Weißen Meeres bei Kap Kacovskij. Die Unternehmung wurde vom Gegner nicht gestört.
Eine neue offensive Minenunternehmung begann am 4. 2. Zu ihr gingen »Theodor Riedel« und Z 31 ankerauf, um das Minenschiff »Brummer« ins Wurfgebiet zu geleiten und zu sichern. Diese Unternehmung bei Kap Kildin war risikoreich, denn »Brummer« konnte nur 20 kn laufen. Dennoch konnte die Sperre ungestört gelegt werden, und am 6. 2. kehrten die Boote unangefochten in ihren Stützpunkt zurück.
Damit waren vorläufig die Minenoperationen in den nördlichen Gewässern durch Zerstörer abgeschlossen. Erst zu Beginn des fünften Kriegsjahres sollten abermals Zerstörer zu Minenoperationen in dieses Gebiet auslaufen.
Im Geleit der »Scharnhorst« von Gotenhafen nach Narvik vom 6. bis 9. 3. war auch Z 38 zu finden, einer der soeben neu zum Verband gekommenen modernen Zerstörer. Z 38 war auch beim

Marsch der Kampfgruppe von der Bogenbucht bei Narvik zum Altafjord dabei, der vom 22. bis 24. 3. 1943 stattfand.

## DIE 8. ZERSTÖRER-FLOTTILLE »NARVIK« WIEDER IN DER BISKAYA

Im März 1943 wurde die 8. Z.-Fl. wieder in den Westraum verlegt. Mit Z 23, Z 24, Z 32 und Z 37 kehrte sie in die Atlantikstützpunkte zurück.

Ihre erste Unternehmung im Westraum erfolgte bereits am 30. 3., als Z 23 mit dem Chef der 8. Z.-Fl., Kpt. z. S. Erdmenger, an Bord, Z 24, Z 32 und Z 37 ausliefen, um westlich von Vigo den italienischen Blockadebrecher »Pietro Orseole« aufzunehmen. Nachdem die Flottille den Blockadebrecher am 1. 4. 140 sm westlich Vigo aufgenommen hatte, gelang es ihr, trotz eines von dem US-U-Boot »Shad« erzielten Torpedotreffers, den Blockadebrecher mit seiner wichtigen Ladung in die Gironde einzubringen. Während des Geleites durch die Biskaya waren die Zerstörer noch durch die aus Brest kommenden Torpedoboote »Kondor«, T 5, T 9 und T 19 verstärkt worden, nachdem die gegnerische Luftaufklärung sie erfaßt hatte. Das erwies sich als ein entscheidender Vorteil, denn etwa in der Mitte der Biskaya erfolgten Luftangriffe von 15 Torpedo- und Zerstörerflugzeugen sowie Bombern auf den Blockadebrecher. Es kam zu einem schweren Abwehrgefecht. Nur wenn es gelang, die Maschinen am gezielten Wurf zu hindern, war das wichtige Schiff zu retten, das für Deutschland unersetzliche Rohstoffe brachte.

Aus allen Rohren feuernd gelang es der Bordflak im Verein mit der Seezielbatterie, die anfliegenden Flugzeuge zu zersprengen. Keines der angreifenden Torpedoflugzeuge erreichte eine Abwurfstelle, von der ein Torpedo gefährlich für das angegriffene Schiff werden konnte. Alle fünf wurden abgeschossen. Ebenso kam keiner der in mittlerer Höhe angreifenden Bomber zu gezieltem Abwurf, so daß alle Bomben fehlgingen. Nur einigen Zerstörerflugzeugen gelang es, im Tiefflug mit ihren Bordwaffen Personalverluste, besonders auf Z 24, zu verursachen.

Wenig später erfolgte die zweite Unternehmung. Diesmal galt es, den Blockadebrecher »Himalaya« in den Atlantik zu geleiten. Es war der zweite Versuch dieses Schiffes, hinauszukommen, und es sollte nicht der letzte gewesen sein. Die Zerstörer Z 23, Z 24 und Z 32 waren eingesetzt, Z 37 war ausgefallen. Stattdessen kamen die Torpedoboote T 2, T 5, T 22 und T 23 hinzu. Wieder einmal fuhren die kleineren Brüder der Zerstörer mit diesen zusammen. Die erfolgenden Luftangriffe wurden von allen Einheiten abgewehrt, ohne daß es ihnen gelungen wäre, die »Himalaya« in den Atlantik zu bringen. Es gelang ihnen jedoch, die Vernichtung dieses Schiffes zu verhindern.

Ein besonderes Ereignis war das Einholen des Dampfers »Sacco«, der mit Kautschuk beladen aus Fernost heimkehrte. Dieser Dampfer war wegen seiner Ladung so bedeutend, daß wieder die gesamte 8. Z.-Fl. aufgeboten wurde. Am 9. 4. wurde der Dampfer in der Biskaya aufgenommen. Auch diesmal hatte die englische Admiralität durch Aufklärungsmeldungen Kenntnis von der geplanten Einholung erhalten. Sie setzte neben Torpedoflugzeugen auch Hochbomber ein.

Fünf Angriffe wurden auf die »Sacco« geflogen. Die Zerstörer konnten die Maschinen am gezielten Abwurf der Torpedos und Bomben hindern. Zwei Maschinen wurden abgeschossen, mehrere beschädigt. Auch die T-Boote waren abermals an dieser Einholung beteiligt, die erfolgreich war.

Im Sommer 1943, als die Gefährdung der durch die Biskaya aus- und einlaufenden U-Boote infolge der immer wirksamer werdenden Abwehrmaßnahmen des Gegners rapide zunahm, wurden die Zerstörer und Torpedoboote im Westraum in wachsendem Maße zur Begleitung und Sicherung von U-Booten in der Biskaya herangezogen. In Gruppen mit 2 bis 4 Zerstörern oder Torpedobooten brachten sie auslaufende U-Boot-Versorger oder heimkehrende, nach Luftangriffen nur eingeschränkt oder gar nicht mehr tauchfähige U-Boote in ihr Operationsgebiet, den Atlantik, hinaus bzw. in ihre Stützpunkte an der französischen Atlantikküste zurück.

So gelang es ihnen, manches von der Vernichtung bedrohte U-Boot zu retten. Diese Unternehmungen waren für jeden Zerstörermann besonders wichtig, galt es doch immer wieder, Kameraden der U-Bootwaffe sicher zurückzubringen. Auch die Torpedoboote nahmen diese großartige Aufgabe immer wieder wahr. Was aber kam sonst noch im vierten Kriegsjahr auf die Torpedoboote zu?

## VIER TORPEDOBOOT-FLOTTILLEN IM WESTEN: GELEITE, MINENUNTERNEHMUNGEN UND U-BOOTSHILFE

Im Oktober 1942 hatte die Gruppe West die Verlegung aller einsatzbereiten Torpedoboote in den Westraum gefordert.

Am 31. 10. erhielten die Flottillen ihre erste Aufgabe. Es galt, den mit kriegswichtiger Ladung heimkehrenden Dampfer »Wismar« einzuholen. Dazu bildete die Gruppe West drei Aufnahmegruppen. Die erste Gruppe stand unter der Führung von FKpt. Schmidt mit T 22 (als Führerboot), T 13, T 4, T 19, in der zweiten Gruppe mit drei Booten der 6. MS.-Fl. fuhr »Falke« und die dritte Gruppe übernahm der Chef der 2. T.-Fl., KKpt. Erdmann, mit den Booten T 9, T 12, T 17 und T 18.

Um 19.00 Uhr liefen die Gruppen aus. Fünfeinhalb Stunden später fiel auf T 13 die Backbordmaschine aus. Das Boot mußte mit T 19 als Sicherung umkehren. FKpt. Schmidt setzte den Marsch mit T 22 und T 4 fort. Die Boote arbeiteten schwer in der groben See. Bis zum anderen Morgen wurde die »Wismar« nicht gesichtet. Die Suche wurde fortgesetzt. Die Boote steuerten wechselnde Kurse, alle Ausguckstationen waren besetzt. Dann wurde eine Standortmeldung des Dampfers empfangen, nach welcher dieser gegen 18.00 Uhr in Sicht kommen mußte.

Als schließlich T 4 Brennstoffmangel meldete, machte FKpt. Schmidt um 19.25 Uhr kehrt und meldete der Gruppe West:

»Objekt nicht gefunden. Suche abgebrochen. Kurs mit Rücksicht auf T 4 St. Jean de Luz. Fahrt 17 kn.«

Beim Eintreffen in St. Jean de Luz meldete T 4, daß es doch noch 25 Tonnen Brennstoff habe. Daraufhin lief FKpt. Schmidt wieder aus. Es war 22.15 Uhr, als ein FT der Gruppe West einging, nach welchem die »Wismar« durch einen Luftaufklärer um 14.32 Uhr gesichtet worden war. Hätten die Boote diese Meldung früher erhalten, so wäre die »Wismar« sofort gefunden worden, denn T 22 hatte mit T 4 nur 10 sm nördlich des Dampfers gestanden und hätte ihn leicht erreichen können. Die langen Laufzeiten der Funksprüche waren oftmals die Ursache solcher Fehlschläge.

Am anderen Morgen um 09.05 Uhr liefen T 22 und T 4 zur Brennstoffergänzung erneut nach St. Jean de Luz ein. Hier erreichte sie der Befehl, nach La Pallice zurückzukehren. Die Boote liefen aus und erreichten am 4. 11., 16.50 Uhr die Reede von La Pallice.

Zum 5. 11. wurde von der 4. SichDiv. das Geleit eines weiteren Dampfers befohlen. Da T 22 Versalzung der Maschinenanlage hatte und T 4 kleine Schäden aufwies, standen nur »Falke«, T 13 und T 19 zur Verfügung. Mit diesen drei Booten lief FKpt. Schmidt um 18.00 Uhr aus.
Der Dampfer »Templin« kam um 20.45 Uhr in Sicht. Während »Falke« sich vorsetzte, nahmen T 13 an Backbord und T 19 an Steuerbord die Sicherungspositionen ein. Mit nur 10 kn Fahrt ging es gegen die sich ständig verstärkende See an. Der Wind wurde heftiger. Am Morgen des 6. 11. kamen drei Boote der 8. MS.-Fl. in Sicht und übernahmen das Minengeleit. Am Nachmittag wurde der kleine Geleitzug von einer viermotorigen Maschine angegriffen. Sechs Wasserbomben, auf den Dampfer gezielt, gingen fehl. In den folgenden 10 Minuten griff diese Maschine noch einmal an, wobei sie vier Wasserbomben warf.
Um 17.40 Uhr wurde eine »Lockheed-Hudson« gesichtet, die den Dampfer 18 Minuten darauf, von achtern anfliegend, mit Bomben angriff. Der Angriff wurde unter Einsatz aller Flawaffen gestört. Dennoch fielen die Bomben sehr dicht neben den Dampfer in die See. Um 18.16 Uhr erfolgte ein weiterer Angriff. Eine Maschine stieß im Tiefflug aus den niedrighängenden Wolken heraus auf den Dampfer herunter, um zum Torpedowurf zu kommen. Sofort einsetzendes Feuer von »Falke«, in das die »Templin« einfiel, führte zum vorzeitigen Abwurf. Der vorzügliche Kapitän des Dampfers verstand es, diesem Torpedo auszuweichen. Die Hampdon-Maschine drehte ab. Damit waren einige schwierige Situationen von den T-Booten gemeistert worden. Ohne sie wäre die »Templin« wahrscheinlich versenkt worden. Nach Einbruch der Dunkelheit wurde der Dampfer zum Weitermarsch entlassen. Die Flottille trat den Rückmarsch nach La Pallice an.
Am 12. 11. verlegten auch T 23 und »Kondor« von Kiel nach La Pallice. Auf dem Marsch nach Westen hatten beide Boote bei Texel bei nebligem Wetter kurze Gefechtsberührung mit zwei englischen S-Booten. Zwei aus kurzer Entfernung auf T 23 geschossene Torpedos liefen unter dem Boot durch. Unmittelbar nach dem Torpedoschuß brach eines der S-Boote zwischen T 23 und »Kondor« durch und jagte mit Höchstfahrt davon. Die ihm von »Kondor« nachgeschickten Salven erreichten es nicht mehr. In Hoek van Holland machten die beiden T-Boote fest.

Am 20. 11. meldete T 23, daß es mit »Kondor« und M 85 auf dem Marsch nach Brest in Höhe der Kanalinseln auf zwei eigene Motorboote gestoßen sei. Diese Motorboote wären für feindliche S-Boote gehalten und beschossen worden, weil der B.S.W. »feindliche Seestreitkräfte« im Raum Cherbourg gemeldet hatte. Die Leitstelle St. Malo hatte mitgeteilt, daß T 23 auf seinem Marsch *nicht* mit einer Begegnung mit deutschen Einheiten zu rechnen brauche. Deshalb seien diese Motorboote als »Feind« angesehen und von T 23 und »Kondor«, das LG schoß, unter Feuer genommen worden. Es waren die deutschen Motorboote FK 01 und FK 02, die insgesamt 7 Tote und mehrere Schwerverwundete hatten. Auf der Reede von St. Peter Port (Guernsey) und im Hafen von La Corbiere, wohin »Kondor« FK 01 geleitete, wurde zur Ausschiffung der an Bord genommenen Besatzung der deutschen Motorboote geankert.
An Bord der beiden Boote hatte sich eine Ablösung für die Kanalinselführung befunden.
Die beiden T-Boote und M 85 marschierten nach Abgabe der Toten und Verwundeten nach St. Malo. Sie erhielten Weisung, nach La Pallice zu gehen. Am 21. 11. kamen sie dort an.
Am 22. 11. erfolgte an Bord von T 22 der Standerwechsel, der Flottillenchef stieg auf T 23 über.
Neben der 2. T.-Fl. befand sich zu Beginn des vierten Kriegsjahres auch die 3. T.-Fl., KKpt. Wilcke, im Westraum. Die Flottille erhielt den Auftrag, Schiff 45, den Hilfskreuzer »Komet«, bei seinem zweiten Auslaufen in den Atlantik zu bringen.
Neuer Kommandant dieses Schiffes war Kpt. z. S. Brocksien.
Aus der Ostsee lief Schiff 45 Anfang Oktober 1942 aus und erreichte wohlbehalten Vlissingen, von wo es in der Nacht zum 8. 10. – als Sperrbrecher getarnt – auslief. Das Schiff wurde von Booten der 2. R.-Fl., KKpt. Brökelmann, geleitet. Der Verband stieß auf eine neugelegte englische Minensperre querab Dünkirchen. Die Boote R 77, R 78, R 82 und R 86 gingen verloren. Der Hilfskreuzer unterbrach den Ausmarsch; er lief in Dünkirchen ein. Nachdem von M-Booten eine Sperrlücke geräumt worden war, lief Schiff 45 in den Morgenstunden des 12. 10. nach Boulogne und von dort nach Le Havre weiter. Am 13. 10. verließ es um 18.30 Uhr Le Havre. Diesmal wurde Schiff 45 geleitet von den Booten der 3. T.-Fl. unter KKpt. Wilcke. Mit T 4, Kptlt. Weinlig,

T 10, Kptlt. Sommerlatt, T 14, Kptlt. Jüttner, T 19, Kptlt. Richter-Oldekop, wurde die gesamte Flottille aufgeboten. Mehrere M-Boote liefen vor dem Verband als Minengeleit.
Das Auslaufen dieses Hilfskreuzers war von englischer Seite seit geraumer Zeit erwartet worden. Man hatte eigens Streitkräfte bereitgestellt, die aus einer Zerstörergruppe, Minensuch- und Motor-Torpedobooten bestand. Drei Nächte lang standen diese Einheiten in See, und als das Schiff nicht gesichtet wurde, nahm man an, daß es bereits unbemerkt durchgeschlüpft sei. Eine Umgruppierung ließ diese feindliche Kampfgruppe dann nach Westen gehen und den Kanalausgang sperren. Dazu wurde eine zweite Kampfgruppe gebildet.
Die Gruppe A, die einige sm nördlich Guernsey aufgestellt wurde, führte LCdr. J. C. A. Ingram. Sie bestand aus den Zerstörern »Cottesmore«, »Quorn«, »Glaisdale«, »Eskdale« und »Albrighton« sowie den MTB 49, 55, 56, 84, 95, 203, 229 und 236.
Die Gruppe B bestand aus den Zerstörern »Brocklesby«, »Fernie«, »Tyndale« und »Krakowiak« (poln.).
Am Abend des 13. 10. wurde Schiff 45 von einem Swordfish-Aufklärer entdeckt, als es im Geleit der T-Boote 30 sm ostsüdostwärts von Kap Barfleur stand. Um Mitternacht zum 14. 10. wurde die Höhe von Kap de la Hague erreicht, und hier sichtete ein englisches MGB den Verband. Gleichzeitig gab über dessen Sichten auch eines der deutschen Räumboote eine Meldung ab. Wenig später standen die T-Boote im Gefecht mit dem starken Gegner. Alle eröffneten das Feuer. Zugleich mußten sie immer wieder englischen Torpedos ausweichen.
Die englischen Zerstörer eröffneten das Artilleriefeuer aus größerer Entfernung. Die ersten Granaten schlugen dicht bei den T-Booten ein. T 10 erhielt einen Nahtreffer und wurde beschädigt. Während die deutschen T-Boote sich zum Artillerieduell stellten und dabei auch die MTB des Gegners durch konzentriertes Feuer der Flawaffen zu vertreiben suchten, gelang es MTB 236 unter SubLieutenant R. Q. Drayson, auf gute Schußentfernung an Schiff 45 heranzukommen. Er schoß zwei Torpedos, die den Hilfskreuzer mittschiffs und an der Achterkante Brücke trafen. In zahlreichen Detonationen brach »Komet« auseinander. 351 Männer der Besatzung gingen mit ihrem Schiff unter.
Nachdem der Hilfskreuzer vernichtet war, ließ KKpt. Wilcke sei-

nen Verband ablaufen. Als die Männer bereits aufatmeten und sich dem Artilleriefeuer der Übermacht entzogen wähnten, wurden sie – in Höhe der Insel Sark – von der dort stehenden Gruppe B beschossen. T 4 und T 19 erhielten in diesem Artillerieduell leichte Treffer.

In diesem Augenblick griff die deutsche Küstenartillerie ein. Ihr Feuer lag dicht bei den vier englischen Zerstörern, und als die »Brocklesby« schwer getroffen wurde, drehte der Verband ab.

Die Boote der 3. T.-Fl. erreichten vollzählig, aber mehrfach getroffen, mit Toten und Verwundeten, darunter der Flottillenchef, St. Malo. So war einer der letzten Versuche fehlgeschlagen, einen Hilfskreuzer hinauszubringen.

Die Unternehmungen der T-Boote im Winter 1942 – 43 häuften sich. Immer wieder galt es, Geleitaufgaben durchzuführen, aus- und einlaufende U-Boote zu sichern, Blockadebrecher in den Atlantik zu bringen, Minenaufgaben durchzuführen. In diesem Winter wuchs die Minengefahr, und allnächtliche Angriffe englischer S- und Gun-Boote kamen hinzu. Bei Tagesanbruch kamen dann die Flugzeuge, deren Angriffe den ganzen Tag anhielten.

Vom 5. bis 8. 5. führten die Boote der 2. T.-Fl. unter KKpt. Erdmann von Le Havre und Cherbourg drei Minenunternehmungen im Kanal durch.

Einen Monat später führte die 5. T.-Fl., jetzt von KKpt. Koppenhagen geführt, vom 4. bis 6. 6. zwei Minenunternehmen durch. Die Boote »Möwe«, T 22, »Falke«, »Greif« und »Kondor« legten ihre Minen in dem vorgesehenen Abschnitt des Kanals.

Schließlich verlegten im Juli 1943 zwei weitere neue Flotten-Torpedoboote der neu aufgestellten 4. T.-Fl. in den Westraum. Der Überführungsmarsch von T 24 und T 25 unter ihren Kommandanten Kptlt. Hoffmann und Kptlt. von Gartzen sei im folgenden aus dem KTB von Kptlt. von Gartzen auszugsweise dargestellt:

»Am 5. 7. 00.40 h in Dünkirchen zum Marsch nach Boulogne abgelegt. Nach Passieren der Außenmole alle Mann auf Gefechtsstationen. Um 02.08 h FT von der 2. SichDiv.:

»Gegner hat S-Boote auf Sie angesetzt!«

Um 02.41 h eröffnet Fernkampf-Batterie von Dover das Feuer auf uns. In dieses Feuer fällt gelegentlich eine andere Batterie aus Folkestone mit geringerem Kaliber ein. Den Aufschlägen wird durch energische Kurs- und weniger große Fahrtänderungen aus-

gewichen. Um 03.20 h wird die letzte Salve von uns beobachtet. Während dieser Zeit wird durch FT Feindortung gemeldet. Der Gegner steht danach westnordwestlich Kap Blanc Nez und 4 sm ab. Er läuft Kurs 90 Grad und 6 kn Fahrt. Kurz darauf wird noch ein zweites Ziel geortet, das auf Kurs 240 Grad 20 kn Fahrt läuft, und um 02.39 h erhalte ich eine FT-Meldung über eine dritte Ortung nördlich Kap Blanc Nez mit Kurs 290 Grad bei 30 kn Fahrt. Aber um 04.04 h wird unangefochten die Außenmole von Boulogne passiert und wenig später festgemacht.
7. 7. 43, 00.10 h: Abgelegt zum Marsch nach Le Havre. 00.55 h wird die Außenmole passiert. Boot nimmt bei der aus Südwest kommenden mittellangen Dünung beim Heraufgehen mit der Fahrt sehr viel Wasser über alle Gefechtsstationen. Es muß verschiedentlich mit der Fahrt heruntergegangen werden.
01.38 h: Ortungssignal über Flugzeuge im eigenen Quadrat. Eigenes FuMB hat keine Ortung. 01.42 h: Fünf bis sechs Aufschläge 100 m an Backbord querab zwischen beiden Schornsteinen. Wenige Sekunden später nur 50 m an Steuerbord, querab vom 1. Geschütz, ebenfalls fünf Einschläge. In diesem Augenblick wird ein Jagdbomber gesehen, der mit abgestelltem Motor in nur 150 m Höhe von Backbord quer über das Boot fliegt und verschwindet.
02.10 h: Ein weiterer Jagdbomber, der vom FuMB gemeldet wird. Er kommt von achtern schnell näher. Befehl: »Sperrfeuer achteraus!« In dieses Sperrfeuer fällt T 24 – über uns hinwegschießend – ein. Die Feuerkonzentration ist eindrucksvoll, und der Jagdbomber dreht – noch 500 m achteraus – ab.
05.50 h am 7. 7.: Moleneinfahrt von Le Havre einlaufend passiert und festgemacht.«
Beim Weitermarsch von St. Malo nach Brest gab es eine dramatische Zuspitzung, als es in den ersten Morgenstunden des 10. 7. zu einer Begegnung mit feindlichen Seestreitkräften kam. Und zwar hatten diese um 02.55 h die den beiden T-Booten vorauslaufenden M-Boote gesichtet und unter Feuer genommen. Geben wir Kptlt. von Gartzen wieder das Wort:
»03.08 h: Wir beginnen mit LG-Schießen. Gleichzeitig stehen in unserem Rücken feindliche Leuchtgranaten. In rechtweisend 285 Grad bei eigenem Kurs von 245 Grad werden zwei mittlere Fahrt laufende Zerstörer auf ungefährem Kurs 200 Grad gesichtet.
03.08 h wird auf den rechten Zerstörer auf 70 hm das Feuer er-

öffnet. Die Salven liegen weit und werden, der Seite nach gutliegend, langsam kurz geholt. Ich drehe ein Dez nach Backbord, um die Geschütze nicht in Hartlage zu fahren. Gleichzeitig Weiteinschläge des Gegners, der sich schnell einschießt, so daß bereits die vierte Lage neben die Back an Steuerbord in die See haut. Torpedowaffe meldet klar und erbittet Feuererlaubnis, die ich nicht geben kann, da im Vorhaltewinkel noch M-Boote stehen.
03.12 h wird ein stark qualmendes M-Boot, das nur noch wenig Fahrt macht, an der Backbordseite, ca. 500 m Abstand, mit Kurs auf die Küste passiert.
03.20 h: Gegner hat uns im Licht der LG als große Boote erkannt und dreht mit hoher Fahrt nach Norden ab. Der LI meldet, daß das Boot armdicke Splitterlöcher hat; und zwar in Abteilung XI über der Wasserlinie. Um 03.58 h gehen unsere beiden Boote gemeinsam mit den M-Booten auf Gegenkurs, um nach den beiden verlorengegangenen Booten M 153 und M 84 zu suchen. Ein einzelnes Boot wird gesehen, es ist M 84, das wenig später zu uns stößt und neben uns marschiert.
Um 08.45 h im Handelshafen von Brest festgemacht.«
Damit hatte T 25 seine Feuertaufe bereits auf der Überführungsfahrt ins Operationsgebiet erhalten.
Auch T 24, das von Kptlt. Hoffmann am 17. 10. 1942 in Danzig in Dienst gestellt worden war, hatte diesen Marsch, von einigen Splittertreffern abgesehen, heil überstanden.
Damit war die 4. T.-Fl. im Westraum einsatzbereit. Es kamen später noch die Boote T 26, T 27, T 28 und T 29 hinzu.
Wie erst später bekannt wurde, erhielten in dem Gefecht am 10. 7. mit den beiden deutschen T-Booten und den M-Booten der britische Zerstörer »Melbreak« schwere und die beiden übrigen Einheiten, »Winsleydale« und »Glaisdale«, leichtere Schäden.
Wenig später erhielten T 22, T 24 und T 25 über FT von der Marinegruppe West folgenden Auftrag:
»Seeklar machen zur U-Bootshilfe!«
Am 2. 8., 00.45 Uhr, ging ein zweiter Funkspruch des Marinegruppenkommandos West ein:
»Schnellstmöglich über Punkt Kern zur Hilfeleistung für U 383 gehen. Boot ist tauch- und manövrierunfähig. Führung: ältester Kommandant!«
An Bord der Boote wurden alle Vorbereitungen zum Aufnehmen

der Besatzung dieses U-Bootes und einer möglichen Inschleppnahme vorbereitet. Noch auf dem Marsch wurde ein Kurzsignal von U 106 aufgenommen, das besagte, daß auch dieses Boot tauchunklar liege.
Da von U 383 seit dem vergangenen Abend nichts mehr gehört worden war, sollten nun die T-Boote auf U 106 operieren und versuchen, wenigstens diese Besatzung zu retten.
Um 14.23 Uhr erhielten sie folgenden Funkspruch:
»1. in breiter Formation laufen und nach Überlebenden suchen.
2. Alsdann mit Höchstfahrt auf tauchbeschränktes U 106 operieren.«
Seit Fliegeralarm von 14.56 Uhr an stehen dauernd zwei bis sechs Feindmaschinen über dem Verband. Aus dem KTB Kptlt. von Gartzen:
»15.28 h: Eingeht FT Gruppe West, daß feindliche leichte Überwasserstreitkräfte gesichtet seien, darunter vermutlich Zerstörer. Deshalb von mir an T 22 und T 24:
»Ab 16.35 h T 22 Steuerbord, T 24 Backbord querab vom Führerboot Seitenabstand 50 hm, Kurs West, Fahrt 24 kn.«
17.20 h: Eigene Bordmeldung: »Drei Zerstörer in 50 Grad, 6 sm entfernt. Kurs 270 Grad.«
18.30 h: Auf Kurs 240 Grad gegangen, weil in dieser Richtung zwei Sunderland-Flugboote schon einige Minuten kreisen. Es ist möglich, daß hier ein U-Boot steht. Um 18.35 h sammelt der Verband wieder. Wir laufen mit 28 kn Fahrt dem Ziele entgegen. Doch auf dem vermeintlichen U-Bootstandort ist nichts zu sehen. Wir drehen wieder auf 228 Grad.
Um 19.33 h geht FT der Gruppe West ein, daß die Torpedoboote nur noch auf U 106 operieren und Hilfeleistung durchführen sollen. Als zwei Sunderlands um 20.21 h Wabos werfen, teilen Kommandant T 22 und T 24 durch Winkspruch mit, daß hier das gesuchte Boot angegriffen werden könnte.« – Soweit das Zitat.
Eine dramatische Zeit begann. Zuerst wurden wieder zwei Zerstörer gemeldet. Hochbomber griffen die T-Boote an, und um 21.43 h erhielt Kptlt. von Gartzen Befehl, die Operation abzubrechen und den Rückmarsch anzutreten. Er entschloß sich jedoch zur Beibehaltung des Kurses bis zu dem Punkt, wo um 21.21 Uhr Bombenabwürfe beobachtet worden waren.
Um 22.35 Uhr wurde schließlich zwei Dez an Steuerbord, in rw.

100 Grad das Blinken von Lichtern beobachtet. Das konnten Notsignale des U-Bootes, aber auch Morseverkehr der feindlichen Zerstörer sein. Kptlt. von Gartzen ließ auf diese Lichter zu halten. Er hatte um 22.47 Uhr die Lichter querab, und beim Näherkommen sah er, daß es sich um Calcium-Rauchbojen handelte. Und dann hörten die Männer auf den Gefechtsstationen an Deck die Signale einer deutschen Batteriepfeife.

T 25 lief auf diese Signale zu, und plötzlich hallte dem Boot begeistertes Rufen entgegen. Dann sahen sie Männer, die auf zwei Schwimmflößen lagen oder daran im Wasser hingen. Sie hatten die Besatzung des inzwischen gesunkenen U 106 gefunden.

Von T 25 wurden 19 Soldaten von U 106 geborgen, während T 24 17 Soldaten aufnahm. Der Kommandant dieses Bootes, Oblt. z. S. Damerau, wurde verwundet an Bord von T 25 geholt. Das Boot war erst kurz vorher von einer Reihe von Wasserbombenwürfen der Sunderlands versenkt worden. Die beiden Sunderlands, die das Boot versenkt hatten, hatten auch die Leuchtbojen geworfen, durch die T 25 erst auf diese Stelle aufmerksam geworden war.

Während der Bergung meldeten die Ortungsgeräte achteraus Überwasserstreitkräfte und Flugzeuge. Als das achteraus sichernde T 22 herangekommen war, gab Kptlt. von Gartzen um 00.15 Uhr des 3. 8. 1943 den Befehl zum Rückmarsch der mit 25 kn Fahrt auf Kurs Ost angetreten wurde. Die drei T-Boote mit den überlebenden U-Bootsmännern näherten sich dem Punkt, wo Z 37 – ihnen als Hilfe entgegengeschickt – stehen mußte. Sie passierten den sichernden Zerstörer um 06.15 Uhr. Im Verlaufe des Rückmarsches waren die Boote zuerst von Zerstörern, dann von einem schweren Kreuzer mit vier Zerstörern und schließlich von einem leichten Kreuzer mit zwei Zerstörern gejagt worden. Es gelang den T-Booten, diesen Gegner auf Distanz zu halten.

Sie kamen durch! Es war 17.00 Uhr, als die drei Boote mit den geretteten U-Bootmännern im Brester Handelshafen festmachten. Eine dramatische Fahrt war zu Ende gegangen. Zwei Kreuzer und acht Zerstörer hatten versucht, die Boote zu vernichten. Eine große Zahl Flugzeuge war ebenfalls angesetzt worden, die Boote anzugreifen. Nicht weniger als 850 Seemeilen hatten die Besatzungen unter diesen Belastungen durchgestanden. Am 3. 8. abends erhielt der Kommandant von T 25 ein Fernschreiben des OB der Marinegruppe West:

»Gut gemacht!«

Zu einer letzten Unternehmung im vierten Kriegsjahr liefen am 29. 8. T 24, T 22 und T 25 zum Einholen des japanischen U-Bootes I 8, Kpt. z. S. Uchino, aus. Dieses Boot kam aus Japan und hatte eine wertvolle Kautschukladung an Bord. Kptlt. Heinrich Hoffmann, der wenig vorher zu Großadmiral Dönitz gerufen worden war, erhielt vom Oberbefehlshaber der Kriegsmarine den Hinweis, daß gerade diese Lieferung für die Marine so wichtig sei.

Die Boote liefen aus, niemand von den Mannschaften wußte, wohin und worum es ging. Erst nachdem sie zweieinhalb Tage in See standen, wurde ihnen die Aufgabe bekanntgegeben. Schärfster Ausguck wurde befohlen. Als schließlich der Zeitpunkt des Treffens mit dem U-Boot gekommen war, tauchte dieses plötzlich, keine 500 m von dem ersten T-Boot, aus der See auf. Nach einer navigatorischen Meisterleistung hatten es die T-Boote wieder einmal geschafft. Dies, obgleich sie bereits kurz nach dem Auslaufen von englischen MGB beschossen worden waren und sich auch in der darauffolgenden Nacht immer wieder der Angriffe der schnellen englischen Boote erwehren mußten. Oftmals kamen diese Boote so nahe heran, daß der Kampf auch mit der Maschinenpistole ausgetragen werden mußte.

Auch auf dem Rückmarsch mußten die angreifenden MGB und MTB abgewiesen werden. Doch dann war der U-Boot-Stützpunkt Lorient erreicht. Die Aufgabe war erfüllt.

### ERFOLGE DER U-BOOT-KILLER IM VIERTEN KRIEGSJAHR

Nachdem die Alliierten in den ersten zwanzig Tagen des März 1943 insgesamt 85 Schiffe mit 511.958 BRT verloren hatten, in den letzten elf Märztagen weitere 23 Schiffe vernichtet wurden und die versenkte Tonnagezahl 627.000 BRT lautete, schien den Engländern der Würgegriff der Niederlage am Halse zu sitzen. Der britische Seekriegshistoriker, Captain Roskill, sagt dazu:

»Man kann auf diesen Monat nicht zurückblicken, ohne so etwas wie Entsetzen zu empfinden über die Verluste, die wir erlitten. Die britische Admiralität muß gefühlt haben, daß ihr die Niederlage ins Gesicht starrte.«

Die Hoffnung, doch noch der deutschen U-Boote Herr zu wer-

Der F. d. Z., Konteradmiral Bey (Mitte), bei der 8. Z.-Fl. »Narvik« im Westen im Sommer 1943. Links: Der Chef der 8. Z.-Fl., Kpt. z. S. Erdmenger, rechts: der Kommandant Z 24, KKpt. Saltzwedel. Im Hintergrund ein Verbindungsoffizier der Luftwaffe zu den in der Luftsicherung eingesetzten Ju 88 des Fliegerführers Atlantik

Z 23 bei einer Übung in der Biskaya im Sommer 1943, schwarzqualmend und nebelnd

Die 8. Z.-Fl. auf Kriegsmarsch in der Biskaya. An der Heckreling links: ein Luftwaffenverbindungsoffizier

Eine »Hunter-Killer-Group« bei der Bekämpfung von U-Booten: Zerstörer und Geleit-Flugzeugträger wirken zusammen

den, lag bei den englischen Zerstörern und den verbesserten Ortungsgeräten und U-Boot-Bekämpfungswaffen. Hierzu gehörten das Radar, die Geleitflugzeugträger, Langstreckenflugzeuge (Very Long Range-Aircraft), Kurzwellen-Funkpeiler (High Frequency Direction Finder – »Huff-Duff« genannt –) und das neue Wasserbomben-Wurfgerät »Hedgehog« (Igel), mit dem 24 Sprengkörper auf einen Schlag geworfen werden konnten. Ein weiteres Kampfmittel gegen tieftauchende U-Boote war die überschwere »Thorpex«-Wasserbombe, mit der U-Boote auch in großer Tiefe vernichtet werden konnten.

Mit diesen Waffen ausgerüstet, traten die britischen Zerstörer zum Kampf gegen deutsche und italienische U-Boote an. Einer jener Kommandanten, der sich den Titel eines »Chief der U-Boat-Killer« erwarb, war Commander Donald Macintyre. Zum Captain befördert, war er Führer der Escort Group 2 geworden. Auf seinem Flaggschiff, dem Zerstörer »Hesperus«, waren Hedgehog-Wasserbombenwerfer und »Huff-Duff-Gerät« selbstverständlich eingebaut worden.

Captain Macintyre geleitete auch den Konvoi ONS 4, der am 14. 4. 1943 mit 32 Schiffen und 11 Sicherungsfahrzeugen von England nach Westen ausgelaufen war. Einige Tage nach dem Auslaufen meldete der Zerstörer »Whitehall«, der von Island aus einige Schiffe dem Konvoi zuführen sollte, daß er Kontakt habe mit einem deutschen U-Boot. Wenig später meldete eine Liberator das Boot mit Kurs auf den Konvoi. Captain Macintyre ließ den Konvoi Zickzackkurse steuern. Er selbst nahm mit »Hesperus« und »Whitehall« die Jagd auf.

Als das U-Boot mit dem »Huff-Duff« gepeilt war, rief Captain Macintyre die Korvette »Clematis« zur Unterstützung herbei und steuerte selber mit hoher Fahrt in Richtung der Peilung. Das neue Gerät der »Hesperus« hatte einwandfrei gearbeitet. Macintyre:

»Wir hatten Kontakt! Hier war unsere Chance gekommen, unseren neuesten Killer, den Hedgehog, auszuprobieren. Bill Ridley leitete das Asdic-Team und brachte »Hesperus« in Wurfposition. Alle Angaben wurden sofort befolgt, die Bedingungen waren gut. Dann waren wir über dem Boot und Bills Stimme rief: »Feuer!«

Ich fürchtete, daß die Crew mit der neuen Waffe noch nicht richtig vertraut war und Pech haben würde, denn schließlich besaß der Hedgehog 24 Wasserbomben. Aber das Kommando »Feuer«

beendete meine Zweifel. Nun lief auch »Clematis« an, und schließlich versuchten wir es mit gewöhnlichen Wabos, bis unser Hedgehog nachgeladen war. Wir erhielten wieder Kontakt und hatten nun die zweite Chance mit unserem Superwerfer. Alle 24 Sprengkörper flogen in die See. Noch niemals vergingen die Sekunden so langsam wie jetzt. Als der Knopf der Stoppuhr eingedrückt wurde, gingen zwei scharfe Explosionen durch unseren Zerstörer.

»Wir haben es!« schrie Bill, als er aus dem Asdic-Raum sprang. Und wirklich! Wir hatten es! U 191 ging mit seiner gesamten Besatzung auf Grund.«

Dies war die erste Aktion der neuen Waffen. Am nächsten Morgen, man schrieb den 25. 4., sichtete eine Swordfish des Flugzeugträgers »Biter«, der zu einer Unterstützungsgruppe gehörte, U 203. Eine nachfolgende Maschine warf zwei Bomben, die das Boot beschädigten. Dann lief der Zerstörer »Pathfinder«, der zur 5. Support Group gehörte, mit hoher Fahrt darauf zu. Er erhielt Kontakt, setzte ebenfalls sein Hedgehog ein und versenkte das U-Boot.

»Dies«, schrieb Captain Macintyre, »war eine Luft-See-Kooperation, und sie zeigte der Unterstützungsgruppe, was bei guter Zusammenarbeit mit den Maschinen des Trägers möglich war.«

Wieder war eine Killer-Group erfolgreich gewesen. Immer mehr dieser Gruppen wurden zusammengestellt und den Geleitzügen beigegeben. Beim Konvoi SC 129, der am 14. 5. 1943 von U 405 gesichtet wurde, war wieder Captain Macintyre mit seiner Escort Group 2 dabei. 25 U-Boote der Gruppe »Elbe« wurden auf den Konvoi angesetzt.

U 402 versenkte die ersten Schiffe dieses Geleitzuges. Der Zerstörer »Hesperus« verfolgte das U-Boot und beschädigte es mit Wasserbomben. Als es dunkel wurde, rief Captain Macintyre seinen I. WO, George Carlow, auf die Brücke, der die Wache von 20.00 Uhr bis 24.00 Uhr zu gehen hatte.

»Dies ist der beste Platz für einen Angriff heute Nacht,« sagte der Captain seinem Offizier. »Unterrichten Sie die Radarleute, daß sie besonders auf den Schluß des Konvois achten!«

Dann ging der Kommandant in den Kartenraum und fragte Bill Ridley, ob alle auf Stationen seien. Alles war bereit. Auf Deck überwachte der Torpedo-Offizier das Klarmachen der Wasserbomben.

Kurz vor Ende der ersten Wache wurde ein U-Boot geortet. Durch das Fernglas von Otto Kretschmer, das Macintyre als Kriegsbeute behalten hatte, suchte der Captain die See ab und – sichtete ein deutsches U-Boot. Wenig später sah er den aufgischtenden Wasserstrudel, mit dem das Boot auf Tiefe ging.
Mit Höchstfahrt drehte »Hesperus« darauf zu. Lassen wir Captain Macintyre berichten:
»Erster Fächer nach Augenmaß!« rief ich Bill zu.
»Flache Einstellung! – Feuer eins! – Feuer zwo! – Feuer drei!« kam es von Bills Lippen.
Die Bomben fielen genau dort, wohin sie sollten. Wasserberge sprangen empor und brachen als Fontänen über der See zusammen. Ich glaubte nicht, daß wir das U-Boot verfehlt hatten. Aber ich ließ die Fahrtstufe herabsetzen, um dem Asdic eine neue Chance zu geben, das Boot zu orten. Wir fanden es schnell, gingen abermals 'ran und feuerten eine neue volle Serie und anschließend eine Ein-Tonnen-Wasserbombe.
Das U-Boot tauchte auf, sackte achteraus, und ich ließ es mit einer neuen Serie sehr flach eingestellter Wabos belegen. Das U-Boot machte einen Torpedo auf uns los, der dicht neben »Hesperus« vorbeilief. »Hesperus« versuchte nun, das Boot mit Rammstoß zu versenken. Dann drehten wir zum Geleitzug zurück und überließen das schwerbeschädigte Boot seinem Schicksal. Schließlich hatten wir für den Konvoi zu sorgen, der inzwischen bereits 30 sm weitergelaufen war. Bei dem Rammstoß war übrigens ein deutscher Seemann über Bord gegangen.«
U 223, das nach der Meinung von Captain Macintyre sicher sinken würde, sank nicht. Oblt. z. S. Gerlach gelang es, das Boot wieder klarzubekommen und mit diesem Wrack nach einem 12tägigen Marsch St. Nazaire zu erreichen. Und der Mann, der beim Rammstoß der »Hesperus« über Bord gegangen war, wurde einige Stunden später von U 359 aufgefischt, das nur wenige hundert Meter von ihm entfernt aufgetaucht war.
Ende Mai 1943 schrieb Captain Macintyre in sein Tagebuch:
»Wir wußten, daß wir einen Griff abgeschüttelt hatten, der uns beinahe den Hals zugedrückt hätte.«

Teil VII

# *Das fünfte Kriegsjahr*

## WENDUNG DER LAGE IM MITTELMEER

Mit Beginn des fünften Kriegsjahres hatte sich die Lage im Mittelmeerraum für die Achsenmächte entscheidend zum Schlechten gewandelt: in Afrika hatte am 12. Mai 1943 der letzte Widerstand der deutschen Heeresgruppe aufgehört. Sizilien mußte bis zum 18. August aufgegeben werden. Eine Landung der Alliierten auf dem italienischen Festland stand bevor. Sie fand am Morgen des 3. 9. 1943 statt, als alliierte Truppen in Kalabrien, der »Stiefelspitze« der Apennin-Halbinsel, zwischen Reggio und S. Giovanni landeten. Am 9. 9. wurden weitere Truppen bei Pizzo gelandet, und am Abend dieses Tages erfolgten Landungen in Tarent. Am frühen Morgen des 9. 9. war außerdem das Gros der alliierten Streitkräfte in der 42 km langen Bucht von Salerno gelandet. Insgesamt waren von der 15. britischen Heeresgruppe, General Alexander, auf 450 Schiffen 169.000 Soldaten an Land gebracht worden.

Während dieser Operation »Avalanche«, deren Seeoperationen von Admiral Cunningham geleitet wurden, waren außer den britischen Kriegsschiffen auch amerikanische Einheiten beteiligt, darunter eine Reihe von Zerstörern, die schon bei der Eroberung von Sizilien Anteil an den Operationen zur See hatten.

In der nördlichen und südlichen Angriffsgruppe beispielsweise, die auf Salerno angesetzt war. So befanden sich in der Nordgruppe, Commodore G. N. Oliver, 18 US-Zerstörer. Etwa ebenso viele befanden sich in der Südgruppe, Rear Admiral Hall.

Kreuzer beschossen die Ziele an der Küste, und eine besondere Kampfgruppe bestand aus acht Schlachtschiffen und Kreuzern.

Um die Gemeinsamkeit der »Alliierten« zu demonstrieren, die hier zum Angriff auf die Festung Europa antraten, standen zwei polnische und ein griechischer Zerstörer in beiden Verbänden.

In diesen Kämpfen fiel der US-Zerstörer »Rowan«, LCdr. R. S. Ford, am 10. 9. 1943 als erster Zerstörer während der Operation »Avalanche« den Torpedos eines deutschen S-Bootes zum Opfer. 72 Überlebende wurden von dem Rottenboot »Bristol« gerettet. In den folgenden Wochen sollten weitere US-Zerstörer im Mittelmeer auf Grund gehen.

Inzwischen war aber ein Ereignis eingetreten, das die militärische und politische Lage entscheidend veränderte. Am 8. 9. 1943 gab BBC-London bekannt, daß Italien bedingungslos kapituliert habe. Marschall Badoglio hatte sich in geheimen Verhandlungen zum Abfall Italiens vom Achsenbündnis vertraglich verpflichtet.

Der größte Teil der italienischen Flotte lief am frühen Morgen des 9. 9., mit dem Ziel der Übergabe aller Einheiten, mit Kurs auf Malta aus ihren Häfen aus. Am frühen Nachmittag dieses Tages kam es zu den ersten Kampfhandlungen der ehemaligen Verbündeten untereinander, als 15 Do 217-Maschinen der 2. Flieger-Division den Verband der italienischen Schiffe angriffen und das Schlachtschiff »Roma« mit zwei 1.400-kg-Bomben vernichteten. Drei Zerstörer blieben zur Rettung der Schiffbrüchigen der »Roma« zurück und nahmen 595 Mann an Bord. Die übrigen Einheiten liefen weiter, die schwarze Flagge am Mast, Malta entgegen.

In der Straße von Messina befanden sich gerade General Eisenhower und Admiral Cunningham zu einer Besprechung auf dem englischen Zerstörer »Hambleton«, als das Gros der italienischen Marine mit zwei Schlachtschiffen, sieben Kreuzern und fünf Zerstörern passierte. Admiral Cunningham traute seinen Augen nicht. Er bemerkte dazu:

»Es erschien mir einfach unglaublich, daß die Italiener uns ihre Flotte auslieferten, ohne einen Schuß abzufeuern.«

Der Kampf im Mittelmeer mußte nun allein von den Einheiten der deutschen Kriegsmarine geführt werden. Ihr fiel glücklicherweise eine Reihe der größeren und großen italienischen Torpedoboote in die Hand, die bereits als Zerstörer anzusehen waren. Diese Boote wurden im fünften Kriegsjahr im Mittelmeer zu einem wesentlichen Instrument der Kampfführung zur See.

Unmittelbar nach der Kapitulation Italiens übernahm die Kriegsmarine einen Teil der in der Ägäis und in den italienischen Häfen aufgrund von Vereinbarungen mit örtlichen Marinekommandeuren verbliebenen italienischen Torpedoboote. Aus ihnen wurde in der Ägäis die 9. und im Ligurischen Meer die 10. Torpedoboot-Flottille gebildet.

Die 9. Torpedoboot-Flottille bestand aus folgenden Booten:

| | |
|---|---|
| TA 14 (ex »Turbine«) | Kptlt. Dehnert |
| TA 15 (ex »Francesco Crispi«) | Kptlt. Vorsteher |
| TA 16 (ex »Castelfiardo«) | Kptlt. Quaet-Faslem |
| TA 17 (ex »San Martino«) | Kptlt. Düvelius |
| TA 18 (ex »Solferino«) | Kptlt. Schmidt |
| TA 19 (ex »Calatafimi«) | Oblt. z. S. Hahndorff |

Flottillenchefs waren bis Februar 1944 FKpt. Riede, danach bis Oktober 1944 FKpt. Dominik.

Die Flottille unterstand dem Admiral Ägäis, Vizeadmiral Werner Lange. Ihr Einsatzgebiet sollte das Ägäische Meer sein. Sie war für Landungsunternehmen ebenso vorgesehen wie für die Durchführung des Geleitdienstes, von Truppentransporten und für Minenunternehmungen. Ihr Stützpunkt war Piräus, der Hafen von Athen.

Was aber war mit den Besatzungen? Woher kamen ausgebildete Marinesoldaten für diese 6 Boote? Unter dem Stichwort »Columbus« wurden die Offiziere für diese Boote in einem Berliner Hotel untergebracht.

Am 20. 9. 1943 wurde in den Torpedoboot- und Zerstörer-Flottillen in der Heimat und in Norwegen das Stichwort »Fanfare« gegeben. Mit diesem Stichwort wurden erhebliche Teile der Besatzungen abgezogen. Sie sollten die in den italienischen Häfen übernommenen und unbemannt festliegenden Torpedoboote besetzen und in Dienst stellen. Von Berlin-Staaken flog ein Vorkommando im Flugzeug nach Athen. Während unserer Meldung beim Admiral Ägäis begrüßte uns auch der Erste Admiralstabsoffizier, Fregattenkapitän Rechel, der zuletzt Kommandant des erfolgreich kämpfenden Zerstörers »Hermes« gewesen war.

Die Boote wurden bei einer ersten Hafenrundfahrt in Augenschein genommen. Fassungslos standen wir zunächst vor diesen Fahr-

zeugen. So war das Boot »San Martino«, das spätere TA 17, geradezu vorsintflutlich. (Dieses Boot war das älteste Boot aus dem Baujahr 1917; d. V.)
Mein Gott, was sollten wir mit diesen Schlitten anfangen? Aber wir waren jung und aktiv genug, um daraus etwas machen zu können.
Soweit der Bericht von Flottillenadmiral Vorsteher.
In den nächsten Wochen wurden die ziemlich verwahrlosten Boote entrümpelt und zum Teil neu eingerichtet. Anfang Oktober trafen die ersten Besatzungen im Bahntransport ein.
In der Werft erhielten die ersten Boote, TA 14 bis TA 19, teilweise neue Bewaffnung. So erhielt TA 15 auf einem Podest auf dem Achterdeck einen 2-cm-Vierling und eine halbautomatische 4-cm-Boforskanone.
Im Oktober 1943 wurden die ersten fahrbereiten Boote in Dienst gestellt. Die Reichskriegsflagge wurde an der achteren Rah gehißt, während gleichzeitig am Mast der Kommandantenwimpel mit dem kleinen Eisernen Kreuz am Liek aufstieg.
In der Nacht zum 11. 11. 1943 lief der Flottillenchef mit TA 14, TA 15, TA 17 und TA 19 zu ihrer ersten Unternehmung aus. Es galt, ein Landungsunternehmen gegen die von den Engländern zwischen dem 16. und 20. September 1943 in Besitz genommene Insel Leros zu schützen. Die beiden Landungsverbände bestanden aus vielen kleinen Einheiten, die Teile des Regimentes »Brandenburg« und Soldaten der 22. Infanteriedivision auf Leros landen sollten.
Die vier Boote wurden vor Leros durch Geschützfeuer der Landbatterie San Giorgio empfangen. Hohe Wassersäulen stiegen rings um die Boote aus der See auf. Die T-Boote legten Nebelwände, um so die Fährprähme und Landungsboote der Feindsicht zu entziehen. Doch die Landbatterien waren auf ihre Ziele zu gut eingeschossen. Die T-Boote deckten die Landungsboote und nebelten mit dicken Schwaden aus den am Heck befindlichen Nebeldüsen. Alle 15 Sekunden schlugen Einschläge dicht bei den Booten ein. Mit TA 14 eröffnete auch TA 15 beim zweiten Anlauf das Feuer auf die Landbatterien. Es war inzwischen gelungen, die ersten deutschen Sturmtruppen zu landen und das I./FJR 2 unter Major Kühne zu entsetzen, das als Sturmspitze mitten in den Feind hineingesprungen war.

Dann gingen die Boote aufgrund eines FT-Befehls nach Kalymnos. Während sie bei bereits tiefstehender Sonne Kurs auf Kalymnos nahmen, sahen sie eine Anzahl deutscher Ju 52, aus denen die zweite Welle der Fallschirmjäger sprang. Flottillenadmiral Vorsteher sagt dazu:

»Das war ein unerhört großartiges Bild, wie diese vielen Fallschirmjäger, deren Schirme von der Abendsonne hell angestrahlt wurden, langsam auf die Bergrücken der Insel niedersanken. Das waren die gleichen Truppen, die bereits im Mai 1941 über Kreta gesprungen waren, und sie haben uns später berichtet, daß Kreta ein leichtes Unternehmen gewesen sei im Vergleich zu jenem Absprung auf Leros.«

Am Abend des 13. 11. lief die Flottille mit TA 15, TA 14, TA 17 und TA 19 wieder in Piräus ein. TA 17 hatte einen Artillerietreffer erhalten. Auch TA 14 und TA 19 waren nicht mehr fahrbereit.

Es sollte jedoch sofort wieder ein Bataillon des Regimentes »Brandenburg« nach Leros geschafft werden, weil die Lage auf der Insel nach wie vor kritisch war. Schließlich kämpften dort rund 1.000 Deutsche gegen 3.000 Engländer und 7.000 Italiener. So lief am Abend des 14. 11. TA 15 mit dem neu in Dienst gestellten TA 16 aus. Sie schifften die Truppen aus und diese Verstärkung der »Brandenburger« brachte schließlich die Entscheidung.

TA 16 war nicht mehr fahrbereit, und da inzwischen auch TA 14 wieder ausgelaufen war, blieb TA 15 allein übrig, um eine neue Fahrt mit Waffen und Soldaten nach Leros durchzuführen. Fünf Tage und Nächte stand dieses Boot ununterbrochen im Einsatz. Dicht hinter der Insel Makronisi kam TA 14 auf Gegenkurs von seinem Einzelunternehmen zurück. Es wünschte dem Rottenboot viel Glück. Kurz vor Leros erhielt Kptlt. Vorsteher einen aus nur zwei Worten bestehenden FT-Spruch:

»Leros kapituliert!«

Er erschien allen unfaßlich. Aber die »Brandenburger« hatten es geschafft. TA 15 lief nunmehr direkt in den Hafen Portolago auf Leros ein. Damit war die erste Unternehmung der 9. T.-Fl. erfolgreich beendet worden.

Doch die Aufträge rissen von nun an nicht mehr ab. Jene Aufgaben, die bei den Alliierten mit einem Massenaufgebot an Zerstörern und Kreuzern durchgeführt wurden, mußten auf deutscher

Seite von einigen wenigen Booten geleistet werden. Am 23. 11. liefen TA 15 und TA 19 unter Führung des Flottillenchefs nach Samos aus. Samos kapitulierte kampflos. Am Abend des 24. 11. war die Rückeroberung sämtlicher Inseln des Dodekanes abgeschlossen.
Im ersten Drittel des Dezember geleiteten TA 15 und TA 16 den Dampfer »Leda« (4.573 BRT) nach Leros. Dieser Dampfer sollte mit Gefangenen nach Piräus zurückkehren. Es mußten auf der Fahrt vier U-Boot-Torpedos ausmanövriert werden. Sechs Luftangriffe wurden abgewehrt.
Mit TA 14 unter Kptlt. Dehnert begleitete TA 15 am 20. 12. »Drache« nach Samos. Kurz vor dem Wiederauslaufen von dort wurde ein U-Boot vor der Hafeneinfahrt gesichtet. TA 14 warf alle Wasserbomben, bis auf einen Anlauf. Dann wurde es von TA 15 abgelöst. In mehreren blinden Anläufen wurde das U-Boot geortet und sein Standort anhand von ausgeworfenen Bojen festgelegt. Dann kam der Befehl von Kptlt. Vorsteher:
»Es folgt ein scharfer Anlauf! – Klar zum Wasserbombenwerfen!«
TA 15 überlief das U-Boot genau. Die Kommandos und Meldungen folgten einander Schlag auf Schlag:
»Fünfhundert! – Vierhundert! – keine Ortung!«
»Erste Gruppe klar zum Werfen!«
»Erste Gruppe – wirf!«
»Zweite Gruppe klar zum Werfen!«
»Zweite Gruppe – wirf!«
Mit jedem Befehl rollte eine Wasserbombe über das Heck und wurden jeweils zwei mit Wabo-Werfern nach Backbord und Steuerbord geschleudert. Dumpf dröhnten die Unterwasser-Detonationen. Fünfzehn Kreise standen wie das Muster eines Teppichs auf dem Wasser. Und mitten zwischen diesen sprudelnden Stellen stand eine weitere, größere Sprudelstelle, anders, als die der Wabos, und dort quoll auch nicht Wasser, sondern – braunes Öl empor. Dann war alles ruhig.
»Keine Geräusche mehr!« meldete der Horchgast hinter dem Horchgerät.
»Suchgerät durch Wabos ausgefallen!« meldete der Maat am S-Gerät.
Damit konnte TA 15 die Vernichtung dieses U-Bootes nicht sicher

nachweisen. In der folgenden halben Stunde, bis zum Auslaufen des Geleitzuges aus Samos kreuzte TA 15 über dieser Stelle. Vom U-Boot war nichts mehr zu orten.
In der Weihnachtsnacht traf TA 14, aus Piräus kommend, in Saloniki ein, wo sich bereits TA 15 befand. Am ersten Weihnachtstag liefen beide Boote mit drei Dampfern nach Chalkis aus. Von hier aus brachten sie ein weiteres Geleit nach Piräus.
Das Jahr 1943 ging zu Ende. Es hatte der neuen T.-Fl. schwere Aufgaben gebracht. Sie hatte im Kampf um Leros ihre Feuerprobe bestanden.
Am Vormittag des 11. 1. 1944 griffen starke Fliegerverbände Piräus an. Die Männer der T-Boote, die in die Splittergräben gesprungen waren, sahen auf einmal eine 1.000 m breite Front aus Wasser und Dreck und zuckenden Flammen. Als dieser Bombenteppich in sich zusammenfiel, sprangen die Detonationen des nächsten bereits empor. Dieser rückte genau auf die Splittergräben vor. Die Erde schüttelte sich unter den Detonationen der Bomben.
Bei dem schweren Bombenangriff auf Piräus wurde kein einziges Boot beschädigt, aber schwere Verluste unter der Zivilbevölkerung verursacht.
Zu einer neuen Geleitaufgabe liefen TA 15 – mit dem Flottillenchef, FKpt. Riede, an Bord – TA 14 und TA 16 am 31. 1. 1944 aus. Diesmal sollten die Dampfer »Sieglinde« und »Centaur« nach Portolago, dem Hafen von Leros, geleitet werden. Die Fahrt verlief ohne Störungen, und während die beiden Dampfer zum Entladen im Innenhafen festmachten, legten sich die T-Boote an die Steinpier. Zweimal gab es Fliegerangriffe.
In den frühen Morgenstunden des 1. 2. liefen die T-Boote als Geleitsicherung des Dampfers »Leda« in Richtung Samos. Als der Konvoi die Netzsperre verließ, überflog eine He 111 den Verband. Es wurde ES geschossen, das ordnungsgemäß beantwortet wurde. Wenig später überflogen acht weitere Flugzeuge den Verband. Abermals wurde ES geschossen und von den Maschinen erwidert. Dann aber warfen sie Bomben, die dicht bei der »Leda« detonierten. Eine sofortige Funkanfrage ergab, daß keine eigenen Flugzeuge in der Luft waren. In der Nacht wurde der Verband erneut aus der Luft angegriffen. Dann war die Vathi-Bucht auf Samos erreicht. Hier legte sich die »Leda« neben einen schwe-

dischen Rot-Kreuz-Dampfer. Kurz darauf ging der Schwede ankerauf und verließ die Bucht. Den ganzen folgenden Tag hindurch wurden nunmehr die T-Boote aus der Luft angegriffen, und als sie am 2. 2. bei Anbruch der Nacht mit Kurs auf Kreta ausliefen, setzten zwischen Patmos und Amorgos neue Luftangriffe ein. Fünfzehn Angriffe flogen diese Maschinen insgesamt. Doch keine ihrer Bomben traf ihr Ziel. Dann kam der 16. Angriff. Wieder wurde von sämtlichen Booten Sperrfeuer geschossen. Aber auf einmal stob aus der »Leda« eine gewaltige Feuersäule in den Nachthimmel empor. Aber dies war kein Bombentreffer gewesen. Eine der angreifenden Maschinen war zu tief angeflogen. Sie streifte den Mast des Dampfers und zerschellte an Deck wie ein »Kamikaze«-Flieger. Die Oberdecksladung der »Leda« bestand aus Lastwagen und Benzin, das sofort in Brand geriet. Außerdem hatte das Schiff vorn Torpedoköpfe geladen.

Während TA 14 und TA 16 die Sicherung übernahmen, erhielt TA 15 Befehl, bei »Leda« längsseits zu gehen. Die Besatzung des Schiffes hatte sich auf der hohen Back versammelt und wartete darauf, von Bord geholt zu werden. Näher und näher schob sich TA 15 an die »Leda« heran. Als noch zwei Bootslängen zwischen ihm und dem Dampfer lagen, erfolgte eine mächtige Detonation. Gleich danach hämmerten zwei gewaltige Schläge. Turmhohe Stichflammen schossen aus dem Achterschiff des Dampfers in die Höhe.

Doch die »Leda« explodierte nicht. Sie trieb brennend nach Lee, während sich TA 15 von Luv an die im Wasser schwimmenden Seeleute herantreiben ließ. Die Schiffbrüchigen wurden übernommen.

Auf einmal krachte noch eine Detonation auf dem Schiff. Das Achterschiff sackte weg. Berstend und brodelnd tauchte der Brandherd ins Wasser. Dann reckte sich plötzlich das Vorschiff steil in die Höhe. Ruckweise wurde es dunkler, und im letzten Feuerschein rauschte die »Leda« in die Tiefe. Die »Leda«, der »Schwan der Ägäis«, das beste Schiff dieses Raumes, war verloren.

Die Flugzeuge griffen abermals an. Sie erzielten einen Raketen-Treffer auf TA 14.

Am Vormittag des 3. 2. liefen die T-Boote in Piräus ein. TA 14 und TA 15 mußten in die Werft. Beim nächsten Geleit war TA 19

Führerboot. Der große Dampfer »Oria« sollte mit Gefangenen von Leros nach Piräus geleitet werden. Auf dem Rückmarsch geriet dieser Kleinkonvoi in einen Scirocco.
Da die »Oria« die Warnsignale von TA 19 nicht beachtete, lief sie nahe Kap Sunion auf einen Unterwasserfelsen auf. Das Schiff brach auseinander und sank schnell. Mit ihm gingen viele Kriegsgefangene unter.
Am 22. 2. 1944 fand dann ein Luftangriff statt, zu dem die Funkhorchabteilung Südost den Angriffsbefehl auffangen konnte.
Abermals waren TA 15 und TA 17 zum Geleitdienst, diesmal nach Kreta, ausgelaufen. Unterwegs erhielten die Boote einen Funkspruch, daß sie vom Gegner erfaßt seien und wenig darauf meldete die Funkhorchabteilung:
»Alexandria gibt Angriffsbefehl: »Aufforderung zum Tanz!««
Wenige Minuten später folgte die nächste Meldung:
»Erster Feindverband soeben in Alexandria gestartet!«
Schon tauchten die hohen Berge von Kreta vor den Booten aus dem Dunst. Heraklion kam in Sicht. Der geleitete Dampfer »Lisa« hatte 3.000 Tonnen Benzin geladen.
Dicht über dem Wasser fliegend, direkt aus der im Süden stehenden Sonne kommend, flogen »Bristol Beaufighter« an. Alle Waffen der T-Boote erhielten Feuererlaubnis.
Pausenlos feuerten die Flak beider T-Boote. Die Flugzeuge erwiderten das Feuer.
Die 2-cm-Flak jagten ihre Feuerstöße in den Bauch der Beaufighter. Sie schwankte und stürzte hinter dem Heck von TA 15 in die See.
Verwundete lagen an ihren Waffen. Ein erster Rundblick des Kommandanten zeigte, daß auch TA 17 noch schwamm. Über der »Lisa« stand ein riesiger Rauchpilz. Ein Torpedo hatte sie getroffen. Die Ladung, 3000 Tonnen Benzin, war nicht explodiert. TA 15 lief auf die »Lisa« zu und nahm auf dem Wege dorthin zwei englische Flieger auf. Das Boot lief zur Abgabe der Verwundeten nach Heraklion ein. Dann kehrte es zur noch immer schwimmenden »Lisa« zurück. Zwei Stunden später sank das Schiff, und die beiden T-Boote kehrten nach Piräus zurück.
Am 7. 3. 1944 liefen TA 15 und TA 19, letzteres unter Kptlt. Schmidt, zur Geleitsicherung nach Kreta aus. Sie sollten ein in Santorin liegendes Geleit – das dort Schutz gesucht hatte – auf-

nehmen. Am Morgen des 8. 3. liefen beide T-Boote in den Hafen von Santorin ein, nahmen den Konvoi auf und verließen die Insel mit Kurs Heraklion, das bei Dunkelwerden in Sicht kam. Das Geleit erreichte die Bucht, während TA 15 und TA 19 auf See zurückblieben.
Es war eine stockfinstere Nacht. Es gab Fliegeralarm. Doch noch ehe die ersten Schüsse fielen, warf die gegnerische Maschine Raketenbomben, von denen drei TA 15 trafen. Ein Großbrand entstand, Wasserbomben und Torpedos explodierten. TA 15 legte sich nach Backbord über.
»Alle Mann außenbords!« befahl Kptlt. Vorsteher. Alle gingen von Bord. Nur der Kommandant zögerte noch.
Die Back war emporgereckt. Dann glitt das Boot in die Tiefe.
Am 9. 3. 1944, um 19.15 Uhr, genau 45 Minuten nach drei tödlichen Treffern, war TA 15 gesunken.
TA 19 nahm die im Wasser schwimmenden Schiffbrüchigen auf. Ein U-Jäger kam heran. Er nahm weitere Schiffbrüchige auf und zog als letzten den Kommandanten an Bord.
Vierzehn Soldaten von TA 15 behielt die See.
Am 9. 3. traf FKpt. Dominik als neuer Flottillenchef in Athen ein. Er erfuhr, daß eines seiner Boote gesunken sei und daß zwei Boote in See stünden. Die anderen waren nicht einsatzbereit.
Auch unter FKpt. Dominik stand die Flottille in ununterbrochenem Geleitdienst. Der Tanker »Julia« wurde von Volos nach Leros geleitet und dann in die türkischen Hoheitsgewässer entlassen, von wo aus er ins Schwarze Meer gehen und neuen Treibstoff holen sollte. Auf dem Rückmarsch wurde der Tanker »Berta« eingeholt. Nur durch Treibstoffnachschub war es den vielen Booten der Kriegsmarine im Mittelmeer möglich, weiterhin auslaufen zu können.
Als der 6.000-BRT-Dampfer »Lüneburg« im April nach Heraklion geleitet werden sollte, wurde er dicht vor dem Ziel von einem britischen U-Boot torpediert. TA 19 nahm die »Lüneburg« mit ihrer wichtigen Ladung in Schlepp. Doch bald darauf brach das Schiff auseinander und sank.
Ein Geleit der Dampfer »Gertrud«, »Tanais« und »Sabina« am 1. Juni nach Kreta wurde von der 9. T.-Fl. mit TA 14, TA 16, TA 17 und TA 19 durchgeführt. Als der Konvoi nahe Polyandros in das Kretische Meer einlief, wurde er aus der Luft angegriffen. Zwei starke Bomberverbände von Baltimores und Marauders flo-

gen an. Dann erschien ein dritter Feindverband. Diesmal waren es Beaufighters. Durch Raketenbomben wurde TA 16 beschädigt, mehrere Feindmaschinen wurden abgeschossen. Zwei U-Jäger der 21. U-Jagd-Flottille unter KKpt. Dr. Brandt erhielten Treffer und sanken rasch. Zwei der drei Dampfer wurden ebenfalls getroffen. »Sabine« sank, »Gertrud« geriet in Brand. Fregattenkapitän Dominik entließ TA 17 mit dem nicht getroffenen Dampfer »Tanais« und einem U-Jäger in den Hafen Heraklion. Als TA 16 ebenfalls starken Wassereinbruch meldete, wurde es ebenfalls nach Heraklion entlassen. Nachdem TA 14 bei dem sinkenden Dampfer »Sabine« längsseits ging, um die Besatzung zu übernehmen, ließ FKpt. Dominik TA 19, auf dem er eingeschifft war, die Überlebenden der U-Jäger bergen.
Anschließend ging TA 19 zum Dampfer »Gertrud«. Das Schiff hatte einen Bombentreffer in Heizraum und Bunker erhalten, und es bestand Gefahr, daß die an Bord befindliche Munition und Benzin in die Luft flogen. Doch nach zweistündiger Löscharbeit war der Brand eingedämmt.
Inzwischen hatte TA 17 mit Dampfer »Tanais« den Hafen von Heraklion erreicht. Die Besatzung von »Sabine« war auf TA 14 übergestiegen. FKpt. Dominik ließ TA 14 den Dampfer durch Torpedoschuß versenken.
Da die »Gertrud« nach Eindämmen der Brände eingeschleppt werden konnte, waren zwei der drei Dampfer durchgebracht. Mit drei Booten – TA 16 mußte in Heraklion zurückbleiben – trat der Flottillenchef den Rückmarsch an.
Auf Kreta wurde TA 16, das an der Mole auf Grund gesetzt werden mußte, am nächsten Tag bei einem Luftangriff vernichtet. Bei diesem Luftangriff wurde der Dampfer »Gertrud« schwer getroffen. Es erfolgte eine schwere Explosion; er flog in die Luft. Das 500 m querab liegende TA 16 wurde von dem Luftdruck so getroffen, daß es kenterte und sank.
In der Nacht des 17. 7. wurden in Portolago TA 17 und TA 14 durch englische Kommando-Trupps angegriffen und durch Haftminen beschädigt. TA 17 sackte mit dem Heck weg, TA 14 mit dem Bug. Beide Boote konnten jedoch gehalten werden. Mit dem letzten fahrbereiten Boot TA 19 ging der Flottillenchef in Begleitung von zwei R-Booten nach Rhodos. Bei Kos griffen acht Beaufighter an.

TA 19 erhielt vier Treffer. Das Boot wurde schwer beschädigt. Damit war keines der Boote der bisherigen 9. T.-Flottille mehr einsatzbereit. Nachdem TA 19 dann am 9. 8. 1944 von dem griechischen U-Boot »Pipinos«, Kptlt. Loundras, bei Samos versenkt wurde, war von den sechs Booten der Flottille TA 18 allein als fahrbereites Boot übrig geblieben. So ging für diese neue Flottille das fünfte Kriegsjahr, das ihr erstes gewesen war, zu Ende. Sie sollte im sechsten Kriegsjahr aus der in der Adria bestehenden 1. Geleitflottille neu erstehen.
Das Schicksal von TA 18 aber soll im Verlauf des 6. Kriegsjahres dargestellt werden.

## SICHERUNG RÜCKKEHRENDER BLOCKADEBRECHER IN DER BISKAYA

Zu Beginn des 5. Kriegsjahres wurde die 5. T.-Fl. im Westen von KKpt. Koppenhagen geführt, dem zu mehreren Unternehmungen Boote anderer Flottillen unterstellt wurden. So führte er mit T 25 als Führerboot, T 27, »Möwe«, »Kondor« und T 19 vom 3. bis 5. 9. 1943 im Kanal die Minenunternehmungen »Taube« und »Rebhuhn« durch, die ohne Feindberührung verliefen. Ende September erfolgte eine weitere Minenunternehmung »Talsohle«.
Am 3. 10. lief dann die 4. T.-Fl., KKpt. Kohlauf zur Fernsicherung des Geleites »Nordvaard« von Brest nach Cherbourg aus. T 23, T 22, T 27 und T 25 machten um 18.33 Uhr von den Bojen auf der Brester Reede los und steuerten den Treffpunkt an. Um 21.40 Uhr wurde das Geleit geortet. Um 23.05 Uhr kam es an Steuerbord in Sicht und die T-Boote gingen mit der Fahrt auf 12 kn, um in Höhe des Geleites zu bleiben.
Um 00.35 Uhr ging bei der Flottille ein FT ein:
»Zwei feindliche Schiffsziele um 23.50 h mit südwestlichem Kurs stehen nach Quadratangabe nordostwärts Ouessant, 16 sm ab.«
Das war 30 sm hinter ihnen, wie der Flottillenchef feststellte. Um 01.15 Uhr wurde ein Ortungssignal empfangen, nach welchem ein feindliches Ziel um 01.02 Uhr von Les Sept Iles vor der bretonischen Küste in 346 Grad, 9,1 sm abstand. Das waren genau 16 sm voraus. Und nun folgte Schlag auf Schlag:
01.20 Uhr: »Alarm« vom Führerboot und »Feind an Backbord!«
Sechs Minuten später folgte der Befehl zur Wendung nach Back-

bord auf Gegenkurs. Während die Boote noch über Nordkurs in der Drehung waren, kamen Schatten in Sicht. Drei Minuten nach dem Befehl hatte der gesamte Verband die Wendung ausgeführt und steuerte nun 250 Grad. Die gesichteten Schatten waren schwer auszumachen. Dennoch erhielten T 27 und T 25 Befehl zum Schießen je eines Torpedo-Sechserfächers. Während noch alle Stellen auf diesen Booten bemüht waren, Entfernung, Lage und Fahrt des Gegners festzustellen, um diese Werte in den Torpedorechner einzugeben, erfolgte ein Befehl zur Wendung auf 270 Grad. Dieser war von KKpt. Kohlauf gegeben worden, um möglicherweise vom Gegner geschossenen Torpedos auszuweichen. Um 01.34 Uhr, während der Wendung, kam der Gegner besser heraus. Doch bereits drei Minuten später wurde eine abermalige Kursänderung, diesmal auf 320 Grad, befohlen.
Erst nachdem die Wendung um 5 Dez nach Steuerbord ausgeführt war, kam der Gegner für T 25 wieder in Sicht, und Kptlt. von Gartzen meldete: »Feind in Sicht!«
Aber noch folgten zwei weitere Kursänderungen, bis der Gegner gut ausgemacht werden konnte. An der Spitze des Verbandes war ein Zerstörer zu erkennen, dahinter lief ein Kreuzer mit besonders breiter und hoher Back und diesem folgten wiederum zwei Zerstörer und zwei weitere Fahrzeuge, die als Torpedoboote angesprochen wurden.
Mit einem neuen Befehl zur Wendung nach Backbord erhielten T 22 und T 23 Befehl zum Schießen eines Sechserfächers. Da der Sechserfächer vorher auf T 25 ausgefallen war und Kptlt. von Gartzen hier eine günstige Chance sah, gab auch er um 01.59 Uhr den Befehl, einen Sechserfächer zu schießen. Der Abstand des Gegners wurde mit 40 hm, seine Fahrt mit 15 kn und die Lage mit »Rot 80« geschätzt. Anstatt des Sechserfächers fiel jedoch auf T 25 nur ein Schuß.
Um 02.00 Uhr meldete von Gartzen dem Flottillenchef: »Feind steht querab, darunter ein großes Ziel!«
Eine Minute darauf erhielten alle Boote den Befehl zur Gefechts-Kehrtwendung nach Backbord auf 60 Grad. Noch während der Drehung blitzten Abschüsse beim Gegner auf. Sekunden später standen mindestens acht LG über dem deutschen Verband. Dann setzte schlagartig das Artilleriefeuer des Gegners ein.
KKpt. Kohlauf gab Befehl, das Feuer zu eröffnen. Gleichzeitig mit

FKpt. Riede, Chef der 9. T.-Fl., auf der Brücke

Torpedoboot TA 15 (ex-italienischer Zerstörer »Francesco Crispi«) in Piräus im September 1943

Klarmachen der Torpedos auf TA 15

Granateinschläge einer Landbatterie von Leros bei TA 15, dahinter TA 14

Ausschiffung britischer Kriegsgefangener aus den Kämpfen um den Dodekanes in Piräus vor TA 15

(Unten rechts) TA 15 nach dem Luftangriff auf Piräus am 11. 1. 1944 am Liegeplatz vor dem ehemaligen italienischen »Comando Marina«

An Bord von TA 15 wüten Brände, Munition, Wasserbomben und Torpedos detonieren. Das Boot sinkt am 8. 3. 1944.

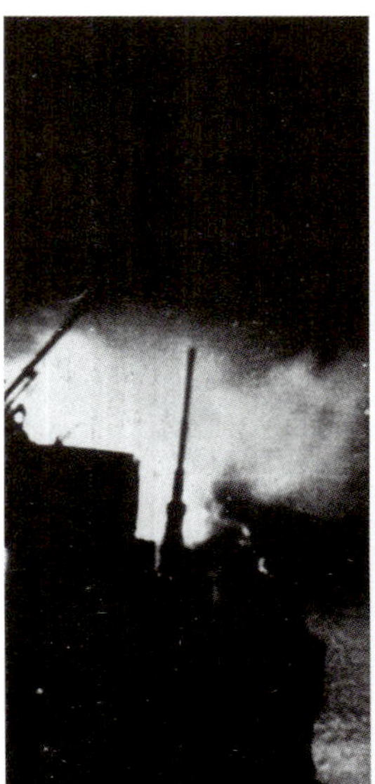

Erhalt des Feuerbefehls für die Artillerie wurde auf allen Booten eine Detonation gehört, die auf dem dritten Feindfahrzeug, einem Zerstörer, erfolgte. Dieser Zerstörer blieb zurück und wurde von den übrigen Fahrzeugen überholt.
Mit Fahrt von 28 kn schossen alle deutschen T-Boote auf den Gegner. Die Entfernung betrug 60 hm, und als der Gegner zum laufenden Gefecht aufdrehte, entwickelte sich ein heftiges Artillerie-Duell. Die Nacht wurde erhellt vom Gleißen der Leuchtgranaten und alle Einheiten konnten einander gut sehen.
Um 02.10 Uhr gab von Gartzen seinem TO noch einmal Feuererlaubnis zum Torpedoschuß. Aber auch dieser Schuß wurde nicht abgegeben. Nach einer um 02.12 Uhr befohlenen Fahrtänderung auf 17 kn gelang es T 25, drei Artillerietreffer auf dem Kreuzer anzubringen. Im weiteren Verlauf des Gefechtes wurde dann bemerkt, daß die vorderen Geschütze des Kreuzers schwiegen. Als wenig später zwei Blasenbahnen an Steuerbord und Backbord von T 25 vorbeigingen, meldete von Gartzen, daß der Gegner Torpedos geschossen habe.
Mit wieder auf 28 kn erhöhter Fahrt wurde den nun erkannten Torpedolaufbahnen von allen Booten ausgewichen.
Sämtliche T-Boote standen nun im Feuerkampf mit dem Gegner. Alle schossen mit schnellster Salvenfolge. Dieser Kampf mit einem Gegner, der auch ein bedeutend größeres Fahrzeug einsetzen konnte, war wenig aussichtsreich. Der Gegner wendete um 02.16 Uhr und versuchte, den deutschen Verband von Norden und Süden gleichzeitig anzugreifen und in die Zange zu nehmen.
Von diesem Zeitpunkt an stand T 25 25 Minuten lang als Schlußboot des Verbandes unter starkem Artilleriefeuer des Backbord querab und Steuerbord achteraus stehenden Gegners. Durch Feuerkonzentrierung nach Backbord gelang es dem Boot, abermals zwei Treffer, diesmal auf einem Zerstörer, zu erzielen.
Aber auch die Einschläge des Gegners lagen dicht beim Boot. Die Wassersäulen der Aufschläge wischten über die Brücke von T 25 hinweg. Ein Treffer schlug in den Backbordanker, riß einen Flügel ab und verursachte ein großes Loch neben dem Anker in Oberdeck und Bordwand.
Mit leichten Kursänderungen ging T 25, um Anschluß zu halten, auf AK voraus. Dann erfolgte der Befehl für alle zur Kursänderung nach Süden und zum Nebeln.

Achteraus von T 25 entwickelte sich nach dieser Kursänderung ein rascher Feuerwechsel zwischen einem anderen Boot und einem Zerstörer.
Mehrere Kursänderungen wurden gefahren und in dieser Phase, es war 02.45 Uhr geworden, wurde das Artilleriegefecht nur noch von T 25 geführt, das dem Feind am nächsten stand. Ein Scheinwerfer des Kreuzers beleuchtete um 02.52 Uhr die Brücke von T 25. Die Entfernung betrug 100 hm. Dann drehten beide Feindgruppen nach Norden ab. Die T-Boote – T 25 hatte inzwischen wieder Anschluß gefunden – liefen in Kiellinie ab.
Der Verband setzte den Weitermarsch fort und geleitete den Schiffsverband sicher nach St. Malo, wo er um 07.08 Uhr einlief.
Unter Führung von KKpt. Kohlauf liefen am 22. 10. T 23 als Führerboot, T 22, T 25, T 26 und T 27 abermals aus. Es galt, die Fernsicherung für den Blockadebrecher »Münsterland« zu übernehmen. Vor der nordbretonischen Küste stießen die Boote auf den britischen Kreuzer »Charybdis« unter Cpt. Voelcker mit zwei Flottenzerstörern, von zwei Zerstörern der »Hunt«-Klasse eskortiert.
Das Führerboot, T 23, Kptlt. F.-K. Paul, sichtete den Verband zuerst. Kptlt. Paul ließ sofort beide Rohrgruppen klarmachen. Gleichzeitig damit wurden auch die Torpedorohre der übrigen Boote auf diesen Gegner gerichtet.
Im nächsten Augenblick fielen auf T 23 die Schüsse. Die Torpedos furchten durch die See, und während bereits das Artilleriegefecht eingesetzt hatte, erhielt der englische Kreuzer zwei schwere Torpedotreffer. Auf T 23 sah man die grellen Trefferflammen, die aus dem Kreuzer emporschossen. Fast gleichzeitig damit stiegen auch zwei Treffer am Zerstörer »Limbourne« empor, der schwer beschädigt achteraus sackte und später von seiner Besatzung gesprengt werden mußte.
Sieben Minuten dauerte dieses Gefecht, dann war der letzte der abdrehenden Gegner außer Sicht gekommen. Sie liefen vor den vier deutschen T-Booten ab, weil der Schock des Doppeltreffers ihnen den Kampfnerv genommen hatte. Zwei Tage darauf gab die britische Admiralität den Verlust des Kreuzers bekannt, der nicht weniger als acht 19-cm-Geschütze in Zwillingstürmen besaß. KKpt. Kohlauf wurde zum Ritterkreuz eingereicht, das ihm

am 29. 10. 1943 verliehen wurde. Kptlt. Paul erhielt das Deutsche Kreuz in Gold.
Der November verging mit ständigen Geleitfahrten und anderen Routineaufträgen. Im Dezember aber fanden Ereignisse statt, an denen Torpedoboote entscheidend mitwirkten.
Die 4. T.-Fl. lag in Brest. Am 18. 12. ging sie um 16.48 Uhr ankerauf zur Feindfahrt mit dem Auftrag, die Fernsicherung eines Geleites zu übernehmen. In der engen Sicherung standen Boote der 24. MS.-Fl. Nachdem um 17.26 Uhr die Netzsperre im Goulet de Brest passiert worden war, übernahm der Chef der 4. T.-Fl. an Bord von T 23 die Spitze. Erstmals war die gesamte Flottille im Einsatz.
Gegen 21.00 Uhr wurden zwei Schatten ausgemacht. Es war das Geleit. Die T-Boote setzten sich mit 9 kn Fahrt dahinter. Diese Fahrt verlief ohne besondere Ereignisse, und um 10.32 Uhr des 19. 12. machten die Boote in Brest fest.
Am 22. 12. lief die 4. T.-Fl. abermals aus Brest aus. Es ging darum, im Unternehmen »Bernau« den aus Fernost kommenden Blockadebrecher »Osorno«, Kpt. Hellmann, in der Biskaya aufzunehmen und heimzugeleiten. Die Führung des Unternehmens lag beim Chef der 8. Z.-Fl., Kpt. z. S. Erdmenger, der mit seiner gesamten Flottille, Z 27 als Führerboot, Z 23, Z 24, Z 32, Z 37 und ZH 1 an der wichtigen Aufgabe beteiligt war.
Um 07.40 Uhr hatten sich die Boote in Tagmarschformation formiert und liefen mit 21 kn Fahrt in die Biskaya aus
Bis zum frühen Nachmittag verlief die Fahrt ohne Zwischenfall. Gegen 15.59 Uhr ging ein FT ein mit Standortangabe:
»An Bernau: Ein Flugzeugträger, ein Kreuzer, Kurs Südwest, mittlere Fahrt. Gruppe West.«
Um 16.48 Uhr kamen auf der 4. T.-Fl. die Mastspitzen der zu ihr stoßenden 8. Z.-Fl. südostwärts in Sicht. In Kiellinie sammelten die T-Boote auf die Zerstörer. Dreiviertelstunde darauf ging ein Winkspruch des Chefs der 8. Z.-Fl. auf T 23 ein:
»Ich schicke Z 24 zu Ihnen, er ist maschinell nicht auf der Höhe.«
Z 24 hängte sich um 18.20 Uhr als taktische Nr. 7 an die 4. T.-Fl. an, klar für 32 kn.
Das einzuholende Schiff, die »Osorno«, stampfte derweilen durch die schwere See dem Treffpunkt entgegen. Allein auf sich gestellt hatte es einige Zehntausend Seemeilen zurückgelegt, und

nun waren nur noch einige Stunden im Alleingang zu durchlaufen, bis es den nötigen Schutz erhielt.
Daß die Aufgabe nicht leicht werden würde, zeigte bereits um 20.00 Uhr ein Flugzeug, das den Verband sichtete und mit einem Scheinwerfer anleuchtete. Elf Minuten später gab Kpt. z. S. Erdmenger den Befehl zum Auseinanderziehen. Die 4. T.-Fl. setzte sich daraufhin 4 Dez nach Steuerbord heraus. Als die Feindmaschine um 21.05 Uhr abermals anflog, erhielt T 23 Feuererlaubnis. Die Maschine wurde abgedrängt.
KKpt. Kohlauf entschloß sich nunmehr, auf 90 Grad zu gehen, um wenigstens eine der beiden Flottillen vom Fühlungshalter abzusetzen. Kurz danach wurde die Strahlung von drei Funkmeßgeräten gehört. Sie zeigten an, daß dieses Manöver fehlgeschlagen war. Nunmehr mußte also versucht werden, in schnellem Vorstoß – die aufkommende starke See verhieß eine Wetterverschlechterung – den Blockadebrecher aufzunehmen.
Um 23.07 Uhr warf die Maschine, die an der Flottille Fühlung hielt, achteraus einen freischwimmenden Leuchtkörper, um der Ablösung den Standort zu zeigen. Um 23.27 Uhr ging ein FT der Gruppe West ein:
»An Chef 8. Z.-Fl.: Feindflugzeug ortet Sie mit Luft-Schiff-Radar und meldet Sie.«
Der Wind hatte weiter aufgefrischt und hatte nun die Stärke 6 bis 7 erreicht. Er wuchs sich offenbar zum Sturm mit einem Seegang aus, gegen den sowohl die T-Boote als auch die Zerstörer nur mühsam anknüppeln konnten. Deshalb wurde ein FT an »Bernau« abgesetzt, daß das Aufnahmegeleit später als vereinbart eintreffen würde.
Um 00.25 Uhr meldete Z 24 die ersten Bombenabwürfe in seiner Nähe. Von nun an wurden auch die Boote der 4. T.-Fl. immer wieder von Feindmaschinen überflogen. Mit den FlaMW wurde Feuer eröffnet. Die Boote stampften schwer und nahmen immer wieder Wasser über die Back. Das Spritzwasser fegte bis auf den vorderen Stand und darüber hinweg.
Um 06.05 Uhr sammelten schließlich die T-Boote auf die Zerstörer. Seit dem Auftauchen des ersten Feindaufklärers um 08.48 Uhr waren immer Maschinen am Verband. Das Abwehrfeuer wurde eröffnet, obgleich einige der Maschinen meistenteils außer Reichweite blieben.

Um 12.30 Uhr befahl Kpt. z. S. Erdmenger, daß alle Boote sammeln sollten, und bald danach meldete ZH 1 in 271 Grad eine Rauchwolke. Wenig später kam der Dampfer »Osorno« in Sicht. Um 13.02 Uhr erreichten die Boote das Schutzobjekt. Der Dampfer setzte die deutsche Handelsflagge, und Kptlt. Weinlig, der Kommandant von T 23, schrieb in sein KTB:
»Die Besatzungen erkennen jetzt die Wichtigkeit der gestellten Aufgabe. Es ist ein stolzer Augenblick!«
Mehrere Beaufighter, deren Raketenbomben gefürchtet waren, und einige Sunderland-Flugboote standen nun am Verband. Kpt. z. S. Erdmenger meldete an die Marinegruppe West, daß er das Objekt aufgenommen habe.
Die um 15.20 Uhr einlaufende Meldung des Luftwaffen-B-Dienstes, daß acht Feindmaschinen auf den Verband angesetzt worden seien, spornte alle Ausgucks zu besonderer Wachsamkeit an. Zehn Minuten später erschien der erste Fühlungshalter. Um 16.25 Uhr erschienen zwei Halifax-Bomber. Zerstörer und Torpedoboote steuerten mit dem Geleitobjekt Zickzackkurse. Ständig trafen mehr viermotorige Bomber ein, und schließlich flogen sie den Schiffsverband an, von dem ein massiertes Abwehrfeuer eröffnet wurde. Die »Osorno« fiel mit ihren Waffen in das Abwehrfeuer ein. Keine der geworfenen Bomben traf ihr Ziel. Durch einen Naheinschlag fiel auf der »Osorno« lediglich der Kompaß aus. Zwei Bomber erhielten Treffer und drehten qualmend ab.
Als um 18.54 Uhr T 27 Ruderversager hatte und gestoppt liegenblieb, ging T 24 als Sicherungsboot zu ihm. Um 19.58 Uhr ging ein FT der Marinegruppe West ein:
»Bin am Weihnachtsabend mit fester Zuversicht zum Gelingen Eurer Aufgabe bei Euch auf See. OB Gruppe West.«
Dieser Funkspruch wurde allen Besatzungen bekanntgemacht. T 24, zum manövrierunfähigen T 27 entsandt, blieb mit diesem Boot zurück. Sie mußten sich eines Aufklärers erwehren, der über den beiden Booten Leuchtbomben abwarf.
Mit großer Fahrt lief das »Osorno«-Geleit weiter. Um 01.00 Uhr war es dann soweit. Leuchtbomben, die zum Teil sehr gut lagen, wurden über dem Verband geworfen. Kpt. z. S. Erdmenger befahl Sperrfeuer mit allen leichten Flawaffen. Die Maschinen wurden von diesem dichten Feuervorhang abgeschreckt und griffen nicht an.

Als um 02.45 Uhr ein UK-Spruch vom Führerzerstörer, Z 27, auf den übrigen Booten einging, daß mit der Anwesenheit feindlicher Zerstörer zu rechnen sei, erhöhte sich die Wachsamkeit noch. Alle atmeten auf, als gut zwei Stunden später die zurückhängenden beiden Boote T 24 und T 27 achteraus wieder in Sicht kamen. Immer wieder griffen Feindbomber an, und Kpt. z. S. Erdmenger wußte, daß erst mit Anbruch der Morgendämmerung der Höhepunkt der Angriffe kommen würde. Deshalb ließ er einen Funkspruch absetzen:
»Werde laufend gebombt. Bisher alles klar. Erwarte Jagdschutz ab Morgendämmerung.«
Kurz nach 09.00 Uhr meldete ZH 1 Ausfall seiner versalzenen Maschinenanlage. T 25, Kptlt. von Gartzen, erhielt Befehl, zu ZH 1 zu gehen und den Zerstörer in Schlepp zu nehmen. Bis gegen 11.15 Uhr standen nunmehr laufend Feindflugzeuge am Verband. Immer wieder konnten die Angriffe durch konzentriertes Feuer aus vielen Rohren abgewehrt werden. Dennoch atmeten alle erleichtert auf, als gegen 13.00 Uhr 14 Ju 88 auftauchten und die Sicherung übernahmen.
Wegen der U-Bootgefahr mußten weiterhin Zickzackkurse gelaufen werden. Den Ju 88 gelang es, den Himmel über dem deutschen Schiffsverband von Feindflugzeugen freizuhalten, so daß zum mindesten die Gefahr aus der Luft gebannt war.
Als um 17.02 Uhr ein FT-Befehl an die 4. T.-Fl. ging, nicht wie vorgesehen nach La Pallice, sondern nach Brest zu gehen, war den Eingeweihten klar, daß ein neues Unternehmen auf sie zukam. Um 19.36 Uhr wurde die 4. T.-Fl. nach Brest entlassen. T 27 blieb bei der 8. Z.-Fl., weil das Boot mit den Schrauben steuern mußte. Während die vier Boote der 4. T.-Fl. am Morgen des 26. 12., durch Nebelfelder steuernd, die Sperre im Goulet de Brest passierten, kämpfte sich T 25, mit ZH 1 »auf dem Haken«, durch die schwere See zurück und brachte den Zerstörer in einer ausgezeichneten seemännischen Leistung sicher in den Stützpunkt.
Bereits um 09.48 Uhr liefen am 27. 12. die im Handelshafen von Brest liegenden T-Boote wieder aus. Es galt, zum Unternehmen »Trave« abermals in die Biskaya auszulaufen und dort den Blokkadebrecher »Alsterufer«, Kpt. Piatek, einzuholen. Der Dampfer kam ebenfalls mit kriegswichtiger Ladung aus Fernost zurück. Abermals liefen auch sämtliche Boote der 8. Z.-Fl. zu diesem Un-

ternehmen aus – mit Ausnahme des unklaren ZH 1, dessen Kondensatorschaden nicht behoben werden konnte.
In der sehr langen niedrigen Dünung stampften die Boote durch die See. Bereits um 14.51 Uhr ging ein Funkspruch an die Chefs der beiden beteiligten Flottillen, daß mehrere Flugzeuge an der »Alsterufer« Fühlung hielten, und daß das Schiff weiterhin Ostkurs steuere. Es schien sicher, daß der Engländer diesmal das deutsche heimkehrende Schiff rechtzeitig als Blockadebrecher erkannt hatte und einen abermaligen Zerstöreransatz zum Einbringen dieses wichtigen Schiffes vermutete. Er setzte sofort Flugzeuge auf Royan an, um zu erkunden, ob die deutschen Zerstörer aus der Gironde ausgelaufen waren. Diesmal, das war allen Beteiligten klar, hatte der Gegner mehr Zeit, seine Vorbereitungen zur Bekämpfung des Schiffes und der Geleitfahrzeuge zu treffen.
Die Boote liefen mit hoher Marschfahrt dem Treffpunkt entgegen. Nicht weniger als 18 Feindmaschinen wurden durch die Funkhorchabteilung West im Einsatz erkannt.
Um 20.30 Uhr dieses 27. 12. wurde der Kriegsmarschzustand hergestellt. Die Dunkelheit war angebrochen. Alle warteten nun auf den feindlichen Fühlungshalter oder den Aufklärer. Doch vorerst war nichts zu sehen, und auch die NAXOS-Geräte meldeten keine Ortung.
»Diese Ruhe ist für die Biskaya unnatürlich«, notierte Kptlt. Weinlig in seinem KTB. Zwischen 21.05 Uhr und 22.32 Uhr wurde eine Reihe von Feindflugzeugen aus dem Funkverkehr mit ihrer Bodenstelle durch die eingeschifften B-Dienstgruppen erfaßt. Noch marschierten beide Flottillen getrennt. Erst am 28. 12. um 00.07 Uhr ging jener Funkbefehl ein, daß sich beide Flottillen – falls weiterhin nichts von Feindluft gehört werde – vereinigen und zur »Alsterufer« gehen sollten.
Bis um 08.30 Uhr war an Bord der T-Boote noch immer nichts von den eigenen Zerstörern gesichtet worden. Aber auf UK waren sie bereits zu hören. Um 09.28 Uhr kam eine Sunderland in Sicht. Eine Minute später meldete sie:
»Vier Zerstörer, Kurs 270 Grad, 15 kn.«
Damit war die 4. T.-Fl. erfaßt.
Um diese Zeit befahl Kpt. z. S. Erdmenger, daß die T.-Flottille auf dem vorgesehenen Treffpunkt bleiben solle. Er selber würde mit den Zerstörern nach Westen vorstoßen und gegen Mittag zurück-

kehren. Als dann um 09.42 Uhr an Steuerbord voraus Flakfeuer zu sehen war, wußte man auf den T-Booten, daß dort die eigenen Zerstörer standen, und daß diese von Feindflugzeugen angegriffen wurden.
Um 10.00 Uhr wurde der Treffpunkt mit der »Alsterufer« erreicht. Der Dampfer war jedoch noch nicht in Sicht gekommen. Stattdessen kamen T 25 und T 27 heran, die zusammen mit der 8. Z.-Fl. aus der Gironde ausgelaufen waren und nun wieder zur eigenen Flottille traten. Die Flottille stand in der Folgezeit mit 12 kn Fahrt auf und ab.
Pünktlich um 12.00 Uhr kamen die Zerstörer in Sicht mit hoher Fahrt auf Ostkurs. Nachdem beide Flottillenchefs nach einer kurzen Besprechung über UK gegen 12.20 Uhr der Überzeugung waren, daß sie die »Alsterufer« nicht mehr treffen würden, wurde der Rückmarsch angetreten.
Der Kurs, der mit 101 Grad genau gegen die See lag, war ungünstig. Wasser kam mit hohen Brechern über Back und Brücke der 17 kn laufenden Boote. An der Spitze marschierte die 4. T.-Fl., während die Zerstörer in Dwarsformation dahinter folgten. Wenig später ging der Verband auf 21 kn Fahrt. Eine halbe Stunde danach wurde von Kpt. z. S. Erdmenger ein UK-Befehl an alle gegeben:
»Divisionsweise sammeln. – Feindkreuzer kommt von achtern!«
Es war nunmehr eingetreten, was alle Besatzungen geahnt und befürchtet hatten: Kreuzer waren auf sie angesetzt! Was dem Gegner beim Unternehmen »Bernau« nicht gelungen war, hier kam er zum Erfolg. – Geben wir zunächst Kptlt. Weinlig mit dem KTB von T 23 vom 28. 12. das Wort:
»12.59 h: UK-Befehl an alle: »Ostkurs, höchstmögliche Fahrt laufen!« 13.00 h: Befehl vom Chef an 4. T.-Fl. »Fahrt 29 kn«! Vom Feind noch nichts zu sehen. Das Boot arbeitet sehr schwer in der groben See. Grünes Wasser geht über die Back, große Mengen Spritzwasser über den Stand.
13.01 h: UK-Befehl: »120 Grad steuern, beabsichtige hinhaltendes Gefecht mit Torpedoeinsatz. 8. Z.-Fl.«
13.04 h: Befehl an alle: »Zerstörer decken Torpedoboote!«
13.17 h: »Chef 8. Z.-Fl. an Chef 4. T.-Fl.: T-Boote zwischen 1. und 2. Zerstörer-Division gehen. Ich komme mit 29 kn an Ihre Backbordseite.« Die Zerstörer wollen uns also in Feuerlee nehmen. Mit

29 kn setzt sich die Flottille zwischen die beiden Zerstörer-Divisionen. Backbord achteraus stehen Z 27 und Z 23, Steuerbord voraus Z 32, Z 37 und Z 24. Die Lage ist zur Zeit nicht klar. Vom Feind ist noch immer nichts zu sehen.
13.25 h: Chef 8. Z.-Fl. an alle: »Gegner sowohl von Osten, wie von Westen!«
13.38 h: UK-Spruch von Z 27: »Es handelt sich um zwei Schiffe in rw. 80 Grad.«
13.45 h: »Feind an Backbord in Sicht!«
13.47 h: Befehl von Z 27: »4. T.-Fl. Torpedos schießen!«
Die Ausführung dieses Befehls ist zur Zeit nicht möglich. Wegen des stark überkommenden Wassers ist keine Messung möglich. Bei der starken Bewegung des Bootes ist auch ein Anschneiden des Zieles ausgeschlossen, zumal starkes Spritzwasser über den Torpedozielapparat hinweggeht. Das Schießen ist auch deshalb ein Wagnis, weil die Ziele noch 180 hm abstehen. Die Flottille muß zum Torpedoschuß herangeführt werden. Dies aber wird uns nicht gelingen, weil die feindlichen Kreuzer uns aus ihrer Luvposition und mit ihrer artilleristischen Überlegenheit zurückhalten würden.
13.52 h: Es wird auf 29 kn gegangen, jedoch kurz darauf auf 28 kn, da T 24 nur diese Fahrtstufe halten kann. Die Flottille hat sich jetzt zwischen die Zerstörer gestaffelt.
13.53 h: Chef 8. Z.-Fl. an alle: »Mit Booten auf die Spitze drücken und mit Torpedos angreifen!«
14.04 h: Befehl an 4. T.-Fl.: »Vorstoßen zum Torpedoangriff!« Gleich danach aber ergänzender Befehl: »Torpedoeinsatz nur bei Reichweite. Gemeinsamer Einsatz durch die 4. T.-Fl. Dabei an die Nacht denken!«
Die Boote staffeln langsam nach Osten hinüber. Die Gefechtsentfernung nimmt ab. Schwere Brecher kommen über die Back. Das 1. Geschütz kann nicht mehr bedient werden. Die feindlichen Salven liegen bei den Schlußzerstörern erstaunlich genau und mit geringer Streuung. Die Aufschläge, giftiggrün und giftiggelb, gleichen durch ihr Zusammenliegen einem Blumenbeet. Ich schätze auf 12 – 13-cm-Granaten. Vom Gegner ist nur ab und zu etwas zu erkennen. Ein Ausmachen der Typen ist nicht möglich.
14.08 h: Befehl an Chef 4. T.-Fl.: »Torpedos schießen!«
14.10 h: An Chef 4. T.-Fl.: »Absicht melden!«

Offensichtlich will Kpt. z. S. Erdmenger jetzt alle Boote zum Torpedoangriff bringen. Aber um 14.12 h gibt unser Flottillenchef an den Chef der 8. Z.-Fl.: »Noch abwarten!«
14.17 h: Chef 8. Z.-Fl. an Z 23: »Mit Z 27 und den drei letzten T-Booten Wendung nach Steuerbord um 180 Grad!«
Damit liegen um 14.22 h Z 27, Z 23, T 26, T 22 und T 25 auf Gegenkurs.
14.32 h: Chef 8. Z.-Fl. an alle: »Von Finisterre kommt neuer Gegner!« Jetzt wird die Lage für die Spitzengruppe kritisch. Allmählich drücken wir nach Osten herum. Von den Zerstörern werden Nebelbojen geworfen. Die Nebelwand deckt uns gut.
14.38 h: Eine feindliche Salve liegt Steuerbord voraus etwa 100 m vom Boot. Nach einer kurzen Wendung drei Dez nach Steuerbord wieder auf Kurs gegangen. Keine weiteren Einschläge. Im abreißenden Nebel ist der Gegner nicht mehr zu sehen. Anscheinend hat er kehrt gemacht und nimmt nun die achtere Gruppe unter Feuer.
15.04 h: FT von Z 27: »Manövrierunfähig!«
15.10 h: Von Z 32 an alle: »An mich heranschließen!«
15.11 h: Von Z 32 an Chef 4. T.-Fl.: »Versuchen, nach Osten durchzubrechen!«
15.52 h: Von Z 24 an 4. T.-Fl.: »Bitte warten Sie auf mich, ich komme auf einem Bein!«
17.00 h: Kehrt gemacht und mit 12 kn Fahrt Z 24 entgegengelaufen.
17.40 h: Z 24 hängt sich als taktische Nr. 4 an. Kurs 75 Grad, Fahrt nun wieder 24 kn.
Um 18.00 h stehen wir noch auf 10 Grad West und sind in der Fahrt auf 24 kn des Zerstörers herabgesetzt. Wo die Feindgruppe im Süden steht, ist nicht bekannt. Jedenfalls bedeutet sie eine starke Bedrohung für uns. Eine weitere feindliche Zerstörergruppe hält sich anscheinend im Nordwesten. Unsere schärfste Waffe wäre jetzt die Geschwindigkeit.
19.10 h: Z 24 meldet über UK: »Achteraus Turbinengeräusche und Granatenaufschläge im Wasser!«
19.15 h: FT von Z 32 18.48 h: »Versuch, Z 27 zu helfen, aufgegeben, da erstens vom Kreuzer abgedrängt, zweitens laufend mit Bomben angegriffen und drittens Einbruch Dunkelheit. Z 37 und Z 32 Ostkurs, Höchstfahrt!«

Demnach werden uns die Zerstörer im Süden überholen. Mehrere Leuchtbomben fallen. Fühlungshalter sind am Verband.
23.27 h: Befehl für die 4. T.-Fl.: »Brest gehen!«
29. 12. 1943: Goulet de Brest, Sperre passiert.«
Soweit der Bericht von T 23. Was aber war mit den übrigen Booten geschehen? T 27 und T 25 hatten am 28. 12. gegen 13.50 Uhr das erste Feuer aus den Türmen der Kreuzer erhalten, die zehn Minuten vorher in Sicht gekommen waren. Die ersten Salven galten allerdings Z 27, als wüßte der Gegner, daß dies das Führerboot war. Gegen 14.20 Uhr aber schossen sich die Kreuzer, von denen der vordere ein Dreischornsteiner war, auf T 25 und T 27 ein. Bei T 25 schlugen bis zu zehn Aufschläge gleichzeitig in nächster Nähe ein. Geben wir zu diesem dramatischen Gefecht Kptlt. von Gartzen das Wort:
»Ich lasse das Feuer auf eine Entfernung von 100 hm aufnehmen. Trotz Schlingerns und Stampfens liegen die Salven gut. Torpedos will ich mir für günstigere Gelegenheiten aufsparen. Im künstlichen Nebel verliere ich T 27 aus Sicht und erhalte einen Treffer, der über den Vierling hinweggeht, auf dem achteren Rohrsatz krepiert und Teile des 3,7-cm-Standes mitnimmt. Ausfall der Bedienung des Vierlings und des Rohrsatzes. Tote und Verwundete. Backbordmaschine geht mit der Umdrehung herunter, sie stoppt und ich befehle Steuerbordmaschine AK, um Anschluß zu halten. LI meldet, daß Hauptölleitung im achteren Kraftwerk durchschlagen ist. Das Kraftwerk sei nicht mehr klarzubekommen.
15.10 h: Ich möchte meine Munition sparen, aber die Entfernung nimmt rasch ab und ich muß mich wehren. Bei einer Entfernung von 60 hm schießt der TO vom vorderen Rohrsatz mit von der Brücke geschätzten Werten einen Dreierfächer, der keinen Erfolg zeigt. Als der Feind im laufenden Gefecht etwa 50 hm absteht, wird das Boot heftig erschüttert und ich sehe, wie mein vorderer Schornstein hochgerissen und nach Feuerlee über Bord geworfen wird. Der halbe Mast folgt. Nun geht auch die Steuerbordmaschine mit der Fahrt herunter. Das Boot verliert rasch an Fahrt und liegt dann auf SSO-Kurs gestoppt, quer zur See und zur Dünung und rollt heftig. LI meldet Treffer im vorderen Kessel und Kesselexplosion. Der Strom ist ausgefallen. Ich gebe an Kommandant T 22, der etwa 8 hm absteht, durch Morsespruch:
»Bitte Teile meiner Besatzung übernehmen!«

T 22 dreht sofort auf mich zu, wird aber so heftig mit Salven überschüttet, daß ich selber froh bin, als er aus diesem Regen herausgeht und wieder nach Westen abläuft.
Beide Kreuzer stehen fast Backbord querab. Durch die bei uns einschlagenden Salven wird das Boot immer aufs Neue erschüttert. Wir müssen geschützweise schießen, da die Feuerleitanlage nicht mehr klar ist. Die ersten Stellen melden bereits, daß die Seezielmunition verschossen ist und stellen die Fla-Munition auf Zündertotstellung um. Es muß mit der Hand gefördert werden.
Ich lasse nun sämtliche auf der Brücke untergebrachten Geheimsachen über Bord werfen. Das Boot wird kopflastig. Anscheinend habe ich in der oder kurz unter der Wasserlinie einen weiteren Treffer vorn im Boot erhalten. Die Geschützführer schießen trotz dieser Behinderung gut; ich beobachte vier Treffer.
Plötzlich brechen die beiden Kreuzer das Feuer ab, wir schießen noch hinterher und der Gegner läuft nach SSW, in Richtung auf die beiden vorderen T-Boote ab. Wir scheinen ihm genug wrack zu sein.
Die Lage: von den eigenen Streitkräften ist nur ein Zerstörer weitab im Norden treibend zu sehen. Mein Oberdeck ist im Gebiet des vorderen Kessels völlig nach oben gerissen. Im Raum ist Öl und Wasser, in dem Verbrühte treiben. Achterkante Brücke, die Niedergänge und der Kutter sind zerstört. Letzterer steht senkrecht. Vom Vierling lebt kein Soldat mehr. Auf dem achteren Rohrsatz liegen mehrere Gefallene. An Deck viele Verwundete, die vom Flottillenarzt versorgt werden. Der LI hat Hoffnung, die Backbordmaschine wieder klar zu bekommen. Ich beabsichtige, bei Außersichtkommen der Kreuzer mich energisch nach Westen abzusetzen und dann nach Süden zu marschieren.
15.45 h: Die Kreuzer kommen wieder in Sicht und halten auf uns zu. Ich komme zu dem Entschluß, alle Soldaten, die in diesem zu erwartenden Gefecht nicht gebraucht werden, auf Flößen und in der Jolle von Bord zu schicken, dazu die Verwundeten. Die Jolle wird ausgebracht und der I. und II. WO gehen mit rund 70 Mann in Jolle und auf Flößen von Bord.
Ich befehle nunmehr: »Boot klarmachen zur Versenkung!«
Auf 30 hm eröffnen die Kreuzer erneut das Feuer, das wir erwidern. Wir erhalten einen weiteren Treffer im Achterschiff. Zwei von unseren Geschützen schießen noch. Als die Entfernung bis

auf 15 hm abnimmt und unsere Abwehrkraft erlahmt ist, gebe ich den Befehl zum Verlassen des Bootes und zum Versenken. Der LI meldet, daß alle Sprengmittel angeschlagen sind. Als letzte verlassen der LI, der Flottillenarzt, zwei Wachmaschinisten, der Obersteuermann und einige Unteroffiziere mit mir das Boot.
Als wir einige hundert Meter schwimmend abgetrieben sind, werden noch mehrere Treffer beobachtet. Während die Kreuzer dicht am Boot stehen, gehen im Vor- und Achterschiff die Wasserbomben hoch. Kurz danach sinkt T 25 langsam über den Vordersteven mit wehender Kriegsflagge. Gruppenweise werden von den Überlebenden drei Hurras auf unser Boot ausgebracht und das Flaggenlied angestimmt. Die beiden Kreuzer laufen mit hoher Fahrt nach Nordosten ab, vermutlich zu Z 27.
Zwei Stunden schwamm ich im Wasser und kam an vollbesetzten Flößen vorbei. Im letzten Büchsenlicht werde ich von sechs auf mich zukommenden Flößen, auf denen einige Soldaten mich erkannten, aufgenommen.
Während der Nacht wurden viele Rettungsbojenlichter entzündet. Wir haben uns in der dunklen Nacht, in der wir immer wieder von den Brechern überschüttet und mehrfach vom Floß geworfen wurden, so gut es ging Bewegung gemacht. Ein Seenotbeutel wurde geöffnet und Nahrungsmittel und Getränke verteilt. Gegen 04.30 h des 29. 12. sichteten wir im Westen einen kleinen, das Wasser absuchenden Scheinwerfer. Ich ließ nacheinander zwei Calziumlichter anreißen. Das Fahrzeug mit dem Scheinwerfer kam näher und als auf kurze Entfernung eine Varta-Lampe aufleuchtete, erkannten wir ein U-Boot. Das Boot arbeitete heftig. Es setzte sich nach Luv von uns ab und warf uns eine schwere Leine über die Flöße, mit der wir uns heranholten. Einzeln wurden wir dann eingeholt. Als ich mich bei Oblt. z. S. Lange an Bord meldete, hörte ich, daß sein Boot, U 505, ein Boot jener Flottille ist, dem auch U 106 angehört hatte, dessen Besatzung wir in der Biskaya an fast der gleichen Stelle mit T 22 und T 24 geborgen haben.
Gemäß Funkbefehl erhielt U 505 Weisung, nach Brest zu gehen. Hier liefen wir am 2. 1. 1944 um 14.00 h ein. Wir brachten 33 Überlebende mit. (Ein irischer Dampfer rettete noch einmal 67 Mann, so daß mit dem Kommandanten 102 Mann von T 25 gerettet wurden).«

Der Verlust von T 25 war jedoch nicht der einzige dieses Seegefechtes, bei dem der Gegner mit seinen beiden Kreuzern die artilleristische Überlegenheit infolge seiner ruhigeren Plattform nutzen konnte. Die beiden englischen Kreuzer »Glasgow«, Cpt. Clarke, und »Enterprise«, Cpt. Grant, versenkten den Führerzerstörer der 8. Z.-Fl., Z 27. Der Kommandant des Bootes, KKpt. Günther Schultz und der Flottillenchef, Kpt. z. S. Erdmenger, gingen mit dem Großteil der Besatzung unter.
Auch T 26, Kptlt. Quedenfeldt, wurde von den Kreuzern nach heftiger Gegenwehr vernichtet. Ein Teil seiner Besatzung, darunter der Kommandant, wurde von einem irischen Dampfer gerettet.
Während Z 24, T 23, T 27 und T 24 Brest erreichten, gelang es Z 32 und Z 37, in die Gironde einzulaufen. Z 23 und T 22 liefen in St. Jean de Luz ein.
Der Gegner hatte einen doppelten Erfolg errungen. Neben der Vernichtung des Zerstörers und zweier Torpedoboote war es ihm gelungen, auch die »Alsterufer« durch eine Maschine der RAF-Staffel 322 so schwer zu beschädigen, daß der Dampfer bereits am Abend des 27. 12. aufgegeben werden mußte. Daraufhin erst war für die Geleitfahrzeuge von der Gruppe West der Rückmarschbefehl gegeben worden.
Das Jahr 1943 war für den Torpedoboot- und Zerstörerverband blutig zu Ende gegangen.

## ZERSTÖRER IM NORDEN: SICHERUNG NORWEGENS UND ANGRIFFE AUF FEINDLICHE NACHSCHUBGELEITE – DAS ENDE DER »SCHARNHORST«

Wenige Tage nach Beginn des fünften Kriegsjahres liefen »Tirpitz«, »Scharnhorst« sowie die Zerstörer Z 27, Z 29, Z 30, Z 31, Z 33, »Erich Steinbrinck«, »Karl Galster«, »Theodor Riedel« und »Hans Lody« der 4., 5. und 6. Z.-Fl. gemeinsam zur Beschießung alliierter Stützpunkte auf Spitzbergen aus. Bis zum 9. 9. dauerte diese Unternehmung, bei welcher englische Stützpunkte zerschossen und riesige Kohlevorräte vernichtet wurden. Die Zerstörer beteiligten sich am Niederkämpfen der Landbatterien und setzten einen Kommandotrupp an Land. Die Vorratslager und Versor-

gungsanlagen des Gegners wurden gesprengt. Danach kehrten die Einheiten ohne Feindberührung in ihre Stützpunkte zurück.
Die letzte Minenunternehmung »Katharina« wurde von der 4. Z.-Fl. durchgeführt. Es galt, drei Sperrstücke bei Kanin Noss am Ausgang des Weißen Meeres zu legen. Während einer der Zerstörer als Sicherungsboot fuhr, wurden die drei anderen mit Minen beladen.
Am 27. 10. 1943 lief die Gruppe um 20.00 Uhr aus dem Altafjord aus und trat den Marsch nach Norden an, um später auf Ostkurs zu gehen.
Wenige Stunden nach dem Auslaufen stand bereits ein englischer Seeaufklärer über dem Verband. Als am 28. 10. ein FT aufgenommen wurde, nach welchem zwei Kreuzer und neun Zerstörer des Gegners nur 205 sm vor Kanin Noss gesichtet worden waren und daß dieser Verband sich einnebele, nahm Kpt. z. S. Johannesson, der Flottillenchef, an, daß es ein Geleitzug sei und beschloß, die eigene Operation trotzdem durchzuführen.
Um 16.20 Uhr ging jedoch ein FT des Admirals Nordmeer ein mit dem Befehl, die Operation abzubrechen. Die Zerstörer erreichten am 29. 10. den Kaafjord.
Die »Kampfgruppe Nordmeer« unter Konteradmiral Bey lag im Altafjord. Am 17. 11. 1943 verlegte die 6. Z.-Fl., Kpt. z. S. Kothe, nach Süden, und nur noch die 4. Z.-Fl. blieb zurück.
Die 4. Z.-Fl., aus den neuen Booten Z 29, Z 30, Z 33, Z 34 und Z 38 bestehend, hatte die Aufgabe, die »Scharnhorst« zu sichern, bis sie einen besonderen Auftrag erhielt: sie sollte gemeinsam mit der »Scharnhorst« den Konvoi JW 55B angreifen und möglichst viele Handelsschiffe vernichten.
Der Verband lief am 25. 12. 1943 aus, nachdem der Konvoi am Tage vorher von U-Booten und Seeaufklärern gesichtet worden war. Um 19.55 Uhr passierten »Scharnhorst«, Kpt. z. S. Hintze, Z 38, KKpt. Brutzer, Z 29, KKpt. von Mutius und Z 34, KKpt. Hetz, die Netzsperre des Langfjords. Als sie in den Altafjord schwenkten, schlossen sich Z 30, KKpt. Lampe und Z 33, Kpt. z. S. Holtorf ihnen an. An Bord der »Scharnhorst« war der F.d.Z., KAdm. Bey, als Kampfgruppenchef eingeschifft, während Kpt. z. S. Johannesson seinen Stander auf Z 29 gesetzt hatte.
Als die Einheiten über Stern-Sundet, Störöy-Sundet und Lapphavet die offene See erreicht hatten, empfing sie ein aus Süd

kommender Sturm mit Stärken zwischen 8 und 9, während die See mit Stärken 6 bis 7 von achtern auflief.
Seit 22.00 Uhr fuhr Z 29, der Führerzerstörer, vor der »Scharnhorst« an der Spitze des Verbandes. Je zwei Zerstörer standen an Backbord und Steuerbord zur U-Bootsicherung. Mit 25 kn Marschfahrt steuerte die Kampfgruppe dem Auftreffen auf den Geleitzug entgegen.
Die Fernsicherung des Konvois bestand einmal aus der Force 2, die sich aus dem Schlachtschiff »Duke of York«, dem leichten Kreuzer »Jamaica« und den Zerstörern »Savage«, »Scorpion«, »Saumarez« und »Stord« (norw.) zusammensetzte. Admiral Fraser, der C-in-C der Home Fleet, befand sich auf dem Schlachtschiff. Am Geleitzug selbst stand zum anderen die Force 1 mit zehn Zerstörern und zwei Korvetten. Außerdem operierte eine Deckungsgruppe mit drei Kreuzern in der Barentsee.
Am Morgen des 26. 12. um 04.00 Uhr befand sich die deutsche Kampfgruppe etwa 115 sm südostwärts der Bäreninsel. KAdm. Bey vermutete den Standort seiner Kampfgruppe um 06.30 Uhr 30 sm ostwärts des Konvois. Er befahl, daß die Zerstörer ab 07.00 Uhr einzelbootsweise im Aufklärungsstreifen in Richtung entgegen dem Anmarschweg des Konvois fahren sollten.
Um 07.30 Uhr, schrillten die Alarmglocken auf allen Stationen der »Scharnhorst«:
»Klarschiff zum Gefecht!«
Danach wurden die 1.900 Besatzungsmitglieder des Schiffes unterrichtet, daß die eigenen Zerstörer zur Aufklärung nach Westen vorgestoßen seien.
Kurz darauf sichteten die Zerstörer LG aus der Richtung, wo die »Scharnhorst« stand. Ein FT des Schlachtschiffes bestätigte dies:
»Von feindlichen Kreuzern beschossen!«
Ein Gegner hatte um 09.26 Uhr, als das deutsche Schlachtschiff in einer dichten Schneebö lief, die »Scharnhorst« beschossen und mit den ersten Salven bereits das vordere Funkmeßgerät des deutschen Schiffes zerstört. Damit war »Scharnhorst« in der Polarnacht nach vorn praktisch blind. Das Schlachtschiff lief ab, und zu den drei Kreuzern des Gegners stießen um 09.41 Uhr die Zerstörer »Musketeer«, »Matchless«, »Opportune« und »Virago« von der Konvoisicherung hinzu.
Um 11.58 Uhr gab KAdm. Bey den Zerstörern Befehl, auf den

Konvoi zu operieren, der von U 277, Oblt. z. S. Lübsen, gemeldet worden war.
Kpt. z. S. Johannesson befahl seinen Zerstörern, auf das Führerboot zu sammeln. Er ging mit Z 29 auf 280 Grad und erhöhte die Fahrt auf 15 kn.
Knapp eine halbe Stunde darauf stieß »Scharnhorst« zum zweitenmal auf die drei Kreuzer, die von Viceadmiral Burnett geführt wurden. In dem folgenden Gefecht, das im dämmrigen Zwielicht des Wintertages geführt wurde, gelang es »Scharnhorst« den Kreuzer »Norfolk« mit zwei schweren Treffern zu beschädigen. Sie selbst erhielt diesmal keinen Treffer und lief wenig später, nachdem der Gegner das Feuer eingestellt hatte, mit Kurs auf die norwegische Küste ab. Mit Kurs 155 Grad und 28 kn Fahrt stampfte das Schlachtschiff gegen die See an. Es wurde bereits wieder Nacht, denn die kurze Mittagsdämmerung war vorüber.
Die 4. Z.-Fl. erhielt um 13.43 Uhr den Befehl: »4. Z.-Fl. abbrechen!« Kpt. z. S. Johannesson, der bis dahin nach dem Konvoi gesucht hatte, ließ rückfragen, ob die Suche oder die gesamte Operation abzubrechen sei. Er erhielt die Antwort: »Einlaufen!« Mit 12 kn Fahrt ging die 4. Z.-Fl. auf Südkurs. Beim Sammeln fehlte Z 33, der erst am 27. 12., 00.30 Uhr, wieder Anschluß fand. Auf dem Rückweg empfing der Funkraum von Z 29 immer neue FT-Meldungen, denen entnommen werden mußte, daß sich die »Scharnhorst« im Gefecht befand. Der B. d. U. beorderte die aus acht Booten bestehende Gruppe »Eisenbart« in den Gefechtsraum, und wenig später unterrichtete die Marinegruppe Nord die Kampfgruppe: »U-Boote und Zerstörer sind mit Höchstfahrt auf Gefechtsfeld befohlen!«
Sofort ließ Kpt. z. S. Johannesson auch seine Flottille wieder Kurs ändern. Wenig später ging ein Befehl der Flotte ein:
»Gefechtsfeld »Scharnhorst« von Küste her ansteuern. Standort mit Kurzsignal melden.«
Die 4. Z.-Fl. drehte auf 140 Grad, dann auf 150 Grad und erhöhte die Fahrt auf 27 kn. Mit der See von querab steuerten die Zerstörer jene Stelle an, wo »Scharnhorst« allein gegen eine Übermacht kämpfte. Aber um 20.13 Uhr erhielt Johannesson einen weiteren Funkspruch der Flotte und Gruppe Nord:
»Sofort Operation abbrechen. Feindberührung vermeiden. Schären einlaufen!«

Die Zerstörer drehten abermals, marschierten durch die Schären in den Kaafjord und ankerten nahe »Tirpitz«. Damit war die Unternehmung für die deutschen Zerstörer beendet.
»Scharnhorst« aber, die seit 16.00 Uhr wieder Kontakt mit dem Gegner hatte, wurde um 16.45 Uhr von einer 35,6-cm-Granate der »Duke of York« getroffen. Kurz darauf erhielt sie einen zweiten Treffer mittschiffs. Dennoch schien »Scharnhorst« dieses 20-Minuten-Artillerieduell gut durchgestanden zu haben. Doch nun griffen die Feindzerstörer »Savage«, »Saumarez« von achtern und »Scorpion« sowie »Stord« von der Steuerbordseite her an. Während »Scharnhorst« auf die beiden achterlichen Zerstörer das Feuer eröffnete, gelang es den beiden letzteren, bis auf 19 und 16 hm heranzukommen. Sie schossen ihre Torpedos und nun richtete »Scharnhorst« das Feuer auf diese Zerstörer, so daß die beiden ersteren auch noch zum Torpedoangriff kamen. Die Torpedos der vier Zerstörer liefen auf das deutsche Schlachtschiff zu. Vier Treffer wurden von den Zerstörer-Kommandanten beobachtet, die mit ihren schwer beschädigten Booten abdrehten, um aus der Gefahrenzone zu laufen.
Dann griff die »Duke of York« ein zweitesmal ein. Wieder wurde »Scharnhorst« schwer getroffen. Aber sie kämpfte weiter. Bis endlich auch »Belfast« und »Jamaica« das Feuer eröffneten und die Zerstörer »Opportune«, »Virago«, »Musketeer«, »Matchless« und wieder »Opportune« und »Virago« ihre Torpedos schossen.
Als auch noch der Kreuzer »Belfast« zu einem Torpedoangriff herandrehte, war »Scharnhorst« bereits gesunken. Es waren die Torpedotreffer der insgesamt acht (!) Zerstörer gewesen, die dem Schlachtschiff den Todesstoß versetzt hatten.
Die beiden Zerstörer »Matchless« und »Scorpion« kamen nun zur Rettung von Schiffbrüchigen heran. Während »Scorpion« 30 Mann retten konnte, barg »Matchless« sechs Seeleute des Schlachtschiffes. Alle anderen waren mit »Scharnhorst« untergegangen.
Admiral Sir Bruce Fraser sagte zu diesem Gefecht:
»Der Kampf gegen die »Scharnhorst« ist für uns siegreich beendet worden. Ich hoffe, daß meine Kommandanten in einer so verzweifelten Lage wie der von »Scharnhorst« ebensolche Manöver fahren, wie die deutsche Schiffsführung und, daß sie sich mit ihrer Besatzung ebenso tapfer schlagen, wie sie es heute im Kampf mit diesem Gegner erlebt haben.«

Nach dem Verlust der T-Boote T 25 und T 26 in der Biskaya 1943 wurden eingangs 1944 T 28 und T 29 von der 6. an die 4. T.-Fl. in den Westraum abgegeben, um deren Kampfkraft zu stärken. Auf ihrem Verlegungsmarsch wurden diese beiden Boote im Kanal durch englische MTB angegriffen. In geschickten Ausweichmanövern gelang es ihnen, diesem Angriff zu entgehen. Doch T 28 erhielt in der Dover-Enge bei einem Angriff von Maschinen des RAF-Coastal Command einen Treffer, der ein Leck in einen Kesselraum riß. Das Boot kam jedoch durch.
Bereits am 5. 2. hatte T 29 zusammen mit M 156 und M 206 vor der bretonischen Küste einen schweren Kampf gegen vier britische Zerstörer zu bestehen. M 156 wurde schwer beschädigt. Die anderen Boote kamen davon.
Weitere Unternehmungen verschiedenster Art forderten während der Frühjahrsstürme den Einsatz aller seemännischen Fähigkeiten. Es gab Vorpostendienst, Minenaufgaben und Geleitsicherung. Schließlich kam es am 26. 4. 1944, als drei Boote der 4. T.-Flottille zu einer Minenaufgabe vor der Nordküste der Bretagne eingesetzt waren, zu einem Angriff britischer Streitkräfte.
Der Flottillenchef, KKpt. Kohlauf, an Bord von T 29, führte diese Unternehmung. Mitten im Werfen der Minen tauchte der britische Kreuzer »Black Prince« auf. Wenig später wurden vier Zerstörer gesichtet. Es waren die »Ashanti« und die kanadischen Zerstörer »Athabascan«, »Huron« und »Haida«.
Die Artillerie eröffnete das Feuer. Drei T-Boote kämpften gegen vier Zerstörer und einen Kreuzer. Das war ein ungleiches Feuergefecht, bei dem T 27 bald Treffer erhielt. Im Torpedoangriff versuchte KKpt. Kohlauf den Gegner abzuwehren. In diesem Augenblick erhielt T 29 schwere Treffer des Kreuzers. Flammen schlugen aus dem Boot in die Höhe. Dann wurde eine Torpedodetonation gehört. T 29 blieb schwer getroffen liegen und sank schnell. Den beiden übrigen Booten gelang es, nach St. Malo einzulaufen. Mit T 29 gingen auch der Flottillenchef und der Kommandant, Kptlt. Grund, unter.
Eine in der Nacht des 28. 4. von der 5. T.-Fl. mit »Kondor«, »Greif« und »Möwe« durchgeführte Minenunternehmung zum Legen einer Defensivsperre blieb ohne Feindberührung.

Zu einem erneuten Gefecht kam es in der nächsten Nacht. Auf dem Verlegungsmarsch von St. Malo nach Brest stießen die Boote T 27 und T 24 vor St. Brieux auf die kanadischen Zerstörer »Athabascan« und »Haida«, die mit dabeigewesen waren, als T 29 versenkt wurde. Der Zerstörer »Athabascan« wurde von T 24 schwer getroffen. Die Treffer entfachten lodernde Brände. Dann traf ein Torpedofächer diesen Zerstörer und ließ ihn nach wuchtigen Detonationen am Heck rasch sinken. Der zweite Zerstörer versuchte, einen Rauchschleier um das waidwunde Rottenboot zu ziehen. Dabei wurde er von T 27 aufgefaßt und beschossen. In diesem Gefecht erhielten auch beide deutschen Boote schwere Treffer. T 27 wurde von seinem Kommandanten, Kptlt. Gotzmann, bei Morlaix auf Strand gesetzt. Die Bergung durch die 24. MS.-Fl. mißlang. Wenige Tage später wurde das Boot von britischen S-Booten torpediert. Am frühen Morgen erhielt T 24 einen Grundminentreffer, konnte aber Brest erreichen.
Am Abend des 23. 5. 1944 lief die 5. T.-Fl. mit allen Booten, »Jaguar«, »Kondor«, »Greif«, »Falke« und »Möwe«, aus Cherbourg aus, um nach Le Havre zu verlegen. In der Seinebucht wurde sie von einem starken Verband britischer Jagdbomber angegriffen. »Greif« wurde schwer getroffen und ging am Morgen des 24. 5. verloren. Wenig später lief »Kondor« auf eine Mine. Das Boot konnte aber Le Havre erreichen. Damit waren die Ausgangspositionen eingenommen zu einem Großereignis, bei dem diese Boote als einzige Seestreitkräfte gegen die alliierte Invasion angesetzt werden konnten.

## DIE 10. TORPEDOBOOT-FLOTTILLE IM MITTELMEER

Aus französischen, ursprünglich bei der Kapitulation von den Italienern erbeuteten Torpedobooten waren im Frühjahr 1943 im nördlichen Mittelmeer die 3. und 4. Geleitflottille aufgestellt worden, die im Sommer zur 3. Geleitflottille vereinigt wurden. Diesen Flottillen wurden Geleitaufgaben in italienischen Küstengewässern, nach Nordafrika und um Sizilien übertragen. Aus der 3. Geleitflottille entstand im Januar 1944 die 10. T.-Fl., die sich aus deren und neu in Dienst gestellten Booten zusammensetzte: TA 23, TA 24, TA 25, TA 26, TA 27 und TA 28. Später traten nach

Neuindienststellung TA 29, TA 30, TA 31, TA 32 und TA 33 hinzu.
Chef der 10. T.-Fl. war KKpt. von Gartzen, der im Dezember 1943 nach Untergang seines Bootes T 25 in der Biskaya von einem U-Boot gerettet worden war, von Januar bis November 1944. Mit KKpt. von Gartzen führte ein Seeoffizier die Flottille, der sich auf Zerstörern und Torpedobooten bewährt und in schweren Seegefechten seinen Mann gestanden hatte. Operationsgebiet der 10. T.-Fl. war das Ligurische und das Tyrrhenische Meer, wo sie für Geleitaufgaben, Aufklärungsvorstöße, Minenunternehmen und zur Beschießung von Landzielen eingesetzt wurde.
Seit Februar 1944, als Konteradmiral Kreisch nach dem Tode von Konteradmiral Bey neuer Führer der Zerstörer wurde, gehörte auch die 10. T.-Fl. zu seinem Bereich.
Mit dem 16. 2. 1944 beginnend, unternahm die 10. T.-Fl. bis zum 26. 2. vier Minenunternehmen im Golf von Genua. An diesen Operationen waren die Boote TA 23, TA 24, TA 27, TA 28, TA 29 und TA 30 beteiligt. Es folgte eine Unternehmung, bei der an der Nordspitze von Korsika Wetterbojen ausgelegt wurden.
Bei dem Minenunternehmen »Hecke« wurde der Verband erstmals bereits auf dem Marsch zum Wurfgebiet von englischen Zerstörern und Schnellbooten angegriffen. Gegnerische Torpedos konnten ausmanövriert werden. Nebelnd entkamen die Boote dem Feuer der Gegner.
Vom 25. – 26. 3. wurde nach einem Marsch von La Spezia nach Portoferraio, dem Hafen der Insel Elba, als Absprunghafen das Minenunternehmen »Gazelle« durchgeführt. Ihm folgten die weiteren Minenoperationen »Antilope«, »Auster« und »Schimmel«.
Am 22. 4. lief die Flottille mit TA 23, TA 26 und TA 29 gegen 23.00 Uhr aus, um Landziele bei Bastia und den Hafen zu beschießen.
Das nächste operative Minenunternehmen am 24. 4. sah die Flottille vor der Insel Capraia, nordwestlich von Elba, in einem schweren S-Bootgefecht.
Als dieser Gegner abgewehrt war, griffen Jabos den Verband an. Durch konzentriertes Abwehrfeuer gelang es, drei dieser Maschinen abzuschießen und den Angriff abzuwehren. Westlich von Capraia lief am 25. 4. TA 23 auf eine Mine. Das Boot erhielt so schwere Lecks, daß es aufgegeben werden mußte. Die Überle-

benden wurden von den beiden anderen Booten aufgenommen.
In der folgenden Nacht führten die Boote TA 29 und TA 26, die bei den Gefechten der vergangenen Nacht Verluste erlitten hatten, mit TA 27 und TA 28 eine Aufklärungsaufgabe ostwärts Capraia durch.
Bereits in diesen ersten Unternehmungen zeigte sich die Entschlossenheit der Kommandanten, auf den ungewohnten Booten und mit jungen Besatzungen gegen einen weit überlegenen Gegner Erfolge zu erzielen.
Die Minenunternehmen im Mai und Juni sahen immer wieder diese Boote draußen. Während des Aufklärungsmarsches Portoferraio – Spezia stießen TA 27, TA 28 und TA 24 auf S-Boote, die abgewehrt werden konnten. In der nächsten Nacht zum 8. 6. liefen die genannten Boote zum Minenlegen vor Elba aus. In der Enge zwischen der Insel Pianosa und Elba wurde diese Aufgabe durchgeführt. In der mondhellen Sommernacht wurden unmittelbar nach Erfüllung der Aufgabe Flugzeuge gesichtet. Wenig später eröffneten 2-cm- und 3,7-cm-Flak das Feuer. Leuchtfallschirme gingen über der Flottille nieder.
Am 9. 6. wurde die Flottille im Hafen Portoferraio von Jabos angegriffen. In das Belfern der Flak hinein hörte man das Geheul der Bomben, dröhnten die Motorengeräusche. Auf TA 27 sah man die Angreifer, hörte die Bomben, und dann schlugen die ersten ins Boot. Der Treffer achtern ließ TA 27 tiefer sacken. Sekunden darauf schlug eine dritte Bombe mittschiffs ein. Eine masthohe Feuersäule schoß aus dem Boot empor. Mit knatternden Explosionen ging Bereitschaftsmunition hoch. TA 27 begann zu sinken.
»Alle Mann von Bord!« befahl der Kommandant, Kptlt. von Trotha. TA 27 sank. Die im Wasser schwimmenden Besatzungsmitglieder, darunter auch der Kommandant, wurden nach dem Ende des Angriffs von den beiden anderen Booten an Bord genommen.
In den Nächten zum 12. und 13. 6. liefen einige einsatzbereite Boote der Flottille zu einem Aufklärungsmarsch ins Ligurische Meer aus. Das Minenunternehmen »Weide« wurde in der Nacht zum 14. 6. ausgeführt. Ihm folgte in der nächsten Nacht das Unternehmen »Nadel«.
Plötzlich sichtete das am weitesten nach Südwesten herausgesetzte Boot flache Schatten. Es waren US-Schnellboote, die in diesem Augenblick ihre Torpedos auf den deutschen Verband ab-

schossen. Die Boote drehten ab, versuchten den Torpedolaufbahnen auszuweichen. Doch für TA 26 kamen diese Versuche zu spät. Ein Torpedo traf das Boot mittschiffs. Eine Feuersäule schoß in die Höhe. Die Schnellboote drehten auf dieses Boot zu. KKpt. von Gartzen hatte Feuerbefehl gegeben, und alle Waffen schossen auf den Gegner. Dennoch gelang es einem anderen S-Boot, noch einmal auf TA 26 zum Schuß zu kommen, und nach diesem Torpedotreffer sank das Boot sehr schnell.

Das erste Schnellboot flog – von der Seezielbatterie von TA 30 getroffen – in die Luft. Ein zweites trieb brennend auf dem Wasser. Die übrigen feuerten abermals Torpedos, und von einem der Aale wurde auch TA 30 getroffen. Flammen schlugen aus dem Boot. Mit einer schweren Detonation wurde das Heck auseinandergerissen, TA 30 sank. Viele Soldaten gingen mit diesen beiden Booten unter, trotz der verzweifelten Suche der beiden anderen Boote, denen es noch gelungen war, ein zweites S-Boot zu versenken und die übrigen zum Abdrehen zu zwingen.

Als am frühen Morgen des 16. 6. das Lazarettschiff »Erlangen« zur Rettung weiterer Schiffbrüchiger auslief, wurde das Schiff auf dem Anmarsch zur Untergangsstelle – trotz der weithin sichtbaren Kennzeichnung mit dem Roten Kreuz – von Bombern und tieffliegenden Jabos angegriffen. Nach mehreren Treffern geriet die »Erlangen« in Brand und mußte bei Sestri Levante, westlich La Spezia, auf Strand gesetzt werden.

Beim Minenunternehmen »Stein«, zu dem die Boote am 17. 6. ausliefen, kam es abermals zu einem harten Gefecht mit S-Booten. TA 24 und TA 29 waren ankerauf gegangen und liefen mit mittlerer Marschfahrt dem Wurfgebiet im Golf von Genua entgegen. Als sie nach Süden schwenkten und auf 25 kn aufdrehten, liefen sie durch einen grünlichen Teppich aus Meerleuchten.

Am 20. 6. liefen die Boote TA 25 und TA 29 zum Minenunternehmen »Messer« aus. Wieder waren US-Schnellboote zur Stelle. In dem folgenden kurzen Gefecht wurden drei S-Boote getroffen. Doch auch TA 25 erhielt einen Torpedotreffer und sank.

Damit hatte die Flottille einen Teil der einsatzbereiten Boote verloren, aber gleichzeitig auch wichtige Unternehmungen durchgeführt, bei denen stets der Flottillenchef an Bord des jeweiligen Führerbootes mitfuhr. Nicht weniger als zehn Gefechte hatten die Boote der Flottille binnen zwei Wochen durchzustehen, immer gegen einen zahlenmäßig überlegenen und stets frischen Gegner, dessen Flottillen einander mit dem Auslaufen abwechselten, während die wenigen einsatzbereiten Boote der 10. T.-Fl. immer wieder ausliefen.

Am 24. 6. wurde KKpt. von Gartzen mit dem Ritterkreuz des Eisernen Kreuzes ausgezeichnet. Der F.d.Z., Konteradmiral Kreisch, beglückwünschte ihn dazu und schrieb:

»Damit haben die erfolgreichen Fahrten des Torpedobootes T 25 in der Biskaya und im Kanal, das Sie bis zum Untergang geführt haben, sowie die harten erfolgreichen Einsätze der 10. T.-Fl. im Tyrrhenischen Meer Dank und Anerkennung gefunden. Der F.d. Z. ist stolz auf seine junge 10. T.-Fl.«

In den folgenden Wochen waren die Boote TA 24, TA 28 und TA 29 fast allnächtlich zu Unternehmungen im Ligurischen Meer unterwegs: Aufklärungsvorstöße und Minenunternehmungen waren die Hauptaufgabe. Am späten Abend des 20. 7. liefen die einsatzbereiten Boote zum Minenunternehmen »Brummer« aus. Hierbei wurde im Gefecht mit feindlichen S-Booten eines dieser Boote in Brand geschossen. Auf dem Rückmarsch gab es Fliegerangriffe. Durch einen Naheinschlag wurde TA 29 beschädigt. Das Boot konnte aber den Hafen noch erreichen.

Der Aufklärungsmarsch ins Ligurische Meer am Abend des 24. 7. 1944 verlief ohne Feindberührung.

Am 25. 7. liefen alle verfügbaren Boote zur Beschießung der westitalienischen Küste, Marina di Pisa-Südteil bis Arnomündung, aus. Folgen wir diesem Unternehmen, das nach den Aufzeichnungen des Kriegstagebuches der 10. T.-Fl. folgendermaßen verlief:

»00.15 h: TA 29, TA 24, TA 28 Außensperre Spezia auslaufend passiert. Auf Weg »Panther« Marsch nach Süden angetreten. Von 00.17 h bis 03.05 h laufend feindliche Aufklärer- und S-Bootortungen. Von feindlichen Landgeräten sehr starker Suchbetrieb.

00.28 h: Alarm! TA 29 schießt LG-Fächer nach Steuerbord.

00.36 h: Leuchtbomben in rw. 100 Grad und rw. 290 Grad.

00.56 h: Alarm beendet.

01.01 h: Detonationen und Flakfeuer in rw. 150 Grad.

01.20 h: FT vom dt. MarKdo. Italien: »Beschießung entfällt. Aufklärungsvorstoß bis nördlich Meloriabank.«

01.53 h: Alarm! TA 29 schießt LG-Fächer nach Backbord.

02.04 h: Von TA 24: »S-Boote an Backbord!«
02.24 h: Nichts gesichtet. Alarm beendet.
03.40 h: Hafensperre Spezia einlaufend passiert, festgemacht.
Eintrifft von 7. SichDiv. FS: »TA 24/28/29 Spezia 00.00 h über Punkt 726 Beschießung Südufer Arno, Rückkehr Spezia über »Panther«.«
23.54 h: La Spezia abgelegt zur Durchführung der Beschießung feindlicher Stellungen südlich der Arnomündung. Marschfahrt 21 kn.
01.52 h: Alarm! Klar zur Küstenbeschießung! Verband dreht nach Backbord auf Gefechtskurs 356 Grad und geht auf 12 kn.
02.02 h: TA 29 eröffnet als mittleres Boot das Feuer mit LG. Es stehen immer mindestens 5 LG am Himmel. Das Gelände ist gut auszumachen. Abstand 2,7 sm zur Küste. Ort Marina di Pisa ist erstes Ziel. Dann werden die Einschläge bis 8.000 m weit wieder auf 5.000 m zurückgeholt. Die beiden Boote fallen nach Aufleuchten der ersten LG als Kampfbatterie ein.
02.52 h: Alarm! Richtung 310 Grad drei S-Boote auf Anlaufkurs mit geringer Fahrt. Geschätzte Entfernung 30 bis 35 hm. Verband dreht darauf zu und schießt LG. Infolge Enge durch eigene Sperre ist Jagd nicht möglich. Boote drehen ab.
04.30 h: La Spezia festgemacht.
27. 7. 44: 00.25 h: TA 24, TA 28, TA 29 La Spezia abgelegt zur Beschießung feindlicher Stellungen südlich der Arnomündung (Wiederholung der Beschießung der vergangenen Nacht).
01.32 h: Schon von See sind mindestens vier große Brände in Livorno zu erkennen.
02.35 h: Verband liegt auf Gefechtskurs. TA 29 schießt über Marina di Pisa LG. TA 24 und TA 28 eröffnen das Feuer als Kampfbatterie. An Land entstehen zwei Brände, wobei einer aufgrund immer höher emporschießender Stichflammen als Treffer in Munitionslager angesprochen wird.
02.45 h: Beschuß beendet. Verband geht auf Kurs 315 Grad und tritt mit 21 kn in alter Formation den Rückmarsch an.
04.14 h: Alarm! In 330 Grad Schatten. Boot dreht darauf zu und schießt LG-Fächer. Es ist Hafenschutzboot, mit dem ES-Austausch durchgeführt wird.
05.04 h: La Spezia festgemacht.«
In dieser knappen Sprache sind die KTB geführt. Sie zeigen nichts

von der ständigen Spannung der Besatzungen, die immer wieder mit überraschend auftretenden Gegnern rechnen mußten.
KKpt. von Gartzen setzte durch, daß die Besatzungen in den nächsten Tagen und Nächten eine kleine Ruhepause erhielten.
Während des Monats August 1944 galt es für diese Flottille, immer wieder zu Aufklärungsmärschen ins Ligurische Meer zu gehen. Beschießungen der Küste im Raume Marina di Pisa und Geleitfahrten wurden durchgeführt. Als das fünfte Kriegsjahr zu Ende ging, hatte die 10. T.-Fl. fünf Boote verloren. Dennoch hatte diese Flottille nach der Meinung des Deutschen Marinekommandos Italien »Unternehmungen durchgeführt, die auf die Seekriegslage im Ligurischen Meer von wesentlichem Einfluß waren.«

## U-BOOT-KILLER AUCH IM MITTELMEER

Ebenso wie in den Weiten des Atlantiks, in dem die Rudelschlachten der U-Boote die Bildung von Killer-Groups auf Seiten der Alliierten zur Folge hatten, waren die Angriffe deutscher U-Boote im Mittelmeer Anlaß für Engländer und Amerikaner, kleine schlagkräftige Zerstörer-Gruppen zusammenzustellen und mit ihnen auf U-Jagd zu gehen.
So war am 13. Dezember 1943 eine Gruppe aus einem englischen und drei amerikanischen Zerstörern auf U 593, Kptlt. Kelbling, angesetzt. Wie diese U-Jagd verlief, schilderte Theodore Roscoe, der US-Seekriegshistoriker, folgendermaßen:
»Nördlich von Constantine liefen der britische Zerstörer »Calpe« und unser Zerstörer »Wainwright« zum Angriff auf ein geortetes deutsches U-Boot an. Diese beiden Zerstörer wurden bei der U-Jagd unterstützt durch die US-Zerstörer »Niblack« und »Benson«. Die Einheiten standen genau in der Mitte zwischen der nordafrikanischen und der spanischen Küste. Um 01.20 h des 13. 12 gab »Wainwright« das Signal:
»Sub sighted!«
U 593 tauchte sofort weg, und auch die Suche mit dem Asdic blieb vergebens. Um 02.29 h erschien »Calpe« auf der Bildfläche. Stundenlang suchten beide Zerstörer nun gemeinsam das getaucht fahrende Boot. Es wurde Mittag. Erst gegen 14.23 h erhielt »Calpe« Kontakt, nachdem »Wainwright« bereits um 14.08 h

durch seine Sonargeräte Kontakt erhalten hatte. Commander W. W. Strohbehn fuhr den ersten Waboangriff. Dann eröffnete auch »Calpe« das Bombardement. Um 14.35 h erneuerte »Wainwright« den Kontakt und brachte »Calpe« in Wurfposition. Der britische Zerstörer warf eine Waboserie. Sieben Minuten später kam das U-Boot, 1.800 yards von »Wainwright« entfernt, an die Wasseroberfläche. Der amerikanische Zerstörer eröffnete das Artilleriefeuer. Zwei Minuten danach kam die Besatzung durch das Turmluk heraus und sprang über Bord. Cdr. Strohbehn ließ das Feuer einstellen. Er schickte eine Bergungsgruppe mit einem Boot, um die im Wasser schwimmenden Schiffbrüchigen aufzufischen. Um 15.30 h liefen beide Zerstörer mit ihren 52 Gefangenen, darunter Kptlt. Gerd Kelbling, in Richtung Algier ab. Auf dem Meeresboden blieb U 593 zurück.«

Eine der wohl dramatischsten U-Jagden wurde gegen U 371 durchgeführt. Das Boot war unter dem Befehl von Kptlt. Fenski eingangs Mai 1944 auf den alliierten Konvoi GUS 38 (ein von Bizerta westgehender Geleitzug) angesetzt, dessen Schutz von der Task-Force 66 übernommen wurde. Der Konvoi bestand aus 107 (!) Handelsschiffen. Das Flaggschiff der Zerstörer-Eskorte war der Zerstörer »Menges«, LCdr. McCabe. Dieser Zerstörer stand gegen Mitternacht zum 3. 5. 1944 3000 m achtern vom Konvoi. Kurz nach Mitternacht meldete sein Radar einen Kontakt sechs sm hinter dem Geleitzug. LCdr. McCabe befahl:

»Auf Gefechtsstationen!«

»Menges« lief nun Zickzackkurse, um das feindliche U-Boot zu überlisten und Geräusch-Torpedos des U-Bootes auszudampfen. Um 01.04 Uhr wurde das U-Boot im Radar erkannt. »Menges« ging wenige Minuten darauf mit der Fahrt auf 15 kn herunter und hörte auch Echos im Asdic. Doch Fenski war ein alter Fuchs. Er hatte bereits am 17. 2. 1944 seinen neuen »Zaunkönig«-Torpedo auf einen Zerstörer abgeschossen und kam am 18. 2. auf den Kreuzer »Penelope« zum Schuß, den er mit dem ersten Aal lahmschoß, um ihn dann mit einem Fangschuß endgültig zu versenken. Dieser Kommandant parierte die Kurse des Zerstörers, bekam ihn vor die Rohre und schoß ihm mit einem weiteren »Zaunkönig« um 01.18 Uhr mit einem Treffer ins Heck Schraube und Ruder ab. Durch die gewaltige Detonation wurden die achteren Räume des Zerstörers »Menges« völlig zerstört. 31 Besatzungs-

mitglieder wurden getötet, 25 weitere verwundet. Um 01.40 Uhr beorderte der Chef der Task Force 66, Cdr. Duvall, die Zerstörer »Pride« und »J. E. Campbell« zur Hilfeleistung zur »Menges« und um anschließend das U-Boot zu jagen.
Um 02.45 Uhr erhielt »Pride« nahe der »Menges« Kontakt zum U-Boot. Der Zerstörer warf zwei Waboserien, die Fenski ausmanövrieren konnte. Das Boot entkam und erst um 06.00 Uhr führte »Campbell« die »Pride« an das wiedergefundene U-Boot heran. Um 06.27 Uhr warf »Pride« die gesamte Chargierung und glaubte, das Boot getroffen zu haben. Um 08.07 Uhr und 08.33 Uhr wurden die nächsten Serien geworfen. Dann ging der Kontakt abermals verloren. U 371 war vorerst entkommen.
Doch der Divisions-Commander ließ weitersuchen, und zur Unterstützung stießen zuerst der Zerstörer »Blankney«, dann der Minenleger »Sustain« hinzu. Die U-Jagd wurde mit diesen vier Einheiten ohne Ergebnis fortgesetzt.
Am Nachmittag kamen die französischen Zerstörer »L'Alcyon« und »Senegalais« hinzu. Sechs Jäger jagten nun das deutsche Boot. Es wurde Mitternacht, der 4. Mai begann und alle wußten, daß das Boot nun bald zur Lufterneuerung auftauchen mußte. Genau um 03.15 Uhr erhielt »Senegalais« den ersten Radarkontakt mit dem aufgetauchten Boot. Der Zerstörer schoß Leuchtgranaten. Der Umriß des Bootes wurde erkannt, das Feuer eröffnet.
Mit AK liefen »Campbell« und »Pride« nach Norden, um das Ablaufen des Bootes dorthin zu vereiteln, während »Blankney« und »Sustain« dem U-Boot den Ausweg nach Westen verlegten. Das Wild war gestellt. Aber Fenski lief mit 12 kn Fahrt nach Südwesten und tauchte um 03.59 Uhr plötzlich weg. Fünf Minuten dauerte es, dann stieg am Heck der »Senegalias« plötzlich die Feuersäule einer Torpedodetonation empor. Wabodetonationen zerschmetterten den Zerstörer in einer Minute.
»Wir hatten nun die Gewißheit«, berichtete Commander Duvall nach dem Kriege, »daß wir es mit einem furchtbaren Gegner zu tun hatten, der alle Register seines großartigen seemännischen Könnens mit großer Kaltblütigkeit zog.«
Doch um 04.09 Uhr mußte U 371 auftauchen. Unbemerkt vom Gegner hatte Horst-Arno Fenski seine Besatzung von Bord gehen lassen, bevor U 371 endgültig auf Tiefe ging und fünf tote Besatzungsmitglieder mitnahm.

Um 04.30 Uhr wurde die im Wasser dicht beisammen schwimmende Gruppe von 41 Männern und sieben Offizieren von U 371 von dem Ausguck Brücke der »Sustain« gesichtet. Der Minenleger lief darauf zu und nahm diese Soldaten an Bord.
Sie erfuhren, daß die Besatzung das Boot hatte verlassen müssen, weil die Batterien gasten und die E-Maschinen während der kurzen Zeit an der Wasseroberfläche noch nicht hatten aufgeladen werden können.
Der Kampf gegen U 371 war zu Ende, aber fast um die gleiche Zeit, da das Boot gesunken war, hatte auch U 967 herangeschlossen. KKpt. Albrecht Brandi versenkte aus diesem Konvoi den Zerstörer »Fechteler«, von dem 186 Mann geborgen werden konnten.
Den unbestreitbaren Höhepunkt der U-Jagd im Mittelmeer aber bildete die Jagd auf U 616 unter Kptlt. Siegfried Koitschka.
Das Boot hatte am 14. 5. 1944 zwei große Schiffe mit zusammen 17.754 BRT aus dem nächsten Konvoi, GUS 39, herausgeschossen. Binnen kurzer Zeit hatten nicht weniger als acht (!) Zerstörer der Geleitsicherung »mit Blut in den Augen, wegen der Versenkung ihrer Kameraden« (Roscoe) die Suche aufgenommen. Zerstörer »Ellyson« erhielt den ersten Asdic-Kontakt. Er warf eine Waboserie und traf das Boot, denn eine große Menge Dieselöl drang aus der Tiefe empor. Aber das Boot kam nicht herauf. Am Morgen des 15. 5. sichtete ein Aufklärer der 36. Squadron das Boot 10 sm westlich des Angriffspunktes. Von diesem Zeitpunkt an waren zwei Zerstörergruppen auf U 616 angesetzt. Zwischen der spanischen Küste und Kap Santa Pola entwickelte sich die dramatischste Hetzjagd der Zerstörer gegen ein U-Boot.
Zwei Meuten von Verfolgern im Nacken lief U 616 in einer weiten Drehung nach Norden. Aber das Boot konnte seine Verfolger nicht mehr abschütteln. Sie kreisten das Boot ein und der Zerstörer »Malcomb« sah es zuerst im Licht einer Leuchtrakete in 2.400 yards Distanz. Gegen die 12,7-cm-Geschütze des Zerstörers feuerte das U-Boot aus seinen 2-cm-FlaMW. Dann tauchte es weg und »Malcomb« lief auf die Tauchstelle zu und warf Wabos mit großer Tiefeneinstellung. Der Zerstörer »Gleaves« griff ein, und um 04.45 Uhr erschien auch die »Nields« am Schauplatz, der Zerstörer »Emmons« folgte nach. Sieben Zerstörer warfen nacheinander Wasserbomben. Dann ging der Kontakt abermals verloren.

Vier Tage hatte U 616 die Meute bereits an der Nase herumgeführt.

Erst gegen 06.45 Uhr mit Tagesanbruch des 15. 5. fand Zerstörer »Hambleton« das Boot mit dem Asdic-Horchgerät wieder. Der Zerstörer warf zwei Waboserien, und dann schlossen »Ellyson«, »Rodman« und vier weitere Zerstörer heran, bildeten einen Kreis und liefen nacheinander zum Wabowerfen an.

Es war genau 07.10 Uhr als in der Mitte dieses vier sm großen Kreises U 616 an die Oberfläche kam. Gleichzeitig eröffneten drei Zerstörer das Feuer. Der Turm des Bootes wurde in Fetzen geschossen. Die Besatzung ging von Bord, und dann sackte das Boot sehr rasch weg.

Die Zerstörer »Ellyson« und »Rodman« bargen 53 Besatzungsmitglieder des Bootes.

Auf diese Weise gelang es den alliierten Zerstörern, die größte Gefahr für Großbritannien zu bannen, indem sie auf allen sieben Meeren weit über 100 U-Boote versenkten. Davon allein im Mittelmeer einen großen Teil.

Daß es gelang, diese größte Gefahr für den Bestand des britischen Empire zu bannen, ist zum größten Teil den Zerstörern zu verdanken, die in diesen Gefechten ebenfalls hohe Verluste erlitten. Immerhin versenkten U-Boote 34 Zerstörer und 18 Geleitzerstörer und beschädigten 11 Zerstörer und 14 Geleitzerstörer derart, daß sie nicht mehr zum Einsatz kommen konnten.

## DIE 5. TORPEDOBOOT-FLOTTILLE WÄHREND DER ALLIIERTEN LANDUNG IN DER NORMANDIE

Bei Beginn der Operation »Neptune«, der Landung in der Seinebucht, standen den Alliierten vor der Normandieküste sieben Schlachtschiffe, 2 Monitore, 23 Kreuzer, 119 Zerstörer und eine große Zahl von insgesamt 1073 kleineren Kriegsschiffen (Sloops, Korvetten, Fregatten, Minensuchbooten u. a.) sowie mehr als 4000 Landungsfahrzeuge aller Art zur Verfügung. Diesem gewaltigen Aufgebot standen auf deutscher Seite im Kanal und an der Atlantikküste von Brest bis Bayonne insgesamt 5 Zerstörer und 6 Torpedoboote, ferner 34 S-Boote sowie insgesamt ca. 400 Minensuch-, Räum- und Vorpostenboote gegenüber.

Als am frühen Morgen des 6. 6. 1944 bei der 5. T.-Fl. in Le Havre der Funkspruch einlief: »An alle: Feindlandungen in der Seinebucht zwischen Cabourg und Marcouf«, ließ KKpt. Hoffmann zwei Minuten später T 28, »Jaguar«, »Möwe« und »Falke« von ihren Liegeplätzen ablegen. Um 04.42 Uhr wurde die Außenmole von Le Havre passiert. Bereits um 05.05 Uhr hatten diese vier Boote feindliche Flugzeuge abzuwehren. Sechs Minuten später wurden dem Flottillenchef »große Schatten an Steuerbord voraus!« gemeldet. KKpt. Hoffmann ließ darauf zuhalten. Um 05.18 Uhr griffen die ersten Flugzeuge den kleinen deutschen Verband an. Mit Hartruder drehend ließ KKpt. Hoffmann das Feuer auf den Bomberverband eröffnen. Der Verband wurde abgedrängt. Um 05.31 Uhr galt es, einen Jaboangriff abzuwehren, und dann sichteten die Ausgucks auf den vier Booten einen Schiffsverband aus Schlachtschiffen und Kreuzern. KKpt. Hoffmann ließ durch FT melden:
»Vor Ouistreham Schlachtschiffe und Kreuzer!«
Dann befahl er: »Torpedoangriff!«
Um 05.35 Uhr wurde das Feuer eröffnet. Gleichzeitig schossen alle Boote ihre Sechserfächer. Der Gegner eröffnete ebenfalls das Feuer. Während beim Gegner mehrere schwere Detonationen gehört wurden, steuerten die T-Boote mit wechselnden Kursen durch den Orkan der gegnerischen Einschläge. Ein Jaboangriff um 05.45 Uhr wurde abgewehrt. Unter starkem Beschuß von Seeziel- und Flakartillerie, von dem die Detonationen der Flakgranaten ca. 50 m über den Booten lagen, nahmen die T-Boote ihren Weg. Hohe Wassersäulen brachen auf sie nieder. Doch immer wieder kamen die Boote von den Einschlägen klar. In dieser Situation ließ KKpt. Hoffmann durch FT absetzen:
»6 Schlachtschiffe, etwa 20 Zerstörer, Torpedos verschossen. Durch Luftangriffe starker Munitionsverbrauch. Bleibe vor Le Havre.«
Die von den vier Booten geschossenen Torpedos liefen zwischen den Schlachtschiffen »Warspite« und »Ramillies« durch. Einem weiteren konnte von der »Largs«, dem Flaggschiff von Admiral Talbot, ausgewichen werden. Doch einer traf den norwegischen Zerstörer »Svenner«. Er wurde so schwer beschädigt, daß er binnen weniger Minuten sank. Der Zufall hatte einen größeren Erfolg der wenigen deutschen Boote verhindert.

Als die T-Boote bemerkten, wie um 06.07 Uhr die Boote der 18. VP-Flottille vom Gegner beschossen wurden, ließ KKpt. Hoffmann seine Boote durch eine Kehrtwendung auf den Feindverband zulaufen, um das Feuer auf sich zu ziehen und die VP-Boote zu entlasten. Dichtes Feuer ging um sie nieder. Sie schwenkten auf Nordkurs, wehrten abermals 4 Jabos ab und erreichten wenig später Le Havre.
Um 17.30 Uhr ging ein Fernschreiben bei der Flottille ein, daß sie auch in der nächsten Nacht auslaufen solle. Da T 28 ins Dock mußte, stieg KKpt. Hoffmann auf »Jaguar« über. Mit »Jaguar« und »Möwe« sowie 4 RA-Booten als Grundminengeleit lief er in der kommenden Nacht aus. Bereits wenige Minuten nach dem Auslaufen wurde der kleine Verband um 02.38 Uhr von Flugzeugen von achtern angegriffen. Der Angriff wurde abgewehrt. Aufgrund mehrerer Ortungen steuerten die Boote wechselnde Kurse. Der Befehl, der KKpt. Hoffmann gegeben worden war, lautete: »Rücksichtsloser Torpedoeinsatz!« Doch erst mußten sie einmal herankommen! Endlich meldete das Funkmeßgerät Feindziele voraus, und um 03.35 Uhr wurden an Backbord vier feindliche Zerstörer gesichtet. Die Entfernung betrug 45 hm, war also gut für einen Torpedoangriff. Der Schußbefehl um 03.36 Uhr und 03.38 Uhr erfolgte in der Drehung nach Steuerbord. Zweimal sechs Torpedos verließen die Rohre und liefen dem Gegner entgegen. Nach Ablauf der berechneten Zeit sichteten die Ausgucks auf den Brücken der T-Boote zweimal kurz nacheinander grelle Blitze. Dann schossen Flammen aus einem der beiden getroffenen Zerstörer in die Höhe. Daneben lag noch ein zweiter gestoppt, der von den Flammen des ersten beleuchtet wurde. Sie hatten zwei Zerstörer getroffen! Zwei Treffer waren sicher! Im Schein des brennenden Zerstörers wurde die starke Rauchentwicklung auf dem zweiten erkannt. Plötzlich war die Hölle los. Der Zerstörerverband schoß nach allen Seiten Sperrfeuer und Leuchtgranaten.
Der Gegner nahm einen Fliegerangriff an, denn mit dem Angriff so schwacher Überwassereinheiten rechnete er nicht.
Auf Ostkurs gehend, trat der Verband den Rückmarsch an. Zehn Minuten waren seit der Schußabgabe vergangen, als auch schon die Jabos kamen und angriffen. Die Bomben fielen dicht an der Steuerbordseite in der Höhe des achteren Schornsteins von »Ja-

KKpt. Günter Schultz, letzter Kommandant von Z 27, dem Führerboot von Kpt. z. S. Erdmenger. Beide gefallen am 28. 12. 1943 in der Biskaya

Flottentorpedoboot der 4. T.-Fl. im Westen: T 25 mit Minenbeladung vor Auslaufen zu einer Minenunternehmung

15,2-cm-Granateinschläge britischer Kreuzer bei Z 23 am 28. 12. 1943

(Links) FKpt. Wittig, Kommandant Z 23 von Juni 1942 bis April 1944, vorher Kommandant »Hermann Schoemann«

(Rechts) KKpt. von Gartzen, Chef der 10. T.-Fl., vorher Kommandant T 25, vor dem Auslaufen zur Unternehmung

Kommandantenwechsel auf Z 23 im April 1944: die Besatzung grüßt den scheidenden Kommandanten

Verleihung des Ritterkreuzes an KKpt. von Gartzen am 24. 6. 1944

guar« und genau vor der »Möwe«. Doch auch diesmal kamen sie durch und machten um 04.45 Uhr in Le Havre fest.

Inzwischen war T 28 wieder klar, so daß nunmehr wieder drei Boote am 8. 6. um 02.10 Uhr auslaufen konnten. Bereits nach Passieren der Außenmole wurden Flugzeuggeräusche gehört. Der erste Jaboangriff an Steuerbord wurde abgewehrt, und als um 02.58 Uhr mehrere Leuchtgranaten die Nacht erhellten, war es KKpt. Hoffmann klar, daß dort Zerstörer und S-Boote standen.

Mit Steuerbordruder drehte er auf die Leuchtgranaten zu, als um 03.00 Uhr aus dem S-Raum Torpedogeräusche an Steuerbord gemeldet wurden. Die Boote gingen auf Höchstfahrt. KKpt. Hoffmann gab den Befehl »Grün 5« zum Ausweichen vor georteten Torpedos. Es waren feindliche S-Boote, die ihre Aale geschossen hatten. Der Flottillenchef ließ darauf zuhalten und das Feuer eröffnen. Die S-Boote liefen mit hoher Fahrt ab.

Wenig später wurden abermals Schraubengeräusche geortet. Die LG-Aufklärung zeigte wiederum S-Boote, worauf alle Boote das Feuer eröffneten. Mit 21 kn auf den Gegner zuhaltend, entbrannte ein starker Feuerwechsel. Als dann auch noch achteraus LG gesehen und Schraubengeräusche gehorcht wurden, ließ Heinrich Hoffmann auf die Südgruppe operieren. Es war eine Zerstörergruppe von etwa sechs Booten, die auf Gegenkurs stehend in Sicht kamen.

Mit 9 Torpedos wurde der Verband angegriffen. In der Drehung auf Ostkurs wurde eine Gun-Boot- sowie eine S-Bootgruppe gesichtet und unter Feuer genommen.

Während die Feindzerstörer die deutschen Boote durch LG-Schießen erfaßten, erfolgte dort, wo sie standen, nach Ablauf der geschätzten Torpedolaufzeit schwere Detonationen. Der Flottillenchef nahm Treffer auf den Zerstörern an. Doch dort wurde genebelt, so daß nichts zu sehen war. Abermals neun Minuten später wurde ein Ziel, das von dem Ortungsgerät bei Kap de la Heve gepeilt worden war, als gestoppt liegendes S-Boot erkannt und sofort unter Feuer genommen.

Die S-Boote griffen mit Torpedos an. Damit standen die T-Boote zwischen drei Feindverbänden. Die Torpedos wurden ausmanövriert. Eine Laufbahn ging dicht vor T 28 vorbei. Als die drei Boote um 05.00 Uhr in Le Havre einliefen, hatten sie sowohl die Torpedos als auch ihre Granaten restlos verschossen.

An diesem Tage übernahmen T 28, »Möwe« und »Jaguar« je 20 Minen und liefen am 9. 6., 01.45 Uhr, abermals aus. 6 RA-Boote bildeten das Grundminengeleit. Um 02.40 Uhr wurde der Absprungpunkt erreicht, und wenig später hatten die Boote Gefechtsberührung mit S-Booten. Sie drehten – weil die Minen an Bord sie behinderten – drei Dez nach Steuerbord und »Jaguar« erhielt Befehl, LG zu schießen. Im dichten Abwehrfeuer wurden die S-Boote abgedrängt und der Weitermarsch fortgesetzt. Um 03.14 Uhr erhielten die Boote außerordentlich starken Beschuß von S-Booten. Treffer rissen Lücken in die Besatzung. Das Feuer war so schwer und massiert, daß sich KKpt. Hoffmann zur Abgabe eines FT entschloß:
»Aufgabe abgebrochen. Erbitte Sanka.«
Mit zwei Toten, vier Schwer- und zehn Leichtverwundeten kamen die Boote in Le Havre an.
Am 10. 6. legten die drei Boote der 5. T.-Fl. bereits eine halbe Stunde nach Mitternacht ab. Kap de la Heve hatte mehrere Feindziele geortet, auf die KKpt. Hoffmann operierte. Es waren vier große Zerstörer, die um 02.20 Uhr im Nordwesten als Schatten in Sicht kamen und, auf Gegenkurs mit geringer Fahrt laufend, in einer Entfernung von 50 bis 60 hm standen.
»Torpedoangriff!« befahl der Flottillenchef.
15 Torpedos – auf T 28 konnte nur ein Dreierfächer gelöst werden – liefen durch die See, dem Gegner entgegen. Aber die Zerstörer orteten sie und drehten darauf zu. Alle 15 Aale gingen vorbei. Stattdessen eröffnete der Gegner das Artilleriefeuer mit den Seezielbatterien und Flak. Unter Nebelverwendung liefen die drei Boote nach Südosten, wo nach der Ortung des FuMG auch ein Feindverband stand. Hier waren es MGB, die versuchten, die deutschen T-Boote zu vernichten. Nach einem kurzen Feuergefecht lief die Flottille um 04.30 Uhr in Le Havre ein.
Während am 11. und 12. 6. kein Auslaufen erfolgte, liefen die Boote in der kommenden Nacht abermals aus. Diesmal war auch »Falke« wieder dabei. Knapp eine Stunde nach dem Auslaufen standen bereits Leuchtgranaten über den Booten. Zwei Jaboangriffe wurden abgewehrt, und um 02.37 Uhr erfolgte ein Zerstörerangriff von zwei Seiten. Ein Dreierfächer von T 28 und ein darauf folgendes Gefecht wurde durch eine Nebelwand beim Gegner beantwortet, in die »Möwe« ihren Sechserfächer schoß.

Die See war von den vielen LG taghell erleuchtet, und in dieser Helle stürzten sich Jabos auf die vier deutschen Boote. Rings um T 28, »Jaguar« und »Möwe« gingen Einschläge in die See. Starke Erschütterungen bewegten die Boote. Eine dieser Bomben fiel keine 25 m an Steuerbord querab von T 28. Das Achterschiff wurde von Splittern getroffen. Dann liefen die Boote in Le Havre ein. Mit diesen Einsätzen hatten die wenigen Boote der Flottille bewiesen, daß sie eine ständige Gefahr für den Gegner darstellten. Die Alliierten setzten nun am 14. 6. 1944 einen Verband von 325 viermotorigen Lancaster-Bombern zur Vernichtung von Le Havre und aller dort liegenden deutschen Einheiten an. T 28 eröffnete das Abwehrfeuer, die anderen Boote fielen ein. Eineinviertel Stunde gingen schwere und schwerste Bomben auf das gesamte Hafengebiet nieder. Ein Bombenteppich fiel auf den Liegeplatz der T-Boote. Pausenlos dröhnten die Detonationen. Nach fünf Minuten hatten »Falke« fünf und »Jaguar« vier schwere Bombentreffer erhalten und kenterten. »Möwe« erhielt eine Reihe von Spreng- und Brandbombentreffern. Noch während der Rettungsaktionen erfolgte um 00.45 Uhr ein zweiter Angriff von 15 Minuten Dauer. Um 05.00 Uhr sank auch »Möwe«, nach Steuerbord kenternd. Es war dem Gegner nicht gelungen, diese Boote auf See zu packen und zu vernichten. Dazu hatte es einiger Hundert schwerer Bomber bedurft. Allein T 28 entging dieser Vernichtung.
Ende Juli 1944 brach das Boot unter Kptlt. Temming über Boulogne und Hoek van Holland in die Nordsee durch. Es war eine Fahrt zwischen feindlichen Zerstörern, S-Booten und Kanonenbooten hindurch, und immer wieder wurde das Boot von Jabos angegriffen. Aber es kam durch. Es sollte im letzten Kriegsjahr in der Ostsee noch oft von sich reden machen.
Nachdem »Kondor« bereits am 24. 5. 1944 bei der Verlegung von Cherbourg nach Le Havre einen Minentreffer erhalten hatte, war das Boot durch den Bombenangriff erneut schwer beschädigt worden. Es mußte von seiner Besatzung gesprengt werden.

## ANGRIFF DER 8. ZERSTÖRER-FLOTTILLE AUF DIE INVASIONSFLOTTE

Die wenigen Zerstörer der im Westraum in Brest liegenden 8. Z.-Fl., Kpt. z. S. Frhr. von Bechtolsheim, liefen am späten Abend des

8. 6. zum Angriff auf die Invasionsflotte aus. Z 32, KKpt. Ritter von Berger, ZH 1, KKpt. Barckow, Z 24, KKpt. Birnbacher, und das einzige an der Atlantikküste noch vorhandene T-Boot T 24, Kptlt. Meentzen, stießen vor der Bretagne nach Osten vor. Ihr Ziel war die Invasionsflotte. Wenn sie darauf stießen, sollte ein Torpedoangriff gefahren werden mit Einsatz aller Torpedos. Es war 01.23 Uhr, als der von Westen kommende deutsche Verband auf einen Verband aus acht britischen Zerstörern stieß. Es war die 10. Z.-Fl., Cpt. Jones, mit den Booten »Tartar«, »Ashanti«, »Eskimo«, »Javelin«, »Haida« (can.), »Huron« (can.), »Blyskawica« (poln.) und »Piorun« (poln.).
In einem erbitterten Zerstörergefecht, das auf beiden Seiten mit letztem Einsatz nordöstlich der Insel Ouessant im Westausgang des Kanals geführt wurde, erhielt ZH 1 durch »Ashanti« einen Torpedotreffer und mußte von der Besatzung gesprengt werden. Mit dem Boot ging auch der Kommandant unter. Nur ein Kutter mit 27 Mann erreichte am nächsten Tag die bretonische Küste. Von den beiden Booten »Haida« und »Huron« unter Feuer genommen, versuchte sich Z 32 dieser Übermacht zu erwehren, doch als das Boot, schwer getroffen, zu sinken begann, mußte es von seinem Kommandanten bei der Isle de Bas auf Strand gesetzt werden. Um es nicht in die Hand des Gegners fallen zu lassen, wurde das Boot gesprengt.
Während die britischen Zerstörer leichte Treffer erhielten, und nur »Tartar« schwer beschädigt wurde, hatte die 8. Z.-Fl. zwei ihrer Boote verloren. T 24 und Z 24 kehrten schwer beschädigt nach Brest zurück. Der Versuch, einen Schlag gegen die Invasionsflotte zu führen, war fehlgeschlagen.
Im Westraum hatte der Kampf der Zerstörer und Torpedoboote nach dem Bombardement von Le Havre aufgehört. Fast vier Jahre hatten hier die wenigen Torpedoboote und Zerstörer gegen einen vielfach überlegenen Gegner im Kampf gestanden.

## TORPEDOBOOTE IN DER ADRIA

Im Februar 1944 wurde die 11. Sicherungsflottille in Triest zur 11. Sicherungsdivision erweitert. Sie wurde von Kpt. z. S. Berger geführt. Ihr unterstanden die 1. und 2. Geleitflottille sowie weitere

kleine Sicherungsverbände, die nach der Kapitulation Italiens aufgestellt worden waren. Da die 1. und 2. Geleitflottille sich im wesentlichen aus ehemals italienischen Torpedobooten zusammensetzten, seien ihre Unternehmungen im folgenden kurz skizziert.
Zur 1. Geleitflottille, die ab Juli 1944 von FKpt. Birnbaum geführt wurde, gehörten TA 37 bis TA 41, zu denen nach späterer Indienststellung noch die Boote TA 42 bis TA 47 hinzukamen. Von diesen Booten wurden TA 37, TA 38 und TA 39 im September 1944 in die Ägäis überführt. Darüber wird im sechsten Kriegsjahr zu berichten sein.
Auch die 2. Geleitflottille wurde Anfang 1944 in der Adria aufgestellt, ihre Stützpunkte waren die Häfen Fiume und Pola. Bis zum Juli 1944 wurde sie ebenfalls von FKpt. Birnbaum, danach von KKpt. von Hansmann geführt. Zu dieser Flottille gehörten die Torpedoboote TA 20, TA 21, TA 22, TA 35, TA 36 und schließlich TA 48, ein altes Boot der k. u. k. österreichisch-ungarischen Marine aus dem Jahre 1914 »78 T«, das später als »T 3« in der jugoslawischen und danach in der italienischen Marine gefahren war, und TA 49.
Nachdem TA 36 bereits am 18. 3. 1944 im Quarnero vor der Ostküste der Halbinsel Istrien auf eine Mine gelaufen und gesunken war, hatte die Flottille bis zum Sommer 1944 keine weiteren Verluste zu beklagen. Bei einem Minenunternehmen der Boote TA 20, TA 21 und TA 35 am 9. 8. aber kam es zu einem Gefecht mit britischen Motor-Torpedobooten, bei dem TA 21 einen Torpedotreffer erhielt und binnen weniger Minuten sank.
Bereits im Juli war TA 22 bei einem britischen Jaboangriff so schwer beschädigt worden, daß es am 11. 8. nach dem Einschleppen nach Triest außer Dienst gestellt werden mußte. Am 17. 8. wurde dann TA 35 von einem britischen MTB erfaßt und durch Torpedotreffer versenkt. Obgleich das Boot wieder gehoben und repariert werden konnte, wurde es bis zum Ende des Krieges nicht wieder fahrbereit. Nunmehr standen für die Sicherungsaufgaben nur noch TA 20, TA 48 und TA 49 zur Verfügung.

Im Frühjahr 1944 fanden wieder Unternehmungen deutscher Zerstörer im Finnenbusen statt, wo KAdm. Böhmer bereits am 14. 2. die ersten drei Zerstörer in Reval willkommen heißen konnte. Es waren die Boote der 6. Z.-Fl., die nunmehr wieder in der Ostsee eingesetzt werden sollte.
Die erste Aufgabe der 6. Z.-Fl. bestand in der Beschießung der sowjetischen Stellungen bei Hungerburg vom 11. bis 12. 3. 1944. Sodann mußten die alten »Seeigel«-Minensperren erneuert werden. Dazu liefen am 13. 3. die Zerstörer Z 25, Z 28, Z 35 und Z 39 mit den Minenschiffen »Linz«, »Roland« und »Brummer« sowie einigen kleineren Einheiten aus. Von diesem Tage bis zum 26. 4. beteiligten sich die Zerstörer unter Führung von Kpt. z. S. Kothe an acht solcher Unternehmen. Diese Minenriegel sollten die Narwabucht nach Osten abschirmen. Die Sperren bei den Inseln Suursaari und Tytärsaari hingegen sollten sowjetischen U-Booten den Ausbruch nach Westen in den Finnenbusen verwehren.
In den späten Abendstunden des 19. 6. 1944 stießen Z 28, Z 39, Z 25 und Z 35 nördlich von Seiskaari auf einen Verband sowjetischer Wachfahrzeuge, bei denen wenig später noch ein Schnellbootverband gesichtet wurde. In diesem Gefecht gelang es den Zerstörern – den vielen geschossenen Torpedos immer wieder ausweichend –, neun sowjetische Schnellboote zu vernichten.
Damit waren die Zerstörerunternehmungen in diesem Raum vorerst beendet. Nicht so jene der Boote der 6. T.-Fl., die unter KKpt. Koppenhagen Ende 1943 neu aufgestellt worden war. Zu ihr gehörten die Boote T 30 als Führerboot, T 28 und T 29. Nach dem Verlust von T 25 und T 26 im Dezember 1943 in der Biskaya wurden T 28 und T 29 an die 4. T.-Fl. abgegeben.
Die 6. T.-Fl. wurde durch Indienststellung der Neubauten T 31, T 32 und T 33 sowie durch T 22 und T 23 nach deren Werftinstandsetzung aufgefüllt. Mit dieser Flottille wurde KKpt. Koppenhagen für die nunmehr wieder wichtigen Aufgaben in der Ostsee eingesetzt. Zwei seiner Boote, T 30 und T 31, verlegten am 17. 6. 1944 nach Mussalo (Finnland), um von dort aus am Unternehmen »Drosselfang« in der Bucht von Wiborg teilzunehmen. Hier sollten sowjetische Landungen auf zwei Inseln bekämpft werden. Die beiden T-Boote stießen unterwegs auf russische

MTB, die im Gefecht abgewehrt wurden. Nördlich von Narvi kam es abermals zu einem Angriff. Diesmal versuchten 15 Motor-Torpedoboote der Russen, die beiden deutschen T-Boote zu vernichten. In dem folgenden Feuergefecht, bei dem der Gegner seine Torpedowaffe einsetzte, gelang es, mehrere MTB zu vernichten. Dennoch kamen einige dieser schnellen Boote zum Torpedoschuß, und T 31 wurde durch zwei Treffer so schwer beschädigt, daß es am frühen Morgen des 20. 6. 1944 sank.

Als an diesem Tage die Sowjets auf der Insel Narvi landeten und dort einen Beobachtungsposten einrichteten, sollte dieser durch eine Kampfgruppe ausgehoben werden. Als Sicherungsgruppe standen T 30, T 8 und T 10 am Verband von Kleinkampfeinheiten der Kriegsmarine. Am Abend des 27. 6. begann das Unternehmen. Als die sowjetische Artillerie das Feuer auf den anlaufenden Verband eröffnete, erwiderten die T-Boote das Feuer. Um 00.08 Uhr des 28. 6. wurde der Rückmarsch angetreten.

In der Nacht zum 16. 7. fand die nächste Unternehmung statt. Sie führte T 8, T 10 und T 30 mit finnischen MTB in Richtung Narvi, das beschossen wurde. Im anschließenden Gefecht mit sowjetischen Wachbooten und M-Booten der »Fugas«-Klasse konnten die T-Boote zwei Minensucher der Russen versenken.

Als sich schließlich an der Südküste des Finnenbusens der sowjetische Druck gegen die deutschen Truppen verstärkte, sollte die alte »Seeigel«-Sperre in der Narwabucht durch einen weiteren dichten Minenriegel verstärkt werden. Nachdem die ersten Sperren im Juli durch Marinefährprähme (MFP) der 24. L.-Fl. gelegt worden waren, wurden im August auch die Boote der 6. T.-Fl. hierzu herangezogen.

Auf der Helsinki-Südreede wurden am 17. 8. die Minen übernommen. Jedes Boot nahm ca. 50 Minen an Bord. Um 18.37 Uhr gingen T 30, T 32, T 22 und T 23 ankerauf. Ihre Aufgabe lautete: »Werfen der Seeigelsperre XB«. Die südliche Narwabucht wurde ohne Zwischenfälle erreicht. Dort begann um 00.00 Uhr des 18. 8. das Werfen. Geben wir dem Kommandanten von T 23, Kptlt. Weinlig, das Wort:

»Meldung vom Achterdeck: Minen sind klar zum Werfen. Kursänderung auf 59 Grad. Befehl vom Führerboot: »T 23 vorsetzen!« Wir setzen uns als taktische Nr. 1 vor und müssen uns nun nach rückwärts ausrichten.

00.23 h: Verband wendet auf Wurfkurs 329 Grad. Kurz nach dem Rotblinken setzt T 30 die rote Ankermanöverlaterne, das Zeichen für 30 Sekunden bis Wurfbeginn. Mit »Rot aus!« sollte das Werfen beginnen. Aber um 00.25 h, kurz vor Beendigung der Wendung, erfolgen auf T 30 zwei starke Detonationen mittschiffs. Wassersäule ca. 50 m hoch.
Da wir beim Werfen der Seeigelsperre IXB treibende Minen gesichtet haben, nehme ich auch hier eine solche an. Ich befehle: »Keine Minen mehr werfen!« (Bis dahin waren 18 Minen gefallen.)
T 30 liegt mit starker Schlagseite neben uns und brennt unter starker Qualmentwicklung mittschiffs. Ich versuche, alle Boote auf UK zu erreichen, erhalte aber keine Verbindung. Ich gehe kurz auf Stop. Die Motorjolle, seit Gotenhafen unklar, kann nicht ausgesetzt werden.
Durch FT melde ich um 00.25 h: »T 30 Minentreffer. Sinkt!«
Unmittelbar nach Abgabe dieses FT erfolgt um 00.26 h auch auf T 32 eine starke Doppeldetonation ohne Feuerschein und ohne Rauchentwicklung.
Nun entschließe ich mich, alle noch vorhandenen Minen als »Stuhlstände« zu werfen, um das eigene Boot bei Treffern nicht noch zusätzlich zu gefährden. Dazu werden alle Soldaten benötigt, denn Flawaffen und zwei Geschütze müssen ebenfalls klar bleiben.
Boot läuft 5 kn und um 00.30 h meldet das S-Gerät, das von Backbord nach Steuerbord voraus sucht, in Schiffspeilung 30 – 65 Grad einwandfrei Minensperre. Entfernung 1.200 m.
Um 00.33 h erfolgt auf T 30 eine neue starke Detonation. Glühende Teile werden in die Luft gewirbelt und prasseln um uns nieder. T 30 wird in zwei Teile gerissen, sein Heck sinkt schnell, während sich das Vorschiff noch einige Minuten, steil im Wasser stehend, hält. Kurz vorher detoniert eine Mine auf dem Wurfdeck im Feuer.
00.34 h gebe ich ab: »T 32 ebenfalls Minentreffer, sinkt! – T 30 gesunken. T 23.«
Da T 22 sich überhaupt nicht meldet, frage ich optisch an: »Was ist los?« Die Antwort lautet: »Bin klar, habe nichts!«
Neben uns liegt nun T 32, 500 m an Backbord. Die Back ist ihm abgerissen. Da das Gerät die Sperre nur an Steuerbord ortet, ent-

schließe ich mich, auf Westkurs zu gehen. T 32 liegt ebenfalls annähernd Westkurs. Auf meine Frage »Was ist los?« erhalte ich die Antwort: »Haben zwei Minentreffer, Kommandant schwer verwundet!«

Um 00.45 h erhalte ich die Meldung »Achterdeck klar zum Schleppen!« Deshalb frage ich an, ob T 32 geschleppt werden kann. Die Antwort lautet: »Boot ist schwimmfähig. Mit Schleppen bitte warten« und auf die erneute Anfrage, ob es schleppfähig sei, wurde bestätigt »Boot ist vorläufig nicht schleppfähig.«

Ich habe um 00.48 h gestoppt. Nun dreht T 22, das bis dahin gestoppt lag, mit 5 bis 9 kn auf und steuert T 32 an. Morsespruch an T 22: »Vorsicht! Hinter mir liegen scharfe Minen!« Der Spruch wird auf T 22 empfangen. Trotzdem geht das Boot in unmittelbare Nähe des Wracks, so, als wolle es längsseits gehen. Doch um 01.02 h zieht es sich wieder zurück, geht dann abermals in die Nähe von T 32, holt wiederum nach Norden aus und steuert ein drittesmal auf das Wrack zu. Um 01.05 h erfolgen zwei neue Detonationen im Bereich der beiden Boote mit hohen schlanken Wassersäulen zwischen 30 und 50 m Höhe. Kurz zuvor erfaßte das GHG erstmals in 220 Grad Geräusche, die zweifelsfrei als Torpedogeräusche angesprochen wurden. (Diese Meldung erhielt ich erst später.)

T 22 liegt um diese Zeit etwa 4 Dez an Backbord achteraus mit Kurs auf T 32. Ich bleibe deshalb gestoppt liegen. Während dieser Zeit meldete das GHG »Motorengeräusche in 142 Grad!« Ich befehle verschärften Ausguck. Kurz zuvor meldete mir der LI, er habe soeben vom Mitteldeck aus Motorenbrummen an Steuerbord gehört. Fast gleichzeitig erhalte ich diese Meldung auch vom Signalmaaten.

Ich gehe zur Steuerbordseite. Zunächst ist alles still, bis ich an Steuerbord achteraus das Aufheulen von Motoren vernehme. 01.14 h meldet Gruppenhorchgerät: »Torpedogeräusche in 190 – 210 Grad.«

01.15 h: T 22 zeigt gerade zu meinem Morsespruch »verstanden«, und ich will meine Beobachtungen über S-Bootverdacht eben übermitteln, als T 22 plötzlich von einer ungeheuren Doppeldetonation in zwei Teile gerissen wird. Sekundenlang ist die Umgebung taghell erleuchtet. Von allen Seiten wird bestätigt, daß die beiden harten Detonationsschläge dem In-die-Luft-Fliegen des

Bootes vorangingen und die Wirkung ebenso wie der Knall ganz anders sind, als vorher bei den Minenexplosionen.
Ich hatte das förmliche Auseinanderplatzen eines großen Bootes niemals für möglich gehalten. Ich war sofort davon überzeugt, daß es sich hier nur um die Wirkung von Torpedos gehandelt haben konnte. Und diese Meinung vertrete ich auch heute noch.«
(In den Versenkungslisten wird T 22 auch heute noch als »durch eigene Minen verlorengegangen« geführt.) »Kptlt. Peter-Pirkham, der sein Boot (T 31) durch russische Torpedotreffer verloren hat, vertritt dieselbe Meinung.
Ich bleibe zunächst gestoppt liegen, um ein klares Bild der Lage zu bekommen und meine weiteren Schritte zu überlegen. Ich bin mir darüber im Klaren, daß die schwerste Entscheidung meines Lebens vor mir liegt. Um uns herum liegen im Wasser die Wrackteile dreier unserer Boote, deren Besatzungen Anspruch auf Hilfe haben. Außer der Minengefahr stehen nach meiner Meinung auch russische S-Boote bei uns. Außerdem würde der Gegner ohnehin heranschließen, um auf der Untergangsstelle aufzuklären.
Während dieser Überlegung trifft die Meldung aus dem Horchraum ein: »Motorengeräusche in 171 Grad!« Gleichzeitig meldete das 3. Geschütz: »Im Kielwasser kommt ein kleines, wendiges Boot sehr schnell auf.«
Jetzt weiß ich, daß der Russe auf mich angesetzt hat. T 23 ist in höchster Gefahr. Ich muß ablaufen. Eine andere Entscheidung würde den Verlust auch dieses vierten Bootes kosten.
01.19 h gebe ich den Befehl, auf Westkurs mit 27 kn Fahrt abzulaufen. Eine Minute später lasse ich ein FT absetzen: »T 22 nach Detonationen achteraus außer Sicht. T 32 schwimmt zur Hälfte, erbitte flache Boote zur Rettung Überlebender. Trete Rückmarsch an. T 23.«
01.30 h eingeht FT der 9. SichDiv.: »An Chef 25. MS.-Fl.: Sofort Hilfeleistung bei 6. T.-Fl.«
Zwischen 02.13 – 02.34 h immer wieder feindliche S-Boote geortet. Als das Boot in das Schärenfahrwasser eintritt, erreicht uns um 03.08 h ein FT der 9. SichDiv.: »An Rettungsarbeiten beteiligen!« Daraus entnehme ich, daß der Grund meines Ablaufens noch immer nicht verstanden ist und setze deshalb folgenden FT ab:

»T 23 18 Minen geworfen. T 22 bei Durchführung Rettungsarbeiten in die Luft geflogen. Bei treibenden Minen und Minenfeld ist Teilnahme an Bergungsarbeiten infolge des großen Tiefgangs von T 23 mit Verlust gleichzusetzen. Rettungsarbeiten nur mit kleineren Fahrzeugen mit geringem Tiefgang möglich. Auf Rückmarsch S-Bootverfolgung. Liege mit Sofortbereitschaft Bergholm.««
T 32, das noch die ganze Nacht schwamm, wurde mehrfach von sowjetischen Fliegern angegriffen. Es verteidigte sich bis zum Morgen des 18. 8., ehe es von der Besatzung gesprengt wurde. Die 25. MS.-Fl. barg am frühen Morgen des 18. 8. 51 Schiffbrüchige. Ein Seenotflugzeug rettete in zwei Einsätzen weitere 83 Mann und konnte in einem dritten Einsatz noch einmal 7 Seeleute retten. Die Sowjets meldeten die Gefangennahme von 106 Soldaten. Der Rest ist auf See geblieben. Einer der schwersten Verluste hatte den T-Bootverband getroffen.

## ZERSTÖRER UND TORPEDOBOOTE IN DER KAMPFGRUPPE THIELE

In der östlichen Ostsee lag der Schwerpunkt der Operationen im August 1944 bei Geleit- und Transportaufgaben. Bereits am 30. 7. 1944 war die »Kampfgruppe 2« unter Führung von Vizeadmiral Thiele aufgestellt worden. Diese Kampfgruppe bestand aus Einheiten der Ostsee-Ausbildungsverbände und einigen Zerstörern und Torpedobooten der in der Ostsee eingesetzten Flottillen. Haupteinheit der Kampfgruppe war »Prinz Eugen«, dessen Waffenwirkung am größten war. Hinzu kamen Z 25, Z 28, Z 35, Z 36 sowie die Torpedoboote T 23 und T 28, nachdem sie der Vernichtung im Westen und der Narwabucht entgangen waren.
Bereits am ersten Tage beschossen diese Einheiten bei Riga Landziele. Am 20. 8. wurde die Kampfgruppe abermals eingesetzt. Die Rote Armee war mit starken Kräften in Richtung Riga und Libau vorgestoßen. Das Nordbaltikum war in der Gefahr, abgeschnitten zu werden, denn Dünamünde war bereits von den feindlichen Spitzenverbänden überrannt worden. Der Gegner hatte westlich der Stadt die Ostsee erreicht.
Aus Gotenhafen auslaufend, erreichte die Kampfgruppe den Einsatzraum Tukkum und eröffnete mit ihren schweren Waffen das Feuer auf den Gegner. Drei Zielräume wurden von einem dichten

Granatenhagel überschüttet. Der Gegner wurde von ihm so schwer getroffen, daß es den wenigen deutschen Truppen gelang, die Landverbindung wieder herzustellen. In der Folgezeit sollte diese Kampfgruppe, zu der noch andere Kriegsmarine-Einheiten stießen, starken Anteil an den Kämpfen in diesem Raum haben, mit denen das 5. Kriegsjahr zu Ende ging.

Teil VIII

# *Das sechste Kriegsjahr*

## DAS UNTERNEHMEN »ODYSSEUS«

Am 1. 9. 1944 waren von der 9. T.-Fl., die ihr letztes fahrbereites Boot TA 19 am 9. 8. bei Samos durch U-Boot-Torpedos verloren hatte, nur noch TA 14 und TA 18 vorhanden. TA 14 wurde am 15. 9. bei einem schweren Luftangriff auf Salamis von Bomben getroffen. Das Boot, dessen Kommandant inzwischen Kptlt. Densch geworden war, brannte aus und sank im flachen Wasser des Hafens. Sechs Mann der Besatzung fielen.

Damit war von der Flottille nur noch TA 18 übriggeblieben. Am 10. 9. 1944 aber hatte bereits Kptlt. Lange, der in Triest TA 39 von Kptlt. Vorsteher übernommen und mit den ebenfalls dort neu in Dienst gestellten Booten TA 38, Lt. z. S. Scheller, und TA 37, Oblt. z. S. Winkelmann, am 27. 8. 1944 nach Venedig verlegt hatte, um an einer Minenunternehmung teilzunehmen, den Befehl erhalten, diese drei T-Boote in die Ägäis zu bringen. Sie sollten den Kern der wieder aufzufüllenden 9. T.-Fl. bilden.

Das Unternehmen »Odysseus« begann am 19. 9. mit der Verlegung der drei Boote, an die sich S 151 anhängte, von Triest nach Pola. Am 20. 9. um 06.40 Uhr machten die Boote in Pola fest, um am selben Abend wieder auszulaufen zum Marsch unter der dalmatinischen Küste nach Süden. Mit 24 kn Fahrt waren die drei Boote am Morgen des 21. 9. dem ersten Fliegerangriff ausgesetzt. Durch Sperrfeuer und Zickzackkurse wurde der Angriff abgewiesen. Um 07.00 Uhr machte TA 38 in Risan fest, während TA 39 in Kotor und TA 37 in Perast in der Bucht von Cattaro vor Anker gingen.

Am 22. 9. gegen 20.30 Uhr begann der Durchbruch durch die Otrantostraße. Am frühen Morgen des 23. 9. wurden die ersten Feindzerstörer gesichtet. Die Boote schossen ihre Torpedos und eröffneten das Feuer auf den Gegner, der abgedrängt wurde. Der

Durchbruch gelang, und nach einem weiteren Fliegerangriff liefen die drei Boote in den Kanal von Korinth ein und erreichten am 24. 9. um 20.37 Uhr den Hafen von Piräus. Damit hatten sie eine glänzende Leistung vollbracht. Kptlt. Lange, der den Verband geführt hatte, erhielt das Deutsche Kreuz in Gold.
Bereits am 28. 9. gingen TA 37 und TA 38 mit den Dampfern »Zeus« und »Lola« nach Saloniki. An Bord von TA 38 befand sich der Flottillenchef der 9. T.-Fl., FKpt. Dominik. Weitere Geleitaufgaben folgten. Am 6. 10. wurde TA 37 beim Alleinmarsch in der südlichen Salonikibucht von englischen Zerstörern angegriffen und in einem kurzen harten Gefecht versenkt. Fast die gesamte Besatzung ging mit diesem Boot unter.
Als mit dem 9. 10. 1944 beginnend die letzten deutschen Einheiten Piräus und Athen verließen und Südgriechenland geräumt wurde, hatten die TA-Boote die Rückführung der Einheiten zu geleiten und zu sichern. Die beiden T-Boote dienten als Fernsicherung für das Großgeleit, das in Richtung Chalkis marschierte. Auf dem Marsch nach Volos wurde TA 38 bei einem Luftangriff von neun Mitchell-Bombern schwer getroffen und mußte am 13. 10. in der Hafeneinfahrt gesprengt werden. TA 39 lief nun mit zwei R-Booten und dem Dampfer »Lola« nach Saloniki weiter. Das Boot hatte die Überlebenden von TA 38 und zehn Verwundete an Bord. Auf der »Lola« befanden sich 273 Mann aus den Stäben der 21. U-Jagdflottille und von anderen Verbänden.
Von Saloniki aus lief TA 39, das von den drei Adria-Booten allein übriggeblieben war, mit R 185 und R 195 unter Führung des Chefs der 12. R.-Fl. am 15. 10. gegen 20.50 Uhr aus, um nach Volos zu gehen und dort auf einer kleinen Insel wartende deutsche Soldaten abzuholen. Am 16. 10. um 01.35 Uhr erhielt TA 39 vor Saloniki einen Minentreffer. Das Achterschiff brach bis zu den Hüttenaufbauten ab. Die beiden R-Boote übernahmen die Besatzung und die Geheimsachen. Nach 13 Unternehmungen in der Ägäis ging TA 39 um 01.46 Uhr über den Achtersteven in die Tiefe.

Dieses Boot unter Kptlt. Schmidt lief am Abend des 19. 10. 1944 von Saloniki aus. Schäden an der Maschinenanlage hatten die Fahrt auf 15 kn herabgesetzt. Die Unternehmung sollte zur Skiathos-Sperre gehen, wo feindliche S-Boote gesichtet worden waren.
Was mit dem Boot geschah, hat Oberfähnrich z. S. Dieter Linnekogel in einem Bericht zu den Akten folgendermaßen geschildert:
»Wir gelangten ohne Schwierigkeiten bis auf 10 sm an die Sperre heran. Da kam das Verhängnis. An Backbord, in etwa 300 Grad, tauchten zwei Schatten auf. Ich rief unserem Kommandanten, Kptlt. Schmidt, zu, daß es feindliche Zerstörer seien. Plötzlich wurde es um uns taghell. Die Engländer schossen Leuchtgranaten.
Es war 20.10 h, als beide Zerstörer das Feuer aus allen Rohren auf uns eröffneten. Unglücklicherweise fiel gleich zu Anfang unsere FT-Station aus. Ein Treffer ging im Verlaufe des Gefechtes in den Kesselraum 3, wobei die Bedienung dieses Kesselraumes fiel. Wir konnten das Feuer nicht erwidern, da sich die Zerstörer außerhalb unserer Reichweite hielten. Wir schossen einen Torpedo, der uns – als Kreisläufer – beinahe selber erwischte.
Der Kommandant steuerte in Zickzackkursen direkt auf den Strand zu, um so viele Menschen wie möglich zu retten. Der LI machte alles zum Sprengen klar. Der I. WO beaufsichtigte auf dem Leitstand die Zerstörung der Artillerie- und Flawaffen. Ich vernichtete die Geheimsachen.
Wir fuhren dicht an die Küstenfelsen heran und – liefen auch schon mit gewaltiger Erschütterung auf. Nachdem alle Anlagen gesprengt worden waren, gingen wir vom Boot aus direkt an Land. Bis zu diesem Zeitpunkt hatten die beiden Zerstörer auf uns gefeuert. Jetzt stellten sie das Feuer ein. Kaum waren wir auf dem Felsen, als sie das Feuer abermals eröffneten. Unser I. WO, Lt. z. S. Knüpfel, fiel in diesem Feuerhagel. Dann verstummte das Feuer und nur noch die Bereitschaftsmunition unseres Bootes flog donnernd in die Luft.
Als es hell wurde, erschienen auf den Höhen Partisanen des ELLAS, die uns unter Beschuß nahmen. Einige von uns wurden getroffen und verwundet oder getötet. Auch ich wurde verwundet.

Schließlich tauchten noch einmal die Zerstörer auf und schossen wieder auf TA 18. Dabei vertrieben sie wenigstens die Partisanen.
Der Kommandant, LI und einige Soldaten versuchten, auf Flößen, die sie vom Boot geholt hatten, zu entkommen. Wir Zurückgebliebenen wurden von den Partisanen gefangengenommen. Die Gesunden kamen in ein Lager, in das wenig später auch unser Kommandant und der LI eingeliefert wurden. Die Griechen hatten sie zurückgeholt.
Es ging zunächst nach Volos. Nach drei Wochen der Mißhandlungen kamen wir nach Larissa. Hier im Lager erhielten der Kommandant und der LI Befehl, Landminen zu räumen. Einmal kamen sie noch zurück. Beim zweitenmal kehrte der Lkw allein ins Lager zurück. Ob Kommandant und LI von TA 18 von Minen getötet wurden oder von den Partisanen umgebracht worden waren, war nicht festzustellen.
Nach drei weiteren Monaten bei den Partisanen flüchteten wir zu den Engländern. Sie transportierten uns alle nach Afrika. Unter den Soldaten waren noch Obersteuermann Meier und Obermaschinist Wagner. Viele unserer Besatzung sind während der Gefangenschaft bei den Partisanen Opfer des Hasses geworden. Andere starben an Ruhr, Typhus und Lungenentzündung.
Dies ist nur ein kurzer Einblick in die letzte Fahrt von TA 18 und in die Leidenszeit seiner Besatzung.«
Nach dem Untergang dieses Bootes gab es in der Ägäis keine 9. T.-Fl. mehr.

## SCHWERPUNKT: DIE OSTSEE

Bereits im Sommer 1944 war die 6. Z.-Fl. in die Ostsee in den Raum Reval und Baltischport verlegt worden. Sie hatte von dort Minenunternehmungen durchgeführt und einige S-Boote des Gegners versenkt. Mit Beginn des sechsten Kriegsjahres bestand die Flottille aus den Zerstörern Z 28, Z 25, Z 35 und Z 36, zu denen später noch Z 43 hinzukam.
Eine der wichtigsten Aufgaben des September 1944 war der Abtransport der deutschen Soldaten aus Finnland. Am 2. September 1944 brach Finnland seine diplomatischen Beziehungen

KKpt. Hoffmann, während der alliierten Landung in der Seinebucht Chef der 5. T.-Fl.

Kptlt. Temming, Kommandant T 28 von April 1944 bis Kriegsende

Vizeadmiral Kreisch bei der 4. Z.-Fl. in Nordnorwegen im April 1944

Kptlt. Dehnert, Kommandant TA 14, später Kdt. T 32

Torpedoboot auf Kriegsmarsch im Mittelmeer: höchste Gefechtsbereitschaft gegen im Anflug gemeldete Feindflugzeuge

Zerstörer der 4. Z.-Fl. längsseits eines Versorgungsschiffes in einem norwegischen Fjord

zu Deutschland ab. Die Finnen hatten nach Geheimverhandlungen mit den Sowjets einen Waffenstillstandsvertrag abgeschlossen. Es kam nun darauf an, den Rücktransport von rund 200.000 Soldaten und Angehörigen der »Organisation Todt« aus Südfinnland durchzuführen. Hierzu wurden einmal mehr die Torpedoboote und Zerstörer aufgeboten. Damit war es ihre wichtigste Aufgabe, Soldaten und Verwundete ebenso wie Fahrzeuge und Material aus den finnischen Ostseehäfen nach Deutschland zu bringen.

Mit der Leitung dieser Rückführungsfahrten war der im Finnbusen zuständige Kommandierende Admiral östliche Ostsee beauftragt worden. Ihm standen die fünf Boote der 6. Z.-Fl. sowie die neu aufgestellte 5. T.-Fl. mit drei einsatzbereiten und zwei in Ausbildung befindlichen Flottentorpedobooten, ferner die 3. T.-Fl., KKpt. Verlohr, mit bis zu acht T-Booten 37 zur Verfügung.

Als Demonstration führte vom 15. bis 17. 9. 44 KKpt. Verlohr mit drei Booten der 3. T.-Fl. einen Aufklärungsvorstoß in die Aalandsee durch. Auf dem Rückmarsch wurde der kleine Verband nördlich Reval bei Untersuchung eines mit estnischen Flüchtlingen vollgestopften Dampfers, der wie die T-Boote nach Reval wollte, aufgehalten. Dazu befahl KKpt. Verlohr, daß T 18 bei dem Dampfer längsseitsgehen und die Untersuchung durchführen sollte. Als eben festgemacht war und ein Untersuchungskommando an Bord gehen sollte, flogen sowjetische Bomber an. Zwei Maschinen griffen T 18 an und warfen Raketenbomben. Zwei dieser Bomben trafen das Boot, das sofort sank.

Die Geleite wurden fortgesetzt, und am frühen Morgen des 23. 9. lief der letzte deutsche Geleitzug aus Reval aus. Ihm gehörten vier Dampfer und ein Lazarettschiff an. Er wurde gesichert durch die 3. T.-Fl. mit den Booten T 20, T 13, T 17 und T 19. Zwei Luftangriffe wurden abgewehrt. Der Geleitzug kam ohne Verluste durch.

Am selben Tag warfen die Minenschiffe »Brummer« und »Linz« Minen auf den bisherigen Seewegen im Finnbusen, die nicht mehr von deutschen Einheiten benutzt werden würden. Als Sicherung standen T 23 und T 28 bei den Minenschiffen, nachdem auch sie ihre Minen geworfen hatten. T 23 hatte vorher während der Räumung von Reval zur Luftverteidigung auf der

Reede auf und ab gestanden und angreifende Flugzeuge mit starkem Flakfeuer vertrieben. Damit war Reval als Stützpunkt der T-Boote ausgefallen. Die Flottillen verlegten nach Windau, Libau und Gotenhafen.

Ende September lagen die Boote der 3. T.-Fl. in Libau als Sicherung für Geleite und Transporte bereit. In Gotenhafen lagen »Prinz Eugen« und »Lützow« mit den Booten der 6. Z.-Fl.

Die Rote Armee besetzte vom 26. 9. bis 2. 10. die Inseln Moon und Dagö und griff am 5. 10. auch Ösel an, wohin sich die deutschen Verbände zurückgezogen hatten, um zuletzt den Kampf um den Besitz der Halbinsel Sworbe aufzunehmen, die gehalten werden konnte.

Sworbe mußte gehalten werden, um den Transportweg nach Riga so lange wie möglich offenzuhalten. Deshalb wurde auch der Einsatz schwerer Kriegsmarine-Einheiten befohlen, als es den Sowjets am 20. 10. gelang, die deutschen Truppen zurückzudrängen.

In der Zeit vom 6. bis 13. 10. beschossen »Prinz Eugen«, Kpt. z. S. Reinicke, »Lützow«, Kpt. z. S. Knoke, sowie die 6. Z.-Fl., Kpt. z. S. Kothe, mit Z 25, Z 35 und Z 36 außerdem sowjetische Bereitstellungen bei Memel. Die 3. T.-Fl. sicherte mit den Booten T 21, T 13, T 16 und T 20 die Kampfgruppe vor U-Bootangriffen und wehrte mehrere sowjetische Luftangriffe ab. Binnen fünf Tagen wurden nicht weniger als 27 Feindziele unter Feuer genommen.

Am 22. 10. fuhren T 23 und T 28 nochmals dicht unter die Küste von Sworbe und beschossen die erkannten Feindstellungen. Dies wiederholten sie bis zur Nacht des 23. 10. viermal. Da die Wirkung nicht stark genug war, griff auch die Kampfgruppe 2, Vizeadmiral Thiele, am Abend des 23. 10. ein. Mit »Lützow« als schwerer Einheit und den Booten Z 28, Z 35, T 13, T 19, T 21, T 23 und T 28 wurden die Stellungen unter dichtes Artilleriefeuer gelegt.

Sowjetische Bomber griffen am Abend des 24. 10. massiert an. Im Abwehrfeuer der Boote wurden drei Maschinen abgeschossen. Dennoch konnte nicht verhindert werden, daß Z 28 einen Bombentreffer erhielt. Das Boot konnte mit eigener Kraft Gotenhafen erreichen. Die Rote Armee stellte den Großangriff auf Sworbe zunächst ein.

Als schließlich am 18. 11. die Rote Armee zu ihrem Großangriff gegen den Leoriegel auf Sworbe antrat, wurden verfügbare leichte Einheiten zur Hilfestellung angesetzt. Zu ihnen stießen zunächst T 23 und T 28 und fielen in das Abwehrfeuer ein. Sie schossen zwei Minensucher der »Fugas«-Klasse in Brand, wehrten MGB ab und konnten sechs Fliegerangriffe heil überstehen. Nachdem sie auf der Westseite der Halbinsel so wirkungsvoll eingegriffen hatten, liefen sie in der Nacht zum 19. 11. zur Ostseite und eröffneten auch hier das Feuer. Doch der Leoriegel ging verloren.
Am 20. 11. griff von Westen her die Kampfgruppe in die Kämpfe ein. »Prinz Eugen« und die Boote der 3. T.-Fl., T 21 als Führerboot mit KKpt. Verlohr an Bord, T 13, T 16 und T 19 begleiteten den schweren Kreuzer. Vom 22. bis 24. 11. löste »Admiral Scheer«, Kpt. z. S. Thienemann, mit den Zerstörern Z 25, Z 35 sowie der 2. T.-Fl., KKpt. Paul, mit T 3, T 12, T 5, T 9, T 13 und T 16 die Kampfgruppe ab. Mehrere schwere Luftangriffe wurden mit vereintem Flawaffenfeuer und unter Einsatz der Seezielbatterien der T-Boote abgewehrt.
Durch diese Unterstützung konnten allein in der letzten Nacht 4.491 Soldaten von Sworbe aus auf 18 MFP übergesetzt und dem Zugriff des Gegners entzogen werden. Damit hatten die T-Boote einen neuen Auftrag erhalten: Küstenbeschießung und Fla-Sicherung für die schweren Schiffe.
Die letzte größere Aufgabe der Kriegsmarine im Dezember 1944 sollte ein offensives Minenunternehmen im Finnbusen sein. Die alte Minensperre ostwärts Reval sollte noch einmal verstärkt werden. Ein Verband aus Zerstörern und Torpedobooten unter Führung von Kpt. z. S. Kothe, dem Chef der 6. Z.-Fl., erhielt Befehl, diese Aufgabe durchzuführen.
Der Flottillenchef hatte sich auf Z 35 eingeschifft. Die Boote Z 36, Z 43, T 23 und T 28 standen unter seiner Führung. In Pillau-Peise wurden die Minen übernommen. Am 11. 12., 07.10 Uhr, liefen die Boote aus und traten den Marsch ins Operationsgebiet an. Bei Anbruch der Dunkelheit wurde die Nordspitze von Gotland passiert. Um 23.00 Uhr kam das Leuchtfeuer von Baltischport in Sicht und machte eine Standortbestimmung möglich. Beide Kriegswachen waren auf ihren Stationen.
Um 24.00 Uhr nahmen die Einheiten die Minenwurfformation

ein. Alles war zum Werfen klar. Der Wurfkurs SSW war eben eingenommen, als auf Z 35 an Backbord in der Höhe des 4. Geschützes eine schwere Unterwasserdetonation erfolgte. Die Backbordmaschine fiel aus. Ein Wassereinbruch wurde gemeldet. Für das Boot bestand keine unmittelbare Sinkgefahr. Die Sicherungsmaßnahmen liefen planmäßig an.
Wenige Sekunden danach dröhnte auch bei Z 36 eine schwere Minendetonation durch die Nacht. Über dem Achtersteven des Bootes stand eine masthohe Flammensäule. Unmittelbar danach erfolgte eine Kesselexplosion und wieder nur wenige Sekunden darauf explodierte Munition. Über UK kam die Meldung, daß Z 36 sinke. Das Boot ging danach schnell unter.
Während noch die Männer auf den anderen Booten dorthin blickten, wo Z 36 eben unterging, erfolgte ein dritter Minentreffer. Es hatte Z 35 zum zweitenmal getroffen. Diesmal in der Höhe der achteren Rohrgruppe. Auch hier kam es zu einer Kesselexplosion. Der Zerstörer erhielt starke Backbordschlagseite und begann zu sinken. Auch die Munition des 3,7-cm-Flakstandes fing Feuer und explodierte in bunten Flammenkaskaden.
»Alle Mann von Bord!« befahl Kpt. z. S. Kothe.
Flöße wurden außenbords geworfen. Die Motorboote konnten wegen der Beschädigung der Davits nicht ausgebracht werden. Und nur wenige Minuten nach der zweiten Minendetonation sank Z 35 über den Achtersteven in die Tiefe. Mit ihm ging Kpt. z. S. Kothe unter.
Die übrigen Einheiten kehrten, ohne ihre Minen geworfen zu haben, in den Einsatzhafen zurück.
Über 600 Seeleute schwammen im eiskalten Wasser. Die Temperaturen betrugen derzeit zwischen 3 und 5 Grad. Binnen zehn Minuten trat bereits bei den meisten Unterkühlung ein, welcher der Tod folgte. Die Rettungsflöße waren teils übervoll und teils nur halb belegt. Sie wurden am Abend des 13. 12. an die finnische Küste getrieben. Die Schiffbrüchigen wurden von finnischen Bauern am anderen Morgen geborgen. Die Sowjets holten diese Soldaten rasch ab. Es waren insgesamt 67 Angehörige der beiden Boote. Die übrigen 550 Männer sind seitdem vermißt.
Damit war das Jahr 1944 mit dem Verlust von zwei der neuesten Zerstörern zu Ende gegangen.

Die im Raume Nordnorwegen, im Kaafjord liegende 4. Z.-Fl. unter Kpt. z. S. Johannesson bestand zu Beginn des letzten Kriegsjahres aus den Booten Z 29, Z 31, Z 33, Z 34 und Z 38. Ihnen fiel im Oktober 1944 die Aufgabe zu, die Räumung von Nordnorwegen zu sichern. Zu diesem Zweck lief die Flottille am 19. 10. aus. Sie ankerte am 21. 10. vor Tana. Dieser neue Liegeplatz wurde von sowjetischen Aufklärungsflugzeugen erkannt und unter Beobachtung gehalten. Aus diesem Grunde – ein russischer Großangriff mit Bombern war nur eine Frage der Zeit – verlegte Kpt. z. S. Johannesson mit der Flottille am 22. 10. in den Hopsfjord. Von dort liefen am Abend dieses 22. 10. alle Boote aus, um einen westgehenden Geleitzug mit Soldaten und Material zu sichern. Es waren sowjetische MTB gemeldet worden. Doch die Zerstörer fanden nichts und kehrten in den Hopsfjord zurück.

Am 23. 10. geleiteten sie sechs Dampfer, die mit 12 Sicherungsfahrzeugen und 9 R-Booten nach Süden marschierten. Die Aufklärung hatte acht in See stehende feindliche MTB gemeldet. Wegen der starken Sicherung sahen die sowjetischen MTB keine Angriffschance. Sie griffen den Konvoi nicht an. Stattdessen erschienen Bombenflugzeuge. Dem massierten Abwehrfeuer der Sicherungsschiffe und der Zerstörer gelang es, den Gegner am gezielten Bombenwurf zu hindern. U-Bootangriffe wurden durch Wasserbomben verhindert. Der Geleitzug kam heil durch, und die Zerstörer kehrten in ihren Stützpunkt zurück.

Durch den Funkaufklärungsdienst wurden am 25. 10. sowjetische Zerstörer, in Reichweite der 4. Z.-Fl. in See stehend, gemeldet. Sofort ging Kpt. z. S. Johannesson mit allen Booten ankerauf, um diesen Gegner zu stellen. Doch die Feindzerstörer waren bereits wieder abgelaufen, und diesmal liefen die deutschen Zerstörer in den Skofjord zurück.

Bei der Räumung und Zerstörung der Batterie Kiberg, deren Besatzung durch R-Boote zurückgebracht wurde, bildeten zwei Boote der Flottille den Geleitschutz. Die Räumung von Vardö am 30. 10. sah wieder die Boote der 4. Z.-Fl. im Einsatz. 24 Stunden später gingen die Boote abermals ankerauf. Diesmal legte Z 33 20 Minen vor Mackau.

Am 6. 11. 1944 wurde Kpt. z. S. Johannesson zu neuer Verwendung abkommandiert, und Kpt. z. S. Freiherr von Wangenheim übernahm die Flottille. Unter seiner Führung liefen die Boote immer wieder zum Schutz der deutschen Räumungsoperationen aus. Größere sowjetische Seestreitkräfte, beispielsweise Zerstörer, stellten sich den deutschen Zerstörern nicht. Stattdessen galt es, Luftangriffe abzuwehren und Motor-Torpedoboote zu bekämpfen. Nachdem diese Flottille, die als letzte im hohen Norden kämpfte, am 26. 1. 1945 den Marsch in die Ostsee antrat, hatte sie am 28. 1. 1945 vor der norwegischen Westküste ein schweres Gefecht mit überlegenen britischen Seestreitkräften zu bestehen. Es waren die Boote Z 31, Z 34 und Z 38, mit denen Kpt. z. S. von Wangenheim den Rückführungsmarsch antrat. Vor Bergen wurde die Flottille am frühen Morgen des 28. 1. durch die hier wartenden britischen Kreuzer »Diadem«, VAdm. Dalrymple-Hamilton, und »Mauritius« abgefangen. In dem folgenden Gefecht erzielten die deutschen Zerstörer auf beiden Kreuzern Treffer. Dann erhielt Z 31 so schwere Treffer, daß die drei Boote nach Bergen einliefen. Während Z 31 zurückblieb, liefen Z 34 und Z 38 am nächsten Abend erneut aus und traten trotz mehrerer schwerer Angriffe nach einem Anlaufen des Hafens Stavanger am 1. 2. ohne Schäden in Kiel ein.

## DAS ENDE DER 10. TORPEDOBOOT-FLOTTILLE

Am 4. September 1944 erfolgte ein alliierter Großluftangriff auf Hafen und Stadt Genua. Hochbomber warfen über dem Hafen 438 Tonnen Bomben. 100 Meter vor dem Dock, in dem gerade TA 28 überholt wurde, fielen die Bomben ins Wasser. Eine der nächsten Bomben traf das Boot, das kenterte. An einer anderen Pier wurde einer der drei auslaufbereiten Minenleger getroffen. Er flog mit allen Minen in die Luft. Dann traf es auch TA 33. Das Boot sank auf ebenem Kiel. Abermals wurde auch das inzwischen von Sestri Levante nach Genua eingeschleppte Lazarettschiff »Erlangen« getroffen. Pausenlos fielen schwere Bomben. TA 29 wurde beschädigt. Damit waren von den insgesamt elf Booten der Flottille nurmehr vier übriggeblieben. Mit den Booten TA 24, TA 29 und TA 32 unternahm KKpt. von Gartzen am 1. 10.

1944 einen Aufklärungsvorstoß in den westlichen Golf von Genua. In der Nacht stießen die drei Boote auf feindliche Zerstörer. KKpt. von Gartzen befahl:
»Torpedoeinsatz!«
Die drei Boote griffen an. Der erste Fächerschuß von TA 32 wurde von dem angegriffenen Zerstörer durch Kursänderung ausmanövriert. Salven aus den 12,7-cm-Geschützen der Zerstörer schlugen dicht neben den eigenen Booten in die See. Den Feindtorpedos wurde ebenfalls mit harten Bewegungen ausgewichen. TA 24 erhielt einen schweren Granattreffer. Die beiden anderen Boote nebelten es ein und zogen das Feuer der Zerstörer auf sich, bis TA 24 wieder klarmeldete. Dann liefen sie mit hoher Fahrt ab. Am 25. 10. erhielt TA 31 einen Fliegerbombentreffer und war von diesem Zeitpunkt an unklar. Der Kommandant dieses Bootes, Kptlt. Burkart, übernahm nun das Kommando des Flottillenchefs, denn KKpt. von Gartzen wurde eingangs November 1944 nach Deutschland versetzt, um die 3. T.-Fl. in Gotenhafen zu übernehmen.
Zum Jahresende 1944 bestand die Flottille nur noch aus drei Booten. Die letzte Geleitunternehmung führten TA 24 und TA 32 durch. Ab Januar 1945 liefen die drei noch einsatzbereiten Boote aus ihren Stützpunkten Genua und La Spezia gegen einen weit überlegenen Gegner aus. Im Februar gelang es zweien dieser Boote, ein feindliches S-Boot im Gefecht zu versenken. Dann kam der März 1945 und mit ihm ein Zerstörergefecht, das es verdient, festgehalten zu werden.
Mit den drei einsatzbereiten Booten der Flottille lief Kptlt. Burkart am 18. 3. 1943 zu einem offensiven Minenunternehmen ins Ligurische Meer aus. Die Boote TA 24, TA 29 und TA 32 marschierten in Kiellinie dem Operationsgebiet entgegen, als das Führerboot, TA 24, in Kompaßpeilung 180 Grad einen Schatten meldete. Wenig später waren drei Zerstörer erkannt.
»Flo-Chef an alle: Feindliche Zerstörer, Entfernung achtzig Hundert – Feuererlaubnis!«
Dieser Befehl von Kptlt. Burkart ließ die Kommandanten sofort handeln. Die Torpedowaffen erhielten den Befehl zum Fächerschuß. An den Rohrsätzen stellten die Mechaniker die Werte ein. Alle drei Boote drehten auf Angriffskurs.
In dieser Situation eröffneten die drei Zerstörer das Artillerie-

feuer. Granaten schlugen auf allen Seiten deckend bei den drei TA-Booten ein. Die Boote hielten den Kurs durch, und dann fielen die Fächerschüsse. Nach Ablauf der Laufzeit stiegen an einem der Zerstörer zwei Torpedodetonationen empor. Dicker schwarzer Qualm verdeckte wenig später diesen getroffenen Gegner. Der am weitesten achtern stehende Zerstörer drehte plötzlich mit hoher Fahrt nach Süden ab, wohl, um den auf ihn geschossenen Torpedos auszuweichen, was ihm auch gelang.

Granaten schlugen auf den T-Booten ein.

»Nebeln!« befahl der Flottillenchef. Aus den Nebeldüsen stießen dicke weiße Nebelschwaden. Kptlt. Kopka sah, wie auf TA 29 und TA 24 fast gleichzeitig mehrere Treffer einschlugen. Flammen loderten aus der Back von TA 29 heraus. Alle drei Zerstörer, auch der getroffene, schossen in schneller Salvenfolge. Und dann auf einmal stiegen an der Backbordseite von TA 24, mittschiffs, zwei hohe schlanke Torpedo-Einschlagsäulen empor. Sekunden später wurde gemeldet:

»Haben Torpedotreffer! – Boot sinkt schnell!«

TA 29 versuchte nun, das Feuer von dem tödlich getroffenen Boot abzulenken. Ebenso feuerte TA 32 auf die gegnerischen Zerstörer, die aber nicht von TA 24 abließen.

Erst als sicher war, daß TA 24 sinken würde, wechselten die Zerstörer das Ziel auf TA 29. Der gleiche Feuerhagel deckte nun dieses Boot ein. Treffer schmetterten in die Aufbauten und rissen die Geschützbedienungen zu Boden. Munition ging in grellen Explosionen hoch.

Beide schwergetroffenen Boote wurden nun von den Besatzungen verlassen. Als erstes sank TA 24 in die Tiefe, und wenige Minuten darauf folgte TA 29 ihm nach. Lediglich TA 32 gelang es, diesem Feuerhagel zu entkommen. Es erhielt zwar schwere Treffer, konnte aber Genua erreichen. 108 Überlebende, darunter der Flottillenchef, wurden von den britischen Zerstörern geborgen.

Das letzte Boot der Flottille wurde zusammen mit dem nicht mehr fahrbereiten TA 31 gesprengt.

Die Geschichte der 10. T.-Fl. war zu Ende. Auch sie hat in vielen Fahrten höchste Leistungen erbracht. Eine jener Tragödien hatte sich vollendet, an denen der Seekriegsschauplatz Mittelmeer reich war.

Am 27. 4. 1945 erreichten die Amerikaner Genua, und am 3. Mai

1945 schwiegen im gesamten Bereich der Heeresgruppe Südwest die Waffen.

## DAS ENDE DER TORPEDOBOOTE IN DER ADRIA

Von den drei Booten der 2. Geleitflottille, KKpt. von Hansmann, die zu Beginn des 6. Kriegsjahres noch fahrbereit waren, ging TA 20 am 3. 11. 1944 in einem Gefecht nördlich von Zara in der Adria verloren, während das in La Spezia liegende TA 49 am nächsten Tage einem Luftangriff zum Opfer fiel. Die Flottille verfügte nunmehr außer kleineren Sicherungsfahrzeugen nur noch über TA 48, das am 20. 2. 1945 bei einem US-Luftangriff auf Triest das gleiche Schicksal erlitt.

Etwa zur gleichen Zeit erstand aber in der Adria eine neue 9. T.-Flottille, die durch Umbenennung aus der 1. Geleitflottille, FKpt. Birnbaum, mit den Booten TA 40 bis TA 47 gebildet wurde und in den ersten Monaten des Jahres 1945 von Pola und Triest immer wieder zu Geleitfahrten, Aufklärungsvorstößen, Minenaufgaben und Artilleriebeschießungen ausliefen. Feindliche Motorsegler, Küstenfahrzeuge, Boote der Partisanen wurden angehalten und versenkt. Wiederholt kam es zu Gefechten mit Zerstörern und Motorkanonenbooten, bei denen Treffererfolge erzielt wurden, ein MGB wurde durch Artillerie versenkt.

Als erstes Boot der Flottille wurde TA 44 am 12. 2. 1945 in Triest bei einem Luftangriff versenkt. Am 17. 2. folgte ihm TA 41, das bei San Rocco ebenfalls von Fliegerbomben getroffen wurde und sofort sank. TA 40 erhielt am 20. 2. im Hafen von Triest einen Bombentreffer und fiel für mehrere Wochen aus. Das Boot konnte aber bis zum April 1945 seine Fahrbereitschaft wiederherstellen.

Am gleichen Tage, dem 20. 2., fielen auch TA 46 und TA 47 in Fiume einem Luftangriff zum Opfer. TA 42 ereilte im Hafen von Venedig am 21. 3. das gleiche Schicksal.

Am 13. 4. 1945 lief noch einmal TA 40, das inzwischen wieder fahrbereit gemacht worden war, mit TA 45 zu einem Aufklärungsvorstoß aus. Hierbei trafen die beiden Boote auf einen Feindverband, der aus drei Zerstörern und mehreren S-Booten bestand. Das letzte Seegefecht der 9. T.-Fl. begann.

Beide Boote schossen aus allen Waffen, als der Feind in Sicht kam. Sie erzielten mit ihren 10-cm-Geschützen Treffer auf den Zerstörern und versenkten ein S-Boot. Ein weiteres drehte getroffen und schwarzqualmend ab.
Dann aber stiegen mittschiffs bei TA 45 zwei Torpedodetonationen empor. Das Boot wurde von diesen beiden Treffern so stark beschädigt, daß es binnen dreier Minuten sank. TA 40 konnte dem Granatenhagel und den Torpedos entkommen. Trotz mehrerer Lecks und weiterer Treffer erreichte es Triest. Am 1. 5. 1945 wurde es hier abermals von Bomben getroffen und sank.
Das letzte Boot dieser Flottille ließ FKpt. Birnbaum am 3. 5. 1945 sprengen. Es war TA 43. Für die 9. T.-Fl. war der Krieg zu Ende.

## DER LETZTE AKT: RETTUNG AUS DEM OSTEN

»Die Rettung der deutschen Ostbevölkerung hielt ich unter diesen Umständen für die erste Pflicht, die der deutsche Soldat noch zu erfüllen hatte. Wenn wir zu unserem Schmerz den Ostdeutschen ihr Heimatland nicht erhalten konnten, so durften wir sie bei der Rettung ihres nackten Lebens keinesfalls im Stich lassen. Allein dafür bereits mußte der Soldat an der deutschen Ostfront weiterkämpfen.
Der U-Bootkrieg war damit nicht mehr die Hauptaufgabe der Kriegsmarine. Ich stellte große Teile von ihr auf die Unterstützung der Ostfront und die Rettung deutscher Menschen um. Aus der Nordsee und dem Norwegenraum wurden Seestreitkräfte für die Ostsee abgezogen. Sie wurden hier dringend zur Sicherung der Seewege und der Handelsschiffe gebraucht, die für die Ostfront und den Flüchtlingstransport eingesetzt waren.«
Großadmiral Karl Dönitz, der Ob.d.M., der diese Erkenntnis gewonnen hatte, setzte den Seetransportchef der Wehrmacht, Konteradmiral Engelhardt, als Leiter der Ostseetransporte ein. An Zerstörern und Torpedobooten standen ab Januar in der östlichen Ostsee zur Verfügung:

| | |
|---|---|
| 6. Z.-Fl. | mit den Zerstörern Z 25, Z 28, Z 43, »Karl Galster« und »Paul Jacobi«; |
| 5. T.-Fl. | mit den Flottentorpedobooten T 23, T 28, T 33, T 35 und T 36; |

2. T.-Fl. mit den Booten T 1, T 3, T 4, T 5, T 8, T 9, T 11 und T 12;

4. Z.-Fl. (ab 1. 2. 1945) mit den Zerstörern Z 34 und Z 38.

Weitere Zerstörer der 4. Z.-Fl., so Z 31 und Z 39, traten in der Schlußphase noch hinzu, desgleichen waren die restlichen Boote der 3. T.-Fl., T 17 und T 19, beteiligt.

Nach Beginn der bereits seit längerer Zeit erwarteten sowjetischen Winteroffensive am 15. 1. 1945 drangen sowjetische Sturmdivisionen, südlich an Königsberg vorbeistoßend, bis zum Monatsende an das Frische Haff vor und unterbrachen die Landverbindung zwischen Pommern/Westpreußen und Ostpreußen.

Die Kampfgruppe unter Vizeadmiral Thiele wurde hier wieder eingesetzt. »Prinz Eugen«, Kpt. z. S. Reinicke, Z 25, FKpt. Gohrbandt, »Paul Jacobi«, KKpt. Bülter, T 23, Kptlt. Weinlig, und T 33, Kptlt. Priebe, liefen am 29. 1. aus und beschossen die nun auch nördlich von Königsberg ins Samland vordringenden sowjetischen Angriffsverbände, um den Aufmarschraum des XXVIII. AK bei Cranz zu decken. Am nächsten Tag setzten sie diese Beschießung fort und hemmten den Vormarsch des Gegners.

Vom 2. bis 5. 2. griffen zunächst T 28, Kptlt. Temming, Z 25 und T 33 wieder in die Kampfhandlungen ein. Weiter auf See abgesetzt standen »Admiral Scheer«, Kpt. z. S. Thienemann, T 23, T 35, Kptlt. Buch, und T 36, Kptlt. Hering, in Bereitschaft. Als diese Gruppe am 4. 2. von dem sowjetischen U-Boot »L-3«, Kpt. 3. Ranges Konovalov, angegriffen wurde, erkannte T 36 rechtzeitig die Gefahr und wich dem Torpedo dieses Bootes aus. Die Landverbindung zwischen Pillau und Königsberg wurde mit Unterstützung der Kampfgruppe wieder freigekämpft. Das XXVIII. AK gewann wieder Anschluß an die 3. Panzerarmee.

Als am 30. 1. 1945 das Passagier-Motorschiff »Wilhelm Gustloff« mit rund 6.000 Menschen an Bord zum ersten Mal seit fünfeinhalb Jahren Gotenhafen zur Verlegung nach Westen wieder verließ, vollbesetzt mit der 2. U-Boot-Lehrdivision, Zivilpersonen und Flüchtlingen, standen als Geleitfahrzeuge nur das früher norwegische Torpedoboot »Löwe« und das Torpedofangboot TF 19 zur Verfügung. Bereits kurz nach dem Auslaufen mußte TF 19 wegen Risses in einer Schweißnaht nach Gotenhafen entlassen werden. Damit stand »Löwe« allein bei dem großen ehemaligen KdF-Schiff. Schwer gegen die grobe See angehend, lief »Löwe«

vor dem 25.000-Tonner her zu dem Treffpunkt, an dem die beiden Schiffe mit dem Passagierdampfer »Hansa« und einem M-Boot ein Geleit bilden sollten. Doch auf »Hansa« brach in Höhe von Hela das Hauptdampfrohr. Das Schiff mußte nach Hela einlaufen.
Nun entschloß sich Kapitän Petersen, der Kapitän der »Gustloff«, nach kurzem Gespräch mit KKpt. Zahn, dem Kommandeur der 2. U-Boot-Lehrdivision, den Marsch allein fortzusetzen. Zwischen Rixhöft und Stolpmünde wurde das Schiff etwa 20 sm nördlich der Küste von dem sowjetischen U-Boot S-13, Kpt. 3. Rg. Marinesco, mit einem Torpedo-Viererfächer angegriffen. Drei Torpedos trafen die »Wilhelm Gustloff«.
Auf dem KdF-Riesen gingen die Lichter aus. Über UK wurde »Löwe« angewiesen, Wasserbomben zu werfen. »Löwe« lief auf die Stelle zu, an der er das U-Boot vermutete und warf Wabos. Von Bord des Schiffes wurden rote Sterne geschossen und mit den Scheinwerfern geleuchtet. Die Rettungsboote klemmten. Es konnten nur vier bis sechs zu Wasser gelassen werden.
Es war T 36 unter Kptlt. Hering, das mit hoher Fahrt auf die Stelle zulief, wo die »Gustloff« ihren Todeskampf gegen die See austrug. Das Boot hatte, als Geleitsicherung für »Admiral Hipper« eingesetzt, in der Nähe gestanden. Trotz Ortung zweier U-Bootziele stoppte der Kommandant und begann mit der Rettung von Schiffbrüchigen. »Es waren so viele, daß es aussah, als würden sie aus der See heraus geboren.« Kptlt. Hering übernahm Überlebende bis an die Grenze der Möglichkeiten, insgesamt 564 Menschen. Er hatte bereits außer seiner Besatzung 250 Flüchtlinge an Bord. Nicht weniger als 45 Minuten lag T 36 gestoppt, während seine Männer sich um die Bergung bemühten. »Löwe« barg 252 Schiffbrüchige.
»Admiral Hipper«, die an die Untergangsstelle herangekommen war, nahm wieder Fahrt auf, als neue U-Bootortungen gemeldet wurden. Das Schiff hatte ebenfalls 1.500 Verwundete an Bord, die es nicht gefährden durfte. Als die »Wilhelm Gustloff« sank, traf noch M 341 an der Unglücksstelle ein und übernahm 37 Menschen und schließlich noch der Dampfer »Göttingen«, der weitere 28 Schiffbrüchige retten konnte.
T 36 hatte in dieser Phase zweimal Torpedolaufbahnen gehorcht. Kptlt. Hering wich ihnen durch schnelle Manöver aus. Er führte

T 36 nach den Rettungsmaßnahmen auf die U-Bootstelle zu und belegte das Boot mit Wasserbomben. Das Torpedofangboot TF 19 und das Schulboot TS 2 waren ebenfalls hinzugeeilt und bargen 22 Menschen. Insgesamt wurden von den 6.100 Menschen nach der offiziellen Bergungsliste nur 900 gerettet.
Sowjetische U-Boote operierten weiter im Gebiet der Stolpe-Bank. S-13 sichtete am 9. 2. den Passagierdampfer »Steuben«, auf dem über 3.500 Menschen eingeschifft waren. Das Schiff wurde von dem alten Torpedoboot T 196, Oblt. z. S. Hartig, und TF 10 geleitet. Dieses Boot ortete das U-Boot. Es lief auf den Gegner zu und zwang ihn zum Abdrehen.
Vier Stunden später kam er dann doch zum Angriff. S-13 hatte Fühlung gehalten und schoß die beiden Hecktorpedos. Ein Torpedo traf den Dampfer mittschiffs. Die »Steuben« sank. T 196 lief zur Hilfeleistung heran. Das Boot suchte die See mit Scheinwerfern ab und schoß LG, um das U-Boot zu finden und abzudrängen. Doch S-13 hatte bereits abgedreht und war abgelaufen.
TF 10, das zweite Boot der Geleitsicherung, beteiligte sich neben T 196 an den Rettungsarbeiten. Sie retteten insgesamt etwa 300 Menschen aus dem eisigkalten Wasser. Die beiden T-Boote brachten die Überlebenden nach Kolberg.
Beginnend mit dem 9. 2. setzten die schweren Kreuzer »Lützow« und »Admiral Scheer« sowie Z 34, Z 38, T 8, T 23, T 28, T 33, T 35 und T 36 die Beschießung sowjetischer Stellungen im Samland fort. Als bei Heydekrug die deutschen Operationen unterstützt werden sollten, lief eine Reihe kleiner Einheiten dazu aus. Die Führung des Unternehmens lag seit 23. 2. in den Händen des Kommandanten von Z 43.
Nach dem 26. 2. – dem Tag des Beginns der sowjetischen Angriffe auf Hinterpommern – wurde schließlich zur Deckung des deutschen Brückenkopfes gegenüber Wollin die Kampfgruppe mit »Admiral Scheer«, Z 38, KKpt. Frhr. von Lyncker, Z 31, KKpt. Karl Paul, »Paul Jacobi« und T 36 eingesetzt. Dem vereinten Feuer dieser Seestreitkräfte war es zu verdanken, daß an diesem 9. 3. der Brückenkopf gehalten werden konnte.
Es war am 6. März 1945, als die auf der Reede von Saßnitz liegenden großen Passagierschiffe »Deutschland«, »Der Deutsche«, »Hamburg«, »Potsdam«, »Pretoria« und »Pitea« sowie Z 28 und

das Lazarettschiff »Robert Möhring« in einen schweren Fliegerangriff gerieten.
Z 28 eröffnete das Feuer auf die anfliegenden Verbände britischer Bomber. Von einem wahren Bombenhagel überschüttet, wurde der Zerstörer mehrfach getroffen und sank vor Saßnitz. Die »Deutschland«, mit 8.000 Flüchtlingen an Bord, blieb verschont. Der Dampfer »Sofia« wurde versenkt, und dann traf es auch noch das Lazarettschiff, das eine Minute später in Flammen stand. Die Verwundeten wurden unter schwierigen Umständen geborgen.
Besonderes Angriffsziel aber war in diesen Tagen die Festung Kolberg. Dort verteidigte Oberst Fritz Fullriede die Festung mit nur rund 5.000 Soldaten. Am 7. 3. war Kolberg von allen Seiten eingeschlossen. Die Russen forderten Fullriede dreimal zur Übergabe auf. Er aber sagte:
»Ich durfte nicht aufgeben, bis alle 80.000 Menschen der Stadt über See gerettet waren!«
Diese Rettung konnte nur die Kriegsmarine vornehmen. Es waren wieder einmal die Torpedoboote und Zerstörer, die wegen ihrer hohen Geschwindigkeit dazu ausersehen wurden. Vom 11. bis 18. 3. standen Z 34, Z 43 und T 33 fast ständig vor Kolberg und nahmen die sowjetischen Stellungen unter Feuer. Immer wieder, wenn die Zerstörer ihre Munition ergänzen mußten, übernahmen sie – wie die MFP, die Siebelfähren und andere Boote – Flüchtlinge. Dies geschah in der Art, daß die kleinen Einheiten an den Zerstörern längsseits gingen und die Menschen abgaben.
So hatten die Zerstörer, allen voran Z 34, KKpt. Hetz, auch am 11. 3. wieder Verwundete und Flüchtlinge übernommen. In Feuerlee von Z 34, das noch immer mit seinen 15-cm-Geschützen auf die sowjetischen Stellungen feuerte, wurden an diesem Tage 800 Flüchtlinge und 120 Verwundete übernommen, mit denen der Zerstörer nach Swinemünde auslief. Während der Einschiffung griffen zuerst vier IL-2-Schlachtflugzeuge mit Bomben und Bordwaffen an. KKpt. Hetz wich diesen Angriffen aus und belud dann weiter, bis abermals 8 IL-2 auftauchten, denen ein Boston-Hochbomber folgte. Auch diesmal gelang es, den Bombern zu entkommen.
Mit 920 Menschen an Bord lief Z 34 schließlich nach Swinemünde zurück und geriet dort am 12. 3. in Höhe der Ansteuerungs-

tonne in einen Fliegeralarm. Es war ein Großangriff der USAAF mit 700 B 17- und B 24-Bombern, die 1.435 Tonnen Bomben auf Swinemünde warfen. In seinem Bericht darüber schreibt KKpt. Hetz:

»Als ich um 11.00 h die Swinemünder Ansteuerungstonne erreiche und mich kurz darauf innerhalb der Molen befinde, wird auf allen Signalstationen Fliegeralarm angezeigt. Die UK-Welle meldet große Bomberverbände im konzentrischen Anflug auf Swinemünde.

Auf der Brücke herrscht Totenstille. Über den tiefliegenden Wolken hört man schon das dumpfe Dröhnen zahlreicher schwerer Bomber. Zum Umkehren ist es zu spät. Aus dem Hafen setzt eine panikartige Flucht von Fahrzeugen aller Art ein, die mit Höchstfahrt an uns vorbeirauschen, um noch rechtzeitig vor Beginn des Angriffs die rettende See zu erreichen. Uns bleibt zunächst keine andere Wahl, als weiterzulaufen, wenn mich auch der Gedanke an die vielen Menschen unter Deck zu einer vorschnellen Aktion verleiten möchte. Aber mein Entschluß steht fest: Wir werden bis zur Badeanstalt, wo das Fahrwasser breiter ist, durchlaufen und dort versuchen, so schnell wie möglich kehrt zu machen. Hoffentlich lassen uns die Flieger dazu noch Zeit.«

Z 34 sah die auslaufenden Dampfer und kleinen Einheiten an sich vorbeipassieren. Immer näher gelangte der Zerstörer jenem Punkt, an dem Hetz ihn drehen und wieder auslaufen lassen wollte. Über dem Boot dröhnten immer stärker viele Bombermotoren. Was sich in dem Kommandanten abspielte, beschrieb er so:

»Jetzt werden die Minuten bis zum Drehpunkt zur Ewigkeit. Jeder auf der Brücke sieht geradeaus, um nicht dem Kameraden in die Augen blicken zu müssen. Endlich kann ich die erlösenden Kommandos geben. In diesem Moment bestätigt sich wieder einmal, daß nichts umsonst ist, was man einmal eingeübt hat. Die unzähligen An- und Ablegemanöver auf der Swine in Friedenszeiten gaben mir die Sicherheit, den Zerstörer mit wenigen Maschinen- und Ruderkommandos auf Gegenkurs zu bringen.

Mit 15 Knoten Fahrt wird wieder ausgelaufen. Eben ist der Leuchtturm passiert, da rauscht der Bombenteppich auf Stadt und Hafen nieder. Gerade in unserem Drehpunkt, den wir soeben verlassen haben, steht die hohe weiße Wand eines schweren Bombenteppichs. Allmählich löst sich die lähmende Spannung an Bord und als wir die Molen auslaufend wieder passiert haben, erschienen an Deck zwei Flüchtlingskinder, die sich an den Händen halten und ahnungslos fröhlich lachen. Dieses Lachen war wohl der glücklichste Augenblick seit langer Zeit.«

Am Morgen des 13. 3. konnte Z 34 seine Verwundeten und Flüchtlinge in Swinemünde von Bord geben. In den letzten Tagen des Kampfes um Kolberg gelang es den Sowjets, die bis zur Stadtmitte vorgedrungen waren, die Einschiffungsplätze unter Feuer zu nehmen. Diesmal liefen Z 43 und Z 34 vor die Stadt und eröffneten das Feuer auf diese sowjetischen Artilleriestellungen. In direktem Beschuß wurden die Batterien vernichtet. Das sowjetische Artilleriefeuer verstummte, und die Einschiffungen konnten fortgesetzt werden.

Am 16. 3. begann die Einschiffung der letzten Verteidiger der Stadt. Jeder der Marinefährprähme mußte 750 Mann mitnehmen. An Bord von Z 34 wurden 250 Schwerverwundete untergebracht. Außerdem nahmen beide Zerstörer je 1.200 und T 33 750 Flüchtlinge und Soldaten an Bord. Alle wurden nach Swinemünde gebracht. Damit hatten dank dieser wenigen Boote insgesamt 70.000 Flüchtlinge, 5.500 Soldaten und 2.000 Verwundete Kolberg verlassen können.

Seit Beginn des sowjetischen Angriffs auf Gotenhafen und Danzig am 7. 3. standen in der Danziger Bucht »Prinz Eugen« und immer wieder Zerstörer und Torpedoboote im Einsatz. T 28 unter Kptlt. Temming war es, das den kleinen Dampfer »Neufahrwasser« anhielt, der keine Flüchtlinge mitnahm. Es stellte sich heraus, daß der Gauleiter von Ostpreußen, Koch, an Bord war, der sich heimlich absetzen wollte.

Am 23. 3. schossen »Lützow«, Z 31 und Z 34 auf Ziele an der Landfront. T-Boote, Zerstörer und M-Boote wehrten immer wieder mit Sperrfeuer russische Fliegerangriffe auf Danzig, Gotenhafen und vor allem auf Hela ab. Auf eine Minensperre, die von dem sowjetischen U-Boot L-21 vor Hela gelegt worden war, liefen am 14. 3. die T-Boote T 3, Kptlt. von Diest, und T 5, Oblt. z. S. Wätjen, und sanken.

Der Endkampf um die Rettung deutscher Menschen aus dem Osten hatte begonnen. In der Nacht zum 5. 4. 1945 wurden in der Operation »Walpurgisnacht« 8.000 Soldaten und 30.000 Flüchtlinge von der Oxhöfter Kämpe bei Gotenhafen nach Hela überführt. Die Deckungsgruppe bestand aus der »Lützow«, Z 38, Z 31, »Paul Jacobi«, T 36 und verschiedenen SAT (Schwere Artillerieträger). Immer wieder galt es, schwere sowjetische Luftangriffe abzuwehren. Am 8. 4. wurden dabei »Lützow« und Z 38 eingedeckt, ohne daß es zu Treffern kam. Aber Z 31 erhielt einen Treffer und mehrere Naheinschläge. Die Schiffe mußten wegen Brennstoff- und Munitionsmangel abgezogen werden.

Am 9. 4. lief auch Z 43 auf die Minensperre vor Hela, die T 3 und T 5 zum Verhängnis geworden war. Da das Boot auch durch Bombentreffer beschädigt und nicht mehr einsatzbereit war, wurde es von Z 39 und T 33 nach Westen geleitet. Es wurde am 3. 5. in der Geltinger Bucht vor der Flensburger Förde selbst versenkt. Als Flaksicherung blieben Z 34, »Paul Jacobi«, T 33 und M 37 sowie weitere M-Boote vor Hela zurück. Ihr Feuer ermöglichte die Einschiffung der vielen Menschen.

Erst am 15. 4. liefen Z 34, »Paul Jacobi«, Z 39, T 23, T 28, T 33, T 36 und M-Boote mit dem letzten Geleitzug aus vier Schiffen aus. Z 34, das noch einmal zurücklief, wurde am 15. 4. durch zwei sowjetische Motor-Torpedoboote unter Oblt. z. S. Korotkevic und Kptlt. Solodovnikov torpediert. Der schwer beschädigte Zerstörer, der in den Wochen vorher in vielen Bravourleistungen eingesetzt war, wurde von T 36 und M 204 in einer seemännischen Meisterleistung nach Swinemünde geschleppt. Mehrere Luftangriffe am anderen Morgen wurden abgewehrt.

Am 10. 4. setzte sich auch im Kattegatt das Sterben der T-Boote fort. Britische Flugzeuge versenkten hier T 13 und beschädigten T 16 schwer.

In diesen letzten Tagen des Zweiten Weltkrieges wurden die Evakuierungsfahrten von Hela in den Westen für die Zerstörer und Torpedoboote zu einer schier über ihre Kräfte gehenden Aufgabe. Vizeadmiral Leo Kreisch, der letzte Führer der Zerstörer, kämpfte um jeden Menschen. In einer Lagemeldung aus Helá vom 2. 5. 1945 wurden in West- und Ostpreußen noch 225.000 Soldaten und 26.000 Flüchtlinge gemeldet. Von ihnen waren bereits 150.000 Soldaten und 26.000 Flüchtlinge auf der Halbinsel Hela, während sich der Rest noch in der Weichselniederung befand.

Am 3. 5. brachten neben den Dampfern »Sachsenwald« und »Weserstrom« mit 8.550 Menschen die Geleitfahrzeuge T 36 und

T 108 je 150 Flüchtlinge nach dem Westen. In den nächsten zwei Tagen stand kein einziges Schiff für Hela zur Verfügung. Die Boote fehlten, weil sie am 4. 5. Swinemünde räumen mußten. T 36, das auf eine Mine gelaufen und schwer beschädigt nach Swinemünde eingeschleppt worden war, wurde hier noch einmal von sowjetischen Bombern getroffen und mußte schließlich aufgegeben und gesprengt werden.
In der Frühe des 5. 5. aber liefen sie vor Beginn der ab 8.00 Uhr für Dänemark eintretenden Waffenruhe von Kopenhagen wieder nach Hela aus. Neben den Frachtern die Zerstörer »Karl Galster«, FKpt. Kuno Schmidt, »Hans Lody«, FKpt. Haun, »Friedrich Ihn«, KKpt. Richter-Oldekop, »Theodor Riedel«, KKpt. Blöse, Z 25, FKpt. Gohrbandt, und die T-Boote T 17, Kptlt. Liermann, T 19, Kptlt. Frhr. von Luttitz, T 23, Kptlt. Weinlig, und T 35, Kptlt. Buch. Bei Bornholm schloß sich das in Rönne liegende T 28, Kptlt. Temming, an.
Die Minenschiffe »Linz« und der frühere Hilfskreuzer »Hansa« liefen ebenfalls mit. Auch sie sollten Flüchtlinge übernehmen. Zusammen mit vielen Kleinfahrzeugen übernahmen die Schiffe insgesamt 45.000 Flüchtlinge. Auf der Rückfahrt wurde ein sowjetischer Angriff mit Torpedokuttern aus Kolberg durch massiertes Artilleriefeuer abgewiesen. Die schnellen deutschen Boote – auf jedem Zerstörer befanden sich 1.500 Menschen, während auf T 23 und den anderen T-Booten je 700 Menschen untergebracht waren – brachten über 10.000 Menschen zurück. Wegen des kürzeren Weges wurden diese Flüchtlinge, wie viele vorher, nach Kopenhagen geschafft. Am 6. 5. traf dieser Transport vor Kopenhagen ein. Die Zerstörer und Torpedoboote wurden bereits außerhalb der Hoheitsgewässer auf Reede entladen und kehrten danach sofort nach Hela zurück.
Inzwischen waren nach der Räumung von Swinemünde noch Z 38, KKpt. Frhr. von Lyncker, Z 39, KKpt. Loerke, und T 33, Kptlt. Priebe, hinzugekommen, die nach Ausschiffung der von dort mitgeführten Soldaten auf der Reede südlich von Kopenhagen sofort nach Hela ausliefen und dort in der Frühe des 8. 5. eintrafen. Als »Karl Galster«, »Friedrich Ihn«, »Hans Lody«, »Theodor Riedel«, Z 25, T 17, T 19, T 23 und T 28 am Abend des 8. 5. Hela erreichten, erhielten sie von sowjetischen Landbatterien Feuer.
Der F.d.Z., wie bei der vorigen Fahrt wieder auf Z 38 einge-

schifft, erließ noch einmal einen Befehl an alle ihm unterstellten Einheiten. Dieser Funkspruch rief ein letztesmal die Zerstörerbesatzungen zu äußerster Tatkraft auf:
»8. 5. 45 2323/AD/53 KR-Blitz –
An alle im Osttransport eingesetzten Einheiten: Im Sinne Aufgabe handeln: Beeilt Euch! – Führer der Zerstörer.«
Vizeadmiral Leo Kreisch, der seit über einem Jahr die Zerstörer im verzweifelten Ringen gegen eine vielfache Übermacht führte, war selbst an Bord seines Führerzerstörers, um diese Aufgabe mit seinen Besatzungen durchzuführen. Sieben Zerstörer und fünf Torpedoboote konnten diesem Aufruf noch Folge leisten. Es waren alle Boote, die noch schwammen. Die drei Boote »Karl Galster«, T 23 und T 28 liefen noch in den Abendstunden des 8. 5. auf die Reede von Hela. T 28 übernahm die Soldaten des Grenadier-Regimentes 61. Es waren 2.000 Mann, die sich in größter Enge auf dem T-Boot drängten.
T 23 holte eine Stunde vorher bereits die Soldaten der Sturmgeschützbrigade 232 ab. Als das Boot mit den Männern dieser Brigade eben abgelegt hatte, schallte den Sturmartilleristen aus einem Lautsprecher eine Meldung in die Ohren:
»Achtung – Achtung! Deutschland hat bedingungslos kapituliert!«
T 28 war das letzte Boot, das von Hela ablegte. Im KTB dieses Bootes ist dazu vermerkt:
»8. 5. 1945: 03.00 h. Marsch nach Hela angetreten.
18.40 h Hela Kriegshafen. Übernehme 1.237 Soldaten.
21.30 h: Mit T 23 Rückmarsch angetreten.«
Im Laufe des 9. Mai 1945 erreichten die letzten deutschen Kriegsschiffseinheiten Kiel und Glücksburg und luden nicht weniger als 21.000 Flüchtlinge und Soldaten aus, die damit bereits nach Kriegsschluß gerettet worden waren.
Der Seekrieg war zu Ende. Auch in der Ostsee, wo sich das Schicksal so vieler Torpedoboote und Zerstörer erfüllt hatte, schwiegen ab Mitternacht des 8. 5. nun die Waffen. In schwerster und völlig aussichtsloser Lage hatten die Boote mit ihren Kommandanten und Besatzungen bis zum Letzten ausgehalten.
19 Torpedoboote wurden neben 15 Zerstörern an die Siegermächte ausgeliefert. Einige davon fuhren noch bis 1961 unter fremder Flagge.

## *Ritterkreuzträger der Zerstörerwaffe*

(Reihenfolge nach Zeitpunkt der Verleihung)

| | | |
|---|---|---|
| Erich Bey | Ritterkreuz des EK | als Kpt. z. S. und Chef |
| Konteradmiral | 9. 5. 1940 | 4. Zerstörerflottille |
| Fritz Berger | Ritterkreuz des EK | als FKpt. und Chef |
| Kapitän z. S. | 4. 8. 1940 | 1. Zerstörerflottille |
| Max-Eckart Wolff | Ritterkreuz des EK | als KKpt. und Kommandant |
| Flottillenadmiral | 4. 8. 1940 | »Georg Thiele« |
| Friedrich Bonte | Ritterkreuz des EK | als Kommodore und Führer |
| Kapitän z. S. | 17. 10. 1940 | der Zerstörer |
| Hans-Otto Erdmenger | Ritterkreuz des EK | als KKpt. und Kommandant |
| Kapitän z. S. | 3. 11. 1940 | »Wilhelm Heidkamp« |
| Hans Bütow | Ritterkreuz des EK | als Kpt. z. S. und Führer |
| Konteradmiral | 12. 3. 1941 | der Torpedoboote |
| Rolf Johannesson | Ritterkreuz des EK | als Kpt. z. S. und Komman- |
| Konteradmiral | 7. 12. 1942 | dant »Erich Steinbrinck« |
| Kurt Rechel | Ritterkreuz des EK | als FKpt. und Komman- |
| Fregattenkapitän | 8. 5. 1943 | dant von »Hermes« |
| Martin Saltzwedel | Ritterkreuz des EK | als KKpt. und Kommandant |
| Kapitän z. S. | 15. 6. 1943 | Z 24 |
| Karl Smidt | Ritterkreuz des EK | als Kpt. z. S. und Komman- |
| Konteradmiral | 15. 6. 1943 | dant Z 27 |
| Alfred Schulze-Hinrichs | Ritterkreuz des EK | als Kpt. z. S. und Chef |
| Kapitän z. S. | 15. 6. 1943 | 6. Zerstörerflottille |
| Franz Kohlauf | Ritterkreuz des EK | als KKpt. und Chef der |
| Korvettenkapitän | 29. 10. 1943 | 4. Torpedobootflottille |
| Heinrich Hoffmann | Ritterkreuz des EK | als KKpt. und Chef der |
| Korvettenkapitän | 7. 6. 1944 | 5. Torpedobootflottille |
| | 524. E. am 11. 7. 1944 | |
| Wirich von Gartzen | Ritterkreuz des EK | als Kptlt. und Chef |
| Korvettenkapitän | 24. 6. 1944 | 10. Torpedobootflottille |
| Theodor Freiherr von | | |
| Mauchenheim | Ritterkreuz des EK | als Kpt. z. S. und Chef |
| Kapitän z. S. | 3. 7. 1944 | 8. Zerstörerflottille |
| Wilhelm Meentzen | Ritterkreuz des EK | als Kptlt. und Kommandant |
| Kapitänleutnant | 30. 10. 1944 | T 24 |
| Heinz Guhrke | Ritterkreuz des EK | als Oblt. z. S. und |
| Oberleutnant z. S. | 5. 11. 1944 | Kommandant TA 20 |
| Hans Dominik | Ritterkreuz des EK | als FKpt. und Chef |
| Fregattenkapitän | 28. 12. 1944 | 9. Torpedobootflottille |
| Friedrich-Karl Paul | Ritterkreuz des EK | als KKpt. und Chef |
| Korvettenkapitän | 4. 3. 1945 | 2. Torpedobootflottille |
| Hans Temming | Ritterkreuz des EK | als Kptlt. und Kommandant |
| Kapitänleutnant | 10. 5. 1945 | T 28 |
| Werner Weinlig | Ritterkreuz des EK | als Kptlt. und |
| Kapitänleutnant | 10. 5. 1945 | Kommandant T 23 |

## *Die Zerstörerwaffe*

### STELLENBESETZUNG DES STABES DES F. d. Z.

FÜHRER DER ZERSTÖRER:

| | |
|---|---|
| Kapitän z. S. und Kommodore Bonte | 11. 1939 – 4. 1940 gef. |
| Konteradmiral Bey | 5. 1940 – 12. 1943 gef. |
| Kapitän z. S. Wolff m. W. d. G. b. | 12. 1943 – 2. 1944 |
| Vizeadmiral Kreisch | 2. 1944 – Kriegsschluß |

Der F. d. Z. war eingesetzt:

| | | | |
|---|---|---|---|
| Oktober 1939 | – | Frühjahr 1940: | Nordseeraum |
| Frühjahr 1940 | – | Sommer 1940: | Nordraum |
| Herbst 1940 | – | Winter 1940: | Westraum |
| Sommer 1942 | | | Nordraum |
| Oktober 1944 | – | Januar 1945: | Skagerrak |
| Februar 1945 | – | Kriegsende: | Ostsee |

Der Verband des F. d. Z. wurde am 10. Mai 1945 aufgelöst.

CHEF DES STABES:
(besetzt ab März 1943):

| | |
|---|---|
| Kapitän z. S. Frhr. von Bechtolsheim | 3. 1943 – 3. 1944 |
| Kapitän z. S. Saltzwedel | 3. 1944 – Kriegsschluß |

1. ADMIRALSTABSOFFIZIERE:

| | |
|---|---|
| Korvettenkapitän Heyke | 11. 1939 – 4. 1940 gef. |
| Fregattenkapitän Pönitz | 5. 1940 – 11. 1940 |
| Korvettenkapitän Frhr. von Wangenheim | 11. 1940 – 9. 1941 |
| Korvettenkapitän Schultz (Günther) | 10. 1941 – 8. 1942 |
| Fregattenkapitän Frhr. von Bechtolsheim | 8. 1942 – 9. 1943 |
| Korvettenkapitän Hoepner | 9. 1943 – 10. 1944 |
| Kapitänleutnant Lüdde-Neurath i. V. | 6. 1944 – 9. 1944 |
| Kapitänleutnant Eichel (Hasso) | 10. 1944 – Kriegsschluß |

2. ADMIRALSTABSOFFIZIERE:

| | |
|---|---|
| Korvettenkapitän Gerlach (Heinrich) | 11. 1939 – 12. 1940 |

| | |
|---|---|
| Korvettenkapitän Schultz (Günther) | 12. 1940 – 12. 1941 |
| Kapitänleutnant Hetz | 13. 1941 – 5. 1943 |
| Kapitänleutnant Kohlauf | 5. 1943 – 6. 1943 gef. |
| Kapitänleutnant Balser | 7. 1943 – 6. 1944 |
| Kapitänleutnant Mende | 6. 1944 – Kriegsschluß |

3. ADMIRALSTABSOFFIZIERE:

| | |
|---|---|
| Kapitänleutnant Kohlauf | 5. 1943 – 6. 1943 |
| Kapitänleutnant Hoepner | 4. 1943 – 9. 1943 |
| Kapitänleutnant Hering (Robert) | 9. 1943 – 10. 1944 |
| Kapitänleutnant Meyer-Abich | 10. 1944 – Kriegsschluß |

4. ADMIRALSTABSOFFIZIERE:

| | |
|---|---|
| Kapitänleutnant Napp | 11. 1944 – Kriegsschluß |

VERBANDS-INGENIEURE:

| | |
|---|---|
| Fregattenkapitän (Ing.) Maywald | 11. 1939 – 4. 1940 gef. |
| Fregattenkapitän (Ing.) Bartel | 5. 1940 – 7. 1941 |
| Fregattenkapitän (Ing.) Suhrmeyer | 7. 1941 – 8. 1943 |
| Fregattenkapitän (Ing.) Eddicks | 8. 1943 – 7. 1944 |
| Fregattenkapitän (Ing.) Fleischmann | 7. 1944 – Kriegsschluß |

VERBANDS-VERWALTUNGSOFFIZIERE:

| | |
|---|---|
| Korvettenkapitän (V) Zehlein | 11. 1939 – 2. 1940 |
| Korvettenkapitän (V) Dipl.-Kfm. Wuttke | 2. 1940 – 1. 1941 |
| Korvettenkapitän (V) Schneider | 1. 1941 – 10. 1942 |
| Kapitänleutnant (V) Kröger | 10. 1942 – Kriegsschluß |

VERBANDSARZT:
(wurde vom dienstältesten Sanitätsoffizier des Verbandes wahrgenommen)

Hauptamtlich besetzt:

| | |
|---|---|
| Marine-Oberstabsarzt Dr. Held | 4. 1944 – Kriegsschluß |

## *Zerstörer-Flottillen*

1. ZERSTÖRER-FLOTTILLE:
Führerzerstörer: »Leberecht Maass«, später »Wilhelm Heidkamp«, ab 1942 Z 28

| | | |
|---|---|---|
| Flottillenchef: | Kpt. z. S. Meisel | 10. 1938 – 10. 1939 |
| | FKpt. Berger | 12. 1939 – 4. 1940 |
| Flottilleningenieur: | KKpt. Kannegiesser | 3. 1939 – 4. 1940 |
| Die Boote: | »Georg Thiele« | – Z 2 |
| | »Max Schultz« | – Z 3 |
| | »Richard Beitzen« | – Z 4 |
| | »Friedrich Ihn« | – Z 14 |
| | »Erich Steinbrinck« | – Z 15 |
| | »Friedrich Eckoldt« | – Z 16 |

2. ZERSTÖRER-FLOTTILLE:

| | | |
|---|---|---|
| Flottillenchef: | FKpt. von Pufendorf | 10. 1939 – 5. 1940 |
| Flottilleningenieur: | KKpt. (Ing.) Seidel | 4. 1939 – 12. 1939 |
| | Kptlt. (Ing.) Biederbick | 11. 1939 – 3. 1940 |
| Die Boote: | »Paul Jacobi« | – Z 5 |
| | »Theodor Riedel« | – Z 6 |
| | »Hermann Schoemann« | – Z 7 |
| | »Bruno Heinemann« | – Z 8 |
| | »Leberecht Maass« | – Z 1 |

3. ZERSTÖRER-FLOTTILLE:

| | | |
|---|---|---|
| Flottillenchef: | FKpt. Hartmann | |
| | FKpt. Gadow | |
| Flottilleningenieur: | KKpt. (Ing.) Piwowarsky | |
| Die Boote: | »Diether von Roeder« | – Z 17 |
| | »Hans Lüdemann« | – Z 18 |
| | »Karl Galster« | – Z 20 |
| | »Anton Schmitt« | – Z 22 |

4. ZERSTÖRER-FLOTTILLE:

| | | |
|---|---|---|
| Flottillenchef: | FKpt. Bey | 4. 1939 – 4. 1940 |

| | | |
|---|---|---|
| | KKpt. Langheld | 10. 1942 – 4. 1943 |
| | Kpt. z. S. Johannesson | 4. 1943 – 12. 1944 |
| | Kpt. z. S. Frhr. v. Wangenheim | 12. 1944 – Ende |
| Flottilleningenieur: | KKpt. (Ing.) Dipl.-Ing. Pavel | |
| Die Boote: bis 1940: | »Wolfgang Zenker« | – Z 9 |
| | »Bernd von Arnim« | – Z 11 |
| | »Hans Lody« | – Z 10 |
| | »Erich Giese« | – Z 12 |
| | »Erich Koellner« | – Z 13 |
| ab 1942: | Z 31, Z 32, Z 33, Z 34, Z 37, Z 38, Z 39 | |

5. ZERSTÖRER-FLOTTILLE:

| | | |
|---|---|---|
| Flottillenchef: | Kpt. z. S. Berger | 8. 1940 – 7. 1942 |
| | Kpt. z. S. Schemmel | 7. 1942 – 12. 1942 |
| | Kpt. z. S. Wolff | 2. 1943 – 2. 1944 |
| | Kpt. z. S. Langheld | 4. 1944 – Ende |
| Flottilleningenieur: | KKpt. (Ing.) Kannegiesser | 5. 1940 – 8. 1940 |
| | KKpt. (Ing.) Dipl.-Ing. Eddicks | 8. 1940 – 8. 1943 |
| | KKpt. (Ing.) Tritsch | 8. 1943 – 7. 1944 |
| | KKpt. (Ing.) Dipl.-Ing. Schäfer | 7. 1944 – Ende |
| Die Boote: | »Erich Steinbrinck« | |
| | »Paul Jacobi« | |
| | »Friedrich Eckoldt« | |
| | »Theodor Riedel« | |
| am 12. 2. 1942: | Z 29, Z 25 | |
| | »Richard Beitzen« | |
| | »Paul Jacobi« | |
| | »Friedrich Ihn« | |
| | »Hermann Schoemann« | |

6. ZERSTÖRER-FLOTTILLE:

| | | |
|---|---|---|
| Flottillenchef: | Kpt. z. S. Bey | 5. 1940 – 11. 1940 |
| (Im Mai 1940 aus den | (zugleich F. d. Z.) | |
| noch vorhandenen | Kpt. z. S. Schulze-Hinrichs | 11. 1940 – 4. 1943 |
| Zerstörern der 2., 3. | Kpt. z. S. Kothe | 4. 1943 – 12. 1944 |
| und 4. Z.-Fl. gebildet) | Kpt. z. S. Peters | 2. 1945 – Ende |
| Flottilleningenieur: | FKpt. (Ing.) Bartel | 5. 1940 – 11. 1940 |
| | FKpt. (Ing.) Suhrmeyer | 11. 1940 – 7. 1941 |
| | FKpt. (Ing.) Karbe | 8. 1941 – 3. 1944 |
| | KKpt. (Ing.) Meissner | 3. 1944 – 12. 1944 |
| | KKpt. (Ing.) Taubert | 1. 1945 – Ende |
| Die Boote: | »Paul Jacobi« | – Z 5 |
| | »Hermann Schoemann« | – Z 7 |
| | »Bruno Heinemann« | – Z 8 |
| | »Theodor Riedel« | – Z 6 |
| | »Hans Lody« | – Z 10 |
| | »Karl Galster« | – Z 20 |
| | Z 33, Z 36, Z 43 | |

8. ZERSTÖRER-FLOTTILLE:

| | | |
|---|---|---|
| Flottillenchef: | Kpt. z. S. Pönitz | 12. 1940 – 3. 1943 |
| (Dezember 1940 | Kpt. z. S. Erdmenger | 3. 1943 – 12. 1943 |
| gebildet und nach Ver- | FKpt. Langheld | 1. 1944 – 4. 1944 |
| nichtung ihrer meisten | Kpt. z. S. Frhr. v. Bechtolsheim | 4. 1944 – 7. 1944 |
| Zerstörer im August | FKpt. Ritter von Berger | 7. 1944 – 8. 1944 |
| 1944 aufgelöst) | Kpt. z. S. Gerlach (Heinrich) | 11. 1944 – 5. 1945 |
| Flottilleningenieur: | KKpt. (Ing.) Stadie | 2. 1941 – 4. 1943 |
| | KKpt. (Ing.) Stähr | 4. 1943 – 12. 1943 |
| | KKpt. (Ing.) Wierig | 1. 1944 – 8. 1944 |
| | KKpt. (Ing.) Trietsch | 11. 1944 – 2. 1945 |
| Die Boote: | Z 23, Z 24, Z 25, Z 26, Z 27, Z 28, Z 29, Z 30. | |

## *Einsatz und Verbleib der Zerstörer*

*Z 1* *»Leberecht Maass«* *KKpt. Bassenge, gef.*
Polenfeldzug; 1939/40 Handelskrieg und Minenunternehmungen in der Nordsee. Am 22. 2. 1940 in der Nordsee durch Minentreffer gesunken. Gesamte Besatzung gefallen.

*Z 2* *»Georg Thiele«* *KKpt. Wolff*
Haupteinsatzgebiet Norwegen. Am 13. 4. 1940 vor Narvik nach Gefecht mit britischen Seestreitkräften gesunken.

*Z 3* *»Max Schultz«* *KKpt. Trampedach, gef.*
Handelskrieg und Minenunternehmungen. Am 22. 2. 1940, einem irrtümlichen deutschen Bombenangriff ausweichend, in der Nordsee durch Minentreffer gesunken.

| | | | |
|---|---|---|---|
| *Z 4* | *»Richard Beitzen«* | *KKpt. Moritz Schmidt* | |
| | | *KKpt. Davidson* | *10. 1939 – 1. 1943* |
| | | *FKpt. Dominik* | *1. 1943 – 1. 1944* |
| | | *Kptlt. Lüdde Neurath* | *4. 1944 – 6. 1944* |
| | | *FKpt. Neuss* | *9. 1944 – Ende* |

1939/40 Minenunternehmungen in der Nordsee; 1940/41 Minenunternehmen im Westraum, ab 1942 im Nordraum und ab 1944 im Skagerrak. 1945 an Großbritannien.

| | | | |
|---|---|---|---|
| *Z 5* | *»Paul Jacobi«* | *KKpt. Zimmer* | *10. 1938 – 2. 1941* |
| | | *FKpt. Schlieper* | *4. 1941 – 7. 1944* |
| | | *KKpt. Bülter* | *4. 1944 – Ende* |

Haupteinsatzgebiet 1940 im Westraum. Ab 1942 Nordraum, ab 1944 im Skagerrak. 1945 an Großbritannien. 1946 französisch, »Desaix«, 1949 gestrandet. 1951 abgewrackt.

| | | |
|---|---|---|
| | KKpt. Langheld | 10. 1942 – 4. 1943 |
| | Kpt. z. S. Johannesson | 4. 1943 – 12. 1944 |
| | Kpt. z. S. Frhr. v. Wangenheim | 12. 1944 – Ende |
| Flottilleningenieur: | KKpt. (Ing.) Dipl.-Ing. Pavel | |
| Die Boote: bis 1940: | »Wolfgang Zenker« | – Z 9 |
| | »Bernd von Arnim« | – Z 11 |
| | »Hans Lody« | – Z 10 |
| | »Erich Giese« | – Z 12 |
| | »Erich Koellner« | – Z 13 |
| ab 1942: | Z 31, Z 32, Z 33, Z 34, Z 37, Z 38, Z 39 | |

5. ZERSTÖRER-FLOTTILLE:

| | | |
|---|---|---|
| Flottillenchef: | Kpt. z. S. Berger | 8. 1940 – 7. 1942 |
| | Kpt. z. S. Schemmel | 7. 1942 – 12. 1942 |
| | Kpt. z. S. Wolff | 2. 1943 – 2. 1944 |
| | Kpt. z. S. Langheld | 4. 1944 – Ende |
| Flottilleningenieur: | KKpt. (Ing.) Kannegiesser | 5. 1940 – 8. 1940 |
| | KKpt. (Ing.) Dipl.-Ing. Eddicks | 8. 1940 – 8. 1943 |
| | KKpt. (Ing.) Tritsch | 8. 1943 – 7. 1944 |
| | KKpt. (Ing.) Dipl.-Ing. Schäfer | 7. 1944 – Ende |
| Die Boote: | »Erich Steinbrinck« | |
| | »Paul Jacobi« | |
| | »Friedrich Eckoldt« | |
| | »Theodor Riedel« | |
| am 12. 2. 1942: | Z 29, Z 25 | |
| | »Richard Beitzen« | |
| | »Paul Jacobi« | |
| | »Friedrich Ihn« | |
| | »Hermann Schoemann« | |

6. ZERSTÖRER-FLOTTILLE:

| | | |
|---|---|---|
| Flottillenchef: | Kpt. z. S. Bey | 5. 1940 – 11. 1940 |
| (Im Mai 1940 aus den | (zugleich F. d. Z.) | |
| noch vorhandenen | Kpt. z. S. Schulze-Hinrichs | 11. 1940 – 4. 1943 |
| Zerstörern der 2., 3. | Kpt. z. S. Kothe | 4. 1943 – 12. 1944 |
| und 4. Z.-Fl. gebildet) | Kpt. z. S. Peters | 2. 1945 – Ende |
| Flottilleningenieur: | FKpt. (Ing.) Bartel | 5. 1940 – 11. 1940 |
| | FKpt. (Ing.) Suhrmeyer | 11. 1940 – 7. 1941 |
| | FKpt. (Ing.) Karbe | 8. 1941 – 3. 1944 |
| | KKpt. (Ing.) Meissner | 3. 1944 – 12. 1944 |
| | KKpt. (Ing.) Taubert | 1. 1945 – Ende |
| Die Boote: | »Paul Jacobi« | – Z 5 |
| | »Hermann Schoemann« | – Z 7 |
| | »Bruno Heinemann« | – Z 8 |
| | »Theodor Riedel« | – Z 6 |
| | »Hans Lody« | – Z 10 |
| | »Karl Galster« | – Z 20 |
| | Z 33, Z 36, Z 43 | |

Z 13 *»Erich Koellner«* *FKpt. Schulze-Hinrichs*
1939 Handelskrieg und Minenunternehmungen in der Nordsee. Im Norwegeneinsatz am 13. 4. 1940 im Gefecht mit britischen Seestreitkräften gesunken. 1963 gehoben und abgewrackt.

| | | | |
|---|---|---|---|
| Z 14 | *»Friedrich Ihn«* | *FKpt. von Pufendorf* | *4. 1939 – 10. 1939* |
| | | *KKpt. Wachsmuth* | *10. 1939 – 11. 1942* |
| | | *KKpt. Fromme* | *11. 1942 – 11. 1943* |
| | | *KKpt. Richter Oldekop* | *1. 1944 – Ende* |

Polenfeldzug. 1940 Handelskrieg und Minenunternehmungen in der Nordsee. Ab 1941 Einsatz im Westraum, ab 1942 im Nordraum. 1944 im Skagerrak. 1946 an die UdSSR als »Zorki«, 1961 abgewrackt.

| | | | |
|---|---|---|---|
| Z 15 | *»Erich Steinbrinck«* | *FKpt. Johannesson* | *6. 1938 – 1. 1942* |
| | | *KKpt. Frhr. Freitag von Loringhoven* | *1. 1942 – 12. 1942* |
| | | *KKpt. Teichmann* | *12. 1942 – 11. 1944* |
| | | *FKpt. Röver* | *12. 1944 – Ende* |

1946 an die UdSSR ausgeliefert; als »Pylki« in Dienst. 1961 abgewrackt.

| | | | |
|---|---|---|---|
| Z 16 | *»Friedrich Eckoldt«* | *FKpt. Schemmel* | *8. 1938 – 7. 1942* |
| | | *KKpt. Gerstung* | *8. 1942 – 12. 1942* |
| | | *Kpt. z. S. Schemmel* | *23. 12. – 31. 12. 1942* |

Polenfeldzug. Handelskrieg und Minenunternehmungen in der Nordsee. Norwegen-Unternehmung (Drontheim). Einsatz im Westraum. Am 31. 12. 1942 im Nordmeer im Gefecht mit britischen Kreuzern »Sheffield« und »Jamaica« durch Artilleriefeuer versenkt.

Z 17 *»Diether von Roeder«* *KKpt. Holtorf*
Handelskrieg und Minenunternehmungen in der Nordsee. Norwegeneinsatz. Am 13. 4. 1940 nach Gefecht vor Narvik selbst versenkt.

Z 18 *»Hans Lüdemann«* *KKpt. Friedrichs*
1939/40 Handelskrieg und Minenunternehmungen in der Nordsee. Norwegeneinsatz. Am 13. 4. 1940 nach Gefecht mit britischen Seestreitkräften vor Narvik selbst versenkt.

Z 19 *»Hermann Künne«* *KKpt. Kothe*
1939/40 Handelskrieg und Minenunternehmungen in der Nordsee. Norwegeneinsatz. Am 13. 4. 1940 vor Narvik nach Gefecht mit britischen Seestreitkräften selbst versenkt.

| | | | |
|---|---|---|---|
| Z 20 | *»Karl Galster«* | *KKpt. Frhr. von Bechtolsheim* | *3. 1939 – 8. 1942* |
| | | *FKpt. Harmsen* | *8. 1942 – 1. 1945* |
| | | *FKpt. Schmidt (Kuno)* | *1. 1945 – Ende* |

Einsatz im Westraum. 1941 Nordraum, 1944 Skagerrak und Nordsee.

Ende 1944 bis Schluß Ostsee. Russische Kriegsbeute. Als »Protschny« in Dienst; 1960 abgewrackt.

Z 21 *»Wilhelm Heidkamp« KKpt. Erdmenger*
Handelskrieg und Minenunternehmungen in der Nordsee. Norwegeneinsatz. Torpediert von britischen Zerstörern im Hafen von Narvik am 10. 4., gesunken am 11. 4. 1940.

Z 22 *»Anton Schmitt« KKpt. Böhme*
Handelskrieg und Minenunternehmungen in der Nordsee. Norwegenfeldzug. Gesunken durch Torpedotreffer im Hafen von Narvik am 10. 4. 1940.

| | | |
|---|---|---|
| Z 23 | *FKpt. Böhme* | *9. 1940 – 5. 1942* |
| | *FKpt. Wittig* | *5. 1942 – 5. 1944* |
| | *KKpt. von Mantey* | *4. 1944 – 8. 1944* |

Einsatz 1941 im Westraum; dann Nordraum. 1943/44 Westraum. Am 21. 8. 1944 in La Pallice durch Fliegerbomben versenkt. Gehoben 1946; abgewrackt 1948.

| | | |
|---|---|---|
| Z 24 | *KKpt. Saltzwedel* | *10. 1940 – 10. 1943* |
| | *KKpt. Birnbacher* | *12. 1943 – 8. 1944* |

1941 Einsatz im Westraum, 1942 im Nordraum. 1943/44 Westraum. Am 25. 8. 1944 auf Le-Verdon-Reede nach Luftangriff durch Bombentreffer gesunken. Gehoben 1945; abgewrackt 1948.

| | | |
|---|---|---|
| Z 25 | *KKpt. Gerlach* | *11. 1940 – 7. 1941* |
| | *FKpt. Peters* | *9. 1941 – 8. 1943* |
| | *KKpt. Birnbacher* | *8. 1943 – 12. 1943* |
| | *FKpt. Gohrbandt* | *1. 1944 – Ende* |

Ab 1941 Einsatz im Nordraum. 1944/45 Einsatz in der Ostsee. Nach Kriegsschluß an Großbritannien. 1946 der französischen Marine übergeben. Als »Hoche« in Dienst. 1956 gestrandet und abgewrackt.

Z 26 *KKpt. Ritter und Edler von Berger*
Haupteinsatzgebiet Nordraum. Am 29. März 1942 im Nordmeer nach Gefecht mit dem britischen Kreuzer »Trinidad« und den Zerstörern »Fury« und »Eclipse« gesunken.

| | | |
|---|---|---|
| Z 27 | *FKpt. Smidt* | *2. 1941 – 8. 1942* |
| | *KKpt. Schultz* | *8. 1942 – 12. 1943* |

Haupteinsatzgebiet 1941/43 im Nordraum. Anschließend Westraum. Am 28. 12. 1943 in der Biskaya im Gefecht mit den britischen Kreuzern »Glasgow« und »Enterprise« gesunken.

| | | |
|---|---|---|
| Z 28 | *FKpt. Erdmenger* | *8. 1941 – 2. 1943* |
| | *FKpt. Reinicke* | *2. 1943 – 3. 1943* |

| | | |
|---|---|---|
| | *KKpt. Zenker* | *3. 1943 – 1. 1944* |
| | *FKpt. Gerlach* | *1. 1944 – 10. 1944* |
| | *FKpt. Lampe* | *12. 1944 – 3. 1945* |

Haupteinsatzgebiet Nordraum. 1944 Einsatz in der Ostsee. Am 6. 3. 1945 auf Sassnitz-Reede nach Luftangriff britischer Bomber gesunken.

| | | |
|---|---|---|
| *Z 29* | *FKpt. Rechel* | *7. 1941 – 3. 1943* |
| | *KKpt. von Mutius* | *4. 1943 – Ende* |

Einsatz im Nordraum. USA-Beute. In Bremerhaven ausgeschlachtet. Am 16. 12. 1946 im Skagerrak versenkt.

| | | |
|---|---|---|
| *Z 30* | *Kpt. z. S. Kaiser* | *11. 1941 – 3. 1943* |
| | *FKpt. Lampe* | *3. 1943 – 12. 1944* |
| | *KKpt. Hoffmann* | *12. 1944 – 4. 1945* |
| | *KKpt. Erdmann* | *4. 1945 – Ende* |

Haupteinsatzgebiet Nordraum. Nach Kriegsschluß britische Beute. Bei Sprengversuchen »aufgebraucht«.

| | | |
|---|---|---|
| *Z 31* | *FKpt. Alberts* | *4. 1942 – 12. 1943* |
| | *KKpt. Paul* | *12. 1943 – Ende* |

Haupteinsatzgebiet Nordraum. Ab Frühjahr 1945 in der Ostsee. Nach Kriegsschluß britische Beute. 1946 an Frankreich; unter dem Namen »Marceau« in Dienst gestellt. 1956 gestrandet und abgewrackt.

| | | |
|---|---|---|
| *Z 32* | *KKpt. Ritter und Edler von Berger* | |

Haupteinsatzgebiet Westraum. Am 9. 6. 1944 während der Invasion nach Gefecht mit britischen und polnischen Seestreitkräften bei Isle de Bas auf Strand gesetzt und gesprengt.

| | | |
|---|---|---|
| *Z 33* | *Kpt. z. S. Holtorf* | *1. 1943 – 6. 1944* |
| | *FKpt. Menge* | *6. 1944 – 3. 1945* |
| | *Kptlt. Peter Pirkham* | *3. 1945 – Ende* |

Haupteinsatzgebiet Nordraum. Nach Kriegsschluß UdSSR-Beute. Als »Prowornyj« 1946 in Dienst gestellt. 1960 abgewrackt.

| | | |
|---|---|---|
| *Z 34* | *KKpt. Hetz* | *6. 1943 – Ende* |

Einsatzgebiet Nordraum; 1945 in der Ostsee britische Beute. Am 26. 3. 1946 in der Nordsee versenkt.

| | | |
|---|---|---|
| *Z 35* | *KKpt. Bätge* | |

Haupteinsatzgebiet Ostsee. Am 12. 12. 1944 im Finnbusen nach Minentreffer auf eigener Sperre gesunken.

| | | |
|---|---|---|
| *Z 36* | *KKpt. Frhr. von Hausen* | |

Haupteinsatzgebiet Ostsee. Am 12. 12. 1944 im Finnbusen nach Minentreffer auf eigener Sperre gesunken.

Z 37 — *FKpt. Langheld* 5. 1942 – 2. 1944
*KKpt. von Mantey* 10. 1943 – 3. 1944
*FKpt. Heppe* 7. 1944 – 8. 1944

Haupteinsatzgebiet Westraum. Am 24. 8. 1944 während der Invasion, bei der Räumung von Bordeaux, in der dortigen Werft gesprengt.

Z 38 — *KKpt. Brutzer* 3. 1943 – 9. 1944
*KKpt. Frhr. von Lyncker* 9. 1944 – Ende

Einsatzgebiet Nordraum. Ab Frühjahr 1945 in der Ostsee. Nach Kriegsschluß britische Beute, unter dem Namen »Nonsuch« 1949 wieder in Dienst gestellt. 1949 abgewrackt.

Z 39 — *KKpt. Loerke*

Einsatzgebiet Ostsee. Nach Kriegsschluß USA-Beute. Als »DD 939« für Materialversuche in Dienst gestellt. 1951 als Ersatzteilreserve für französische Zerstörer. 1962 abgewrackt.

Z 43 — *Kpt. z. S. Wenninger*
*FKpt. Lampe*

Einsatzgebiet Ostsee. Nach Minentreffer und Fliegerbombenschäden am 3. Mai 1945 in der Geltinger Bucht selbst versenkt. 1953 abgewrackt.

ZH 1 *ex »Gerard Callenburgh«* — *KKpt. Barckow*

Der ehemals niederländische Zerstörer wurde Oktober 1942 als ZH 1 in Dienst gestellt. Ab 1943 Einsatz im Westraum. Am 9. 6. 1944 vor Ouessant im Gefecht mit britischen Seestreitkräften durch Torpedotreffer und Artillerie versenkt.

ZG 3 *»Hermes«* — *Kpt. z. S. Johannesson* 3. 1942 – 4. 1943
*ex »Vasilefs Georgios«* — *FKpt. Rechel* 4. 1943 – 5. 1943

Der ehemals griechische Zerstörer wurde am 21. 3. 1942 als ZG 3 in Dienst gestellt. Er erhielt den Namen »Hermes«. Haupteinsatzgebiet Mittelmeer, Ägäis. Am 7. 5. 1943 nach Bombentreffer ostwärts La Goulette selbst versenkt.

## *Die deutschen Torpedoboote*

FÜHRER DER TORPEDOBOOTE:

| | |
|---|---|
| Konteradmiral Lütjens, gef. | 10. 1937 - 10. 1939 |
| Kapitän z. S. Bonte, gef. | 10. 1939 - 11. 1939 |
| Kapitän z. S. Bütow | 11. 1939 - 4. 1942 |

Der F. d. T. war eingesetzt:
September 1939 - April 1942: Ostsee. Die Dienststelle wurde im April 1942 aufgelöst. Die Torpedoboot-Flottillen traten unter den Führer der Zerstörer, die Schnellboot-Flottillen zur neugeschaffenen Dienststelle des F. d. S. - Führer der Schnellboote.

1. ADMIRALSTABSOFFIZIERE:

| | |
|---|---|
| Fregattenkapitän Gadow | 5. 1938 - 11. 1939 |
| Korvettenkapitän Schultz | 11. 1939 - 4. 1942 |
| A. o. P.: | |
| Oberleutnant z. S. Rebensburg | 10. 1940 - 4. 1942 |

2. ADMIRALSTABSOFFIZIERE:

| | |
|---|---|
| Kapitänleutnant Gerlach | 10. 1938 - 11. 1939 |
| Kapitänleutnant Kohlauf | 5. 1940 - 8. 1940 |
| Kapitänleutnant Trummer | 10. 1940 - 3. 1942 |
| Kapitänleutnant Kohlauf | 3. 1942 - 4. 1942 |

ADMIRALSTABSOFFIZIER z. b. V.:

| | |
|---|---|
| Korvettenkapitän Petersen | 10. 1941 - 4. 1942 |

VERBANDS-INGENIEURE:

| | |
|---|---|
| Fregattenkapitän (Ing.) Maywald | 10. 1938 - 11. 1939 |
| Fregattenkapitän (Ing.) Platt | 12. 1939 - 4. 1942 |
| 2. Ing.-Offz.: | |
| Kapitänleutnant (Ing.) Gördes | 10. 1941 - 4. 1942 |

VERBANDS-VERWALTUNGSOFFIZIER:

| | |
|---|---|
| Korvettenkapitän (V) Zehlein | 3. 1939 – 4. 1942 |

VERBANDSARZT:

| | |
|---|---|
| Marinestabsarzt Dr. Goder | 3. 1937 – 1. 1940 |
| Marinestabsarzt Göttsch (zugl. 5. T.-Fl.) | 1. 1940 – 7. 1941 |
| Marinestabsarzt Dr. Blaas (zugl. 5. T.-Fl.) | 7. 1941 – 4. 1942 |

ORGANISATIONSSTAB:

Dieser Stab bestand lediglich während der Abwesenheit des F. d. T. vom Mai 1940 bis Januar 1941. Er führte die in Swinemünde laufenden Verwaltungsgeschäfte.
Chef des Organisationsstabes:

| | |
|---|---|
| Korvettenkapitän Marks | 5. 1940 – 1. 1941 |

GERICHT DES F. d. T.:

| | |
|---|---|
| Marinekriegsgerichtsrat Nieschling | 8. 1940 – 6. 1941 |
| Marinekriegsgerichtsrat Junghans | 6. 1941 – 4. 1942 |

## *Torpedoboot-Flottillen*

1. TORPEDOBOOT-FLOTTILLE:

Aufgestellt: 10. 1939 – Aufgelöst: 8. 1941

| | | |
|---|---|---|
| Flottillenchef: | Kptlt. Rost m. W. d. G. b. | 10. 1939 – 3. 1940 |
| | KKpt. Edler von Rennenkampf | 4. 1940 – 7. 1941 |
| Flottilleningenieur: | Kptlt. (Ing.) Dippel | 4. 1940 – 8. 1941 |
| Die Boote: | T 1, T 2, T 3, T 4, T 9, T 10 | |
| Einsatzgebiet: | Sommer 1940 bis Frühjahr 1941 offensive und defensive Minenunternehmungen in der Nordsee und Geleitaufgaben. 1941 Verlegung in die Ostsee. Hier August 1941 aufgelöst. Die Boote traten zur 2. T.-Fl. | |

2. TORPEDOBOOT-FLOTTILLE:

Aufgestellt: 10. 1939 – Einsatz bis Ende.

| | | |
|---|---|---|
| Flottillenchef: | Kptlt. Erhardt m. W. d. G. b. | 10. 1939 – 11. 1939 |
| | KKpt. Riede | 11. 1939 – 4. 1941 |
| | KKpt. Erdmann | 4. 1941 – 5. 1943 |
| | KKpt. Kassbaum | 5. 1943 – 8. 1944 |
| | KKpt. Paul | 8. 1944 – Ende |
| Flottilleningenieur: | KKpt. (Ing.) Fingerle | 10. 1939 – 3. 1941 |
| | Kptlt. (Ing.) Schubert | 3. 1941 – 5. 1942 |
| | KKpt. (Ing.) Möller | 5. 1942 – 6. 1943 |
| | KKpt. (Ing.) Boehle | 6. 1943 – 3. 1944 |
| | KKpt. (Ing.) Schönekäs | 3. 1944 – 8. 1944 |
| | Kptlt. (Ing.) Dipl.-Ing. Poetsch | 8. 1944 – Ende |
| Die Boote: | T 5, T 6, T 7, T 8, T 11, T 12.<br>Ab 8. 1941 noch T 2, T 3, T 4, T 9, T 10.<br>Ab 10. 1942 von der TS.-Fl.: T 1. | |
| Einsatzgebiet: | Sommer 1940 bis Frühjahr 1941 in der Nordsee, Englischer Kanal. Offensive und defensive Minenunternehmungen und Geleitaufgaben.<br>1941 östliche Ostsee, Sicherungsaufgaben. Winter 1941 Westraum. Bis Sommer 1943 Geleitaufgaben und defensive Minenunternehmungen. Sommer 1942 vorübergehend Sicherung schwerer Seestreitkräfte im Nordraum. Ab Sommer 1943 Ausbildungsflottille bei der Torpedoschule. Herbst 1943 Entwaffnung der dänischen Seestreitkräfte in der Ostsee. Sommer 1944 bis Ende Sicherungs- und Geleitaufgaben in der Ostsee. | |

### 3. TORPEDOBOOT-FLOTTILLE:

Aufgestellt: 4. 1941 – Einsatz bis Ende

| | | |
|---|---|---|
| Flottillenchef: | KKpt. Wilcke | 5. 1941 – 10. 1942 |
| | Kptlt. Koppenhagen i. V. | 10. 1942 – 11. 1942 |
| | KKpt. Schuur | 11. 1942 – 6. 1943 |
| | KKpt. Kohlauf | 6. 1943 – 9. 1943 |
| | Kptlt. Gotzmann m. W. d. G. b. | 9. 1943 – 11. 1943 |
| | KKpt. Verlohr | 11. 1943 – 12. 1944 |
| | KKpt. Hoepner | 12. 1944 – Ende |
| Flottilleningenieur: | Kptlt. (Ing.) Wierig | 7. 1941 – 3. 1943 |
| | Kptlt. (Ing.) Züllich | 3. 1943 – 9. 1943 |
| | Kptlt. (Ing.) Gessler | 9. 1943 – Ende |
| Die Boote: | T 13, T 14, T 15, T 16, T 17, T 18, T 19, T 20, T 21 | |
| Einsatzgebiet: | Bis Ende 1941 Ausbildung. Ab Januar 1942 bis Frühjahr 1943 Einsatz Nordsee und Westraum. Geleitdienst, Minenunternehmungen und Stichfahrten. Frühjahr – Sommer 1943 teilweise Verlegung in den Nordraum zur Sicherung schwerer Seestreitkräfte. Herbst 1943 Teilnahme an der Entwaffnung der | |

dänischen Flotte. Anschließend als Ausbildungsflottille. Einige Einheiten wurden im Frühjahr 1944 zum Einsatz Ostsee herausgezogen. Sommer 1944 Geleitdienst im Skagerrak. Ab Herbst 1944 Bewachungs-, Geleit- und Sicherungsaufgaben im Finnbusen; später östliche Ostsee. Ab Winter 1944 bis Ende Einsatz für defensive Minenaufgaben im Skagerrak.

#### 4. TORPEDOBOOT-FLOTTILLE:

Aufgestellt: 2. 1943 – Aufgelöst: 4. 1944

| | | |
|---|---|---|
| Flottillenchef: | FKpt. Schmidt (Moritz) | |
| | (zugl. Chef 5. T.-Fl. bis 4. 1943) | 2. 1943 – 5. 1943 |
| | KKpt. Verlohr i. V. | 5. 1943 – 6. 1943 |
| | KKpt. Schuur | 6. 1943 – 9. 1943 |
| | KKpt. Kohlauf | 9. 1943 – 1. 1944 |
| | KKpt. Richter-Oldekop i. V. | 1. 1944 – 3. 1944 |
| Flottilleningenieur: | KKpt. (Ing.) Lorenzen-Schmidt | 2. 1943 – 4. 1944 |
| Die Boote: | T 22, T 23, T 24, T 25, T 26, T 27. Januar 1944 wurden T 23 und T 22 zur 6. T.-Fl. abgegeben. Dafür traten zur 4. T.-Fl. die Boote T 28 und T 29. Die bei Auflösung der Flottille noch einsatzbereiten Boote wurden an die 5. T.-Fl. abgegeben. | |
| Einsatzgebiet: | Ab Spätsommer 1943 Einsatz im Westraum im Geleitdienst und zu defensiven Minenunternehmungen. | |

#### 5. TORPEDOBOOT-FLOTTILLE:

Die Flottille befand sich am 1. 9. 1939 in Dienst.

| | | |
|---|---|---|
| Flottillenchef: | KKpt. Heyke | 10. 1938 – 11. 1939 |
| | KKpt. Henne | 1. 1940 – 12. 1940 |
| | Kptlt. Neuss | 12. 1940 – 2. 1941 |
| | KKpt. Marks | 2. 1941 – 3. 1941 |
| | FKpt. Schmidt (Moritz) | 3. 1941 – 4. 1943 |
| | KKpt. Koppenhagen d. (ab 2. 3. m. W. G. b.) | 4. 1943 – 11. 1943 |
| | KKpt. Hoffmann (Heinrich) | 11. 1943 – 10. 1944 |
| | KKpt. Hansen-Nootbaar | 10. 1944 – Ende |
| Flottilleningenieur: | Kptlt. (Ing.) Wagner (Kurt) | 1. 1939 – 10. 1940 |
| | Kptlt. (Ing.) Baumgarten | 10. 1940 – 12. 1940 |
| | KKpt. (Ing.) Müller (Johann) | 12. 1940 – 1. 1944 |
| | Kptlt. (Ing.) Meier (Richard) | 1. 1944 – 7. 1944 |
| | KKpt. (Ing.) Schönekäs | 8. 1944 – Ende |
| Die Boote: | »Möwe«, »Albatros«, »Falke«, »Greif«, »Kondor«, »Tiger«. Später kamen hinzu die Neu- | |

| | |
|---|---|
| | bauten: T 34, T 35, T 36. Von der 6. T.-Fl. traten hinzu: 1940 »Seeadler«, 2. 1941 »Jaguar« und »Iltis«. Während der Ausbildungszeit bis 2. 1943 gehörten zur Fl. T 22, T 23, T 24, T 25, die anschließend zur 4. T.-Fl. traten. Von ihrer Indienststellung bis 11. 1943 gehörten auch T 28 und T 29 zur Fl. Mit Auflösung der 4. T.-Fl. traten im 4. 1944 T 24 und T 28 zur Fl. und mit Auflösung der 6. T.-Fl. kamen die Boote T 23 und T 33 hinzu. |
| Einsatzgebiet: | Von Kriegsbeginn bis Frühjahr 1940 defensive Minenunternehmungen in der Ostsee. Stichfahrten, Handelskrieg und Geleitaufgaben.<br>Norwegenunternehmen: Sicherungs- und Geleitaufgaben. Anschließend Einsatzraum Skagerrak und Nordsee: Handelskrieg und defensive Minenunternehmungen. Ende 1940 bis Herbst 1941 Westraum und Nordsee. 1942 – 44 Geleitaufgaben, Stichfahrten, defensive Minenunternehmungen. 1943 Geleitdienst einiger Boote in Südnorwegen.<br>Ab 6. 6. 1944 Einsatz im Invasionsgebiet vor der Atlantikküste bis zur Vernichtung sämtlicher Boote. Herbst 1944 bis Ende: Mit neuaufgefüllter Flottille Einsatz im Finnbusen, östliche und mittlere Ostsee. Geleitaufgaben, Minenunternehmungen. Landzielbeschießungen, Sicherung der Truppen- und Flüchtlingstransporte. |

### 6. TORPEDOBOOT-FLOTTILLE:

Die Flottille befand sich bei Kriegsausbruch in Dienst. Aufgelöst: Februar 1941

| | | |
|---|---|---|
| Flottillenchef: | KKpt. Waue | 4. 1939 – 3. 1940 |
| | KKpt. Marks | 3. 1940 – 2. 1941 |
| | Kptlt. Hartenstein i. V. m. W. d. G. b. | 5. 1940 – 1. 1941 |
| Flottilleningenieur: | Kptlt. (Ing.) Schlewing | 2. 1939 – 2. 1940 |
| | Kptlt. (Ing.) Weller | 2. 1940 – 2. 1941 |
| Die Boote: | »Iltis«, »Jaguar«, »Leopard«, »Luchs«, »Wolf«, »Seeadler«. »Seeadler« trat 1940 zur 5. T.-Fl. Mit Auflösung der Fl. traten die noch in Dienst befindlichen Boote zur 5. T.-Fl. | |
| Einsatzgebiet: | Vom 1. 9. 1939 bis Frühjahr 1940 Einsatz in der Nordsee. Defensive Minenunternehmungen, Handelskrieg, Geleitaufgaben.<br>Norwegenunternehmung: Sicherungs- und Geleitfahrten. Anschließend in der Nordsee und im Westraum Minenunternehmungen und Geleitaufgaben. | |

Neu aufgestellt: 11. 1943 – Aufgelöst: 8. 1944

| | | |
|---|---|---|
| Flottillenchef: | KKpt. Koppenhagen | 11. 1943 – 8. 1944 |

| | | |
|---|---|---|
| Flottilleningenieur: | Kptlt. (Ing.) Mittmann | 11. 1943 – 8. 1944 |
| Die Boote: | T 28, T 29, T 30, T 31, T 32, T 33. T 28 und T 29 gingen Januar 1944 an die 4. T.-Fl., dafür kamen von der 4. T.-Fl. hinzu T 22, T 23. Bis auf T 23 und T 33 gingen sämtliche Boote bis 1944 verloren. Diese beiden Boote traten mit Auflösung der Fl. zur 5. T.-Fl. | |
| Einsatzgebiet: | Geleitdienst im Finnbusen. Legen defensiver Minensperren, offensive Vorstöße. | |

7. TORPEDOBOOT-FLOTTILLE:

Aufgestellt: 6. 1940 – Aufgelöst: 12. 1940

| | | |
|---|---|---|
| Flottillenchef: | Kptlt. Neuss | 6. 1940 – 12. 1940 |
| Flottilleningenieur: | Kptlt. (Ing.) Müller (Johann) | 6. 1940 – 12. 1940 |
| Die Boote: | »Tiger«, »Panther«, »Leopard«, »Löwe« (norwegische Beuteboote). | |
| Einsatzgebiet: | Juni-August 1940 Geleitdienst im Skagerrak, Kattegatt und südnorwegischen Gewässern. Nach Auflösung der Fl. traten alle Boote als »Fangboote« zur 27. U.-Fl. | |

9. TORPEDOBOOT-FLOTTILLE:

Aufgestellt: 9. 1943 – Aufgelöst: 10. 1944

| | | |
|---|---|---|
| Flottillenchef: | FKpt. Riede | 9. 1943 – 2. 1944 |
| | FKpt. Dominik | 2. 1944 – 10. 1944 |
| Flottilleningenieur: | KKpt. (Ing.) Züllich | 9. 1943 – 3. 1944 |
| | Kptlt. (Ing.) Retzer | 3. 1944 – 10. 1944 |
| Die Boote: | TA 14, TA 15, TA 16, TA 17, TA 18, TA 19. 10. 1944 wurden von der Geleit-Fl. (Adria) die Boote TA 37, TA 38 und TA 39 an die 9. T.-Fl. abgegeben. | |

Neuaufstellung 2. 1945 durch Umbenennung der 1. Geleit-Fl. in 9. T.-Fl.

| | | |
|---|---|---|
| Einsatzgebiet: | Geleitdienst in der Adria, Aufklärungsvorstöße, Minenunternehmungen. | |
| Flottillenchef: | FKpt. Birnbaum | 2. 1945 – Ende |
| Flottilleningenieur: | Kptlt. (Ing.) Müller (Erich) | 2. 1945 – Ende |

10. TORPEDOBOOT-FLOTTILLE:

Aufgestellt: 1. 1944 – Einsatz bis Ende.

| | | |
|---|---|---|
| Flottillenchef: | KKpt. von Gartzen | 1. 1944 – 11. 1944 |
| | KKpt. Burkart | 11. 1944 – 3. 1945 |
| | Kptlt. Kopka m. W. d. G. b. | 3. 1945 – Ende |
| Flottilleningenieur: | Kptlt. (Ing.) Nuber | 1. 1944 – 12. 1944 |

| | | |
|---|---|---|
| | Oblt. (Ing.) Rähm | 12. 1944 - 3. 1945 |
| | Oblt. (Ing.) Voll, m. W. d. G. b. | 3. 1945 - Ende |
| Die Boote: | TA 23, TA 24, TA 27 und TA 28. Nach Indienststellung traten hinzu: TA 29, TA 30, TA 32, TA 33. | |
| Einsatzgebiet: | Aufklärungsvorstöße im Ligurischen Meer. Offensive und defensive Minenunternehmungen, Geleitdienst, Beschuß von Landzielen. | |

## *Die Torpedoboote*

| | | |
|---|---|---|
| »Möwe« | Gehörte zur 5. T.-Fl.; außer Dienst: Mai 1940 bis 4. 1942; anschließend Torpedo-Schulflottille. Dann erneut zur 5. T.-Fl. | |
| Kommandant: | Kptlt. Edler von Rennenkampf | 11. 1938 - 3. 1940 |
| | Kptlt. Neuss | 3. 1940 - 4. 1940 |
| | Kptlt. Koch (Paul) | 4. 1942 - 6. 1942 |
| | Kptlt. Loerke | 6. 1942 - 9. 1942 |
| | Kptlt. Lüdde-Neurath m.W.d.G.b. | 12. 1942 - 1. 1943 |
| | Kptlt. Bastian (Helmut) | 1. 1943 - 6. 1944 |
| | Am 14. 6. 1944 in Le Havre durch Bombentreffer britischer Flugzeuge versenkt. | |
| »Seeadler« | Gehörte zur 6. T.-Fl.; ab 1940 zur 5. T.-Fl. | |
| Kommandant: | Kptlt. Hartenstein | 11. 1938 - 10. 1939 |
| | Oblt. z. S. Holzapfel i. V. | 1. 1942 - 2. 1942 |
| | Kptlt. Strecker | 3. 1942 - 5. 1942 |
| | Am 13. 5. 1942 im Kanal durch Torpedotreffer britischer Schnellboote gesunken. | |
| »Greif« | Gehörte zur 5. T.-Fl. | |
| Kommandant: | Kptlt. Verlohr | 11. 1938 - 11. 1939 |
| | Kptlt. Frhr. von Lyncker | 11. 1939 - 10. 1940 |
| | Kptlt. Hoffmann (Heinrich) | 10. 1940 - 12. 1941 |
| | Oblt. z. S. Schramm i. V. | 12. 1941 - 1. 1942 |
| | Oblt. z. S. Kolbe (Ulrich) i. V. | 1. 1942 - 8. 1942 |
| | Kptlt. Fuchs (Rudolf) | 10. 1942 - 7. 1943 |
| | Kptlt. Lüdde-Neurath | 9. 1943 - 10. 1943 |
| | Kptlt. Fuchs (Rudolf) | 10. 1943 - 3. 1944 |
| | Kptlt. Frhr. von Luttitz | 3. 1944 - 5. 1944 |
| | In der Seinebucht am 24. 5. 1944 durch Fliegerbomben vernichtet. | |

| | | |
|---|---|---|
| »Albatros« | Gehörte zur 5. T.-Fl. | |
| Kommandant: | Kptlt. Schultz (Herbert Max) | 11. 1938 – 11. 1939 |
| | Kptlt. Strelow | 12. 1939 – 4. 1940 |
| | Am 10. 4. 1940 nach Grundberührung im Oslofjord gesunken. | |
| »Kondor« | Gehörte zur 5. T.-Fl. | |
| Kommandant: | Kptlt. Wilcke | 4. 1939 – 10. 1940 |
| | Kptlt. Frhr. von Lyncker | 10. 1940 – 6. 1941 |
| | Kptlt. Burkart | 6. 1941 – 7. 1942 |
| | Oblt. z. S. Holzapfel i. V. | 4. 1942 – 5. 1942 |
| | Kptlt. Peter-Pirkham | 9. 1942 – 12. 1943 |
| | Oblt. z. S. Herrmann (Peter) | 12. 1943 – 4. 1944 |
| | Oblt. z. S. Rönnau | 4. 1944 – 6. 1944 |
| | Bei der Räumung von Le Havre am 28. 6. 1944 gesprengt. | |
| »Falke« | Gehörte zur 5. T.-Fl. | |
| Kommandant: | Kptlt. Hessler | 3. 1939 – 3. 1940 |
| | Kptlt. Hansen-Nootbaar | 3. 1940 – 12. 1941 |
| | Kptlt. Hoffmann (Heinrich) | 12. 1941 – 10. 1942 |
| | Kptlt. Loerke | 10. 1942 – 3. 1943 |
| | Kptlt. Buch | 3. 1943 – 9. 1943 |
| | Kptlt. Krüger (Günter) | 9. 1943 – 6. 1944 |
| | In Le Havre am 15. 6. 1944 nach Bombentreffer britischer Flugzeuge gesunken. | |
| »Iltis« | Gehörte zur 6. T.-Fl.; ab 2. 1942 zur 5. T.-Fl. | |
| Kommandant: | Kptlt. Schuur | 2. 1938 – 11. 1940 |
| | Kptlt. Jacobsen | 11. 1940 – 5. 1942 |
| | Am 13. 5. 1942 im Kanal nach Gefecht mit britischen Schnellbooten gesunken. | |
| »Wolf« | Gehörte zur 6. T.-Fl. | |
| Kommandant: | Kptlt. Gerstung | 2. 1938 – 1. 1940 |
| | Oblt. z. S. Peters (Broder) | 1. 1940 – 1. 1941 |
| | Im Kanal am 8. 1. 1941 nach Minentreffer gesunken. | |
| »Tiger« | Gehörte zur 5. T.-Fl. | |
| Kommandant: | Kptlt. Neuss | 2. 1938 – 8. 1939 |
| | Am 25. 8. 1939 nahe Bornholm nach Kollision mit dem Zerstörer »Max Schultz« gesunken. | |
| »Luchs« | Gehörte zur 6. T.-Fl. | |
| Kommandant: | Kptlt. Prölss | 3. 1938 – 10. 1939 |
| | Kptlt. Kassbaum | 10. 1939 – 7. 1940 |
| | Am 26. 7. 1940 in der Nordsee, vor dem Drontheimfjord, durch brit. U-Boot »Swordfish« torpediert und gesunken. | |

| | | |
|---|---|---|
| »Leopard« | Gehörte zur 6. T.-Fl. | |
| Kommandant: | Kptlt. Kassbaum | 10. 1938 – 10. 1939 |
| | Kptlt. Trummer | 10. 1939 – 4. 1940 |
| | Gesunken am 30. 4. 1940 in der Nordsee nach Kollision mit dem Minenschiff »Preußen«. | |
| »Jaguar« | Gehörte zur 6. T.-Fl.; ab 2. 1941 zur 5. T.-Fl. | |
| Kommandant: | Kptlt. Kohlauf | 4. 1939 – 10. 1939 |
| | Kptlt. Hartenstein | 10. 1939 – 3. 1941 |
| | Kptlt. Paul (Friedrich Karl) | 3. 1941 – 5. 1942 |
| | Kptlt. Strecker | 5. 1942 – 10. 1942 |
| | Kptlt. Loerke i. V. | 10. 1942 – 10. 1943 |
| | Oblt. z. S. Sonnenburg | 11. 1943 – 6. 1944 |
| | Am 14. 6. 1944 in Le Havre durch Bombentreffer britischer Flugzeuge vernichtet. | |
| T 1 | Gehörte bis 8. 1941 zur 1. T.-Fl., anschließend TS-Fl.; 8. 1941 bis 6. 1942 a. D.; ab 10. 1942 2. T.-Fl. | |
| Kommandant: | Kptlt. Rost (Hansfrieder) | 12. 1939 – 9. 1940 |
| | Kptlt. Richter-Oldekop | 9. 1940 – 8. 1941 |
| | KKpt. Koch (Paul) | 6. 1942 – 10. 1943 |
| | Kptlt. Kopka | 10. 1943 – 4. 1944 |
| | Kptlt. Schürdt | 4. 1944 – 4. 1945 |
| | Am 10. 4. 1945 in Kiel durch Bombentreffer britischer Flugzeuge gesunken. | |
| T 2 | Gehörte zur 1. T.-Fl.; ab 8. 1941 zur 2. T.-Fl. | |
| Kommandant: | Kptlt. Bätge | 12. 1939 – 9. 1940 |
| | Kptlt. Gödecke | 9. 1940 – 2. 1942 |
| | Kptlt. Quaet-Faslem | 12. 1942 – 9. 1943 |
| | Kptlt. Lange (Werner) | 9. 1943 – 5. 1944 |
| | Kptlt. Lampe (Theodor) | 5. 1944 – 7. 1944 |
| | Am 29. 7. 1944 in der Deschimag-Werft Bremen durch Bombentreffer britischer Flugzeuge versenkt. Gehoben, fahrunklar in Cuxhaven. 1946 abgewrackt. | |
| T 3 | Gehörte zur 1. T.-Fl.; 1943 – 45 zur 2. T.-Fl. | |
| Kommandant: | Kptlt. Bruns (Heinrich) | 2. 1940 – 9. 1940 |
| | Kptlt. von Diest (Harald) | 12. 1943 – 3. 1945 |
| | September 1940 durch Bombentreffer britischer Flugzeuge gesunken. 1941 gehoben und in Elbing fahrklar gemacht. Am 12. 12. 1943 wieder in Dienst. Am 14. 3. 1945 durch Minentreffer vor Hela gesunken. | |
| T 4 | Gehörte bis 8. 1941 zur 1. T.-Fl., anschließend zur 2. T.-Fl. War vorübergehend a. D. | |
| Kommandant: | Kptlt. Hesse (Erwin) | 5. 1940 – 10. 1941 |

| | | |
|---|---|---|
| | Oblt. z. S. Sommerlatt | 10. 1941 – 12. 1941 |
| | Kptlt. Bieling | 12. 1941 – 8. 1942 |
| | Kptlt. Weinlig | 10. 1942 – 1. 1943 |
| | Kptlt. von Trotha (Thilo-Lebrecht) | 5. 1943 – 7. 1943 |
| | Kptlt. Waldenburger | 7. 1943 – 4. 1944 |
| | Oblt. z. S. Adolph | 4. 1944 – 1. 1945 |
| | Kptlt. Brunk | 1. 1945 – Ende |

1945 an die USA ausgeliefert. 1949 Dänemark überlassen, jedoch nicht i. D. gestellt. 1951 abgewrackt.

**T 5** Gehörte zur 2. T.-Fl.

| Kommandant: | | |
|---|---|---|
| | Kptlt. Koppenhagen | 1. 1940 – 3. 1940 |
| | Kptlt. Hoffmann (Heinrich) i. V. | 3. 1940 – 5. 1940 |
| | Kptlt. Koppenhagen | 5. 1940 – 12. 1942 |
| | Kptlt. Dehnert | 12. 1942 – 9. 1943 |
| | Oblt. z. S. Frhr. von Luttitz | 9. 1943 – 2. 1944 |
| | Kptlt. Güttner | 2. 1944 – 1. 1945 |
| | Oblt. z. S. Wätjen | 2. 1945 – 3. 1945 |

Am 14. 3. 1945 vor Hela durch Minentreffer gesunken.

**T 6** Gehörte zur 2. T.-Fl.

| Kommandant: | | |
|---|---|---|
| | Kptlt. Wolfram (Ralf Raimar) | 4. 10. – 11. 1940 |

Am 7. 11. 1940 vor der schottischen Küste durch Minentreffer gesunken.

**T 7** Gehörte zur 2. T.-Fl.

| Kommandant: | | |
|---|---|---|
| | Kptlt. Erhardt (Wolfgang) | 12. 1939 – 4. 1941 |
| | Kptlt. Quaet-Faslem | 4. 1941 – 12. 1942 |
| | Kptlt. Weinlig | 1. 1943 – 5. 1943 |
| | Kptlt. Schmidt (Günter) | 5. 1943 – 9. 1943 |
| | Kptlt. Müller (Otto) | 9. 1943 – 7. 1944 |

Am 29. 7. 1944 bei der Deschimag in Bremen nach Luftangriff durch Bombentreffer gesunken. Wrack gehoben. 1946 abgewrackt.

**T 8** Gehörte zur 2. T.-Fl.; zeitweise TS.-Fl.; von 12. 1941 bis 6. 1942 a. D.

| Kommandant: | | |
|---|---|---|
| | Erdmann (Heinrich) | 10. 1939 – 4. 1941 |
| | Kptlt. von Trotha (Thilo-Lebrecht) | 4. 1941 – 12. 1941 |
| | Kptlt. Wenzel (Walter) | 6. 1942 – 4. 1944 |
| | Kptlt. Strömer | 4. 1944 – 5. 1945 |

Am 3. 5. 1945 in der Strander Bucht bei Kiel selbst versenkt.

**T 9** Gehörte bis 1941 zur 1. T.-Fl.; von 8. 1941 bis 6. 1942 a. D.; anschließend 2. T.-Fl.

| Kommandant: | | |
|---|---|---|
| | Kptlt. Blöse | 7. 1940 – 8. 1941 |

| | | |
|---|---|---|
| | Kptlt. Grund | 6. 1942 – 8. 1943 |
| | Lt. z. S. Noodt; i. V. m.W.d.G.b. | 5. 1943 – 10. 1943 |
| | Oblt. z. S. Sonnenburg; m.W.d.G.b. | 10. 1943 – 11. 1943 |
| | Kptlt. Rolle | 2. 1944 – 8. 1944 |
| | Kptlt. Müller (Otto) | 8. 1944 – 5. 1945 |
| | Schicksal wie T 8. | |
| T 10 | Gehörte bis 1941 zur 1. T.-Fl.; anschließend 2. T.-Fl.; zeitweise a. D. | |
| Kommandant: | Kptlt. Hoepner | 8. 1940 – 4. 1941 |
| | Kptlt. Sommerlatt | 3. 1942 – 12. 1942 |
| | Kptlt. Meentzen | 5. 1943 – 11. 1943 |
| | Kptlt. Brunk | 11. 1943 – 12. 1944 |
| | Gesunken am 18. 12. 1944 nach sowjetischem Luftangriff auf Gotenhafen im durchbrechenden Dock. | |
| T 11 | Gehörte zur 2. T.-Fl; zeitweise a. D. | |
| Kommandant: | Kptlt. Hoffmann (Heinrich) | 5. 1940 – 10. 1940 |
| | Kptlt. Grund | 6. 1941 – 5. 1942 |
| | Kptlt. Sommerlatt | 12. 1942 – 2. 1943 |
| | KKpt. Paul (Karl) | 2. 1943 – 10. 1943 |
| | Kptlt. Walser | 10. 1943 – 2. 1945 |
| | Kptlt. Heilig | 2. 1945 – Ende |
| | 1945 an Großbritannien ausgeliefert. 1946 der französischen Marine überlassen und als »Bir Hakeim« in Dienst gestellt. 1949 gestrandet und abgewrackt. | |
| T 12 | Gehörte zur 2. T.-Fl. | |
| Kommandant: | Kptlt. Mellin | 7. 1940 – 1. 1942 |
| | Kptlt. von Trotha (Thilo-Lebrecht) | 1. 1942 – 11. 1943 |
| | Kptlt. Gross (Werner) | 11. 1943 – Ende |
| | 1945 an die UdSSR als Kriegsbeute. 1. 1946 nach Libau. Als »Podwischnyj« in Dienst. Abgewrackt 1951. | |
| T 13 | Gehörte zur 3. T.-Fl. | |
| Kommandant: | Kptlt. Gotzmann | 5. 1941 – 11. 1943 |
| | Kptlt. Seyfried | 11. 1943 – 10. 1944 |
| | Oblt. z. S. Rönnau | 10. 1944 – 4. 1945 |
| | Am 10. 4. 1945 im Kattegatt durch Bombentreffer britischer Flugzeuge gesunken. | |
| T 14 | Gehörte zur 3. T.-Fl. | |
| Kommandant: | Kptlt. Jüttner | 6. 1941 – 5. 1943 |
| | Kptlt. Düvelius | 8. 1943 – 8. 1943 |
| | KKpt. Bartels (Hans) | 8. 1943 – 11. 1943 |
| | Oblt. z. S. Buschenhenke | 11. 1943 – 3. 1944 |
| | Kptlt. Wegner (Peter) | 8. 1944 – Ende |

1945 an die USA ausgeliefert. 1947 der französischen Marine überlassen. Als »Dompaire« i. D. Gestrandet 1949; abgewrackt.

T 15
Gehörte zur 3. T.-Fl.

| | | |
|---|---|---|
| Kommandant: | Kptlt. Düvelius | 6. 1941 – 7. 1941 |
| | Kptlt. Quedenfeldt | 7. 1941 – 3. 1943 |
| | Kptlt. Haberkorn | 3. 1943 – 12. 1943 |

Am 12. 12. 1943 in Kiel nach Bombentreffer in der Deutschen Werft gesunken.

T 16
Gehörte zur 3. T.-Fl.

| | | |
|---|---|---|
| Kommandant: | Kptlt. Düvelius | 7. 1941 – 3. 1943 |
| | Kptlt. Fimmen | 4. 1943 – 10. 1943 |
| | KKpt. Paul (Karl) | 10. 1943 – 11. 1943 |
| | Oblt. z. S. Strömer | 11. 1943 – 4. 1944 |
| | KKpt. Balser | 6. 1944 – 4. 1945 |

Nach Bombentreffer britischer Flugzeuge im Kattegatt am 13. 4. 1945 in Frederikshavn fahrunklar und a. D.

T 17
Gehörte zur 3. T.-Fl.

| | | |
|---|---|---|
| Kommandant: | Kptlt. Blöse | 8. 1941 – 6. 1943 |
| | Kptlt. Liermann | 9. 1943 – Ende |

1945 an die UdSSR ausgeliefert. Als »Poriwistyj« i. D.; abgewrackt.

T 18
Gehörte zur 3. T.-Fl.

| | | |
|---|---|---|
| Kommandant: | Kptlt. Hoepner | 11. 1941 – 4. 1943 |
| | Kptlt. Vorsteher | 4. 1943 – 9. 1943 |
| | Kptlt. Albers (Gerd) | 9. 1943 – 5. 1944 |
| | Oblt. z. S. Meyer-Abich | 5. 1944 – 9. 1944 |

Am 17. 9. 1944 im Finnischen Meerbusen durch Raketentreffer sowjetischer Flugzeuge gesunken.

T 19
Gehörte zur 3. T.-Fl.

| | | |
|---|---|---|
| Kommandant: | Kptlt. Richter-Oldekop | 12. 1941 – 5. 1943 |
| | Kptlt. Weinlig | 5. 1943 – 9. 1943 |
| | Kptlt. Uhde, stellv. Kdt. | 9. 1943 – 11. 1943 |
| | Kptlt. Westphal (Werner) | 11. 1943 – 12. 1944 |
| | Kptlt. Frhr. von Luttitz | 12. 1944 – Ende |

1945 an die USA ausgeliefert. 1947 der dänischen Marine überstellt. Nicht i. D. Gestrandet und 1951 abgewrackt.

T 20
Gehörte zur 3. T.-Fl.

| | | |
|---|---|---|
| Kommandant: | Kptlt. Richter-Oldekop i. V. | 6. 1942 – 6. 1942 |
| | KKpt. Reitsch | 6. 1942 – 6. 1943 |
| | KKpt. Bätge | 6. 1943 – 9. 1943 |

| | | |
|---|---|---|
| | Kptlt. Eichel (Hasso) | 9. 1943 – 9. 1944 |
| | Kptlt. Lampe (Theodor) | 9. 1944 – Ende |
| | 1945 an Großbritannien ausgeliefert. 1946 der französischen Marine übergeben und als »Baccarat« i. D.; 1949 gestrandet und abgewrackt. | |
| T 21 | Gehörte zur 3. T.-Fl. | |
| Kommandant: | Kptlt. Temming | 7. 1942 – 4. 1944 |
| | Kptlt. Kultzen | 4. 1944 – Ende |
| | 1945 an die USA ausgeliefert. Ausgeschlachtet und 1946 im Skagerrak versenkt. | |
| T 22 | Gehörte während der Ausbildung zur 5. T.-Fl.; ab 2. 1943 zur 4. T.-Fl.; ab 1944 zur 6. T.-Fl. | |
| Kommandant: | Kptlt. Hansen-Nootbaar | 2. 1942 – 5. 1943 |
| | Kptlt. Jüttner | 5. 1943 – 6. 1943 |
| | Kptlt. Blöse | 6. 1943 – 4. 1944 |
| | Kptlt. Waldenburger | 4. 1944 – 8. 1944 |
| | 18. 8. 1944 in der Narwabucht durch Minentreffer gesunken. | |
| T 23 | Gehörte zunächst zur 5. T.-Fl.; nach Aufstellung der 4. T.-Fl. zu dieser; ab 8. 1944 bis Ende zur 5. T.-Fl. | |
| Kommandant: | Kptlt. Paul (Friedrich-Karl) | 6. 1942 – 10. 1943 |
| | Kptlt. Weinlig | 10. 1943 – Ende |
| | 1945 an Großbritannien ausgeliefert. 1946 der französischen Marine überlassen und als »L'Alsacien« i. D.; 1956 gestrandet und abgewrackt. | |
| T 24 | Bis 2. 1943 der 5. T.-Fl. zugeteilt, dann 4. T.-Fl. | |
| Kommandant: | KKpt. Hoffmann (Heinrich) | 10. 1942 – 11. 1943 |
| | Kptlt. Wilhelm Meentzen | 11. 1943 – 8. 1944 |
| | Am 24. 8. 1944 auf der Reede von Le Verdon durch Bombentreffer britischer Flugzeuge gesunken. | |
| T 25 | Bis 2. 1943 der 5. T.-Fl. zugeteilt, dann zur 4. T.-Fl. | |
| Kommandant: | Kptlt. Koppenhagen | 11. 1942 – 4. 1943 |
| | KKpt. von Gartzen | 4. 1943 – 12. 1943 |
| | Am 28. 12. 1943 in der Biskaya durch Artilleriefeuer der britischen Kreuzer »Glasgow« und »Enterprise« versenkt. | |
| T 26 | Gehörte zur 4. T.-Fl. | |
| Kommandant: | Kptlt. Frhr. von Lyncker | 2. 1943 – 9. 1943 |
| | Kptlt. Quedenfeldt | 9. 1943 – 12. 1943 |
| | Schicksal wie T 25. | |
| T 27 | Gehörte zur 4. T.-Fl. | |
| Kommandant: | KKpt. Verlohr | 4. 1943 – 11. 1943 |
| | Kptlt. Gotzmann | 11. 1943 – 4. 1944 |

Am 29. 4. 1944 an der bretonischen Küste nach Gefecht mit dem kanadischen Zerstörer »Haida« auf Strand gesetzt. Vernichtet am 7. 5. 1944 durch Torpedotreffer britischer Schnellboote.

| | | | |
|---|---|---|---|
| T 28 | Gehörte zur 5. T.-Fl.; ab 11. 1943 zur 6. T.-Fl.; 1. 1944 zur 4. T.-Fl.; 4. 1944 zur 5. T.-Fl. | | |
| Kommandant: | KKpt. Richter-Oldekop | 6. 1943 – 4. 1944 | |
| | Kptlt. Temming | 4. 1944 – Ende | |
| | 1945 an Großbritannien ausgeliefert. 1946 der französischen Marine überlassen und als »Le Lorrain« i. D.; gestrandet 1955; abgewrackt. | | |
| T 29 | Gehörte bis 11. 1943 zur 5. T.-Fl.; von 11. 1943 bis 1. 1944 zur 6. T.-Fl.; ab 1. 1944 zur 4. T.-Fl. | | |
| Kommandant: | Kptlt. Grund | 8. 1943 – 4. 1944 | |
| | Am 26. 4. 1944 im Englischen Kanal durch Artilleriefeuer und Torpedos des britischen Kreuzers »Black Prince« vernichtet. | | |
| T 30 | Gehörte zur 6. T.-Fl. | | |
| Kommandant: | Kptlt. Buch | 10. 1943 – 8. 1944 | |
| | Am 18. 8. 1944 in der Narwabucht auf eigene Mine gelaufen und gesunken. | | |
| T 31 | Gehörte zur 6. T.-Fl. | | |
| Kommandant: | Kptlt. Peter-Pirkham | 2. 1944 – 6. 1944 | |
| | Am 20. 6. 1944 im Finnischen Meerbusen nach Gefecht mit sowjetischen Schnellbooten durch Torpedotreffer gesunken. | | |
| T 32 | Gehörte zur 6. T.-Fl. | | |
| Kommandant: | Kptlt. Dehnert | 5. 1944 – 8. 1944 | |
| | Schicksal wie T 30 | | |
| T 33 | Gehörte bis 8. 1944 zur 6. T.-Fl.; ab 8. 1944 zur 5. T.-Fl. | | |
| Kommandant: | Kptlt. Priebe | 6. 1944 – Ende | |
| | 1945 an die UdSSR ausgeliefert. Als »Primjernyj« i. D. | | |
| T 34 | Gehörte zur 5. T.-Fl. | | |
| Kommandant: | Kptlt. Frhr. von Luttitz | 8. 1944 – 11. 1944 | |
| | Am 20. 11. 1944 in der Ostsee vor Arcona durch Minentreffer gesunken. | | |
| T 35 | Gehörte zur 5. T.-Fl. | | |
| Kommandant: | Kptlt. Buch | 10. 1944 – Ende | |
| | 1945 an die USA ausgeliefert. Als »DD 935« i. D. 1947 der französischen Marine überlassen, abgewrackt. | | |

| | | |
|---|---|---|
| T 36 | Gehörte zur 5. T.-Fl. | |
| Kommandant: | Kptlt. Hering | 12. 1944 – 5. 1945 |
| | Am 4. 5. 1945 in der Ostsee durch Minen- und anschließendem Bombentreffer gesunken. | |
| T 107 (ex G 7) | Gehörte zur Torpedo-Schulflottille | |
| Kommandant: | Kptlt. Gysae | 10. 1938 – 3. 1940 |
| | Kptlt. Waldenburger | 3. 1940 – 2. 1941 |
| | Kptlt. Quedenfeldt | 2. 1941 – 6. 1941 |
| | Oblt. z. S. Dereschewitz | 7. 1941 – 11. 1943 |
| | Kptlt. Thomsen (Karl) | 11. 1943 – Ende |
| | 1945 an die UdSSR ausgeliefert. Als »Poraschajuschtschi« i. D.; abgewrackt. | |
| T 108 (ex G 8) | Gehörte zur Torpedo-Schulflottille | |
| Kommandant: | Kptlt. Frhr. von Lyncker | 1938 – 12. 1939 |
| | Oblt. z. S. Quedenfeldt | 12. 1939 – 12. 1940 |
| | Kptlt. Burkart | 12. 1940 – 5. 1941 |
| | Oblt. z. S. Bieling | 6. 1941 – 12. 1941 |
| | Kptlt. Kopka | 12. 1941 – 8. 1943 |
| | Kptlt. Heinz (Günther) | 8. 1943 – 8. 1944 |
| | Kptlt. Ratsch | 8. 1944 – 1. 1945 |
| | Kptlt. Bieling | 1. 1945 – Ende |
| | 1945 an Großbritannien übergeben und abgewrackt. | |
| T 110 (ex G 10) | Gehörte zur Torpedo-Schulflottille | |
| Kommandant: | Oblt. z. S. Trummer | 10. 1938 – 10. 1939 |
| | Kptlt. Gödecke | 10. 1939 – 9. 1940 |
| | Kptlt. Koch (Paul) | 9. 1940 – 4. 1942 |
| | Kptlt. Ullrich (Wilhelm) | 4. 1942 – 6. 1942 |
| | Oblt. z. S. Strömer | 6. 1942 – 11. 1943 |
| | Kptlt. Causemann | 11. 1943 – 1. 1944 |
| | Kptlt. Beneke | 1. 1944 – Ende |
| | Am 5. 5. in Travemünde (Flenderwerke) selbst gesprengt. | |
| T 111 (ex G 11) | Gehörte zur Torpedo-Schulflottille | |
| Kommandant: | Oblt. z. S. Paul (Friedrich-Karl) | 12. 1939 – 3. 1941 |
| | Kptlt. Waldenburger | 3. 1941 – 6. 1941 |
| | Kptlt. Wenzel (Walter) | 7. 1941 – 6. 1942 |
| | Kptlt. Lorenz | 6. 1942 – 3. 1943 |
| | Kptlt. Fetting | 3. 1943 – 10. 1943 |
| | Kptlt. Kuchel | 10. 1943 – Ende |
| | Am 3. 4. 1945 im Kieler Scheerhafen durch Bombentreffer vernichtet. | |

BEUTE-TORPEDOBOOTE:

»Löwe« (ex norw. »Gyller«)

| | | |
|---|---|---|
| | Gehörte bis 11. 1940 zur 7. T.-Fl.; anschließend Fangboot bei der 27. U.-Fl. | |
| Kommandant: | Kptlt. Strelow | 4. 1940 – 12. 1940 |
| | Kptlt. Grund | 12. 1940 – 5. 1941 |
| | Oblt. z. S. Kellerstrass | 5. 1941 – 6. 1943 |
| | Kptlt. Prüfe | 6. 1943 – Ende |
| | 1945 an Norwegen zurückgegeben. | |

»Leopard« (ex. norw. »Balder«) Einsatz wie vor.

| | | |
|---|---|---|
| Kommandant: | Kptlt. Jacobson (Walter) | 7. 1940 – 11. 1940 |
| | Oblt. z. S. Sommerlatt | 11. 1940 – 10. 1941 |
| | Kptlt. Bethge | 10. 1941 – Ende |
| | 1945 an Norwegen zurückgegeben. | |

»Panther« (ex. norw. »Odin«) Einsatz wie vor.

| | | |
|---|---|---|
| Kommandant: | Kptlt. Neuss (zugl. Chef d. 7. T.-Fl.) | 4. 1940 – 12. 1940 |
| | Oblt. z. S. Jahrmärker | 12. 1940 – 6. 1941 |
| | Kptlt. Meier (Friedrich) | 6. 1942 – Ende |
| | 1945 an Norwegen zurückgegeben. | |

»Tiger« (ex norw. »Tor«) Einsatz wie vor.

| | | |
|---|---|---|
| Kommandant: | Kptlt. Jüttner | 6. 1940 – 6. 1941 |
| | Oblt. z. S. Nose | 6. 1941 – 4. 1944 |
| | Oblt. z. S. Garbers (Carl) | 4. 1944 – 12. 1944 |
| | Oblt. z. S. Muths | 1. 1945 – Ende |
| | 1945 an Norwegen zurückgegeben. | |

FRANZÖSISCHE BEUTE:

TA 9 (ex FR 42, ex »Bombarde«)

| | | |
|---|---|---|
| | Gehörte zur 4. Gel.-Fl.; ab 8. 1943 zur 3. Gel.-Fl. | |
| Kommandant: | Kptlt. Düvelius | 4. 1943 – 7. 1943 |
| | Kptlt. Reinhardt (Otto) | 7. 1943 – 9. 1943 |
| | 9. 1943 a. D.; am 23. 8. 1944 in Toulon durch Fliegerbomben versenkt. | |

TA 10 (ex FR 43, ex »La Pomone«)

| | | |
|---|---|---|
| | Gehörte bis 8. 1943 zur 4. Gel.-Fl.; dann nach Griechenland verlegt. | |
| Kommandant: | KKpt. Loerke | 4. 1943 – 8. 1943 |
| | Am 17. 1. 1944 vor Rhodos, bei Annäherung zweier britischer Zerstörer, selbst versenkt. | |

TA 11 (ex FR 41, ex »L'Iphigenie«)

| | | |
|---|---|---|
| | Gehörte bis 8. 1943 zur 4. Gel.-Fl.; danach zur 3. Gel.-Fl. | |
| Kommandant: | Kptlt. Quedenfeldt | 4. 1943 – 8. 1943 |
| | Kptlt. Albrand | 8. 1943 – 9. 1943 |
| | Am 10. 9. 1943 im Hafen von Piombino nach Gefecht mit italienischen Panzern gesunken. | |

TA 12 (ex FR 45, ex »Baliste«)

| | | |
|---|---|---|
| | Gehörte zur 4. und 3. Gel.-Fl.; danach Verlegung nach Griechenland. | |
| Kommandant: | | |
| | Am 22. 8. 1943 in der Ägäis durch Fliegerbomben versenkt. | |

ITALIENISCHE BEUTE:

TA 14 (ex »Turbine«)

| | | |
|---|---|---|
| | Gehörte zur 9. T.-Fl. | |
| Kommandant: | Kptlt. Dehnert | 9. 1943 – 2. 1944 |
| | Kptlt. Quaet-Faslem | 2. 1944 – 7. 1944 |
| | Kptlt. Densch (Hermann) | 7. 1944 – 9. 1944 |
| | Am 15. 9. 1944 im Hafen von Salamis durch Bombentreffer versenkt. | |

TA 15 (ex »Francesco Crispi«)

| | | |
|---|---|---|
| | Gehörte zur 9. T.-Fl. | |
| Kommandant: | Kptlt. Vorsteher | 10. 1943 – 3. 1944 |
| | Am 8. 3. 1944 vor Heraklion, Kreta, nach Raketenbombentreffer gesunken. | |

TA 16 (ex »Castelfidardo«)

| | | |
|---|---|---|
| | Gehörte zur 9. T.-Fl. | |
| Kommandant: | Kptlt. Quaet-Faslem | 11. 1943 – 2. 1944 |
| | Kptlt. Schmidt (Günther) | 2. 1944 – 6. 1944 |
| | Am 2. 6. 1944 nach auf See erhaltenem Raketenbombentreffer schwer havariert und im Hafen Heraklion, Kreta, gesunken. | |

TA 17 (ex »San Martino«)

| | | |
|---|---|---|
| | Gehörte zur 9. T.-Fl. | |
| Kommandant: | Kptlt. Düvelius | 10. 1943 – 9. 1944 |
| | Fahrunklar; am 18. 9. 1944 in Piräus a. D. | |

TA 18 (ex »Solferino«)

| | | |
|---|---|---|
| | Gehörte zur 9. T.-Fl. | |
| Kommandant: | Kptlt. Schmidt (Günther) | 7. 1944 – 10. 1944 |
| | Am 19. 10. 1944 südlich Volos nach Gefecht mit zwei | |

britischen Zerstörern auf Strand gesetzt. Besatzung in Gefangenschaft griechischer Partisanen.

TA 19 (ex »Achilles«, ex »Calatafimi«)

| | | |
|---|---|---|
| | Gehörte zur 9. T.-Fl. | |
| Kommandant: | Oblt. z. S. Hahndorff (Jobst) | 9. 1943 – 12. 1943 |
| | Kptlt. Düvelius i. V. | 12. 1943 – 12. 1943 |
| | Kptlt. Schmidt (Günther) i. V. | 1. 1944 – 1. 1944 |
| | Oblt. z. S. Foth i. V. | 1. 1944 – 4. 1944 |
| | Kptlt. Hahndorff (Jobst) | 4. 1944 – 8. 1944 |
| | 9. 8. 1944 westlich Samos durch U-Boottorpedo versenkt. | |

TA 20 (ex »Audace«, ex »Kawakaze«)

| | | |
|---|---|---|
| | Gehörte zur 2. Gel.-Fl. | |
| Kommandant: | Oblt. z. S. Guhrke | 1943 – 11. 1944 |
| | Am 1. 11. 1944 in der Adria, nördlich von Zara, im Gefecht gesunken. | |

TA 21 (ex »Insidioso«)

| | | |
|---|---|---|
| | Gehörte zur 11. Sich.-Fl.; ab Frühjahr 1944 zur 2. Gel.-Fl. | |
| Kommandant: | Oblt. z. S. Schmidt-Troje | 11. 1943 – 1. 1944 |
| | Oblt. z. S. Laube | 2. 1944 – 8. 1944 |
| | Am 9. 8. 1944 nach Torpedotreffer in der nördlichen Adria gesunken. | |

TA 22 (ex »Giuseppe Missori«)

| | | |
|---|---|---|
| | Gehörte zur 2. Gel.-Fl. | |
| Kommandant: | Kptlt. Hoffmann (Hans) | 2. 1944 – 7. 1944 |
| | Juli 1944 durch Jabos schwer beschädigt, nach Triest eingeschleppt und dort am 2. 5. 1945 gesprengt. | |

TA 23 (ex »Impavido«)

| | | |
|---|---|---|
| | Gehörte zur 3. Gel.-Fl.; dann zur 10. T.-Fl. | |
| Kommandant: | Reinhardt (Otto) | 10. 1943 – 4. 1944 |
| | Am 24. 4. 1944 nordwestlich Korsika durch Minentreffer schwer beschädigt. Am 25. 4. westlich Capreira durch Fangschuß von TA 26 versenkt. | |

TA 24 (ex »Arturo«)

| | | |
|---|---|---|
| | Gehörte zur 3. Gel.-Fl.; dann zur 10. T.-Fl. | |
| Kommandant: | Kptlt. Albrand | 10. 1943 – 11. 1943 |
| | Kptlt. Dereschewitz | 11. 1943 – 3. 1945 |
| | Am 18. 3. 1945 südlich Genua im Gefecht mit britischen Zerstörern gesunken. | |

TA 25 (ex »Intrepido«)

Gehörte zur 3. Gel.-Fl.; später zur 10. T.-Fl.

Kommandant: KKpt. Eisenberger 1. 1944 – 6. 1944
Oblt. z. S. Iversen 6. 1944 – 6. 1944
Am 21. 6. 1944 in Höhe Viareggio durch Torpedo eines US-Schnellbootes versenkt.

TA 26 (ex »Ardito«) Gehörte zur 3. Gel.-Fl.; später zur 10. T.-Fl.
Kommandant: Kptlt. Albrand 2. 1944 – 6. 1944
Am 14. 6. 1944 durch Torpedotreffer eines US-Schnellbootes westlich La Spezia versenkt.

TA 27 (ex »Auriga«)
Gehörte zur 10. T.-Fl.
Kommandant: Kptlt. von Trotha (Thilo-L.) 12. 1943 – 6. 1944
Am 9. 6. 1944 im Hafen von Elba durch Bombentreffer versenkt.

TA 28 (ex »Rigel«) Gehörte zur 10. T.-Fl.
Kommandant: Kptlt. Haberkorn 1. 1944 – 4. 1944
Kptlt. Wenzel (Walter) 4. 1944 – 9. 1944
Am 4. 9. 1944 im Hafen von Genua durch Bombentreffer gesunken.

TA 29 (ex »Eridano«)
Gehörte zur 10. T.-Fl.
Kommandant: Kptlt. Schmidt-Troje 3. 1944 – 3. 1945
Schicksal wie TA 24

TA 30 (ex »Dragone«)
Gehörte zur 10. T.-Fl.
Kommandant: Kptlt. Kopka 4. 1944 – 6. 1944
Am 15. 6. 1944 westlich La Spezia durch Torpedotreffer vernichtet.

TA 31 (ex »Dardo«) Gehörte zur 10. T.-Fl.
Kommandant: Kptlt. Burkart 4. 1944 – 10. 1944
Am 25. 10. 1944 nach Fliegerbombentreffer fahrunklar und a. D.; am 25. 4. 1945 gesprengt.

TA 32 (ex »Premuda«, ex jugosl. »Dubrownik«)
Gehörte zur 10. T.-Fl.
Kommandant: Kptlt. Kopka 7. 1944 – 4. 1945
Am 24. 4. 1945 in Genua gesprengt.

TA 33 (ex »Corsaro«, ex »Squadrista«)
War zum Einsatz in der 10. T.-Fl. vorgesehen.
Vor Indienststellung bei Kesselerprobungen in der Werft von Genua am 4. 9. 1944 durch Bombentreffer gesunken.

TA 35 (ex »Giuseppe Dezza«)

| | | |
|---|---|---|
| | Gehörte zur 2. Gel.-Fl. | |
| Kommandant: | Oblt. z. S. Keck | 6. 1944 – 7. 1944 |
| | Lt. z. S. Dirks | 7. 1944 – 8. 1944 |
| | Am 20. 8. 1944 nahe Pola durch Torpedotreffer versenkt, gehoben und repariert. Am 3. 5. 1945 in Triest gesprengt. | |

TA 36 (ex »Stella Polare«)

| | | |
|---|---|---|
| | Gehörte zur 2. Gel.-Fl. | |
| Kommandant: | Lt. z. S. Mellwig | 1. 1944 – 3. 1944 |
| | Am 18. 3. 1944 in der Adria, nahe Quarnaro, auf Mine gelaufen und gesunken. | |

TA 37 (ex »Gladio«)

| | | |
|---|---|---|
| | Gehörte zur 11. Sich.-Fl. bzw. 1. Gel.-Fl.; 9. 1944 zur 9. T.-Fl. Adria abgestellt. | |
| Kommandant: | Oblt. z. S. Goldammer | 1. 1944 – 5. 1944 |
| | Oblt. z. S. Winkelmann i. V. | 7. 1944 – 10. 1944 |
| | Am 7. 10. 1944 in der Ägäis nach Gefecht mit britischen Zerstörern gesunken. | |

TA 38 (ex »Spada«)

| | | |
|---|---|---|
| | Gehörte zur 11. Sich.-Fl. bzw. 1. Gel.-Fl.; 9. 1944 zur 9. T.-Fl. Ägäis abgestellt. | |
| Kommandant: | Kptlt. Vorsteher | 2. 1944 – 3. 1944 |
| | Lt. z. S. Scheller | 4. 1944 – 10. 1944 |
| | Am 9. 10. 1944 Grundberührung. Nach Bombentreffer am 13. 10. 1944 im Hafen von Volos selbst gesprengt. | |

| | | |
|---|---|---|
| TA 39 (ex »Daga«) | Gehörte zur 1. Gel.-Fl.; 9. 1944 zur 9. T.-Fl. | |
| Kommandant: | Kptlt. Vorsteher | 3. 1944 – 4. 1944 |
| | Kptlt. Lange (Werner) | 5. 1944 – 10. 1944 |
| | Nach Minentreffer am 16. 10. vor Saloniki gesunken. | |

TA 40 (ex »Pugnale«)

| | | |
|---|---|---|
| | Gehörte zur 1. Gel.-Fl.; dann 9. T.-Fl. | |
| Kommandant: | Oblt. z. S. Nose | 5. 1944 – 10. 1944 |
| | Kptlt. Goldammer | 10. 1944 – 5. 1945 |
| | Am 20. 2. 1945 durch Fliegerbomben in Triest beschädigt; am 1. 5 1945 in Triest gesprengt. | |

TA 41 (ex »Lancia«)

| | | |
|---|---|---|
| | Gehörte zur 1. Gel.-Fl.; dann zur 9. T.-Fl. | |
| Kommandant: | Oblt. z. S. Ascherfeld | 10. 1944 – 2. 1945 |
| | Kptlt. Holzherr | 2. 1945 – 5. 1945 |
| | Am 17. 2. 1945 in San Rocco durch Bombentreffer beschädigt; am 1. 5. 1945 gesprengt. | |

TA 42 (ex »Alabarda«)

Gehörte zur 1. Gel.-Fl.; dann zur 9. T.-Fl.

Kommandant: Oblt. z. S. Waldkirch 11. 1944 – 2. 1945
Kptlt. Densch (Hermann) 2. 1945 – 3. 1945

Am 21. 3. 1945 im Hafen von Venedig nach Bombentreffer gesunken.

TA 43 (ex »Sebenico«, ex jugosl. »Beograd«)

Gehörte zur 1. Gel.-Fl.; dann zur 9. T.-Fl.

Kommandant: Kptlt. Lange (Werner) 10. 1944 – 5. 1945
Kptlt. Wenzel (Walter) 11. 1944 – 12. 1944
stellv. Kdt.

Am 3. 5. 1945 in Triest selbst versenkt.

TA 44 (ex »Antonio Pigafetta«)

Gehörte zur 9. T.-Fl.

Kommandant: Kptlt. Vollheim (Fritz) 12. 1944 – 2. 1945

Am 12. 2. 1945 durch Bombentreffer in Triest vernichtet.

TA 45 (ex »Spica«)

Gehörte zur 9. T.-Fl.

Kommandant: Kptlt. Glissmann 9. 1944 – 3. 1945
Kptlt. Wenzel (Walter) 3. 1945 – 4. 1945

Am 13. 4. 1945 vor der dalmatinischen Küste durch Torpedotreffer versenkt.

TA 46 (ex »Fionda«)

Gehörte zur 9. T.-Fl.

Kommandant: Oblt. z. S. Scheller 2. 1945 – 2. 1945

Am 20. 2. 1945 in Fiume durch Fliegerbomben beschädigt; am 3. 5. 1945 gesprengt.

TA 47 (ex »Balestra«)

Gehörte zur 1. Gel.-Fl.

Kommandant:

Am 20. 2. 1945 in Fiume durch Fliegerbomben versenkt.

TA 48 (ex T 3, ex 78 T)

Gehörte zur 11. Sich.-Div.

Kommandant:

Schicksal wie TA 47.

TA 49 (ex »Lira«)

Von der Kriegsmarine in Dienst gestellt.

Am 4. 11. 1944 in La Spezia durch Bombentreffer gesunken.

## *Technische Daten der Zerstörer 1 bis 22*

(Ab Z 23 siehe: Kriegsschiff-Typenblätter)

Z 1 »Leberecht Maass«

| | | |
|---|---|---|
| Bauwerft: | Deutsche Werft, Kiel | |
| Stapellauf: | 18. 8. 1935 | |
| Indienststellung: | 14. 1. 1937 | |
| Verdrängung: | 2.232/3.156 t | |
| Länge – Breite – Tiefgang: | 114/119 – 11,3 – 3,8/4 3 m | |
| Antriebsleistung: | 63.000 PSw, 2 Wagner-Turbinen | |
| Geschwindigkeit: | 38,2 kn | |
| Bewaffnung: | 4 – 12,7 cm | 8 – 53,3-cm-TR |
| | 8 – 3,7-cm-Flak | (12 Torpedos) |
| | 14 – 2-cm-Flak | Wasserbomben |
| | | 60 Minen |

Z 2 »Georg Thiele«

| | |
|---|---|
| Bauwerft: | Deutsche Werft, Kiel |
| Stapellauf: | 18. 8. 1935 |
| Indienststellung: | 27. 2. 1937 |
| | Alle Daten wie Z 1 |

Z 3 »Max Schultz«

| | |
|---|---|
| Bauwerft: | Deutsche Werft, Kiel |
| Stapellauf: | 30. 11. 1935 |
| Indienststellung: | 8. 4. 1937 |
| | Alle Daten wie Z 1 |

Z 4 »Richard Beitzen«

| | |
|---|---|
| Bauwerft: | Deutsche Werft, Kiel |
| Stapellauf: | 30. 11. 1935 |
| Indienststellung: | 13. 5. 1937 |
| | Alle Daten wie Z 1 |

Z 5 »Paul Jacobi«

| | |
|---|---|
| Bauwerft: | Deschimag, Bremen |
| Stapellauf: | 24. 3. 1936 |
| Indienststellung: | 29. 6. 1937 |
| Wasserverdrängung: | 2.171/3.110 t |
| | Alle übrigen Daten wie Z 1 |

Z 6 »Theodor Riedel«

| | |
|---|---|
| Bauwerft: | Deschimag, Bremen |
| Stapellauf: | 22. 4. 1936 |

| | |
|---|---|
| Indienststellung: | 2. 7. 1937 |
| | Alle Daten wie Z 5 |

Z 7 »Hermann Schoemann«

| | |
|---|---|
| Bauwerft: | Deschimag, Bremen |
| Stapellauf: | 16. 7. 1936 |
| Indienststellung: | 9. 9. 1937 |
| | Alle Daten wie Z 5 |

Z 8 »Bruno Heinemann«

| | |
|---|---|
| Bauwerft: | Deschimag, Bremen |
| Stapellauf: | 15. 9. 1936 |
| Indienststellung: | 8. 1. 1938 |
| | Alle Daten wie Z 5 |

Z 9 »Wolfgang Zenker«

| | | |
|---|---|---|
| Bauwerft: | Germaniawerft, Kiel | |
| Stapellauf: | 27. 3. 1936 | |
| Indienststellung: | 2. 7. 1938 | |
| Verdrängung: | 2.270/3.190 t | |
| Länge - Breite - Tiefgang: | 116/121 - 11,3 - 3,8/4,3 m | |
| Antriebsleistung: | 63.000 PSw, 2 Wagner-Turbinen | |
| Geschwindigkeit: | 38 kn | |
| Bewaffnung: | 5 - 12,7 cm | 8 - 53,5-cm-TR |
| | 4 - 3,7-cm-Flak | Wasserbomben |
| | bis 16 - 2-cm-Flak | 60 Minen |
| Besatzung: | 315 Mann | |

Z 10 »Hans Lody«

| | |
|---|---|
| Bauwerft: | Germaniawerft, Kiel |
| Stapellauf: | 14. 5. 1936 |
| Indienststellung: | 13. 9. 1938 |
| | Alle Daten wie Z 9 |

Z 11 »Bernd von Arnim«

| | |
|---|---|
| Bauwerft: | Germaniawerft, Kiel |
| Stapellauf: | 8. 7. 1936 |
| Indienststellung: | 6. 12. 1938 |
| | Alle Daten wie Z 9 |

Z 12 »Erich Giese«

| | |
|---|---|
| Bauwerft: | Germaniawerft, Kiel |
| Stapellauf: | 12. 3. 1937 |
| Indienststellung: | 4. 3. 1939 |
| | Alle Daten wie Z 9 |

Z 13 »Erich Koellner«

| | |
|---|---|
| Bauwerft: | Germaniawerft, Kiel |

Stapellauf: 18. 3. 1937
Indienststellung: 28. 9. 1939
Alle Daten wie Z 9

Z 14 »Friedrich Ihn«
Bauwerft: Blohm & Voss, Hamburg
Stapellauf: 15. 11. 1935
Indienststellung: 6. 4. 1938
Verdrängung: 2.239/3.165 t
Alle Daten wie Z 9

Z 15 »Erich Steinbrinck«
Bauwerft: Blohm & Voss, Hamburg
Stapellauf: 24. 9. 1936
Indienststellung: 31. 5. 1938
Alle Daten wie Z 14

Z 16 »Friedrich Eckoldt«
Bauwerft: Blohm & Voss, Hamburg
Stapellauf: 21. 3. 1937
Indienststellung: 28. 7. 1938
Alle Daten wie Z 14

Z 17 »Diether von Roeder«
Bauwerft: Deschimag, Bremen
Stapellauf: 19. 8. 1937
Indienststellung: 29. 8. 1938
Verdrängung: 2.411/3.415 t
Länge – Breite – Tiefgang: 120/123 – 11,8 – 3,8/4,5 m
Antriebsleistung: 63.000 PSw, 2 Wagner-Turbinen
Geschwindigkeit: 38 kn
Bewaffnung:

| | |
|---|---|
| 5 – 12,7 cm L/45 | 8 – 53,5-cm-TR |
| 6 – 3,7-cm-Flak | Wasserbomben |
| 12 – 2-cm-Flak | 60 Minen |

Besatzung: 323 Mann

Z 18 »Hans Lüdemann«
Bauwerft: Deschimag, Bremen
Stapellauf: 1. 12. 1937
Indienststellung: 8. 10. 1938
Alle Daten wie Z 17

Z 19 »Hermann Künne«
Bauwerft: Deschimag, Bremen
Stapellauf: 22. 12. 1937
Indienststellung: 2. 1. 1939
Alle Daten wie Z 17

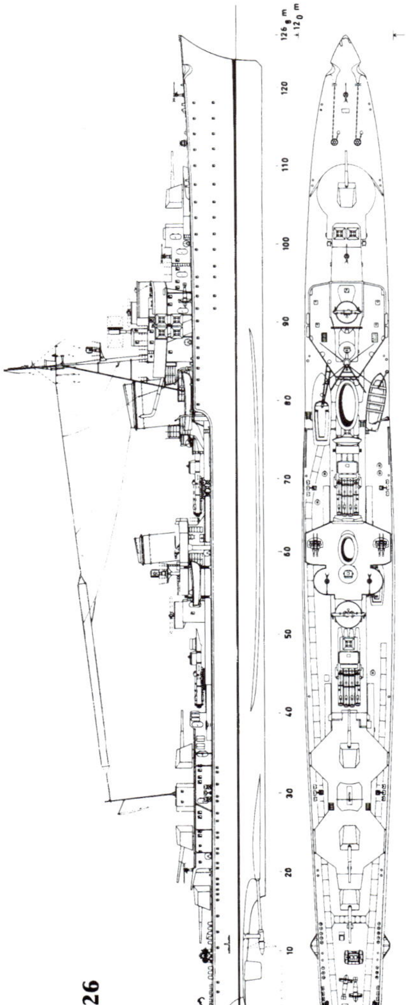

Z 26

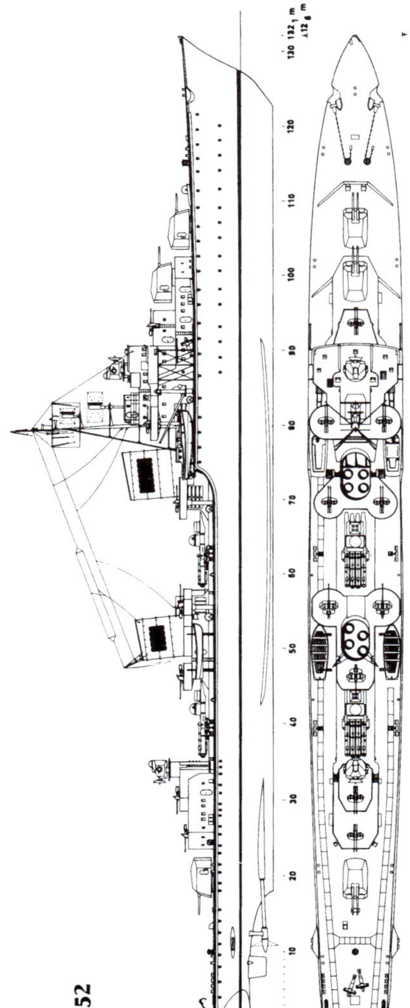

Z 52

Z 35

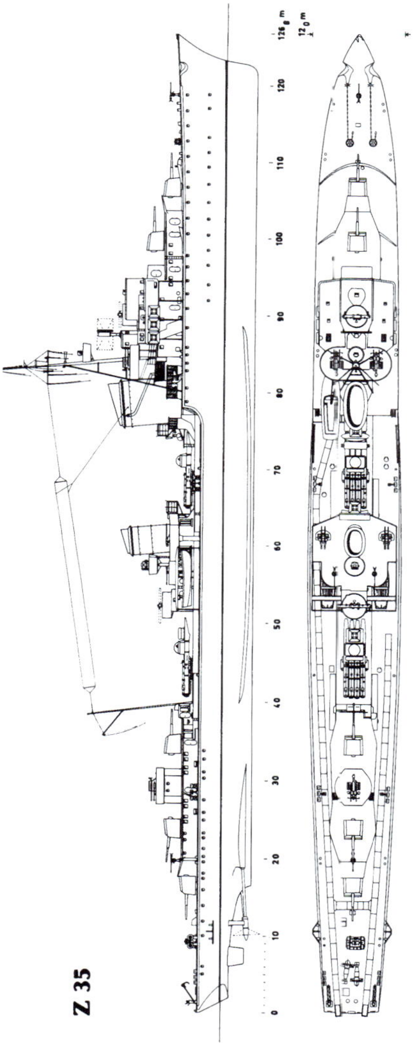

Z 37

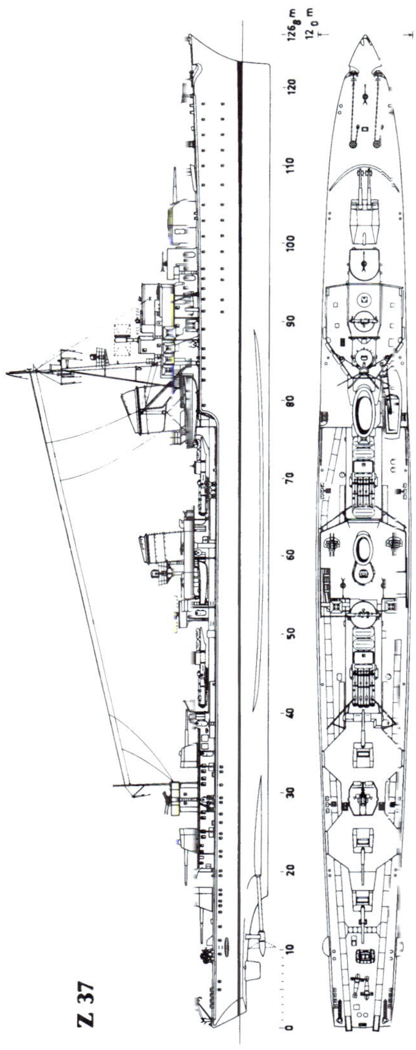

| | |
|---|---|
| Z 20 »Karl Galster« | |
| Bauwerft: | Deschimag, Bremen |
| Stapellauf: | 15. 6. 1938 |
| Indienststellung: | 21. 3. 1939 |
| Länge: | 120/125 m |
| | Alle Daten wie Z 17 |

| | |
|---|---|
| Z 21 »Wilhelm Heidkamp« | |
| Bauwerft: | Deschimag, Bremen |
| Stapellauf: | 20. 8. 1938 |
| Indienststellung: | 20. 6. 1939 |
| | Alle Daten wie Z 20 |

| | |
|---|---|
| Z 22 »Anton Schmitt« | |
| Bauwerft: | Deschimag, Bremen |
| Stapellauf: | 20. 9. 1938 |
| Indienststellung: | 24. 9. 1939 |
| | Alle Daten wie Z 20 |

## *Technische Daten der Torpedoboote*

TORPEDOBOOTE 1923:

| | |
|---|---|
| »Möwe«, »Greif«, »Seeadler«, »Albatros«, »Kondor«, »Falke« | |
| Bauwerft: | Marinewerft, Wilhelmshaven |
| Stapellauf: | alle 1926 |
| Indienststellung: | 1927/1928 |
| Verdrängung: | 924/1.290 t |
| Länge – Breite – Tiefgang: | 87,7 – 8,4 – 3,7 m |
| Antriebsleistung: | 22.000 – 23.000 PSw, 2 Blohm & Voss- oder 2 Germania-Turbinen |
| Geschwindigkeit: | 33 kn |
| Bewaffnung: | 3 – 10,5 cm |
| | 4 – 3,7-cm-Flak (4 – 2-cm-Flak ab 1941) |
| | 6 – 50,3-cm-TR (6 – 53,3-cm-TR ab 1931) |
| Besatzung: | 120 – 129 Mann |

TORPEDOBOOTE 1924:

| | |
|---|---|
| »Wolf«, »Iltis«, »Jaguar«, »Leopard«, »Luchs«, »Tiger« | |
| Bauwerft: | Marinewerft, Wilhelmshaven |
| Stapellauf: | 1927 – 1928 |

| | |
|---|---|
| Indienststellung: | 1928 – 1929 |
| Verdrängung: | 933/1.320 t |
| Länge – Breite – Tiefgang: | 92,6 – 8,7 – 3,5 m |
| Antriebsleistung: | 23.000 PSw, 2 Brown Boveri & Cie- oder 2 Vulkan- oder 2 Schichau-Turbinen |
| Bewaffnung: | 3 – 10,5 cm (ab 1934 3 – 12,7 cm)<br>4 – 3,7-cm-Flak 6 – 55,3-cm-TR |
| Besatzung: | 120 – 129 Mann |

TORPEDOBOOTE 1935:

| | |
|---|---|
| T 1 bis T 12 | |
| Bauwerft: T 1 – T 4, T 9 – T 10: | Schichauwerft, Elbing |
| T 5 – T 8, T 11 – T 12: | Deschimag, Bremen |
| Stapellauf: | 1938 – 1939 |
| Indienststellung: | 1939 – 1940 |
| Verdrängung: | 844/1.088 t T 1 – T 8<br>839/1.082 t T 9 – T 12 |
| Länge – Breite – Tiefgang: | 84,3 – 8,6 – 2,9 m (mit Atlantikst. 87,1 m) |
| Antriebsleistung: | 28.000 PSw, 2 Wagner-Turbinen |
| Geschwindigkeit: | 34,5 kn |
| Bewaffnung: | 1 – 10,5 cm L/45 3 – 53,3-cm-TR<br>bis 8 – 2-cm-Flak 30 Minen<br>Einige Boote 1 – 4-cm-Bofors |
| Besatzung: | 119 Mann |

TORPEDOBOOTE 1937:

| | |
|---|---|
| T 13 bis T 21 | |
| Bauwerft: | Schichauwerft, Elbing |
| Stapellauf: | 1939 – 1941 |
| Indienststellung: | 1941 – 1942 |
| Verdrängung: | 853/1.098 t |
| Länge – Breite – Tiefgang: | 85,2 – 8,9 – 3,1 m |
| Antriebsleistung: | 29.000 PSw, 2 Wagner-Turbinen |
| Geschwindigkeit: | 34,5 kn |
| Bewaffnung: | 1 – 10,5 cm L/45 6 – 53,3-cm-TR<br>bis 8 – 2-cm-Flak 30 Minen |
| Besatzung: | 119 Mann |

FLOTTENTORPEDOBOOT 1939:

| | |
|---|---|
| T 22 – T 36 | |
| Bauwerft: | Schichauwerft, Elbing |

| | | |
|---|---|---|
| Stapellauf: | 1941 – 1944 | |
| Indienststellung: | 1942 – 1944 | |
| Verdrängung: | 1.294/1.754 t | |
| Länge – Breite – Tiefgang: | 102,5 – 10,0 – 3,2 m | |
| Antriebsleistung: | 29.000 PSw, 2 Wagner-Turbinen | |
| Geschwindigkeit: | 32,5 kn | |
| Bewaffnung: | 4 – 10,5 cm L/45 | 6 – 53,5-cm-TR |
| | 4 – 3,7-cm-Flak | 50 Minen |
| | 9 – 2-cm-Flak | |
| Besatzung: | 206 Mann | |

(Die Flottentorpedoboote 1941, die mit einer Maschinenleistung von 40.000 PSw und einer Wasserverdrängung von 1.493/2.155 t bereits Zerstörer waren und von denen drei 1945 von Stapel liefen, wurden nicht fertiggestellt.
Mit der Konzeption der Flottentorpedoboote 1944 ging man einen neuen Weg, indem man das Boot wieder etwas kleiner – 1.418/1.794 t – machte, ihm aber mit den zwei Wagner-Turbinen von insgesamt 52.000 PSw eine Geschwindigkeit von 37 kn gab. Dieses Boot war mit seinen 4 Flak 10,5 cm und den 10 Flak 3,7 cm eine gute Geleitkonzeption, da es in der Lage war, sich im Verein mit drei oder vier Flottillenbooten auch massierter Fliegerangriffe zu erwehren. Mit acht Torpedorohren war es auch in Bezug auf seine spezielle Waffe stärker als alle Vorgänger. Die Besatzung war mit 222 Mann nicht erheblich höher.
Mit dem Bau dieser Boote wurde jedoch nicht mehr begonnen.)

## *Die technischen Daten einiger Beute-Boote*

TA 14: »Turbine«

| | | |
|---|---|---|
| Bauwerft: | Odero-Terni, Italien | |
| Stapellauf: | 1925 | |
| Indienststellung: | 1927 | |
| Verdrängung: | 1.092/1.355 t | |
| Länge – Breite – Tiefgang: | 93,9 – 9,3 – 2,9/3,4 m | |
| Antriebsleistung: | 36.000 PSw, 2 Parsons-Turbinen | |
| Geschwindigkeit: | 36 kn | |
| Bewaffnung: | 4 – 12 cm | 4 – 53,3-cm-TR |
| | 2 – 3,7-cm-Flak | |
| Besatzung: | 120 Mann | |

TA 19: »Calatafimi«

| | |
|---|---|
| Bauwerft: | Orlando, Livorno |
| Stapellauf: | 1921 |
| Indienststellung: | 1923 |
| Verdrängung: | 824/1.040 t |

| | | |
|---|---|---|
| Länge – Breite – Tiefgang: | 84,0 – 9,3 – 2,9 m | |
| Antriebsleistung: | 22.000 PSw | |
| Geschwindigkeit: | 30 kn | |
| Bewaffnung: | 2 – 10,5 cm | 2 – 53,3-cm-TR |
| | 6 – 2-cm-Flak | |
| Besatzung: | 105 Mann | |

TA 25: »Intrepido«

| | | |
|---|---|---|
| Bauwerft: | Tirreno, Genua | |
| Stapellauf: | 1942 | |
| Indienststellung: | 1943 | |
| Verdrängung: | 1.204/1.709 t | |
| Antriebsleistung: | 16.000 PSw, 2 Satz Tosi-Turbinen | |
| Geschwindigkeit: | 25 kn | |
| Bewaffnung: | 3 – 10 cm | 4 – 53,3-cm-TR |
| | 10 – 2-cm-Flak | 30 Minen |
| Besatzung: | 175 Mann | |

TA 33 »Corsaro«, ex »Squadrista«

| | | |
|---|---|---|
| Bauwerft: | Odero-Terni | |
| Stapellauf: | 1941 | |
| Indienststellung: | 1944 | |
| Verdrängung: | 1.830/2.460 t | |
| Länge – Breite – Tiefgang: | 104/107 – 10,2 – 3,6/4,3 m | |
| Antriebsleistung: | 48.000 PSw, 2 Satz Tosi-Turbinen | |
| Geschwindigkeit: | 38,5 kn | |
| Bewaffnung: | 5 – 12 cm | 6 – 53,3-cm-TR |
| | 20 – 2-cm-Flak | 50 Minen |
| Besatzung: | 200 Mann | |

TA 44 »Antonio Pigafetta«

| | | |
|---|---|---|
| Bauwerft: | Quarnaro, Fiume | |
| Stapellauf: | 1928 | |
| Indienststellung: | 1930 | |
| Verdrängung: | 1.944/2.580 t | |
| Länge – Breite – Tiefgang: | 107/108 – 10,2 – 3,3/3,9 m | |
| Antriebsleistung: | 50.000 PSw, 2 Tosi-Turbinen | |
| Geschwindigkeit: | 39 kn | |
| Bewaffnung: | 6 – 12 cm | 4 – 53,3-cm-TR |
| | 2 – 3,7-cm-Flak | 52 Minen |
| | 9 – 2-cm-Flak | |
| Besatzung: | 170 Mann | |

## *Technische Daten englischer Zerstörer*

Alte Zerstörer der »R«- und »S«-Klasse:

| | | |
|---|---|---|
| H 21 »Scimitar« | | |
| Bauwerft: | Clydebank | |
| Indienststellung: | 11. 1. 1917 | |
| Verdrängung: | 905 t | |
| Länge – Breite – Tiefgang: | 79,5 – 8,01 – 2,55 m | |
| Antriebsleistung: | 27.000 PSw, 2 Thornycroft-Turbinen | |
| Geschwindigkeit: | 36 kn | |
| Bewaffnung: | 1 – 10 cm | 8 – 12,7-mm-MG |
| | 1 – 7,5 cm | |
| Besatzung: | 90 Mann | |
| H 33 »Vanoc« – »V«-Klasse | | |
| Bauwerft: | Clydebank | |
| Indienststellung: | 14. 6. 1917 | |
| Verdrängung: | 1.090 t | |
| Länge – Breite – Tiefgang: | 90 – 8,9 – 3,2 m | |
| Antriebsleistung: | 18.000 PSw, 2 Thornycroft-Turbinen | |
| Geschwindigkeit: | 24,5 kn | |
| Bewaffnung: | 2 – 10 cm | 2 – 2 cm |
| | 1 – 7,5 cm | |
| Besatzung: | 125 Mann | |
| D 83 »Broke« – »Shakespeare«-Klasse | | |
| Bauwerft: | Thornycroft | |
| Indienststellung: | 16. 9. 1920 | |
| Verdrängung: | 1.480 t | |
| Länge – Breite – Tiefgang: | 95,5 – 9,5 – 2,7 m | |
| Antriebsleistung: | 43.500 PSw, 2 Turbinen | |
| Geschwindigkeit: | 36,5 kn | |
| Bewaffnung: | 2 – 12 cm | 4 – 2 cm |
| | 1 – 7,5 cm | |
| Besatzung: | 164 Mann | |
| H 87 »Hardy« – Flottilla Leaders and »G«- and »H«-Klasse. | | |
| Bauwerft: | Cammell Laird | |
| Indienststellung: | 7. 4. 1936 | |
| Verdrängung: | 1.340 t | |
| Länge – Breite – Tiefgang: | 97,8 – 10,2 – 2,6 m | |

| | | |
|---|---|---|
| Antriebsleistung: | 38.000 PSw, 2 Turbinen S.H.P. | |
| Geschwindigkeit: | 36 kn | |
| Bewaffnung: | 4 – 12 cm | 8 – 12,7-mm-MG |
| | 10 – 53,3-cm-TR | |
| Besatzung: | 145 Mann | |

F 03 »Cossack« – »Tribal«-Klasse

| | | |
|---|---|---|
| Bauwerft: | V. A. Tyne | |
| Indienststellung: | 8. 6. 1937 | |
| Verdrängung: | 1.870 t | |
| Länge – Breite – Tiefgang: | 106,5 – 10,95 – 2,7 m | |
| Antriebsleistung: | 44.000 PSw, 2 Turbinen | |
| Geschwindigkeit: | 36 kn | |
| Bewaffnung: | 8 – 12 cm | 8 – 12,7-mm-MG |
| | 4 – 2-cm-Flak | 4 – 53,3-cm-TR |
| Besatzung: | 219 Mann | |

F 50 »Kimberley« – »J«- und »K«-Klasse

| | | |
|---|---|---|
| Bauwerft: | Thornycroft | |
| Indienststellung: | 1. 6. 1939 | |
| Verdrängung: | 1.690 t | |
| Länge – Breite – Tiefgang: | 101,85 – 10,7 – 2,7 m | |
| Antriebsleistung: | 40.000 PSw, 2 Turbinen | |
| Geschwindigkeit: | 36 kn | |
| Bewaffnung: | 6 – 12 cm | 10 – 53,3-cm-TR |
| | 8 – 12,7-mm-MG | |
| Besatzung: | 183 Mann | |

G 17 »Onslow« – »O«- und »P«-Klasse

| | | |
|---|---|---|
| Bauwerft: | Clydebank | |
| Indienststellung: | 31. 3. 1941 | |
| Verdrängung: | 1.540 t | |
| Länge – Breite – Tiefgang: | 101.85 – 10,5 – 2,7 m | |
| Antriebsleistung: | 40.000 PSw, 2 Turbinen | |
| Geschwindigkeit: | 36,75 kn | |
| Bewaffnung: | 4 – 12 cm | 8 – 53,3-cm-TR |
| | 8 – 2 cm | |
| Besatzung: | 217 Mann | |

R 74 »Hogue« – »Battle«-Klasse

| | | |
|---|---|---|
| Bauwerft: | Cammell Laird | |
| Indienststellung: | 21. 4. 1944 | |
| Verdrängung: | 2.315 t | |
| Länge – Breite – Tiefgang: | 106,5 – 12,3 – 3,45 m | |
| Antriebsleistung: | 50.000 PSw, 2 Turbinen | |
| Geschwindigkeit: | 35,75 kn | |
| Bewaffnung: | 4 – 12 cm | 12 – 4 cm |

| | | |
|---|---|---|
| | 1 - 10 cm | 10 - 53,3-cm-TR |
| Besatzung: | 247 Mann | |

| | | |
|---|---|---|
| L 17 »Berkeley« - »Hunt«-Klasse | | |
| Bauwerft: | Cammell Laird | |
| Indienststellung: | 29. 1. 1940 | |
| Verdrängung: | 907 t | |
| Länge - Breite - Tiefgang: | 79,5 - 8,7 - 2,5 m | |
| Antriebsleistung: | 19.000 PSw, 2 Turbinen | |
| Geschwindigkeit: | 26 kn | |
| Bewaffnung: | 4 - 10 cm | 2 - 2 cm |
| Besatzung: | 146 Mann | |

## *Britische Zerstörer am 8. 5. 1945*

| | |
|---|---|
| 108 Flottenzerstörer | sämtlich in Dienst |
| 83 Geleitzerstörer | davon 22 in Reserve und 6 an die UdSSR ausgeliehen |
| 66 Zerstörer der »Hunt«-Klasse | fast alle in Dienst |

## *Britische Zerstörer-Verluste vom 3. 9. 1939–15. 8. 1945*

| | |
|---|---|
| 15 Zerstörer | im Überwasserkampf verloren |
| 38 Zerstörer | durch feindliche U-Boote verloren |
| 51 Zerstörer | durch die feindliche Luftwaffe versenkt |
| 26 Zerstörer | auf Minen gelaufen und gesunken |
| 7 Zerstörer | durch Schnellboote versenkt |
| 1 Zerstörer | durch Kleinkampfmittel vernichtet |
| 7 Zerstörer | auf Wracks oder Blockschiffe aufgelaufen |
| 5 Zerstörer | durch Kollision verloren |
| 1 Zerstörer | ist explodiert |
| 3 Zerstörer | durch Strandbatterien vernichtet |
| 154 Zerstörer | Gesamtverluste |

## *Die italienischen Torpedoboote und Zerstörer*

10. 6. 1940: In Dienst 125 Einheiten

KRIEGSHAFEN TARENT:

Flotten-Zerstörer:

| | | |
|---|---|---|
| 7. Division: | »Freccia« | 1.206 t, 38 kn |
| | »Dardo« | 4 – 12 cm |
| | »Saetta« | 6 – 53,3-cm-TR |
| | »Strale« | |
| 8. Division: | »Folgore« | 1.220 t, 38 kn |
| | »Fulmine« | 4 – 12 cm |
| | »Baleno« | 6 – 53,3-cm-TR |
| | »Lampo« | |
| 14. Division: | »Vivaldi« | 1.628 t, 38 kn |
| | »Da Noli« | 6 – 12 cm |
| | »Pancaldo« | 4 – 53,3-cm-TR |
| | »Malocello« | |
| 15. Division: | »Da Musta« | wie vor |
| | »Da Verrazzano« | |
| | »Pigafetta« | |
| | »Zeno« | |
| 16. Division: | »Da Recco« | wie vor |
| | »Uso Dimare« | |
| | »Pessagno« | |
| | »Tarigo« | |

Geleit-Torpedoboote:

| | | |
|---|---|---|
| 3. T-Boot-Division: | »Stocco« | 634 – 669 t, 30 – 32 kn |
| | »Carini« | 3 – 4 – 10 cm |
| | »La Masa« | 4 – 53,3-cm-TR |
| | »Prestinari« | |
| 6. T-Boot-Division: | »Pilo« | 615 t, 31 – 33 kn |
| | »Mosto« | 5 – 10 cm |
| | »Missori« | 4 – 53,3-cm-TR |
| | »Sirtori« | |

KRIEGSHAFEN NEAPEL:

Flotten-Zerstörer:

| | | |
|---|---|---|
| 13. Division: | »Granatiere« | 1.620 t, 39 kn |
| | »Fuciliere« | 4 – 12 cm |
| | »Bersagliere« | 6 – 53,3-cm-TR |
| | »Alpino« | |

Geleit-Torpedoboote:

| | | |
|---|---|---|
| 5. T-Boot-Division: | »Cairoli« | 615 t, 30 – 32 kn |
| | »Schiaffino« | 5 – 10 cm |
| | »Abba« | 4 – 53,3-cm-TR |
| | »Dezza« | |
| 10. T-Boot-Division: | »Vega« | 642 t, 34 kn |
| | »Sagittario« | 3 – 10 cm |
| | »Perseo« | 4 – 53,3-cm-TR |
| | »Sirio« | |
| 8. T-Boot-Division: | »Lupo« | 679 t, 34 kn |
| | »Lira« | 3 – 10 cm |
| | »Lince« | 4 – 53,3-cm-TR |
| | »Libra« | |

KRIEGSHAFEN SIZILIEN:

Flotten-Zerstörer:

| | | |
|---|---|---|
| 9. Division: | »Alfieri« | 1.729 t, 39 kn |
| | »Oriani« | 4 – 12 cm |
| | »Carducci« | 6 – 53,3-cm-TR |
| | »Gioberti« | |
| 11. Division: | »Artigliere« | 1.620 t, 39 kn |
| | »Camincia Nera« | 4 – 12 cm |
| | »Aviere« | 6 – 53,3-cm-TR |
| | »Geniere« | |
| 12. Division: | »Lanciere« | wie vor |
| | »Carabiniere« | |
| | »Corazziere« | |
| | »Ascari« | |
| 10. Division: | »Maestrale« | 1.449 t, 38 kn |
| | »Libeccio« | 4 – 12 cm |
| | »Grecale« | 6 – 53,3-cm-TR |
| | »Scirocco« | |

KRIEGSHÄFEN SYRAKUS, PALERMO, TRIPOLI:

Geleit-Torpedoboote:

| | | |
|---|---|---|
| 11. T-Boot-Division: | »Cigno« | 652 t, 34 kn |
| | »Centauro« | 3 – 10 cm |
| | »Castore« | 4 – 53,3-cm-TR |
| | »Climene« | |
| 13. T-Boot-Division: | »Circe« | 679 t, 34 kn |
| | »Clio« | 3 – 10 cm |
| | »Calliope« | 4 – 53,3-cm-TR |
| | »Calipso« | |
| 14. T-Boot-Division: | »Partenope« | wie vor |
| | »Pallade« | |
| | »Polluce« | |
| | »Pleiadi« | |

STATION SARDINIEN: CAGLIARI:

Geleit-Torpedoboote:

| | | |
|---|---|---|
| 4. T-Boot-Division: | »Orsa« | 855 t, 28 kn |
| | »Pegaso« | 2 – 10 cm |
| | »Procione« | 4 – 53,3-cm-TR |
| | »Orione« | |
| 9. T-Boot-Division: | »Cassiopea« | 638 – 652 t, 34 kn |
| | »Canopo« | 3 – 10 cm |
| | »Spica« | 4 – 53,3-cm-TR |
| | »Astore« | |

DODEKANES-STATION: LEROS:

Flotten-Zerstörer:

| | | |
|---|---|---|
| 4. Division: | »Crispi« | 935 t, 35 kn |
| | »Sella« | 4 – 53,3-cm-TR |

Geleit-Torpedoboote:

| | | |
|---|---|---|
| 15. T-Boot-Division: | »Solferino« | 862 t, 32 kn |
| | »San Martino« | 4 – 12 cm |
| | | 4 – 53,3-cm-TR |

# *Literaturverzeichnis und Quellenangabe*


| | |
|---|---|
| Alman, Karl: | Ritter der sieben Meere / Rastatt 1963 |
| ders.: | Angriff, ran versenken! / Rastatt 1965 |
| ders.: | Graue Wölfe in blauer See / Rastatt 1967 |
| Assmann, Kurt: | Deutsche Schicksalsjahre / Wiesbaden 1950 |
| Bekker, Cajus: | Kampf und Untergang der Kriegsmarine / Hannover 1953 |
| ders.: | Flucht übers Meer / Oldenburg 1964 |
| ders.: | Verdammte See / Oldenburg 1973 |
| Bernotti, Romeo: | Storia della guerra nel mediterraneo / Rom 1960 |
| Bidlingmaier, Ingrid: | Ostsee-Brückenköpfe 1945 / Neckargemünd 1962 |
| Bidlingmaier, Gerhard: | Einsatz der schweren Kriegsmarine-Einheiten im ozeanischen Zufuhrkrieg / Neckargemünd 1963 |
| Bragadin, Marc' Anton: | Che ha fatto la marina? / Milano 1956 |
| Brustat-Naval, Fritz: | „Unternehmung Rettung" / Herford 1970 |
| Busch, Fritz-Otto: | Zehn Zerstörer / Hannover 1959 |
| ders.: | Tragödie am Nordkap / Hannover 1952 |
| ders.: | Narvik / Gütersloh 1940 |
| Churchill, Winston S.: | Der Zweite Weltkrieg / Bern-Hamburg-Stuttgart 1948 – 1953 |
| Cocchia, Aldo: | »Convogli« / Napoli 1956 |
| Collier, Basil: | The Defence of the United Kingdom / London 1957 |
| Creswell, John: | Sea warfare 1939 – 1945 / London 1950 |
| Cunningham, Admiral: | A saylors Odyssee / London 1951 |
| Dönitz, Karl: | 10 Jahre und 20 Tage / Bonn 1958 |
| ders.: | Mein wechselvolles Leben / Göttingen 1968 |
| ders.: | Deutsche Strategie im Zweiten Weltkrieg / Frankfurt/Main 1970 |
| Dominik, Hans: | Kriegstagebuch der 9. Torpedoboot-Flottille / i. Ms. |
| Fechter, H. und Schomaekers, Günter: | Der Seekrieg 1939 – 1945 in Karten, Band I / Preetz 1967 |
| Fechter, Helmut und Hümmelchen, Gerhard: | Seekriegsatlas Mittelmeer – Schwarzes Meer 1940 – 1943 / München 1972 |
| Frank, Dr. Wolfgang: | Die Wölfe und der Admiral / Oldenburg 1953 |
| Giese, F. E.: | Die deutsche Marine 1920 – 45 / Frankfurt 1956 |
| Groener, Erich: | Die Schiffe der deutschen Kriegsmarine und Luftwaffe 1939 – 45 und ihr Verbleib / München 1954 |
| Hetz, Karl: | »Warum Zerstörer?« / ZS 3 / 1953 |
| Heye, August-Wilhelm: | »Z 13« von Kiel bis Narvik / Berlin 1941 |
| Hillgruber, Andreas und Hümmelchen, Gerhard: | Chronik des Zweiten Weltkrieges / Frankfurt/Main 1968 |
| Hubatsch, Walther: | »Weserübung« / Göttingen 1960, II. Auflage |
| Hümmelchen, Gerhard: | Handelsstörer / München 1967 |
| Irving, David: | The Destruction of the Convoy PQ 17 / London 1968 |
| Jachino, Angelo: | Le due sirti / Verona 1953 |
| James, Sir M. W.: | The British Navies in the Second World War / London 1946 |
| Jacobsen, Hans-Adolf und Rohwer, Dr. Jürgen: | Entscheidungsschlachten des Zweiten Weltkrieges / Frankfurt 1960 |
| Jacobsen, Hans-Adolf: | 1939 – 1945. Der Zweite Weltkrieg in Chronik und Dokumenten / Darmstadt 1966 |
| Klepsch, Peter und Breyer, Siegfried: | Die fremden Flotten im Zweiten Weltkrieg und ihr Schicksal / München 1968 |

Kreisch, Leo: Führungsorganisation, Einsatzgebiete und Stellenbesetzungslisten der Zerstörerwaffe / i. Ms.

Kurowski, Franz: Der Kampf um Kreta / Herford 1965

ders.: Brückenkopf Tunesien / Herford 1967

ders.: Deutsche Offiziere in Staat, Wirtschaft und Wissenschaft / Herford 1967

Lange, Werner: Kriegstagebuch des Torpedobootes TA 39 / i. Ms.

Linnekogel, Dietrich: Das Schicksal von TA 18 / i. Ms.

Lohmann, Walter und Hildebrand, Hans, H.: Die deutsche Kriegsmarine 1939–1945. Gliederung – Einsatz – Stellenbesetzung / Bad Nauheim ab 1956

Macintyre, Donald: U-Boat-Killer / London 1956

ders.: The Battle for the Mediterranean / London 1964

ders.: The Battle of Atlantic / London 1961

Meister, Jürg: Der Seekrieg in den osteuropäischen Gewässern / München 1958

Mordal Jacques: Handstreich auf Granville / Oldenburg 1965

ders.: Die letzten Bastionen / Oldenburg 1966

ders. und Auphan, Paul: Unter der Trikolore – Kampf und Untergang der französischen Marine im Zweiten Weltkrieg / Oldenburg 1964

Meyer-Abich, Dr. Helmut: Zerstörer und Torpedoboote im Großen Krieg 1939–1945 / i. Ms.

Lepotier, Contre-Adm.: Les derniers Torpilleurs / Paris 1969

Morison, Samuel, E.: History of the United States Naval Operations in World War II / Vol I – X / Boston 1950–1957

Lenton, H. T. und Colledge J. J.: Warships of World War II / Second Edition / London 1973

Raeder, Erich: Mein Leben, 2 Bd. / Tübingen 1956–57

Robertson, Terence: Jagd auf die Wölfe / Oldenburg 1960

Rohwer, Dr. Jürgen: Die sowjetische Flotte im Zweiten Weltkrieg im Spiegel der sowjetischen Nachkriegs-Literatur / ZS 9/1962

ders. und Hümmelchen, Gerhard: Chronik des Seekrieges 1939–1945 / Oldenburg 1968

Roscoe, Theodore: United States Destroyer Operations in World War II / Annapolis 1960, III. Ed.

Roskill, S. W.: The War at Sea 1939–1945 / London 1954/56

ders.: Royal Navy / Oldenburg 1961

Ruge, Friedrich: Der Seekrieg 1939–1945 / Stuttgart 1954

Salewski, Michael: Die deutsche Seekriegsleitung 1939–1945 / Frankfurt 1970

Thomer, Egbert: Torpedoboote und Zerstörer / Oldenburg 1964

Piterskij, N. A.: Die Sowjet-Flotte im Zweiten Weltkrieg / Oldenburg 1966

Saunders, M.-G.: Die rote Flotte / Oldenburg 1959

Thursfield, H. G.: Brassey's Naval Annual 1948 / London 1949

Trizzino, Antonio: Die verratene Flotte / Bonn 1957

Ufficio Storico della Marina Militare: La Marina Italiana nella Seconda Guerra Mondiale, Dati Statistici / Roma 1972 2. Ed.

Vorsteher, Heinz: In Aegirs Diensten / i. MS

Wachsmuth, Günther: Tagebuch / i. MS

Wagner, Gerhard, Hrgb.: Lagevorträge des Oberbefehlshabers der Kriegsmarine vor Hitler 1939–1945 / Mch. 1971

Warlimont, Walter: Im Hauptquartier der deutschen Wehrmacht 1939–1945 / Frankfurt/Main 1962

Wiedemeyer, Gerhard: Hornissen der Meere / Berlin 1942

Zimmermann, Theo: »Stander Z vor!« Drei Torpedoboote gegen die britische Invasionsflotte / ZS 1955